文库

丛书主编 郑毅

蒙荒案卷

张文喜 整理

吉林文史出版社

图书在版编目（CIP）数据

蒙荒案卷 / 张文喜整理. -- 长春：吉林文史出版社，2022.9

（长白文库）
ISBN 978-7-5472-8953-2

Ⅰ.①蒙… Ⅱ.①张… Ⅲ.①蒙古族—民族地区—行政管理—档案资料—中国—清后期 Ⅳ.①D691.22

中国版本图书馆CIP数据核字(2022)第179078号

蒙荒案卷

MENG HUANG ANJUAN

出　品　人：张　强
整　　　理：张文喜
丛书主编：郑　毅
副　主　编：李少鹏
责任编辑：戚　晔　吕　莹
装帧设计：尤　蕾
封面设计：王　哲
出版发行：吉林文史出版社有限责任公司
电　　话：0431-81629369
地　　址：长春市福祉大路出版集团A座
邮　　编：130117
网　　址：www.jlws.com.cn
印　　刷：吉林省优视印务有限公司
开　　本：170mm×240mm　1/16
印　　张：23.5
字　　数：430千字
版　　次：2022年9月第1版　2022年9月第1次印刷
书　　号：ISBN 978-7-5472-8953-2
定　　价：238.00元

"长白文库"编委会

（排名不分先后）

主　　编：郑　毅　北华大学东亚历史与文献研究中心
副主编：李少鹏　北华大学历史文化学院
顾　问：刁书仁　东北师范大学历史文化学院
　　　　马大正　中国社会科学院中国边疆研究所
　　　　王禹浪　大连大学中国东北史研究中心
　　　　汤重南　中国社会科学院世界历史研究所
　　　　宋成有　北京大学历史学系
　　　　陈谦平　南京大学历史系
　　　　杨栋梁　南开大学历史学院
　　　　林　沄　吉林大学考古学院
　　　　徐　潜　吉林出版集团
　　　　张福有　吉林省文史研究馆
　　　　蒋力华　吉林省文史研究馆

编　　委：王中忱　清华大学中国语言文学系
　　　　任玉珊　北华大学
　　　　刘信君　吉林大学马克思主义学院
　　　　刘　钊　复旦大学出土文献与古文字研究中心
　　　　刘岳兵　南开大学日本研究院
　　　　刘建辉　（日）国际日本文化研究中心
　　　　李大龙　中国历史研究院中国边疆研究所
　　　　李无未　厦门大学文学院
　　　　李德山　东北师范大学古籍研究所
　　　　李宗勋　延边大学历史系
　　　　杨共乐　北京师范大学历史学院
　　　　张福贵　吉林大学文学院
　　　　张　强　吉林文史出版社
　　　　韩东育　东北师范大学
　　　　佟轶材　北华大学
　　　　黑　龙　大连民族大学东北少数民族研究院

"长白文库"总序

中华优秀传统文化是中华民族的"根"和"魂"，习近平总书记高度重视中华优秀传统文化，并将其作为治国理政的重要思想文化资源。"不忘本来才能开辟未来，善于继承才能更好创新。""优秀传统文化是一个国家、一个民族传承和发展的根本，如果丢掉了，就割断了精神命脉。"中华优秀传统文化具有多样性和地域性等特征，东北地域文化是多元一体的中华文化中的重要组成部分。吉林省地处东北地区中部，是中华民族世代生存融合的重要地区，素有"白山松水"之美誉，肃慎、扶余、东胡、高句丽、契丹、女真、汉族、满族、蒙古族等诸多族群自古繁衍生息于此，创造出多种极具地域特征的绚烂多姿的地方文化。为了"弘扬地方文化，开发乡邦文献"，自 20 世纪 80 年代起，原吉林师范学院李澍田先生积极响应陈云同志倡导古籍整理的号召，应东北地区方志编修之急，服务于东北地方史研究的热潮，遍访国内百余家图书馆寻书求籍，审慎筛选具有代表性的著述文典 300 余种，编撰校订出版以"长白丛书"（以下简称"丛书"）为名的大型东北地方文献丛书，迄今已近 40 载。历经李澍田先生、刁书仁和郑毅两位教授三任丛书主编，数十位古籍所前辈和同人青灯黄卷、兀兀穷年，诸多省内外专家学者的鼎力支持，"丛书"迄今已共计整理出版了 110 部 5000 余万字。"丛书"以"长白"为名，"在清代中叶以来，吉林省疆域迭有变迁，而长白山钟灵毓秀，巍然耸立，为吉林名山，从历史上看，不咸山于《山海经·大荒北经》中也有明确记录，把长白山当作吉林的象征，这是合情合理的。"（"长白丛书"初版陈连庆先生序）

1983 年吉林师范学院古籍研究所（室）成立，作为吉林省古籍整理与研究协作组常设机构和丛书的编务机构，李澍田先生出任所长。全国高校古籍整理工作委员会、吉林省教委和省财政厅都给予了该项目一定的支持。李澍田先生是"丛书"的创始人，他的学术生涯就是"丛书"的创业史。"丛书"能够在国内外学界有如此大的影响力，与李澍田先生的敬业精神和艰辛努力是分不开的。"丛书"创办之始，李澍田先生"邀集吉、长各地的中青年同志，乃至吉林的一些老同志，群策群力，分工合作"（初版陈序），寻访底本，夙兴夜寐逐字校勘，联络印刷单位、寻找合作方，因经常有生僻古字，先生不得不亲自到车间与排版工人拼字铸模；吉林文史出版社于永玉先生作为"丛书"的第一任责编，殚精竭虑地付出了很多努力，为"丛书"的完成出版作出了突出贡献；原古籍所衣兴国等诸位前辈同人在辅助李澍田先生编印"丛书"的过程中，一道解决了遇到的诸多问题、排除了诸多困难，是"丛书"草创时期的重要参与者。"丛书"自20世纪80年代出版发行以来，经历了铅字排版印刷、激光照排印刷、数字化出版等多个时期，"丛书"本身也称得上是改革开放以来中国印刷史的见证。由于"丛书"不同卷册在出版发行的不同历史时期，投入的人力、财力受当时的条件所限，每一种图书的质量都不同程度留有遗憾，且印数多则千册、少则数百册，历经数十年的流布与交换，有些图书可谓一册难求。

1994年，李澍田先生年逾花甲，功成身退，由刁书仁教授继任"丛书"主编。刁书仁教授"萧规曹随"，延续了"丛书"的出版生命，在经费拮据、古籍整理热潮消退、社会关注度降低的情况下，多方呼吁，破解困局，使得"丛书"得以继续出版，文化品牌得以保存，其功不可没。1999年原吉林师范学院、吉林医学院、吉林林学院和吉林电气化高等专科学校合并组建为北华大学，首任校长于庚蒲教授力主保留古籍所作为北华大学处级建制科研单位，使得"丛书"的学术研究成果得以延续保存。依托北华大学古籍所发展形成的专门史学科被学校确定为四个重点建设学科之一，在东北边疆史地研究、东北民族史研究方面形成了北华大学的特色与优势。

2002年，刁书仁教授调至扬州大学工作，笔者当时正担任北华大学图书馆馆长，在北华大学的委托和古籍所同人的希冀下，本人兼任古籍所所长、"丛书"主编。在北华大学的鼎力支持下，为了适应新时期形势的发展，出于拓展古籍研究所研究领域、繁荣学术文化、有利于学术交流以及人才培养工作的实际需要，原古籍研究所改建为东亚历史与文献研究中心，在保持原古籍整理与研究的学术专长的同时，中心将学术研究的视野和交流渠道拓展至东亚地域范围。同时，为努力保持"丛书"的出版规模，我们以出文献精品、重学术研究成果为工作方针，确保"丛书"学术研究成果的传承与延续。

在全方位、深层次挖掘和研究的基础上，整套"丛书"整理与研究成果斐然。"丛书"分为文献整理与东亚文化研究两大系列，内容包括史料、方志、档案、人物、诗词、满学、农学、边疆、民俗、金石、地理、专题论集12个子系列。"丛书"问世后得到学术界和出版界的好评，"丛书"初集中的《吉林通志》于1987年荣获全国古籍出版奖，三集中的《东三省政略》于1992年获国家新闻出版总署全国古籍整理图书奖，是当年全国地方文献中唯一获奖的图书。同年，在吉林省第二届社会科学成果评奖中，全套丛书获优秀成果二等奖，并被国家新闻出版总署列为"八五"计划重点图书。1995年《中国东北通史》获吉林省第三届社会科学优秀成果二等奖。2005年，《同文汇考中朝史料》获北方十五省（市、区）哲学社会科学优秀图书奖。

"丛书"的出版在社会各界引起很大反响，与当时广东出现的以岭南文献为主的《岭南丛书》并称国内两大地方文献丛书，有"北有长白，南有岭南"之誉。吉林大学金景芳教授认为"编辑'长白丛书'的贡献很大，从'辽海丛书'到'长白丛书'都证明东北并非没有文化"。著名明史学者、东北师范大学李洵教授认为：《长白丛书》把现在已经很难得的东西整理出来，说明东北文化有很高的水准，所以丛书的意义不只在于出了几本书，更在于开发了东北的文化，这是很有意义的，现在不能再说东北没有文化了。"美国学者杜赞奇认为"以往有关东北方面的材料，利用日文资料很多。而现在中文的'长白丛书'则很有利于提高中国东北史的研究"（在"长白丛书"出版十周年纪念会上的发言）。中国社会科学院边疆史地研究中心主任厉声研究员认为："'长白丛书'已经成为一个品牌，与西北研究同列全国之首。"（1999年12月在"长白丛书"工作规划会议上的发言）目前，"长白丛书"已被收藏于日本、俄罗斯、美国、德国、英国、加拿大、澳大利亚、韩国及东南亚各国多所学府和研究机构，并深受海内外史学研究者的关注。

为了更好地传承和弘扬优秀地域文化，再现"丛书"在"面向吉林，服务桑梓"方面的传统与特色，2010年前后，我与时任吉林文史出版社社长的徐潜先生就曾多次动议启动出版《长白丛书精品集》，并做了相应的前期准备工作，后因出版资助经费落实有困难而一再拖延。2020年，以十年前的动议与前期工作为基础，在吉林省省级文化发展专项资金的资助下，北华大学东亚历史与文献研究中心与吉林文史出版社共同议定以《长白丛书》为文献基础，从"丛书"已出版的图书中优选数十种具有代表性的文献图书和研究著述合编为"长白文库"加以出版。

"长白文库"是在新的历史发展时期对"长白丛书"的一种文化传承和创新，"长白丛书"仍将以推出地方文化精华和学术研究精品为目标，延续东北地域文化的文脉。

"长白文库"以"长白丛书"刊印40年来广受社会各界关注的地方文化图书为入选标准，第一期选约30部反映吉林地域传统文化精华的图书，充分展现白山松水孕育的地域传统文化之风貌，为当代传统文化传承提供丰厚的文化滋养，是一件功在当代、利在千秋的文化盛举。

盛世兴文，文以载道。保存和延续优秀传统文化的文脉，是人文社会科学研究者的社会责任和学术使命，"长白丛书"在创立之时，就得到省内外多所高校诸多学界前辈的关注和提携，"开发乡邦文献，弘扬地方文化"成为20世纪80年代一批志同道合的老一辈学者的共同奋斗目标，没有他们当初的默默耕耘和艰辛努力，就没有今天"长白丛书"这样一个存续40年的地方文化品牌的荣耀。"独行快，众行远"，这次在组建"长白文库"编委会的过程中，受邀的各位学者都表达了对这项工作的肯定和支持，慨然应允出任编委会委员，并对"长白文库"的编辑工作提出了诸多真知灼见，这是学界同道对"丛书"多年情感的流露，也是对即将问世的"长白文库"的期许。

感谢原吉林师范学院、现北华大学40年来对"丛书"的投入与支持，感谢吉林文史出版社历届领导的精诚合作，感谢学界同人对"丛书"的关心与帮助！

郑　毅

谨序于北华大学东亚历史与文献研究中心

2020年7月1日

"长白丛书"序

吉林师范学院李澍田同志，悉心钻研历史，关心乡邦文献，于教学之余，搜罗有关吉林的书刊，上自古代，下迄辛亥，编为"长白丛书"，征序于予，辞不获命。爰缀予所知者书于简端曰：

昔孔子有言："夏礼吾能言之，杞不足征也。殷礼，吾能言之，宋不足征也。文献不足故也，足，则吾能征之矣。"说者以为："文，典籍也。献，贤也。"这是因为文献对于历史研究相辅相成，缺乏必要的文献，历史研究便无从措手。古代文献，如十三经、二十四史之属，久已风行海内外，家传户诵，不虞其失坠，而近代文献往往不易保存。清代学者章学诚对此曾大声疾呼，唤起人们的注意，于其名著《文史通义》中曾详言之。然而，保存文献并不如想象那么容易。贵远贱近，习俗移人，不以为意，随手散弃者有之。保管不善，毁于水火，遭老鼠批判者有之。而最大损失仍与政治原因有关。自清朝末叶以来，吉林困厄极矣，强邻环伺，国土日蹙，先有日、俄帝国主义战争，继有军阀割据，九一八事变后，又有敌伪十四年统治，国土沦陷，生民憔悴。在政权更迭之际，人民或不免于屠刀，图书文物更随时有遭毁弃和掠夺的命运。时至今日，清代文书档案几如凤毛麟角，九一八事变以前书刊也极为罕见。大抵有关抨击时政者最先毁弃，有关时事者则几无孑遗。欲求民国以来一份完整无缺的地方报纸已不可能，遑论其他。

中华人民共和国成立以来，百废俱兴，文教事业空前发展。而中经十年内乱，公私图书蒙受极大损失，断简残篇难以拾缀。吉林市旧家藏书，"文革"期间遭到洗劫，损失尤重。粉碎"四人帮"后，祖国复兴，文运欣欣向荣，在拨乱反正的号召下，由陈云同志倡导，大张旗鼓，整理古籍，一反民族虚无主义积习，尊重祖国悠久文化传统，为振兴中华，提供历史借鉴。值此大好时机，李澍田同志以一片爱国爱乡的赤子之心，广泛搜求有关吉林文史图书，不辞劳苦，历访东北各图书馆，并远走京沪各地，仆仆风尘，调查访问，即书而求人，因人而求书，在短短几年内，得书逾千，经过仔细筛选，择其有代表性者三百种，编为"长白丛书"。盖清代中叶以来，吉林省疆域迭有变迁，而长白山钟灵毓秀，巍然耸立，为吉林名山，从历史上看，不咸山于《山海经·大荒北经》中也有明确记录，把长白山当作吉林的象征，这是合情合理的。

"丛书"中所收著作，以清人作品为最多，范围极其广泛，自史书、方志、游记、档案、家谱以下，又有各家别集、总集之属。为网罗散佚，在宋、辽、金以迄明代的著作之外，又以文献征存、史志辑佚、金石碑传补其不足，取精用宏，包罗万象，可以说是吉林文献的总汇，对于保存文献，具有重大贡献。

回忆酝酿编纂之际，李澍田同志奔走呼号，独力支撑，在无人、无钱的条件下，邀集吉长各地的中青年同志，乃至吉林的一些老同志，群策群力，分工合作，众志成城，大业克举。在整理文献的过程中，摸索出一套先进经验，培养出一支坚强队伍。这也是有志者事竟成的一个范例。

我与李澍田同志相处有年，编订此书之际，澍田同志虚怀若谷，对于书刊的搜求，目录的选定等方面多次征求意见。今当是书即将问世之际，深喜乡邦文献可以不再失坠，故敢借此机会聊述所怀。殷切希望读此书者，要从祖国的悲惨往事中，体会爱国家、爱乡土的心情，激发斗志，为"四化"多作贡献。也殷切希望读此书者，能够体会到保存文献之不易，使焚琴煮鹤的蠢事不要重演。

当然，有关吉林的文献并不以汉文书刊为限，在清代一朝就有大量的满文、蒙文的档案和图书，此外又有俄、日、英、美各国的档案和专著，如能组织人力，有计划、有步骤地进行整理，提要钩玄勒成专著，先整理一部分，然后逐渐扩大，这也是不朽的盛业，李君其有意乎？

吉林　陈连庆　谨序
一九八六年五月一日

目 录

蒙荒案卷

蒙荒案卷

蒙荒案卷

目录

蒙荒案卷

蒙荒案卷

办理札萨克镇国公旗蒙荒案卷 ……………………………………… 217

蒙荒案卷

办理札萨克图蒙荒案卷

本卷前言

  本编乃科尔沁右翼前旗，即札萨克图郡王旗荒务档案资料。以奏办札萨克图蒙荒行局与盛京将军增祺间的呈报、札饬文，及与札萨克图郡王乌泰、札萨克图郡王旗间的相互移行移复文为主。兼及札萨克图蒙荒行局与驻省总局、辽源州总巡吴俊升、康平县等相互移行文，及与属员、绳起、蒙古台壮、新旧领荒户间的札示、禀请文；又及增祺奏折及与理藩院和有关部的咨文、皇帝谕旨等。收录从光绪二十八年（1902）二月起至三十年四月间档案，反映史实上溯至清初。所载以今白城市、洮南市为主，波及地域达辽宁沈阳、铁岭、开原、昌图，吉林省四平、怀德、双辽、扶余、前郭、大安、镇赉、长岭、乾安，内蒙古科尔沁右翼前旗、突泉、通辽，以及黑龙江省西南部地区。

  札萨克图郡王塔巴拉札木束逝世，独子早殇，以疏支侄格瓦札克山袭爵，不久亦去世，由格瓦札克山之兄乌泰袭爵，兼领哲里木盟副盟长职。时旗政凋敝，负债累累，乌泰却屡以年班游历京都，私门请托，挥金如土，财政困窘，于是招外旗蒙、民垦荒。一户押银二三十两，可无限制垦殖，致荒务紊乱，遂与台吉牧放争地。加之乌泰本系远支袭爵，众台吉不服，故激起十余年之久的诉讼案。光绪二十七年俄军参与镇压土匪刚保、桑保、王洛虎事件后，乌泰开始与俄国勾结。俄国利用乌泰诱骗哲里木盟诸旗，妄图侵占，形势严峻。二十八年初，清廷派钦差大臣兵部尚书裕禄会同盛京将军增祺，处理乌泰一案。案结后，裕禄和增祺为抚绥藩服、固圉实边，同乌泰商定放荒一事。是年九月在郑家屯设立办理札萨克图蒙荒行局，后移至双流镇（即今洮南市），由张心田总办等主持荒务事宜。

  白城地区地处吉林省西北边陲，素有八百里瀚海之称，是古肃慎族与东胡族及其后裔的交界处（大抵以嫩江为界），属两族必争的冲要之域。然而本区史料无多，特别是历代以游牧为主的西部地区文献无征。仅存辛亥前编撰的《伯都讷乡土志》《洮南府乡土志》《靖安县乡土志》《靖安县志》《安广县志》《开通县志》等，其中以光绪十六年前后成书的《伯都讷乡土志》为最早，篇幅最大，亦不足两万字，文颇粗略。《办理札萨克图蒙荒案卷》是研究白城地

3

区规模最大的一部珍贵历史档案文献，内容涉及放荒、建制、历史沿革、人物、经济、民族关系、交通、山川、地貌、土壤、文化、中俄关系等原始资料。是研究吉林地方史志、民族关系史、科尔沁部蒙古史的重要史料。如清末东北边地的危机、对蒙王乌泰的控案及其与俄国的勾结、沙克德尔抗俄斗争、该地区的圈法及与东北各地货币的比值等，记述极为翔实。

　　整理《办理札萨克图蒙荒案卷》，系据洮南市档案馆藏档卷，参照东北师范大学图书馆古籍部所藏手抄本《办理蒙荒案卷》。其编排大体以时间为序，辅以事体本末。目次除个别调整外，大抵依据师大抄本编列。体例力求划一，目录重加编订。是书原系手写公文函件，原件与抄本有异者多属抄本误，亦有两者均属舛误，注者径改，不出校记。书中人名、地名多系蒙音用汉字记载。凡与今地名相同者，均径改为今习惯用字。原地名现已变更者，尽管一地名而用多种同音或近音字书写，为保持原貌，仍录原字。人名亦然。

　　本书在整理过程中，承蒙东北师大图书馆古籍部石主任，白城师专鲍德才、韩国胜三位老先生帮助，特别是蒙吉林师范学院李澍田教授、周克让先生精心勘校，一并致谢。

编　者

钦差奏为查办札萨克图郡王乌泰选被参控各节并拟具该旗开垦章程十条由

奏为查蒙古郡王叠被参控各节讯明拟结暨各蒙旗被匪情形，现拟严拿匪首并酌拟蒙旗开垦章程据实具陈恭折　仰祈圣鉴事　窃奴才等，于光绪二十八年二月初九日，承准军机大臣字寄，正月三十日奉上谕："理藩院奏，台吉呈控盟长通匪据情代奏一折。所控'札萨克图郡王乌泰敛财虐众，不恤旗艰，通匪抢掠，致将札萨克印信窃去'等语。又称，'乌泰携带印信不知去向'。前后所报两歧，情节支离，亟应彻底根究。着裕　会同增　确切查明，据实具奏。原呈，着抄给阅看。将此各谕，令知之。钦此。"十八日，又准军机大臣字寄，初七日奉上谕："理藩院奏，科尔沁札萨克镇国公喇什敏珠尔等，呈报札萨克图王旗图古木地方，贼匪聚众，肆行抢夺，及派兵剿办情形。将原呈译汉呈览一折。卓索图土默特贝勒旗，乱匪滋事，致毙蒙员多命，自应迅速查办。着裕　会同增　确切查明，归入前案。认真办理，据实复奏。原折、呈，均着抄给阅看。将此各谕，令知之。钦此。"二十七日，又准军机大臣字寄，十七日奉上谕："萨保奏，江省开复蒙王无案可稽，请仍革任不准再管旗务一折。札萨克图郡王乌泰，前经参革，并无开复之案，情节种种支离。着裕　会同增　归并前案，认真查究，务期水落石出，据实具奏，毋稍徇隐。原折着抄给阅看。将此谕，令知之。钦此。"奴才等恭读叠次谕旨，遵查前后案情，详细推寻其故，悉由札萨克图郡王旗乱匪滋事而起。须将郡王乌泰、协理台吉巴图济尔噶勒，传案详讯，方能水落石出。其科尔沁镇国公旗之札兰散巴拉克察、典仪达兰泰，亦应提传来省，查讯该旗被匪情形，并行文黑龙江将军，将一应卷宗，咨送备查，始能彻底根究。奴才等，一面遴派委员，分往各旗提传人证，一面咨行黑龙江将军，调取卷宗。旋准署黑龙江将军萨保，将卷宗咨送前来。札萨克图旗郡王乌泰、协理台吉巴图济尔噶勒，科尔沁镇国公旗札兰散巴拉克察、典仪达兰泰等一干人证，均随同传案委员先后报到，四月十一日奴才裕，会同奴才增，率领随带司员，亲传郡王乌泰，当堂宣示查办谕旨。该郡王乌泰，伏地引咎，出于至诚。奴才增，因地方公事繁剧，仍由奴才裕，督饬司员秉公审理。将传到人证，隔别研讯，逐细推求，究明各案确情，由奴才等复加详核。缘札萨克图郡王乌泰，初因欠债三万余两，无款筹还，始拟放荒招垦，而众台吉壮丁人等，情愿分摊银两抵还该王欠债，求为尽逐荒户，该王亦曾允许。已革协理台吉朋苏克巴勒珠尔，因该郡王事后食言，不但旧日荒户未逐，而新增荒户又复纷添，曾在理藩院暨奉天省城、盟长等处，屡控不已。至该郡王多招荒户之由，实因从前已放荒界，南北长三百余里，东西宽一百余里，外来客民共有一千二百六十余户。该郡王不谙放荒章程，每户不问垦地多寡，概令交押荒银二十两，以致嗜利之徒，任意垦占，转相私售，以一户之名，隐匿私租多户。其报名领地之户，已不按长一里、宽四里章程，而外佃榜青之户，尤不遵领限制，每年仅纳租粮十石，即可尽力开垦。由是青户愈多，占地愈广，户口实已暗增数千余家，致新开荒地又增长三百余里、宽一百余里。该郡王毫无觉察，任听梅楞齐莫特色楞、已革协理台吉色楞汪保、已革管旗章京达瓦桑保、已革梅楞崔木丕勒、已革札兰丹森呢吗、台吉旺霍尔等经理其事。而该梅楞等，又受各揽头愚弄，从未考究户口、地段之多少，徒有放荒虚名，转为揽头等添一利薮。该梅楞等复袒护荒户，不准台吉壮丁在彼游牧。该台吉、壮丁等，因荒户隐占腴产，反阻本旗游牧，愈为不平。而该郡王之左右，蒙蔽招摇，足为酿祸之渐。光绪十七年，卓索图、昭乌达二盟土匪作乱，喀喇沁、敖汉、土默蒙古镇旗等处，人丁逃难外出，悉至札萨克图郡王旗陀喇河南北两岸居住。二十年，曾由该郡王据情呈报，经理藩院奏明，事平之后，即行驱遣，各自回旗，毋得逗留，行知在案。而刚保、桑保、萨那多尔济等，皆非各该旗安分良民，乱萌即伏于此。二十五年，该郡王被人控告，经前任将军依克唐阿奏请，暂行撤去扎萨克印务，听候办理。嗣经奴才增　查明复奏，由理藩院核议奏请，查销暂撤札萨克印务处分，革去副盟长职任。二十六年五月二十二日奉旨："依议。钦此。"由院恭录行文。该郡王遵照其前署黑龙江将军寿山奏请，开复该郡王札萨克之案，系是年六月二十一日，距理藩院所奏相去仅止一月。既经理藩院奏明，奉旨在先，则黑龙江将军奏请开复之案，似觉重复。惟自二十六年以后，该旗外来游民刚保、桑保、萨那多尔济等，业已勾引胡匪王洛虎等，乘间作乱，以该郡王旗图古木地为老巢。于是科尔沁图什业图亲王旗、科尔沁镇国公旗、郭尔罗斯辅国公旗同时被其骚扰，驿站处处梗阻。事隔一年，理藩院印文尚未奉到，而黑龙江将军印文亦经年屡月始达该旗。护理该旗札萨克印务、协理台吉巴图济尔噶勒，奉到江省印文后，即将札萨克印务移送该郡王接收。而札赉特郡王等旗，尚未接奉理藩院开复该郡王乌泰札萨克印务之文，所有应行札萨克图旗文件，仍知照护印人员办理。巴图济尔噶勒心生疑惑，追思江省印文或有舛误，转悔从前送还印信之非，遂有朱墨不符种种疑议。因胪列该郡王前后多款呈由盟长札赉特郡王，咨报理藩院，并行查黑龙江将军衙门。即经理藩院据情代奏，复经署黑龙江将军萨保据咨奏参，先后奉旨，交奴才等查办。查前任将军依克唐阿，查办该郡王之时，并未革其爵职，其开复之案，亦指查销暂撤札萨克处分而言。而盟长札赉特郡王咨查黑龙江将军，谓黑龙江缘何开复乌泰郡王原职，似系误会。至恩准开复之案，业经理藩院行知奉省前来，由奴才增 恭录转行哲里木盟在案。所有印信，据巴图济尔噶勒呈称"遵谕送交"，复加"窃去"字样，未免自相矛盾。至称该郡王通匪，与科尔沁镇国公喇什敏珠尔等呈报该公旗被匪各节，查札萨克图郡王旗自遭匪乱，道路戒严，道员周冕由黑龙江路过该旗，即有被胡匪抢夺，并枪毙兵役之事。蒙古各旗匪纵，出没靡常，抢掠之案，层见迭出，亟宜剿抚并行，以安蒙业。二十七年七月，叠经黑龙江将军萨保出示，定限遴派员弁，实力招抚，分行各旗一体遵办，以期永靖地方。其著名胡匪，遵示缴械投诚者，实繁有徒。该郡王，自是年七月接印后，深知该匪等器械坚利，剿不如抚。遂于十月间，赴图古木地方亲自开导，赏以札兰梅楞顶戴，给以米石、草料以示羁縻，喇嘛沁色林保一并给以会首执照。该旗协理台吉巴图济尔噶勒等不知底蕴，遂疑该郡王与贼相通，大失所望。一面会同图什业图亲王、科尔沁镇国公、郭尔罗斯辅国公等旗官员，齐赴哈尔滨俄国伯里总督处，商求派兵剿匪。俄兵于十一月初一日行抵该旗，刚保、桑保等，因该郡王亲加抚恤，即未在该旗肆扰。科尔沁镇国公旗，距图古木地方止三十余里，从前屡被匪众抢掠牲口、财物，并杀伤达喇嘛、什拉布、温保等数人。适该匪等，恃有梅楞、札兰职衔，就近前往该旗挟制需索。该镇国公派员查询，即为该匪等尽行拘拿。所拿之札兰阿玉勒乌贵，与札萨克图郡王旗击毙之台吉阿玉勒乌贵，查明系属两人。该公旗协理台吉察克达尔色楞，被执不屈，首先为匪用枪击毙，其余札兰散巴拉克察等八名，方欲杀害，未及动手，适巴图济尔噶勒等邀请俄兵旋至，该匪刚保、桑保、萨那多尔济、王洛虎等抵御不住，溃散遭逃，匪踪稍靖。该郡王拟赴哈尔滨亲往致谢，而俄伯里总督亦欲面见该王。该郡王报明盟长，始携印往见，非敢私携擅出。惟该旗甫定之后，阖旗人等正拟商办善后之事，因未见该郡王之面，亦不知因公出境缘由，遂疑携印不知去向。现均质讯明确。该郡王自二十五年被控放荒之案，查明奏结后，与该协理台吉巴图济尔噶勒尚未会同办事，以致宵小乘隙播弄，遂致彼此怀疑，互相诬捏。其巴图济尔噶勒，借匪聚兵勒索旗众，传闻似属有因，细按皆无实据。经奴才等亲自当堂剖悉宣导，该郡王、该协理台吉等，均各悔悟感泣，情愿湔洗前愆，驱逐谗慝，和同办理旗务，各具供结，恳求核办。查该郡王旗以开荒起衅，缠讼多年，初因信任非人，措施不善，渐至各怀私意，互立党援，几置旗务于不顾，而游民胡匪乘机勾结，侵成该旗之患，复贻邻壁之忧，皆不得谓之无咎。署黑龙江将军萨保谓：乌泰不能和协统议、持平立议，固足折服其心，而巴图济尔噶勒怀疑呈控，亦非事所应为，即将其概加严谴，均属咎由自取。惟是该旗乱匪粗平，整饬地方，清查户口，再在均关紧要。若仅拟予寻常处分，不为筹一长治久安之策，恐数年之后，隐患潜滋，贻害匪浅，殊非仰体朝廷安抚外藩之意。奴才等悉心详酌，拟将札萨克图郡王乌泰之札萨克职、台吉巴图济尔噶勒之协理职，一并奏请督行参革，仍准留任。勒限三年，饬令将合旗事务，和衷共济，认真经理。三年限满，果能经理得宜，准合旗台吉、壮丁人等，联名公保，呈由盛京将军暨理藩院奏请开复，暂革留任处分。倘仍合存意见，别滋事端，准其呈报，查系何人之咎，即将何人永远革任，不准再管旗务，以示惩儆而戒效尤，是否有当，伏候圣裁。至乌泰信用之梅楞齐莫特色楞、已革协理台吉色楞汪保、已革管旗章京达瓦桑保、已革梅楞崔木丕勒、已革札兰丹森呢吗、台吉旺霍尔等，及巴图济尔噶勒信用之已革协理台吉朋苏克巴勒珠尔、台吉萨那舍利、梅楞哈斯、梅楞那逊拔都、梅楞温度尔虎等，应饬分别屏黜，不准妄行干预合旗公务，庶足以昭平允。科尔沁镇国公旗协理台吉察克达尔色楞实系遇贼被害，应否议恤之处，即由理藩院奏明，请旨办理。查蒙古地面游民，胡匪勾通为害已非一年，或明目张胆，或混迹潜踪，聚则为匪，散则为民，查拿殊为非易。屡经奴才增，会同吉林、黑龙江各省将军，分饬旗属，剿抚兼施，不遗余力，仍复不能净尽。况刚保、桑保、萨那多尔济、王洛虎等均为著名匪首，扰乱数旗，已成一方巨患。若不合力兜缉，尽法处置，不足以安民心。除由奴才裕，会同奴才增，通饬严密查拿毋令一名漏网外，仍请旨饬下吉林将军、黑龙江将军，分饬所管各盟、旗一体缉拿，务获惩办，以净根株，而安良善。案情既已查明，人证即行省释。至札萨克图郡王旗放荒开垦一事，行之二十余年，招徕数千余户，势难中止。该台吉、壮丁深知耕种之益，亦思自行垦种，但膏腴之地，早为外来荒户所占，欲驱不可，欲攘不能，遂至忿争成隙，讦告不休。该协理台吉巴图济尔噶勒所呈各节，与面诉供词，皆请严查匪类，禁止私荒，并非腹诽垦务，若不妥为计议，实不足体恤蒙艰。且札赉特郡王旗放荒开垦，业经奏明，奉旨允准，由户部核定章程，即令试办。该札萨克图旗，事同一律，而水土丰润倍胜他旗，亟宜援照办理。惟游牧乃蒙古本业，尤宜兼顾，总令农政与牧政相辅而行，庶主客两无偏倚。奴才裕详稽成案，俯察舆情，与奴才增　酌中定议，谨拟章程十条，缮具清单，恭呈御览。如蒙谕允，再由奴才增，奏派廉干之员前往该旗，周历巡视，请求详细办法，禀请奏明立案。窃维查办蒙古事件，现与内地不同，奴才等受恩深重，目击时艰，值此边防多事之秋，当以绥服藩封为要，故一应事件宽严互用，惩劝兼施，未敢稍存偏见。如经营旗产，安播客民等事，务求行诸久远，不敢调停敷衍，专顾目前。惟期上为国家开浚利源，下为藩民筹谋生计。虽外招荒户，该旗或有畛域之分，而怀保惠鲜，在朝廷则皆视如赤子。举凡兴利除弊、戢暴安良，必须实惠均沾，然后众心倾服。培蒙旗之根本，即所以固疆域之藩篱，果能乐利相安，当可仰纾宸虑。其余善后事宜，随时体察情形，奴才增　详核办理。奴才裕　拜折后，即率随带司员，仍遵前奏，乘坐火车起程回京，恭复恩命。

所有奴才等遵旨查办札克萨图郡王乌泰叠被参控各节，讯明拟结暨该旗并科尔沁镇国公旗被匪情形，其著名匪首，拟由各该省将军，通饬一体严拿，并将该旗开垦章程，开单具拟各缘由，理合恭折据实复陈。伏乞皇太后、皇上圣鉴训示。谨奏。请旨。

一、经界，宜正也。查该旗缠讼多年，固由于押荒银两未能均均分派，而其要端在报领荒地漫无限制。如报名领荒不以地计，只以户计，每户纳银二十两，将地段尽情开垦，从无查考。无论所放荒地若干，仅止每户每年纳粮十石，甚至一人出名，将原领数十百垧之地任意转卖，暗复另辟闲荒。其原领花名册内只有一人，而私户不知凡几。此群情所以不服，而缠讼所以不休也。欲廓清厥弊，非厘定垦户领地垧数，不足以清界址而息争端。

一、亩数，宜清丈也。查札赉特王旗奏准放荒章程，将垦户所种之地丈清垧数，核收荒价，但将荒价缴清，已垦者不强令退地，免致有弃产之累。该旗自应仿照办理，各该垦户应丈地亩，应缴荒价勿得隐匿观望，自误生业。

一、原领荒价，宜划一也。查原垦每户交银二十两，准予开荒一百垧。合旗垦户，自应一律办理。倘私垦逾额，准报明确数，将应补押荒银两，照原数缴足。此系体恤原领垦户而言，如新领垦户，则应另立新章，听候出示遵行。

一、续放荒价，宜酌增也。查札赉特王旗招垦成案，每垧订收中钱四千二百文，以二千一百文归之国家，作为报效，以二千一百文归之蒙旗。自王府以下，至台吉、壮丁、喇嘛人等，分别等差，各有一定应得数目，无所偏倚，永为生业，上下相安。此次该郡王暨协理台吉，率同合旗人等公同呈请，情愿请员代办，出于至诚。查核该蒙情形，非遴委廉明干练之员，不能妥协办理。果真经理得宜，上可以充国帑，下可以恤蒙情，务其公私兼尽，俾该旗咸知耕凿之利。

一、蒙荒全势，宜先知也。查该王呈验地图，南北千余里，东西一二百里。现在开垦之处，核该旗地址，已逾其半。较之札赉特旗奏准开荒之地，南北约长三百余里、东西宽数十里，更为宽广。依山带水，壤脉膏腴，尤属开源要举。

一、地亩，宜分别荒、熟也。除垦熟地亩，以应令当年一律起科。其新开生荒，准照六年升科例征收，俾符成案。至于庐墓所在，已垦者宜量为让出，未垦者尤宜设法绕越，以示体恤。

一、升科章程，宜酌定也。查札赉特王旗，每垧地酌订中钱六百六十文，以二百四十文归之国家，为筹饷安官各项经费，以四百二十文归作蒙古生计。此次勘办详细条目，应俟委员查明后，参酌妥定办理。

一、报领生荒，宜示区别也。查本旗开荒，应先尽本旗蒙古台吉、壮丁人等尽数纳领。如果报领无人，方准外来之户报领，以固根本而示优异。

一、酌留余荒，宜讲求牧养也。该旗地段，除丈准开荒，立定界址外，务将水草丰茂之区，宽留余地，以作牧场。俾各蒙人，毋荒本业，兼资养蓄。

一、遴派委员，宜亲往该旗督办也。当此蒙众粗安，所有一应安插良善，驱逐匪类及续行招垦善后各事宜，均属不易。务须详察蒙地情形暨札赉特旗奏准成案，遇事互相体察，酌中办理。

禀为开办蒙荒大概情形并拟具章程十二条告示二纸请核由

全衔　　　　　谨禀督宪将军麾下：敬禀者，窃职等渥蒙宪恩委充札萨克图蒙旗荒务行局总办，自应即时操办，以期无负宪台委任之至意。惟查此荒事体重大，绝非寻常荒务可比，且其中胶葛甚多。如该旗属员既与该郡王上下离心，惯事串唆，而旧有之垦户，又系喀喇沁等部落，亘古天骄更难箝制。原奏十条，似多含意待于引伸。而第三条之补缴荒价，每垧仅合银二钱，若照此办理，则弃数十万金钱，诚为可惜。若照新价征收，恐一经滞碍，即得轻翻奏案之咎。是以不得不请先到段查勘，始能定明此节。况原奏结尾，有"由宪台遴员，周历巡视，详细讲求办法，再行奏明立案"数语。似一切均须职等赴荒查明，禀由宪台再行核奏。至该处距省远，人烟稀少，实为苦境，非事权攸属，上下联为一气，不易有成。所幸宪台，素昔最为精熟垦政，职等遇事，有所禀承，私心尚堪幸慰。兹谨拟大概章程十二条，并告示二纸。是否有当，谨缮具清单，恭呈宪台核示遵行。虔请勋安，伏冀垂鉴。职　谨禀。

计呈章程十二条、告示二纸。

钦命镇守盛京等处将军管理兵刑两部兼管奉天府尹事务兵部尚书都察院右都御史总督奉天旗民地方军务兼理粮饷增　为出示招领事　照得前经钦差大臣裕，会同本军督部堂奏请出放本省辖境之札萨克图郡王旗荒地一折，业已奉旨允准，自应即时举办。除该旗所招各蒙户已经垦熟之地就便丈量安插外，其余生荒亦应招民领垦，以集巨款而实边圉。查此荒坐落在昌图府属郑家屯迤北三百余里，涛浪河两岸，南北长约四百里，东西宽或三五十里不等。土脉膏腴，原野平旷，并无山石、树木难于开垦之处，各等种植均属相宜。所有招放章程，系仿照黑龙江奏放札赉特成案，每十亩为一垧，三七折扣毛垧，一垧拟作实荒七亩。每垧计收荒价银二两二钱，愿领多寡听民自便。自领之后，六年升科，每垧按年征收大租银二钱二分，即为领户世产，永不增租夺佃。现经札派花翎都统衔开复海龙城总管依、花翎分省试用知府张，总办行局事宜，带同局起各员，即日赴段照章开放。唯恐远近民户尚未周知，合行出示晓谕。为此，示仰尔诸色人等，如有愿领者，速备妥荒价亲赴行局，报明愿领垧数。将价银交齐，即由行局掣发三连信票，随绳拨地，绝无耽延。此荒东通伯都讷，西达咈噜，南自郑家屯、法库门直接省城，北近江省，四会五达，粮石最易销售，甚毋观望不前，自误致富之源也。切切。特示。

将军全衔　　为出示晓谕事　　照得前经钦差大臣裕，会同本军督部堂奏请出放札萨克图郡王荒地一折，业已奉旨允准，自应即时举办。除拟放生荒，现已出示招领外，至原有垦户，业经垦熟地亩若干，亦应一律丈量、安插。查此次定章，系每毛荒一垧扣作七亩，每垧征收荒价银二两二钱，届限升科，每垧经征大租银二钱二分。惟已垦之地与生荒不同，生荒系六年升科，已垦之地，须于丈清时即收二两二钱荒价，当年升科，方足以昭平允。现经札派

总办行局事宜，带同局起各员赴段勘办。唯恐尔等旧户或未周知，合行出示晓谕。为此，示仰尔旧有垦户人等，于委员到段时务须遵照定章，将地界指清，以便丈量。俟丈量之后，除去扣成，共地若干，即照数缴纳荒价，领照认租。倘有隐匿地段，包套界址，并阻挠勘丈、拖欠价银者，轻则由行局责惩，重则解省按例治罪，决不姑宽。本军督部堂言出法随，尔等慎勿以身尝试也。各宜凛遵，毋违。切切。特示。

谨将拟订札萨克图郡王旗荒务招垦章程十二条，缮具清单恭呈宪台鉴核示遵。

一、此荒坐落在札萨克图南境，自巴彦招分界，南接达尔罕王，东至郭尔罗斯公，西至图谢图王，北至涛浪河，即陀喇河。南北约长二百三四十里，东西宽或百余里，或不足百里，约计毛荒在六七十万垧。自涛浪河北至哥根庙前，又有荒一段，南北长百余里，东西宽三五十里，约计毛荒在二三十万垧。河北土脉膏腴，较胜河南。现经该郡王拟请先行订价由河南招放，一面查勘情形，如果旧户安靖，新户踊跃，即行酌量加价续放河北，以期进款多多益善。

一、原奏此荒订价□本拟仿照黑龙江所办札赉特之价，每垧收中钱四千二百文，合银一两四钱，国家与该旗各得七钱。惟今昔情形不同，彼此

土脉亦异，既据该旗垦请略为加增。拟每实荒一垧，收荒价银二两二钱，国家与该旗各得一两一钱。由行局收妥，每届一月或两月，即清算一次。国家应得者委员解省，蒙古应得者提交该旗自领，以期相信而免胶葛。

一、此荒系属蒙界，与东、西流，大凌河等荒不同。况既仿照札赉特旧案，尤未便以六亩成田等法开放。自应准照向来蒙荒成章，十亩名为一垧，每毛荒一垧扣作七亩，收取荒价。但使荒价交清，无架空、拖欠、影射诸弊，则所领多寡听民自便。如遇河泡、水洼、碱场、石田，实系不堪耕种者，准由起员报明行局，量予折扣。盖普扣三成，系指实地而言。若河泡、水洼、碱场、石田则非地也。倘本系沃土，而领户有意狡展，希图扣数，及起员受嘱、受贿代为蒙报者，查出一并惩治。

一、放荒之后，自须按照定章六年升科，征收租赋。查向来蒙荒，均系蒙古自得租项。惟札赉特之荒创办时，议定租赋中钱六百六十文，以四百二十文为蒙古之生计，以二百四十文为国家之经费。此次自应仿照酌订，每垧按年征收租银二钱二分，仍合中钱六百六十文。将来以一钱四分，仍合中钱四百二十文归蒙古；以八钱〔分〕，仍合中钱二百四十文归国家。一经升科之后，即永免勘丈、加征。至收租之法，升科后，即设有地方官，应由地方官会同该蒙旗设局经征。官为张贴告示，派役分催，每冬月十五开征，来年五月初一停征，届时结算清楚，各提各款。

一、查奉省现放之荒，系属论方。江省札赉特之荒，系属挨号报领。此荒界在极北，领户较腹地每多观望。论方固易拘滞，挨号报领亦虑村屯星散，异时受贼匪之扰。拟令各领户到局报明愿领垧数，由行局掣发三连信票，将票根存局，其中段与票梢俾领户收执。俟起员下段，挨号呈验，由起员与领户采明可为村屯之处，先丈出村基，再由村外东西南北各放四五里或二三里为率。如此则一村之中必须数十户，异日可以成圩练团，庶免受贼匪之害。惟此项村基并非市镇，仍须以荒论价。放竣后即将信票中段，由起员截留缴局，其领户执持票梢，俟六年升科，再换领蒙古大照。

一、此荒内所有旧日已有之垦户，均属喀喇沁、敖汉、土默特、蒙古镇等处人丁，逃难外出寄居涛浪河两岸，交纳押租银两，垦田糊口。惟河北之地较河南为优，故住户亦河北偏多。查原奏有"原垦每户交银二十两，准予开荒一百垧，阖旗垦户自应一律办理。倘私垦逾额，准报明确数，将应补押荒银两照原数缴足，以示体恤"云云。详核每荒百垧交银二十两，则每垧只合银二钱，较新价直少二两，虽云体恤亦未免太轻。且据该王指称：此项银两，系属押租，并非荒价。当时相约，如果异日有卖荒之时，则退还押租，听原户自去，荒地任该王留卖。今既议由官代放，且系仿照札赉特成案不令退地，则另卖固无此理。而征以新价又与原奏不符，拟行局到段，一面招放新户，一面丈量旧户，并查勘旧户之地，按垧照新价征收，有无滞碍，随时禀核办理。如果蒙情帖服，即一律将荒价征讫，遵照定章，当年升科，以示区别。

一、开放之初，尚未设有地方官，而荒事办竣约须二三年之久，所有荒段一切词讼，必须由行局秉公讯办。拟请稍假事权，以期遇事捷便。设事体重大，行局未可擅主者，仍解省审办。至民间遇事，亦不可略无管束。拟即由行局，先验放乡约、甲长数人，将地方乡社、牌甲均编列整齐。验放乡甲后，由行局发给执照，归乡充当。有事则报经乡甲，转禀行局，庶有线索。俟设有衙署，即饬归地方官，另换执照。

一、此荒地既设行局，派有总办、帮办，应请刊发关防，文曰"奏办札萨克图蒙荒行局兼理词讼关防"，以昭信守。至局起各员，均应随时派定。并先拟借银六千两，以资垫办，俟收有荒价，即行归还。惟此荒距省八九百里，距郑家屯亦且三四百里道路，并无旅店，荒段绝少人烟，饮食、歇宿无一非至苦之事。故所有薪水、车价，拟请略从优订拟，既示体恤，兼杜弊端。至局中置办铺垫、器具，并心红、房价诸项开销，应仿照本省办荒成案实用实报，以便荒务放竣，与薪水、车价一并送部核销。

一、此荒远在蒙界，与各处均不相连属，民户既未易知，而荒段旧有之户亦须明白晓谕，始能遵办。现拟就告示二件：一系招来新户，一系晓谕旧户，拟请填用宪衔刻印多张。其招新户者，分别咨行吉林、伯都讷、黑龙江，或代为张贴，或转饬所属与荒段相近之府县张贴，并札发昌图府转饬所属各县张贴。其谕旧户者，即发行局，携赴荒段张贴。庶远近同知，争先快领，而旧有垦户，亦不敢肆其刁风，起意抗阻。

一、此荒南界距省约四百里，北界约七百里，土旷人稀。一旦领户群集，各有银钱、骡马，而行局收款未解省时，既虑慢藏，将解省时，又须护送，设非派有队伍，恐马贼窜扰，致领户裹足，官款有失，均能妨碍大局。且奸民间有阻挠，亦非兵不足弹压。拟请拨两哨到段驻防，即归行局节制、调遣，庶呼应灵便，裨益匪轻。

一、开放之时，除省局无须蒙员外，现已议妥该旗亦自设蒙古行局一所，蒙古起员四起，会同省派行局、省派起员认真办理。行局并须不时抽察，如知起员有受嘱、受贿，将荒多放者，一经查出，轻则撤换，重则禀请参办。其领户行贿、干求，一并撤佃另招。

一、此荒放竣，自应安官设署。行局到段，除民居村落与地亩一律价放外，更须随时采勘城基一处，酌留衙署、庙宇、书院等地。其余即出放街基，所有价值，俟届时另定。至各处再有可为市镇之所，亦应一并采勘，定价招放。

开办札萨克图蒙荒章程

计开：

一、查札萨克图郡王旗界全境，南北长一千余里，东西宽者至一百二三十里。此次拟放荒界，在该旗南面，不及全境三分之一。其北境山冈、平原、河泡具备，水草极为丰茂，于牧畜最宜。此案既为经营旗产起见，自应先就本旗生计，妥为筹划。拟即将北境原无垦户之地，尽行划留，以为本旗牧场，严立界址，不许外人杂处，亦不准该旗私佃，以重本业。

一、此次奏办蒙荒，原以安插客民为要务。所有划分应放荒界，自应以原有垦户之地为断。查该旗地方，南自巴彦招入境，北行抵旗十七道岭、莲花图、野马图山三处，附近均有佃青各户开垦。其间，至三处以北始无外户。今拟三处以北划归该旗，作为阖旗牧场，三处以南划归应放荒界。计由旗十七道岭至莲花图，由莲花图至野马图山，东西相值，各距数十里。拟饬起员到段时，一面勘丈，一面于三处相距中间，均匀添设封堆若干处，务使垦、牧两不相妨，以正经界而绝争端。

一、此荒北界牧场，南至巴彦招，东西尽本旗所有。南北长四百里，东西广自七八十里至百里不等，皆系应放荒界。察其土脉，截然三等。梵通寺以南至洮儿河，即陀喇河东北一带，实为北段。旧有垦熟之地，大半在此，原野平旷，土脉膏腴，拟定为上等。自莲花图以南，沙碛茅土，即新更名双流镇以北，处交流、洮儿两河之间，实为中段。其荒地生熟相间，土色黑润，微有石子，拟定为中等。沙碛茅土以南，巴彦招以北，实为南段。其地性洼者带碱，高者带沙，拟定为三等。

一、荒界宽阔，将来一律开垦，均当先后安设官署。应预先采定城镇等街基，以为治所、市场。兹已于荒界适中之地沙碛茅土采定城基一处，更订新名为双流镇，纵横五里，过径内除划留垣壕、官道、衙署、庙宇、学校、仓储一切公所，并城外附近，宽留义地，设立马厂外，所有街基，均先行丈出，定价招领。如查有添设城市之处，再行续采，随时请夺，一律照办。惟查三等生荒土带沙碱，恐一时报领不能踊跃，如有应行变通之处，仍拟随时呈夺。

一、荒地既有三等之分，荒价自应照此加减。此荒膏腴之处胜于他旗，自应因地酌增。今拟南段三等荒地，仍照札赉特成案，定为每垧荒价一两四钱。中段二等荒地，每垧照加四钱，定为每垧荒价一两八钱。北段头等荒地，每垧照加八钱，定为每垧荒价二两二钱。统照札赉特成案，三七折扣，即报领时止按七亩交价，丈放时仍给毛荒十亩。所以宽留余地，俾作房身、墓地、道路、园场。街基拟照各处成案，另价出放。拟每街基一丈见方收价三分三厘，勿容折扣。愿领者长以六十丈为度，不准任意短长，以免限断官道，宽则一听领户之便。

一、查奏准章程第二条内开"将垦熟之地，丈清垧数，核收荒价。但将荒价缴清，已垦者不强令退地"等语，自应遵办。拟按前订各等价值，查其熟地在某界，即照某等补缴价银，以免偏倚。

一、此次丈放熟荒，拟无论原垦、逾垦、本佃、冒佃一律收价，勿容折扣。惟曾经一户交过押租二十两者，准于交价时报明，核与该旗移送名册相符，即行扣除，作为该户已交荒价，于该旗应得项下注明，俟分提时作扣。惟熟荒虽不扣成，然佃户旧有之房身、墓地、道路、园场准其报明，起员量为留出，不在该垦地内，亦不另收价值，以示体恤而符奏案。

一、此荒既系仿照札赉特成案，所有垧亩数目，亦应仿照办理。用二八八号计亩，每十亩为一垧，计一里见方合荒四十五垧，报领者但令交清荒价，无架空、拖欠等弊，则所领多寡，各从其便。

一、查向例办荒，多系先将荒地丈出，或任民采占，或到局掣签，办法不同，不无弊窦。兹既仿照札赉特奏准成案，挨号出放，以免采占，并参酌伯都讷开荒成案，挨村出放，令民聚处，易于防贼。凡领户应先赴局报明愿领垧数，即将荒价缴清，由行局刷印三连信票，预编号头，将票根存局，其中段与票梢掣交领户持赴该起，挨号呈验。由起员与领户，采明可为村基之处先行丈出，再由村基四面挨号，各放五里为率。惟此项村基，仍当以荒论价。放后即将信票截留中段，其票梢仍交领户收执，俟六年升科，换领蒙古大照。至报领街基者，亦由行局另刊三连信票，照章挨号一律办理。

一、旧户承领自垦熟荒，与报领生荒不同。拟由行局刷印三连信条，先发起员，其旧户熟地，由起员丈清垧数，注明数目等，第填入信条内，将存根截留汇总报局。将条尾交该户持赴行局呈验，缴清荒价，即由行局刷印二连信票，将存根截留，其票梢交承领之户收执，以备当年升科，换领蒙古大照。

一、查原奏熟地先尽原垦之户承领一条，已拟照办。惟丈清数目之后，即应赴局缴价，不许拖延。今拟定一期限，自丈清给条之日起，如逾限两个月不缴，查系有意抗延者，即由行局撤佃另招，以儆拖欠。至原户无力全种，情甘退佃者，或已垦若干垧不能全留者，所留多寡，均听其便，余地由局另招。

一、查原奏内开"本旗开荒，先尽本旗报领。如果报领无人方准外户报领"等因，自应遵办。现已先期请示晓谕，预定期限来局报领，如逾限不到，拟即招放外户，免稽大局。惟查原奏先尽本旗报领，系指生荒而言，至旧户自垦熟地，仍应尽原户承领，以符原奏安插客民之意。

一、熟地中间夹荒，拟准连界之旧户先领。若在两户或三四户之间，准各依各界，由起员匀拨分领。如均不愿承领，再行挨号另放，以示体恤。

一、准该蒙旗移局地图内载，荒界之内有垣寝、禁地、佛寺、鄂博以及栈道、河流、碱泡等，均应酌留，不在应放之列。查原奏内开"凡庐墓所在，已垦者量为让出，未垦者设法绕越"，自应一律照办。惟河道虽不出放，而人行渡口，仍应放出设渡，以利往来。拟由行局逐细访查冲要之处，另价招领。如该处原有船户者，准比照熟荒章程，尽原户承领，放后仍交该旗，换照征课。

一、本旗台壮，既经划留北境大段作为牧场，以安本业。惟间有原住荒界以内，不谙耕种，如又不愿迁归牧场者，准报由该旗咨明行局，查勘确实，即按屯之大小、户之多寡，依所住地段酌留牧地若干。以后如经迁移，所遗基地、牧地，仍应由官作荒招佃。如有原在荒界内居住，于附近自己垦出熟荒，继因避匪别徙将废弃者，如仍愿迁回，准其报由该旗咨明行局，即为酌留住基，其原垦弃去之地，如愿续种，准其备价承领。惟须该旗丁迁回之后，查其确系本人，方准照领，以防外户顶名采占之弊。

一、查奏案内开"札赉特招垦成案，经收荒价以一半报效国家，以一半归蒙旗，自王府以至台吉、壮丁、喇嘛人等分得"等因。此次所拟各等荒地，每垧概收一两四钱之底价，拟仿照办理。将此底价以一半归国家，作为报效，以一半归该王旗，自王府以至台吉、壮丁、喇嘛人等，分别等差，各有应得数目，无所偏倚，以资生业。至所拟二等加收之四钱，头等加收之八钱，应别筹办法。查该郡王以缠讼多年，益形匮乏，此案既为朝廷体恤蒙艰起见，自应仰体恤此意，斟酌办理。拟将此项加收银两及街基、渡口价值，全数拨归该王府，以上副朝廷恤藩之至意，下纾该王艰窭之忧。

编者注：二八八号，即以二百八十八号为一亩，一号为五尺。

督宪札据刘令福升禀恳招抚降匪徐海亭并令其招队护局抄批饬知由

军督宪增　　为札饬事　　案据帮办札萨克图垦务行局事务刘令福升禀称"窃边外匪首靠山即徐海亭，吉林农安县属新集厂人。该匪首自去冬以来，即志在投诚，而无由阶进，曾屡托人为沐恩言之，沐恩未敢遽信。迨今年夏间，该匪首忽偕其本籍新集厂恒升号十余家铺户，同至沐恩家中跪诉其非，声泪俱下，并称党羽业已散尽，仅剩单身一人，实出至诚，恳求援手。沐恩随又明查暗访，该匪首自去冬后，即弃邪归正，毫无不法。其本籍各铺商所以出保者，固皆深知其人，决其不至变心，故皆甘愿作保。窃思宪台正当剿抚兼施，弃瑕用人，但得真心效顺，无不准予自新。该匪首事同一律，可否并赐收录之处，伏求宪夺。如蒙恩准，再查札萨克图蒙荒，正须招队护局。然队多则饷无所出，队少又恐荒旷之所难于立脚。筹思至再，惟徐海亭于蒙地情形最为熟悉，足当此任。若令自招有枪马队两哨，带驻该处，常川巡缉，必可得力。可否之处，伏求批示遵行"等情，据此。除批示并分札外，合行抄批札，仰该局即便知照。特札。

计抄批一件。

批　禀悉。匪首靠山，即徐海亭，既愿改过自新，真心求抚，且有该处各铺户出具保结，姑准收录。令其先招有枪马队六十名，至多不得过八十名，分为两哨。即听蒙荒行、总局节制调遣，以观后效。如果收抚后，仍有不法情事，定当严行惩办。候饬交涉、营务、粮饷各局处知照。缴。

禀为遵谕请领行局垫办银两由

总、帮办全衔　谨禀督帅将军钧座：敬禀者，窃职等奉札开办蒙荒，当经拟具章程，呈请鉴核，并拟订行局员司等薪工、车价，开单呈奉核准各在案。八月二十一日，职心面奉宪台手谕，札萨克图荒局着发薪水两个月，即刻起程，等谕，奉此，查职等前拟章程第八条内有"拟请先借银六千两，以资垫办"。今遵宪谕，准发两个月薪水，合局费计算，约须银六千两整。是职等前拟数目与宪谕正符。职等急应遵谕，赴荒操办。应垦宪台转饬粮饷处，借拨银六千两整，径发职局，备文收领，以期捷便之处，伏乞核夺饬遵，实为公便。所有遵谕，请领行局垫办银两各缘由，合肃禀陈，恭叩勋安。伏乞钧鉴。职谨禀。

局衔　为移请事　案照敝行局开办伊始，需款垫办，现经禀请督宪，借拨银六千两整，以资办公等情在案。旋奉批示，所请借拨银六千两整，准予拨给，候饬粮饷处核发，仰即径领具报，等因，奉此，自应备移具领。专派解运锡委员寿，持文前赴贵处径领。即请如数拨银六千两整，弹对清楚，给交敝局锡委员寿领讫。除呈报督宪查核外，相应备文移请。为此，合移贵处，请烦查照，核发施行。须至移者。右移督辕粮饷处。

批　禀悉。所请借拨银陆千两整，准予拨给，候饬粮饷处核发，仰即径领具报。缴。

全局衔　为呈报、移行、移付事　窃卑案（照敝）局前经开办蒙荒，需款垫办，禀奉宪台（督宪）批饬，由粮饷（贵）处借拨沈平银陆千两，业经卑（敝）局备由具领，如数弹收，呈报宪台（督宪）鉴核在案。兹派卑（敝）局解运委员锡寿，解到沈平银陆千两，径交粮饷（贵）处，清还前欠（并饬守候回复，希即照数弹收，以重公款）。除分移（呈报）外，理合（相应）备文呈报（移行、移付）。为此，呈请宪台鉴核，伏乞（合移贵处请烦查照，贵总局见复）施行。须至移者照呈施行，须至呈者。

右呈：移军督部堂增　蒙荒省局、督辕粮饷处

总、帮办全衔　呈为解还粮饷处垫办银六千两伏乞鉴核由

批　呈悉。既据径解粮饷处，候饬该处核收具报。缴。

督辕粮饷处　为移复事　现准贵局移开云云，等因，准此。当将交还前借沈平银六千两，如数兑收讫。除呈报外，相应备文移复。为此，合移贵局，请烦查照备案施行。须至移者。　右移奉天蒙荒行局。

总、帮办全衔　为呈报事　窃职等前奉宪台札委总办奉天札萨克图蒙荒行局事务，禀请刊发木质关防在案。今于光绪二十八年八月三十日，接奉宪台批开，所请关防，随批钤发，仰即径领启用，一面将启用日期具报备案，等因。随封颁发奏办奉天蒙荒行局木质关防一颗到局，职等即日祗领，谨于光绪二十八年九月初二日开用办事。除移行外，所有接奉关防并开用日期，理合呈报备案。为此，呈请宪台鉴核施行。须至呈者。　右呈军督部堂增。

总办全衔　禀为请刊荒务行局木质关防速发遵领由

批　禀悉。所请关防，候饬迅速刊就，随批钤发，仰即径领启用，一面将启用日期具报备案。该处蒙荒亟应从速开办，仰该总办率同各员，限于九月初一日务宜动身前往，毋得延宕。缴。

督宪札据行局拟订员司书差月支薪水车价银两各数目饬复遵行由

军督部堂增　为饬复事　照得札萨克图蒙荒垦务行局开办伊始，应设各项委员，业经分别遴委饬遵在案。所有各该员及应需之办事官、司书、局差，月支薪水、车价、津贴银两各数目，既据该行局分别拟订开单呈核，应即如呈备案，合行饬复。为此，抄粘各委员衔名及薪水、车价银数清单，札仰该局即便遵照。特札。

计抄单二件。计开局中各员：

收支委员、分省试用州同纪应澜，主稿委员、候选通判钟祺，清讼委员、五品顶戴候选县丞张仲麟，以上三员薪水各三十两，车价各三十六两。帮稿委员、五品顶戴候选府经历刘作璧，解运委员、候选府经历锡寿，以上二员薪水各二十四两，车价各三十六两。绘图委员、五品顶戴尽先把总孙其昌，绘图委员、候选县丞陈峒寿，稽查委员、分省补用知县郑尔纯，稽查委员、工部主事崇华，抽查委员、提举衔候选州判王荫第，蒙文翻译官、委笔

帖式文亨，蒙语翻译官、五品顶戴靖兆凤，以上七员薪水各二十两，车价各三十六两。办事官、同知衔分省即补知县谢汉章，办事官、拣选知县邵建中，以上二员薪水各十五两，车价各二十四两。

计开绳起各员：

督绳委员、委署骁骑校荣斌，督绳委员、拣选知县善成，以上二员薪水各二十四两，车价各三十六两。头起监绳委员、蓝翎五品顶戴前锋舒秀，二起监绳委员、候选巡检张笃福，三起监绳委员、补用骁骑校丰庆，四起监绳委员、蓝翎补用防御成友直，五起监绳委员、分省补用盐大使田震，六起监绳委员、候补笔帖式吉芳，七起监绳委员、委用笔帖式德寿，八起监绳委员、补用县候选府经历周瑞麟，以上八名薪水各二十四两，车价各三十六两。

计开：

收支委员一员，薪水三十两，车价三十六两。主稿委员一员，薪水三十两，车价三十六两。清讼委员一员，薪水三十两，车价三十六两。帮稿委员一员，薪水二十四两，车价三十六两。解运委员一员，薪水二十四两，车价三十六两。稽察委员二员，薪水各二十两，车价各三十六两。绘图委员二员，薪水各二十两，车价各三十六两。蒙文翻译官一员，薪水二十两，车价三十六两。蒙语翻译官一员，薪水二十两，车价三十六两。办事官二员，薪水各十五两，车价各二十四两。司事六名，薪水各十三两，车价各十二两。贴书十名，薪水各八两，车价各九两。局差十名，薪水各四两，津贴各四两。督绳委员二员，薪水各二十四两，车价各三十六两。监绳委员八员，薪水各二十四两，车价各三十六两。司事八名，薪水各十三两，车价各十二两。书手八名，薪水各八两，车价各九两。绳夫每绳四名。木匠每绳一名。

总、帮办衔　敬禀者，窃等遵饬办理蒙荒，业将大概办法拟具章程，呈请鉴核在案。查此荒地极边藩，距省千有余里，行无旅店，居乏人烟，其苦乐劳逸较之大凌河、东西流等荒，殆有径庭之别。故职等前拟局员薪水、车价，开单呈鉴，皆系仰体宪意，较之大凌河等荒务章程，略从优厚，所以示体恤而杜弊端。旋蒙宪台核准，并将各员薪水、车价，原拟较少者，改订加优。仰见宪台俯恤辛劳，曲体僚属之至意，莫名钦感。惟职局总办暨帮办等差，所有薪水、车价应如何支领，及可否遵照向章，于奉札之日开支，自应禀由宪台酌夺，批示数目，并开支日期，以资办公。是否之处，职等未敢擅便，谨候批饬遵行。所有行局总、帮办月支薪水、车价及开支日期，请示遵领各缘由，合肃禀陈，恭请勋安，伏乞钧鉴。职　谨禀。

総、帮办全衔　　禀为行局总帮办月支薪水车价数目并开支日期请示遵领由

批　禀悉。该局总办每月准给薪水银一百两，车价银五十两。帮办每月准给薪水银五十两，车价银五十两。均由奉札之日起支，以资办公。候饬粮饷处知照。缴。

札为开办荒务委派局起各司书由

局衔　　为札委事　　照得本行局遵奉督宪奏派总办札萨克图蒙荒事务，开办伊始，公务蝟繁，额委员司不敷差遣，亟应加派员司弁，以襄庶务。查有　　堪以派为行局额外效力委员、效力差官。除呈报督宪查核外，合行札委。为此，札仰该员弁即便遵照。切切。特札。

右札仰文案核发管票委员五品顶戴增生胡盈甲，额外文案委员郭桂五，额外委员二员陆□、张耀春，额外差遣委员二员常润、佐东都，效力委员六员候补骁骑校世绪、委前锋校玉德、五品蓝翎姜玉升、候选知县伊良、候选从九品余发铎、候选训导韩英奇，效力差官六员吴亮孚、五品蓝翎候补骁骑校永吉、恩修、卢崇恩、徐庆元、即补千总杨光照，加派效力委员一员，候选府经历赵承安。

局衔　　为谕派事　　照得本行局开办伊始，文牍蝟繁，所有贴书等差，亟应分派，以充缮写。查有　　堪以派为行局贴书、随绳贴书、效力贴书，合行给谕。为此，谕仰该书，即便遵照。切切。特谕。

右谕行局贴书叶绵熙、李作昆、才碧峰、常连、耿相元、沈廷璞，准此。

右谕随绳贴书张承绪、田维上、叶之春、钱桂芬、郎成韶、赵文栋，准此。

右谕效力贴书盛文、春茂、王立德、马庆瑞、袁嵩琳、杨春荣、孙炳辉、马春元、春德、恒兴、全璞，准此。

局衔　　谨将职局札委办事官、司事各员衔名，分晰造具清册，呈请宪台鉴核，备案施行。

计开：

一、行局办事官二员：同知衔分省即补知县谢汉章、拣选知县邵建中。

一、行局司事六员：分省补用巡检吴培基、候选府经历张畯田、五品顶戴候选巡检王化普、五品顶戴候选训导郭世杰、增生胡盈甲、文童高凌奎。

一、八起随绳司事八员：头起五品顶戴监生蔡文忠、二起候选县丞肖齐贤、三起六品顶戴监生张文堂、四起五品顶戴候选巡检刘树芝、五起五品蓝翎委官领催申文庆、六起五品蓝翎候选巡检秦福田、七起五品顶戴候选巡检程玉森、八起五品蓝翎候补防御承厚。以上共十六员。

总、帮办衔　　为呈报事　　窃职等奉札办理蒙荒行局事务，业将局起各员司等差缺开单，呈奉核准在案。除已奉宪札委派各员不计外，所有办事官及局起各司事，自应由职局拣派妥员分别札委，以专责成。除分札暨移知省局外，理合造具衔名清册，备文呈报宪台鉴核。为此具呈，伏乞照呈施行。须至呈者。计呈清册一本。

右呈军督部堂增。

局衔　　为移行事　　案照敝局奉札办理蒙荒行局事务，业将局起各员司等差缺开单，呈奉督宪核准在案。除已奉宪札委派各员不计外，所有办事官及局起各司事，自应由敝局拣派妥员，分别札委，以专责成。除呈暨分行外，相应粘单备文移行。为此合移贵局，请烦查照施行。须至移者，计粘单一纸。

右移蒙荒省局。

呈送拣派办事官及局起各司事衔名册由

总、帮衔　　批　　如呈备案，候饬蒙荒总局知照。缴。册存。

呈为遵谕开送各呈履历由

总、帮办衔　　为呈报事　　窃职等现奉传谕，着各局处总、帮办暨各委员，开具切实履历，呈核等因，奉此。职等遵即转饬开具前来。职局帮办刘，带同蒙语委员靖兆凤，续调绘图委员陈峒寿，先后赴荒办事，计三员远在边外不及开具，暨清讼委员张仲麟原差系右翼巡队办事官，解运委员锡寿原差系斗秤局委员，业由该营局开送，勿容复呈外，所有职等，暨局员履历十八份，理合汇齐，备文敬送宪台鉴核，伏乞照呈施行。须至呈者。计呈履历十八份。

右呈军督部堂增。

总、帮全衔　　为呈请事　　窃查宪台会同钦差大臣奏办札萨克图蒙荒章程第八条，内载"本旗开荒，应先尽本旗蒙古台吉、壮丁人等纳领。如果报领无人，方准外来之户报领"等语。现当职局开放之初，虽该旗不能承领，亦应略为遵照，以符原奏。拟恳宪台，赏发告示十张，以便及时晓谕，并祈示内明定限期，或廿日或半月，庶免蒙人不能报领而误外来民户承领之期。理合备文呈请，伏乞宪台鉴核，批示施行。须至呈者。

右呈军督部堂增。

总、帮办衔　　呈为请发先尽蒙户领荒告示并乞明定限期伏候鉴核批示由

批　　如呈，缮给告示十张，随批钤发。仰即妥为张贴报查。缴。

督宪为出示先尽本旗蒙人定限拨领荒地由

军督宪增　　为出示招领事　　照得前经本军督部堂会钦差大臣兵部尚书裕，奏请出放哲里木盟札萨克图郡王旗荒地一折，业已奉旨允准，设局遴员前往开办，并出示晓谕各在案。查原奏第八条章程内开：该旗开放荒地，应先尽该本旗蒙古台吉、壮丁人，一体知悉。自示之后，该局丈出地段，准予限三十日尽尔等首先赴局报领，一面照章缴价，听候给照管业。如果逾限不报，即准外来之户报领，以示限制，而免延误。该蒙古台吉、壮丁等，须知此系格外体恤，务须依限呈报，毋得观望自误。倘敢事后借端搅扰，唯有执法严惩，决不宽贷。其各凛遵，毋违。特示。

督宪札为再行出示招领由

军督部堂增　　为札饬再行出示招领事　　照得前经本军督部堂会同钦差大臣兵部尚书裕，奏请出放哲里木盟札萨克图郡王旗荒地一折，业已奉旨允准，设局遴员前往开办，并出示晓谕在案。嗣据蒙荒行局呈称：该旗开放荒地，应先尽该本旗蒙古台吉、壮丁人等，首先报领，次及外来领户。如逾限不报，即准外来之户报领，以示限制，而免延误等情。当经出示招领，并准丈出之地，予限三十日尽该旗蒙古台吉、壮丁人等，首先报领各在案。惟思该蒙古台吉、壮丁人等，僻处荒隅，恐一时文告未及周知，合行札饬，札到该局，即便遵照。迅即查照前发告示，再行出示晓谕，张贴多处，俾众周知，以期依限呈报。倘有观望不前，事后借端搅扰，即行据实禀明，以凭惩办。毋稍违延。切切。特札。

右札办理札萨克图蒙荒行局，准此。

全衔　　为呈复事　　窃卑局于本年十一月二十六日，接奉札开云云，等因，奉此，当即遵照宪台前示，拟缮告示三十张，移交札萨克图郡王旗，分发张贴多处，俾众周知去讫。除将告示底稿缮单呈核外，理合备文呈报，为此，呈请宪台鉴查，伏乞照呈施行。再查宪台前发告示内开："自示之后，该局丈出地段，准予限三十日尽尔等首先赴局报领"等因。按卑局办荒，系丈、放并行，并不预先丈出地段，业经呈明在案。故兹拟告示，所有前示"该局丈出地段"一句，未经录入，以免该蒙丁等逾限借口，合并声明。须至呈者。计呈清单一份。　　右呈军督部堂增。

全衔

呈为遵札再行出示谕招札萨克图郡王旗台壮照前示给限报领请核由

批　　据呈已悉。缴。示稿存。

局衔　　为移行事　　案照敝局前奉将军札发照奏晓谕贵旗台吉、壮丁人等，先尽领荒，予限报领告示十张。业经敝局移交贵旗，请烦分发张贴晓谕，准覆各在案。兹奉将军札饬敝局，遵照前示，再行晓谕，以便僻处荒隅之台吉、壮丁等得以周知。倘逾限不到，事后借端搅扰，即行据实禀明，以凭惩办，等因，奉此，遵即查照前示，再行晓谕，缮译告示三十张，移交贵旗。请即一面分发张贴多处，俾无远近，均得周知，依限报领。除呈报外，相应备文移行。为此，合移贵旗，请烦查照，仍希将接收暨分发日期示覆，备案施行。须至移者。计告示三十张。

右移札萨克图郡王旗。

前件光绪二十八年十一月二十七日移。

局衔　为再行出示招领事　照得本行局前经呈请将军，查照奏案第八条"该旗出荒，应先尽本旗台吉、壮丁人等报领，次及外来领户"等因，出示晓谕札萨克图郡王旗台吉、壮丁等，"予限三十日尽该台吉、壮丁等，首先赴局报领，一面照章缴价，给照管业。如果逾限不报，即准外来之户报领，以示限制，而免延误。倘敢事后借端搅扰，唯有执法严惩，决不宽贷"等因。告示晓谕札发到局，当经移交王旗分发张贴去后，并准咨复各在案。现际限期将满，本旗报领虽已有人，诚恐各台吉、壮丁等，内有僻处荒隅，一时难以周知之处。兹奉将军札饬，遵照前示再行招领，合亟出示晓谕。为此，示仰该台吉、壮丁人等一体知悉。自此次晓谕之后，予限三十日来局报领，裁票拨荒。该台吉、壮丁等当知此系将军格外加恩体恤，务须凛遵前示，依限报领，毋得任意指占，延价不交，以及事后借端搅扰，致干法办，其各凛遵勿违。切切。特示。

呈为移借吴总巡马队同赴蒙荒呈报鉴核由

为呈报事　窃卑府等，拟赴札萨克图巡视蒙荒，并与该郡王商定，以便开办各情，业经呈报在案。伏查蒙民愚昧，谣议无常，恐有以讹传讹，因而起讧之事，不得不预为之防。卑府等此次到蒙，拟于剀切晓谕之中，仍略示以弹压之意，将卑府新募马队四十名全数带往。惟该队初经招抚，训练未深，若带此队尚恐不甚稳便。卑府等再三筹酌，只得就近移请辽源州总巡吴俊升，借拨哨官一员带马队二十名，合同卑局马队随卑府等前往，俾资弹压。除移行外，理合呈报。为此，呈请宪台鉴核，伏乞照呈施行。须至呈者。

右呈军督部堂。

为移行事　案查敝总、帮办遵照督宪谕饬，拟赴札萨克图周视蒙荒兼与该郡王商定开办等因，业经呈报在案。查敝局现在前赴蒙荒，应略带兵队，以示弹压。但敝局护勇马队仅止四十名，且系初经招募，训练未深，若竟携之前往，未免尚嫌单薄，应（拟）请贵总巡（吴总巡）派拨巡捕哨官一员，带领马队二十名，随同前赴蒙荒，俾得借资震慑。除移请吴总巡暨辽源州、北路统巡知照，并呈报督宪查核外，相应备文移行。为此，合移贵总巡（统巡、州），请烦查照施行。须至移者。右移总巡辽源州巡捕马步吴、统巡北路巡捕马步全军恒、辽源州正堂蒋。

批　据呈已悉。候饬营务处、交涉局知照。缴。

呈为职等现抵郑家屯拟立行局并前往蒙荒勘办日期伏乞鉴核由

为呈报事　窃照职心前至法库边门，业将验看来接马勇，并职福变通招募护局步队各情形禀明在案。职等现于九月十三日行抵郑家屯，当经张贴省颁招垦告示及卑局严紧关防告示，随即租得旧房一所。只以局中人众，此房尚属能容，赶紧派员量加修理，以备先行设立行局。拟于十六日携带关防，带领帮稿、堪舆、绘图、蒙文、蒙语翻译各委员，前赴札萨克图荒段，周历巡视，悉心察勘，以便分别定价。并将应设城基地方，预为采明，一并绘图呈报。一面亲至该蒙旗与该郡王妥筹商办，除俟职等查明旋郑后，再行详细呈报外，所有职等现抵郑家屯，并前往荒段日期，理合备文呈报，伏乞宪台鉴核施行。须至呈者。

右呈军督部堂。

批　据呈　已悉。缴。

报卑府等查勘蒙荒回局日期伏乞宪鉴由

为呈报事　窃卑府心、卑职福于光绪二十八年九月十七日，带同员司赴札萨克图蒙荒周历巡视，所有起程日期，业经呈报宪鉴在案。兹于十月十四日回局，除将查勘情形，拟具章程另文呈请核夺外，所有回局日期，理合呈报。为此，呈请宪台鉴核，伏乞照呈施行。须至呈者。

右呈军督部堂增。

批　据呈已悉。缴。

禀为帮办王　现抵郑家屯行局日期禀请宪鉴由

帮办衔　谨禀督宪将军钧座前：敬禀者，窃卑职禀辞后，当即带领一切局绳员司人等就道，现于九月二十二日行抵郑家屯行局。适卑局总办张守心、帮办刘令福，业经前于九月十六日同赴蒙荒去讫，约于十月初十日前后当可旋局。卑职随即督饬迅将卑局租房修理完竣，赶紧带同员司书差人等移归局中，俾得随时易于稽查约束。至卑局一切应行开办事宜，除俟卑局总办张守心由荒旋回，再行会同妥商呈报外，所有卑职现抵行局日期，理合肃禀陈明，恭请钧安，伏乞垂鉴。卑职谨禀。

呈为到荒查勘实情并拟议应办事件即时开绳呈报鉴核由

为呈报事　窃卑府等前赴札萨克图蒙荒周历巡视，并与该旗商明开办等情，业经呈报在案。九月二十日至巴彦招入该旗境，沿途巡视荒地，考察人情。

二十三日抵该王府，商定一是。二十八日由府启行，十月初一日回至沙碛茅土地方，勘定城基一处。并从该王之请，拟在此传集该旗台吉等，会同该王面谕开办。此卑府等到荒大概情形也。卑府等前奉闻谕，该荒应往察看实情，分等定价。一面呈明，一面开放等谕。奉此，卑府等往返察看，并博访周资。查得该旗应放地面，南北赢而东西缩，南北约长四百，东西宽百里或八九十里不等。可分为三段，自巴彦招以北至沙碛茅土，约长二百里，间有熟地，而佃户被匪，多经废弃，土色微薄，是为南段。自沙碛茅土以北，在洮儿河即陀喇河与交流两河之间，荒地生熟相间，全属黑土，高出南段之上，是为中段。至洮儿河东北一带，所有旧有外旗佃户，全在此处，未垦之荒亦尚不少，尽属膏腴，迥出南、中两段之上，实为北段，卑府等详查，三段截然三等，深服宪台分等定价之谕，明烛千里。拟即将南段定为下等，照奏引价值，每垧收银一两四钱。但此处比较中、北两段，相形见绌，若照此价首先开放报领，恐难踊跃。拟请暂照此价，权为试放，观其能否畅旺，再为禀夺。其中段拟定为中等，价值照下等酌加四钱，作为每垧一两八钱。至北段拟即定为上等，价值照中等酌加四钱，作为每垧二两二钱。凡报领生荒，按垧三七折扣。熟荒除按户扣去押租银两外，一律补价，当年生科。卑府等拟于此次呈明后，即遵谕拨派绳弓，分途前往放丈。至该处人情，除本旗系公同请员代办，原出至诚外，其外旗佃户亦愿出荒，盖一经补价，即成永业。惟虑加价过多，卒难缴办。若照前拟酌加数钱，揣度情形，当无滞碍。至四两之库平、一五之经费，自应仿照向章随价加收。此卑府等查勘蒙荒土地、人情，及拟办之实在情形也。卑府等行抵王府宣示宪意，与该王数次晤面。查得该王旗数年缠讼，殊形空乏。该王始请免放河北旧户，继请自放城基，详察其情，盖欲多得荒价。以济困穷，卑府等因就奏案、局章、国恩、宪德前后宣导，破其茅塞，并言拟恳宪台，奏将荒价多拨该旗等情。可否即恳宪恩，所有荒价，除原拟一两四钱之数及城基价值，均按定章分劈外，其拟定中等每垧酌加之四钱，上等每垧酌加之八钱，即准全归该王。并由卑府等酌量会商，分给该台吉等，以示格外体恤之处，伏候裁夺。如蒙核准，即乞奏明遵办。此卑府等面晤该王各节，并拟请核办之实在情形也。伏查奏案十条，应由卑府等按情详议，请夺者为款尚多。兹因封冻在即，亟应开绳。谨于途次，仓卒将查勘实惰及此时应办事件，拟具驰报，以便一面开办。除详细章程、图说，恳容旋局再行拟呈外，理合呈报。为此，合呈宪台鉴核，仍乞批示遵行。须至呈者。

编者注：四两之库平、一五之经费，系指每百两银加收四两平银、十五两经费银。

附禀为面晤该郡王其中语言既谬妄各情由

敬附禀者，窃卑府等面晤该郡王各情，业经呈报大略，其中尚有胶葛之处，不得不为我宪台陈之。查办荒一案，原出该王旗本意，乃晤面之时，或请不放河北，或请自放城基，又谓告示无河北字样种种谬言，殊属出人意表。卑府等因谕以此案之所由始，与利害之所以终，凡宪台格外成全之至意，委曲宣传，反复驳议，该王始稍醒悟，特馈羊酒，临行又各赠马一匹。卑府等恐其多心，因即不却。卑府等留府数日，查知该王总有欲留河北之意，实缘有刘东武者，即刘昶武之兄，勾串皇寺巴喇嘛之侄及王札兰之子蛊惑其间。谓："此事若经官办，河北佃户定有大变。若从缓由刘某包办，利更大，而全数归王，且无变故"等语，不一而足。该王人虽忠厚，素无主见。故刘某唉以大利，吓以虚辞，以致畏葸之心与近利之见，积而有此。查刘昶武前次禀开商局包办蒙荒，即系其兄主谋，屡经驳斥，未遂私图。而该员蒙驳之时，即卑府等奉札之日，因谓卑府等为之挑剔，在省时已播散谣言。后抵局次，而刘东武已先到郑，而谣诼如前。及赴蒙荒，则刘东武已绕道河北，一路鼓煽佃丁，旋达王府。闻卑府等到此，乃退赴北荒。卑府等言旋，伊复来府。及卑府等抵沙碛茅土，则道途传述谓"卑局专司绳丈，至荒价则刘东武奉委包办"云云。众口喧传，蒙、民一说。伏思刘某蛊惑该王，诚为可恶。而又托为讨债，使官中不能究办，其计甚巧。拟恳宪台俯鉴卑局创办维艰，一面先飞札该王旗，谕以该旗原因河北招户起衅，以至钦差查明，既经该旗公请派员代办，始奏奉谕旨，钦遵办理，自应首办河北，以符奏案。若留至异日，则私户数千，势必又出枝节。况河北膏腴，河南硗薄，相形之下，自应择优开办，以免领户裹足。毋得仍前偏听，致干违旨之愆等谕，严饬到蒙。至刘某在此盘踞，可否出自宪施，饬下拿送、驱逐，以免造言生事之处，伏乞核夺，速赐施行，实为公便。合肃附禀，恭启勋安，伏乞钧鉴。　　　谨禀。

再禀为准蒙王面请传集该旗台壮会同该王面为传谕以免上下歧异由

敬再禀者，窃　等，又准该郡王面请，借重宪威，传集该旗台吉等会同该王，面为传谕，以免上下歧异，退有后言等语。窃维该旗上下离心，匪伊朝夕，若不代为调停，令其帖服，倘积而生事，实于大局有关。且闻该旗相传向例，办荒本旗台吉有留七里界、五里界之说。伏思蒙丁散处，若照此划留，则异日蒙、民相间，耕牧杂居，彼此最易生事，断难照准。然竟不为设法，该台壮等亦必情有不甘。因即从该王之请，限于十月初五日，在沙碛茅土传集该台吉等，该王亦于是日前来面同传谕，俾各安靖。并拟将前拟中上等荒地所加价值，全数拨归该王旗，照原奏分等拨给，上下均沾，以资生业之议，略为宣示。俾该蒙等咸感恩施，而免异议。似此办理，庶该旗上下可相安于无事矣。合肃附禀，恭请钧鉴，载叩勋安。谨禀。

批　呈悉。该蒙旗荒地，统照札赉特成案，每垧收价四千二百文，以一半报效，以一半归该王、台吉、壮丁、喇嘛等，照章各分。此外，无论加价若干，均仍给该王、台吉、壮丁、喇嘛以示体恤。至附禀，该王请留河北荒地，并欲自放城基，及刘东武蛊惑生事各情，查该王旗原因河北招户，以致起衅成讼，迨钦差大臣会同本军督部堂查明，奏奉谕旨开办蒙荒，系统指河南、北而言，自应一律开办，以符奏案。至所收城基价值，即可拨归该蒙王等均分，局中止收经费，以资办公。但仍须由局监放清楚，以免日后争衅，再贻讼累。刘东武造言滋事，摇惑人心，殊堪痛恨，仰即派队拿解送省严办。候饬札萨克图王旗遵照，并候饬蒙荒总局知照。缴。

呈为采定城基并拟价值呈请鉴核示遵由

为呈请事　窃查蒙荒地方宽阔，将来开放完竣，即当安设官署。自应先采城基，以备治所。卑职等查得沙碛茅土西面，依洮儿河西岸，即中段地方，乃适中之地，水陆兼通，依山带河，甚得形势，堪以定为城基，现已勘定四至。其街基价值，拟每一丈见方，收价银三分三厘，以长六十丈为度，宽则听其自便。至河北佃户已属不少，不久即应安设抚蒙一厅。即河南亦应分设州县，所有城基应俟续采，再行禀夺。所有卑府等拟定城基，并价值等项各缘由，是否有当，理合备文，呈请宪台鉴核施行。须至呈者。

批　据呈已悉。所拟尚属周妥，仰即照办。一面详细绘图贴说，送辕备查。候饬蒙荒总局知照。缴。

呈为新采城基更名双流镇请核由

为呈报事　窃卑局前在荒界沙碛茅土地方，采定城基，业经呈报在案。惟沙碛茅土一名，系属蒙人土语，音繁语诘，蒙汉传者，人各异词，将来建立城池，此地必臻繁盛。查此地在洮儿河与交流河汇流处，紧依西岸，拟将沙碛茅土，更名为双流镇。是否之处，应恳宪台鉴定，理合备文具呈。为此，呈请宪核，伏乞照呈施行。须至呈者。

批　据呈已悉。候饬蒙荒总局知照。缴。

呈为绘送街基全图丈尺领户花名并征收价银请核由

为呈报移行事　窃职（案照敝）局曾以札萨克图荒段之中，勘得沙碛茅土地方，改名双流镇，招放街基，现经绳丈放竣。该城东西计宽九百四十丈，南北长九百五十五丈，核占荒地一千二百四十六垧八亩零六厘。以纵横一丈见方，核成八十九万七千七百丈方，其中街巷、衙署、庙学、城壕官留一十七［六］万四千三百二十丈方，实放花户三百三十八名，共计街基七十三万三千三百八十丈方。内除旧户熟地房身变作街基不收基价地四万八千丈方外，净应收基价地六十八万五千三百八十丈方。每丈按照三分三厘计，征基价库平银二万二千六百一十七两五钱四分，又征一五经费库平银三千三百九十二两六钱三分一厘，二共征收库平银二万六千零一十两零一钱七分一厘。合将所放花户，编为号头，按名造具毗连清册一本，绘录贴说基图一份，注明街巷、城门名目，是否合宜，恭请宪订。除移行（呈报）外，理合（相应）备文呈报（移行）。为此，呈请宪台鉴核（合移贵局、贵王旗请烦查照）施行。须至呈（移）者。

计呈（移）城基图说一份，花名清册一本。

双流镇城基图总说

谨按：此城系井字分街，正门应设八座。兹特以国、富、民、丰、和、亲、康、乐八字分配命名外，在西北来龙及东南文峰，另开乾佑、启文二小门，既以通天地之气而启文明，复可避让省垣八门、八关。至本城八门各相对峙，按时地之宜，以取意焉。所有领户花名，均已按方填注。衙署、仓学、庙地俱经留出，并将街巷、垣壕、界址，亦一律划清，以备异日浚修整齐。沿垣种树，以壮观瞻，而资捍卫，庶不患无其基尔。敬谨绘具图说，恭呈宪鉴钧裁。再大街呈属四丈，小街呈属二丈五尺，但有兴修者，皆饬令自留五尺余地，是大街公私合计已宽至五丈，小街已宽至三丈五也。

呈为护局马步队就近归总巡吴俊升节制伏乞鉴核由

为呈报事 窃卑局前奉批饬招护勇二哨，业将募齐日期禀蒙批准，并饬各局处遵照等因，各在案。惟卑局马步护勇均系新募成哨，必须妥为操演方能得力。惟是卑府等常川公出，碍难朝夕训练。查有驻辽源州吴总巡俊升，久历戎行，闻望凤著，所部队伍，均有纪律。拟将卑局马步队各一哨，请归该总巡就近节制，与巡捕队一体演练，庶该员弁什勇有所遵循。虽卑府等因公远出，亦不至漫无约束，致滋事端。除移行外，理合备由具文，呈请宪台鉴核示遵。为此具呈，伏乞照呈施行。须至呈者。

为移行事 案查敝局前奉督宪批饬招募护勇二哨。业将募齐、点验日期，分别呈、移各在案。惟查马步什勇，均系新募成哨，若非妥为操演，难期用命。敝总、帮办常川公出，碍难朝夕训练。贵军吴总巡（总巡）久历戎行，闻望素著，所部队伍均有纪律。拟将敝局护勇马、步队各一哨，均请吴（贵）总巡就近节制，与巡捕队一体演练，俾该员弁什勇人等，有所遵循。虽敝总、帮办因公远出，亦不至漫无约束，致滋事端。除呈报督宪鉴核暨移行吴总（恒统）巡外，相应备文移行。为此合移贵统（总）巡，请烦查明，见复施行。须至移者。

右移统巡恒、总巡吴。

为札饬事　　照得本行局招齐护勇二哨，均系新募，必须妥为操演，方能得力。本总、帮办常川公出，碍难朝夕训练。查有驻辽源州吴总巡，久历戎行，闻望夙著，所部队伍均有纪律。兹将该马、步队各一哨，均归该总巡就近节制，与巡捕队一体演练，庶有遵循。除呈报暨移行外，合亟札饬。为此，札仰该巡长等即便遵照，务须恪遵约束，勿负委任。切切。特札。右札仰马队正巡长五品顶戴徐海亭、马队副巡长五品顶戴披甲宝麟、步队正巡长五品顶戴王绍东、步队副巡长六品顶戴李成林，准此。

批　　呈悉。该局马、步护勇，准其归辽源州吴总巡俊升就近节制。仍须勤加演练，不时约束，毋滋事端。切切。缴。

为移行事　　案查敝局前募马、步队各一哨，拟归贵州巡捕队总巡吴（军吴总巡、总巡），就近节制等因。业经呈请督宪核夺，并移行贵州（统、总）巡查照各在案。兹于十一月十三日奉到督宪批开："呈悉。该局马、步护勇，准其归辽源州吴总巡俊升就近节制。仍须勤加演练，不时约束，毋滋事端。切切。缴。"等因，奉此，除分移外，相应备文移行。为此，合移贵州（统巡、总巡），请烦查照施行。须至移者。

右移辽源州蒋统巡恒、总巡吴。

总巡辽源巡捕马步队吴　　为移复事　　兹准贵局移开"案查敝局前募护局马、步队各一哨，拟归贵总巡就近节制"云云等因，准此，敝总巡当即札饬护局马、步队官长，率同什兵与巡队一体操演，并不时就近训练，以期咸知纪律，克成劲旅。除呈报外，相应备文移复。为此，合移贵总、帮办，请烦查照施行。须至移者。

蒙旗移为在莫勒格池传谕台壮如再不到自应外户报领由

乾清门行走哲里木盟科尔沁札萨克图多罗郡王协理印务四等台吉巴图济尔噶勒等　　为咨行事　　今呈报军督部堂文开：为呈请本旗奉旨开荒以安蒙民事。兹准贵军督部堂出派委员张、刘等，于九月二十三日到旗，自应遵照上谕，辨通新章，录写十条。查开本旗之荒，先由本旗之蒙古台吉、壮丁人等报领，如本旗无人报领，再由外户呈领，以便恩施原户，不失其业等因。遵旨将台吉、壮丁等传唤，如有不愿报领之情，再行开放外户。今由本旗将台吉、壮丁等，每户传唤一人，以旨劝谕各情等因。传唤几次未到，又会同委员出示晓谕，本旗台吉、壮丁等，每户传人一名，限于十月初五日在莫力格奇地方齐集。各处晓谕，具情呈报贵军督部堂，而且遵旨传唤，又候至十几，仍是未到。今奉饬旨要件，恐迟延时日，是以具情呈报，希为贵军督部堂鉴阅，是否等候。如台吉等再行不到，自应照旨所拟，准其外户报领，并候指示遵行等因，照抄知会。为此，合咨贵委员，请烦查照可也。须至咨者。

蒙旗为移送台壮坟墓房园牧场地图由

札萨克图多罗郡王协理印务四等台吉巴图济尔噶勒等　　为咨行事　　今呈报军督部堂文开：为呈请事，本旗奉旨出荒，与丈地委员会同核议，年久居住之蒙户人等，今开新荒界址，所有着留坟墓、房产、牧场等处，并将地名绘图装封呈报贵军督部堂查核，即由地图着留本旗台吉、壮丁、牧场，以安众蒙古生活，不失原业。今准贵军督部堂饬交告示内，拟一面先行开办等语，仿照本盟长王札赉特旗界新荒丈量样式，晓谕办理本王旗南界地方。新荒丈量开办，系属奏奉上谕议定章程，希为贵军督部堂鉴阅，是否即候指示外，相应照抄地图，并注图说一份咨送。为此，合咨贵委员查照可也。须至咨者。

蒙旗移为派员会同解送押荒银两由

札萨克图多罗郡王协理印务四等台吉巴图济尔噶勒等　　为咨行事　　今呈报军督部堂文开：为呈请事，兹与委员会商奉旨出荒，押租照议原奏章程，而本旗内押荒银与委员等，并由本旗出派委员，两造会同照旨解送，即收租时再行立局，出派会勘绳丈委员，希为贵军督部堂鉴核饬复，一并呈报外，相应照抄知会。为此，合咨贵委员查照可也。须至咨者。

为军宪晓谕旧垦蒙荒佃户分别交价告示移交蒙旗分发张贴由

为移行事　　案照敝局前奉军督部堂晓谕旧垦荒地蒙、民佃户告示，颁发到局。除由敝局就近张贴外，兹将原示二十张移交贵旗，希即饬发旧垦佃户地方，择要张贴，以便周知。相应备文移交。为此，合移贵旗，请烦查照饬发，见复施行。须至移者。

右移蒙旗。

札萨克图郡王　　为咨复事　　今收到告示二十张，并转饬各该处遵照。为此，特咨贵总、帮办，请烦查照可也。须至咨者。

为总、帮办到荒晓谕蒙民关防告示由

为剀切晓谕事　　照得本局遵奉谕旨，开放札萨克图蒙荒。闻有不肖之徒，冒称本局委员，或捏称与本局暨王旗素有交识，可以代缴荒银、价廉、地倍，或通融绳丈先得膏腴，种种招摇，殊堪痛恨。无识乡民，辄被愚弄。除由本局派员随时严密查访外，合亟出示晓谕。为此，示仰尔蒙、民人等，如遇此等奸徒，准其扭送来局，或赴局禀报，以便缉拿，按法惩办，决不姑宽。倘尔蒙、民人等希图取巧，自受欺愚，本局查知，亦当照予受同科之例惩办，勿谓言之不预也。其各凛遵，毋违。特示。

为晓谕蒙旗台吉等限期齐集摩勒克圻听候面谕由

为出示晓谕事 照得本局奉军督宪札饬，开办札萨克图郡王旗荒务，不日即当拨派绳弓到段放丈，自应传谕该旗台吉人等，以便周知，合行出示晓谕。为此，示仰该台吉人等作速遵照前来，限于十月初三日，齐集摩勒克圻地方，听候面谕，毋稍稽延，致干未便。其各凛遵，勿违。切切。特示。

为移请昌图、康平、奉化、怀德各府县转饬张贴省发告示由

为移行事 案照敝局奉督宪奏派办理札萨克图蒙荒，所有开用关防日期，业经移行贵府、县查照在案。兹奉督宪札发晓谕招垦告示，并饬行局移送附近地方衙门代为张贴，以广招徕等因，奉此，相应备文移送。为此，合移贵府、县，请烦查照转饬乡地张贴市镇通衢，并即见复可也。须至移者。 计移告示十张。

右移 昌图府正堂福，康平、奉化、怀德县正堂。

昌图府正堂福 为移复事 光绪二十八年九月二十三日准贵局移开"为移行事，案照敝局奉督宪奏派办理札萨克图蒙荒，所有开用关防日期，业经移行贵府查照"云云等因。准此，当将送到告示，派差分贴去后。兹据去役林玉堂禀称，奉派携带告示十张，遵往府城、亮中桥、通江口、两家子、金家屯、宝力屯、大洼、八面城、四平街、鹭鹭树等处，各贴一张等情禀夺前来，敝府复查无异。合将张贴处所，备文移复。为此，合移贵局，请烦查照。须至移者。

署奉化县正堂鲜 为移复事 光绪二十八年九月二十日准贵局移开"为移行事，案照敝局奉督宪奏派办理札萨克图蒙荒，所有开用关防日期，业经移行贵县查照在案"云云等因，准此，敝县遵将送到告示十张，饬差前往县属大、小城镇，择要粘贴，俾众周知。拟将张贴处所，开具清单移复。为此，合移贵局，请烦查照施行。须至移者。

计移送清单一纸。 计开：

实贴署前照壁一张、本城东大街一张、西大街一张、榆树台街二张、小城子街二张、拉吗甸街一张、四平街一张、南郭家店街一张。

为出示严紧关防告示由

为出示晓谕事 照得本总帮办现奉督宪奏派总办札萨克图蒙荒事务，先在郑家屯设立行局，定期出示招垦，一切悉秉大公。惟蒙荒关系重要，开办伊始，首宜严紧关防。所有本总、帮办随带员司人等，俱系由官派定，居住局中，仍由本总、帮办时加约束，严密关防，决不敢出外与人交通。此外，并无随从亲友及一切私人在外游行散处，招摇生事。如有不法之徒，胆敢假托本总、帮［办］至［友］亲朋、跟随家丁，与冒充本行局员弁、差役人等，设计撞骗，愚弄乡民，或扬言能多领坰数，或声称能代办膏腴，种种弊端，殊堪痛恨。除由本总、帮办遴派妥干员弁，随时明察暗访，严拿重惩外，合亟出示晓谕。为此，谕仰旗民人等一体知悉。倘有以上不肖奸民，准尔等即时扭送来局，立即照例惩办。倘竟行贿嘱托，甘受愚惑，即系贪图取巧不安本分之民，一经访闻或别经发觉，定按与受同科之例，从严惩治，决不宽贷。各宜凛遵，毋违。切切。特示。

为开局出示报领街基章程由

为出示晓谕事　　照得本行局开办札萨克图蒙旗荒务，业经本总、帮办亲赴荒段周历巡视，详细履勘，于洮儿河西岸沙碛茅土地方，采得城基一处。该处依山带河，水陆兼通，土地腴厚，形势融结，属四通八达，最为蒙荒适中之地。现已于该处勘定四至，设立井字大街，划留官道。官道之外，一律出放街基。拟定每一丈见方，收价实足银三分三厘。每领户长以六十丈为度，宽则不拘多寡，听其自便。每收银一两，遵照定章加库平银四分、经费银一钱五分。本局择于十月十八日开局，合先牌示旗民、商贾人等一体知悉。如有愿领街基者，限于二十日起，照后开章程，报领交价，掣发信票。即由该领户执赴该处，呈验照拨，自行盖房，永远管业。惟此项街基，系有定数，尔等切勿观望迟疑，自误致富之基也。切切。特示。

计开：

一、每街基长以六十丈为度，不准多领。宽至数十丈、百余丈，均听领户之便。

一、每街基一丈见方，收银三分三厘。计宽一丈、长六十丈，合银一两九钱八分。

一、每价银一百两，应补库平银四两，并随缴经费银一十五两。此外，局内以及地起，并无分厘费用。

一、丈放街基，由本局报领，先后编列号头给票，前赴绳起，挨号丈放，勿许颠倒挪移。

一、欲领街基之户，应先到本局收支处，报明宽、长、尺、丈，照章缴价领票。即由该领户执赴城基地方，报该绳起照拨地基。倘逾限不到，绳弓不能守候，即须按以下名次挨放。

一、该户等所领之票，到绳领地后，应由该绳起加盖戳记，仍交该领户收执。以备报竣后，换领大照。

一、该户领妥街基之后，务须及时修造房屋，不得久留空地。

一、城基居中，先行划定衙署基址，外设井字大街四道。每道均宽四丈，由官划留，不得外放。领户盖市房时，亦不准稍有侵占。

呈为卑局择于十月十八日开局伏乞鉴核由

为呈报事　窃卑局奉札开办蒙荒，拟在郑家屯设立行局各情，业经呈报在案。兹择于光绪二十八年十月十八日开局，除移行外，理合备文呈报。为此，呈请宪台鉴核，伏乞照呈施行。须至呈者。

为分移开局日期由

为移行事　案照敝局开办蒙荒，拟在郑家屯设立行局，业经呈报督宪查核在案。兹择于光绪二十八年十月十八日开局，除呈报外，相应移行。为此，合移贵局、处，请烦查照施行。须至移者。

右移蒙荒省局，督辕文案、营务、粮饷处，交涉局。

批　据呈　已悉。缴。

呈为荒界银色低潮应否从权照收伏乞鉴核由

为呈请事　窃查卑局开办伊始，所有征收价银，自应酌定妥切章程，以昭平允。惟查蒙荒一带，银色向来低潮，大约较之省银相差不等。职等再四筹思，若照此项银色征收，将来解省，诚恐粮饷处碍难照收。若照省银必须加色，一经照加，又恐物议沸腾。若令领户自行变买好银，此地又无银行票商，无从转换。当此开办之初，若不因地从权，诚恐有碍招徕，难期踊跃。此系实在情形。应恳宪台俯鉴前情，可否即照此地市银收解之处，职等未敢擅便，理合呈请宪台察夺。为此，具呈。伏乞批饬遵行。须至呈者。

批　据呈已悉。银色过于低潮，将收运到省，势难发放。务须选择足色者征收，方免日后周折。仰即斟酌，妥善认真经理。缴。

呈为拟添设管票委员一员呈请核夺由

为札委事　照得本行局管票一差，事繁责重。业经禀请，添设管票委员一员，以司事吴培基提充。理宜听候督宪札委，再行任差。惟现值出放之际，事务殷繁。自应将分省试用巡检、司事吴培基，先行委为试署管票委员，合亟札委。札到，该员即便遵照。务须勤慎供差，勿负委任。切切。特札。右札仰分省试用巡检吴委员培基，准此。

为呈请事　窃卑局出放荒地，文案、收支而外，惟经管票张一事，最为重要。现在又添刊熟地、城基等项票张，合之生荒三连票，计共三项地票。非添设专员经理，不足以专责成。是以恳乞宪台，垂念卑局票件事体繁重，可否添设管票委员一员，专司核发信票事宜。其薪水车价，拟请仿照解运委员开支。如蒙俯允，即请以卑局司事、候选巡检吴培基提充。并乞饬发委札，以便遵照任差。可否添设之处等，未敢擅便，理合备文呈请宪台鉴核，批示施行。须至呈者。

批　呈悉。司事吴培基既常川驻局，即责成专管票张，不必提充，以节糜费。缴。

呈为司事吴培基提充管票委员遗差以张瑾充补伏乞鉴核由

为呈请事　窃照卑局现在呈请添设管票委员一差，拟以司事吴培基提充。如蒙恩准，所遗司事一差，即请以府经历衔张瑾补充，以专责成。理合备文，呈请宪台鉴核，批示施行。须至呈者。

批　呈悉。已于提充吴培基呈中批示矣。缴。

为札委张、郑二委员兼理营务由

为札委事　照得本行局护勇马、步队各一哨，业经募齐，派有正、副巡长领带所有营务事件，自应派员管理，以资钤束，而专责成。查有清讼张委员仲麟、稽查郑委员尔纯，老成谙练，熟悉营务，均堪派为兼理营务一切事宜。除分札外，合亟札委。札到，该员等即便遵照。务须认真考查，申明约束，力副委任之至意。特札。

右札仰蓝翎五品顶戴候选县丞张委员仲麟、升用直隶州即补知县郑委员尔纯，准此。

为札委员试办转运办事官司事等由

为札饬事　照得本行局绳起各员、司书、差人等，刻日赴段放荒。蒙地粮草维艰，业经禀请添设转运，以济食用。自应暂为借垫公款，派员先行试办，以济急需。查有蓝翎五品顶戴尽先千总吴亮孚，堪以派为试办转运正办事官，住沙碛茅土，居中囤积，供应上下。蓝翎五品军功委官领催恒兴，堪以派为试办转运总卡司事。五品顶戴尽先外委卢崇恩，堪以派为试办押运副办事官。蓝翎五品顶戴委官徐庆元，堪以派为试办押运司事，专司采买粮草、押运等事。除呈候督宪批饬再行札委外，合亟札饬。札到，该员等即便遵照。务须勤慎经理，认真操办。如果办遵妥善，自当择优存奖。倘有侵蚀、亏空等事，即予惩撤，仍责令包赔，决不姑宽。切切。特札。

右札仰试办转运正办事官、蓝翎升用守备、直隶提标、补用千总吴亮孚，转运总卡司事、蓝翎五品军功、委官领催恒兴，押运副办事官、五品顶戴尽先外委卢崇恩，押运司事、蓝翎五品顶戴委官徐庆元，准此。

为谕试办转运分卡贴书由

为谕饬事　照得本行局绳起各员、司书、差人等，刻日赴段放荒。蒙地粮草维艰，业经禀请添设转运，以济食用。自应暂为借垫公款，先行试办以济急需。查有姜德升，堪以派为试办转运包四土第二分卡贴书，世绪，堪以派为少拉欧根第四分卡贴书，王立德，堪以派为巴彦招第六分卡贴书，杨春荣，堪以派为摩勒格池第八分卡贴书，以便收发粮米、购储柴草暨传递公文各事。除呈候督宪批饬并分行外，合亟谕饬。为此，谕仰该贴书等即便遵照。务须勤慎经理，认真操办。如果办理妥善，自当择优存奖。倘有侵蚀、亏空等事，即予惩革，并责令包赔，决不姑宽。切切。特谕。

右谕仰试办转运分卡贴书姜德升、世绪、王立德、杨春荣，准此。

为谕试办转运分卡什长由

为谕饬事　照得本行局绳起各员、司书、差人等，刻日赴段放荒。蒙地粮草维艰，业经禀请添设转运，以济食用，自应暂为借垫公款，先行试办，以济急需。查有本行局什长王锡九，堪以派充试办转运卧虎屯第一分卡什长，佟呈祥，堪以派充各洛根保头第三分卡什长，丁建桐，堪以派充茂得土第五分卡什长，吴俊隆，堪以派充哈喇吴苏第七分卡什长，温殿卿，堪以派充叉冈达拉第九分卡什长。以便护送粮车、弹压地面暨购储柴草、传递公文各事。除呈候督宪批饬并分行外，合亟谕饬。为此，谕仰该什长等即便遵照。务须勤慎供差，毋得借端滋扰，致干查究不贷。切切。特谕。

右谕仰试办转运卧虎屯第一分卡什长王锡九、各洛根保头第三分卡什长佟呈祥、茂得土第五分卡什长丁建桐、哈喇吴苏第七分卡什长吴俊隆、叉冈达拉第九分卡什长温殿卿，遵此。

为拟设转运分站请札饬达尔罕王旗知照所属由

为呈请事　案照卑局拟设转运分段立站等情，业经呈请在案。惟查现拟安站之处，由郑家屯至巴彦招二百余里，均系达尔罕王旗地界，所有各站员书、兵勇常川驻守，一切来往地面，租借住房等事，在在与该蒙户相交涉。所有卑局前呈，如蒙核准，自应恳请宪台札饬达尔罕王旗转饬所属，一体知照。除移行外，理合备文，呈请宪台鉴核，速赐施行。须至呈者。

批　呈悉。候饬达尔罕王旗转饬所属遵照。缴。

为添设转运分段设立十站运储粮草移行达尔罕、札萨克图王旗转饬所属知照由

为移行事　案查本行局现奉钦命盛京将军增　奏派总办札萨克图郡王旗荒务，业经禀请，由郑家屯至沙碛茅土禀请添设转运分段设立十站，专为转运储粮草，供应放荒各委员、兵役食用，各在案。惟查现拟安站之处，由卧虎屯至巴彦招，均系贵王旗地界，所有各站员书、兵勇常川驻守，一切价

买马草、往来地面租借住房等事，悉与蒙户相交涉，自应移请贵王旗转饬所属，传谕各该处蒙户，一体知悉。除分行呈报外，相应备文移行。为此，合移贵王旗，请烦查照施行。须至移者。右移达尔罕王旗。

为移行事　案照本行局现经禀请，由郑家屯至沙碛茅土添设转运分段设立十站，专为运储粮米，供应放荒各委员、兵役食用，各在案。惟查现拟安站之处，由巴彦招至沙碛茅土，均系贵王旗地界，所有各站员书、兵勇常川驻守，一切价买马草、来往地面租借住房等事，悉与蒙户相交涉，自应移请贵王旗转饬所属，传谕各该处蒙户一体知悉。除分行呈报外，相应备文移行。为此，合移贵王旗，请烦查照施行。须至移者。

右移札萨克图王旗。

札萨克图王旗移为添设转运分卡等因札饬所属遵照移复由

札萨克图王旗　为移复事　本年十一月初一日，准贵局移开"为移行事，案照本行局现经禀请，由郑家屯至萨嘎吉改毛图添设转运分段设立十站，专为运储粮草，供应放荒各委员、兵役食用，各在案。惟查现拟安站之处，由巴彦招至萨嘎吉改毛图，均系贵王旗地界，所有各站员书、兵勇常川驻守，一切价买马草、来往地面租借住房等，悉与蒙户相交涉，自应移请贵王旗转饬所属，传谕各该处蒙户一体知悉。除分行呈报外，相应移行贵王旗，请烦查照施行。须至移者"等因前来，相应照抄，即传谕各该处蒙户人等一体遵照外，并移复贵局，请烦查照可也。须至移者。

呈为拟请设站转运并派办事官等先行试办伏乞核示由

为呈请事　窃查卑局由局到荒，远者七百余里，均须自备食粮，而马草一节，须先冬腾购，开冻即无从采买。共计卑局绳起员司、书役、勇丁暨卑府等总、帮办四员，并稽查委员等常川轮流驻荒，人数甚多，需用甚巨。雇觅运车，多不愿往，且又笨重迟延，费时误事。卑府亲历其境，深悉此难。且领户因此亦多裹足，殊属有碍招徕。卑府等公同筹议，因拟请设转运办事官正、副二员，司事二员，贴书四名。自卧虎屯起至双流镇止相距五百余里，中间分设十站。以双流镇为首站，正办事官及司事一员驻之，总司转运。以下九站，派贴书四名，局勇内拨什长五名，均各带步勇二名，相间分驻以司应付收存。由行局经费项下借垫款项，派副办事官及司事一员，价雇官车二辆，采买粮食，先后押运前往，按站分存，至双流镇尤应多积。其各站步勇，除递送公文、弹压地面外，仍令随时腾积马草，均备员起之需，兼供过往之用。准其收还价值，再购再运，接续办理。差竣仍将借款缴局，以重公款。其办事官、司书等差从省酌拟薪水，不给车价。护勇仍领原饷，以示撙节。卑府等前拟局章，固已早虑及此。惟以帑项支绌，宪虑焦劳，但可牵就即当节省。兹经亲历访查，觉舍此实无办法应付。乞宪台俯念卑局创办艰难，准予照办。一以下恤员司，且亦便于领户，庶免观望，稽延办理，得以通畅。倘荒务早竣数月，全局即省数月之支销，则此举似费而实省，于大局不无裨益。现因天气渐寒，业饬绳起开拔，谨从权分派前往试办以济急需，是否有当，理合缮单、备图具呈。为此，呈请宪台核夺，伏候批示遵行。须至呈者。计清单一份、站图一份。

谨将卑局拟请安设转运十站地方暨拟委员、司事、贴书，并拨什勇各员名开具清单，呈请宪核施行。

计开：首站设双流镇　住勇四名，正办事官、尽先千总吴亮孚薪水十五两，司事、领催恒兴薪水十二两。二站设叉冈达拉　住勇二名，什长温殿卿。三站设摩勒格池　住勇二名，贴书杨春荣薪水八两。四站设哈喇乌苏　住勇二名，什长吴俊隆。五站设巴彦昭住勇二名，贴书王立德薪水八两。六站设茂德土　住勇二名，什长丁建桐。七站设少拉殴根　住勇二名，贴书世绪薪水八两。八站设备洛根保头　住勇二名，什长佟呈祥。九站设包四土　住勇二名，贴书姜德升薪水八两。十站设卧虎屯　住勇二名，什长王锡九，副办事官、尽先外委卢崇恩薪水十五两，押运司事委官徐庆元薪水十二两。以上共计办事官二员，月支薪水银各十五两，司事二名，月支薪水银各十二两，贴书四名，月支薪水银各八两。统共每月应支薪水银八十六两，均不另给车价。步队什长五名，步勇二十二名，均各食队饷，不另开支，以节经费，合并声明。

谨请添设转运十站图

谨查由郑家屯至沙碛茅土，共计五百二十里。其间巴彦昭以南，系达尔罕旗属境。巴彦昭以北，系札萨克图属境。按二〔五〕十里开方，拟请将于两旗地界，添设转运十站处所暨各站分驻办事官、司书、什勇数目绘具图说，恭呈宪鉴。

批　如呈办理，仰即认真经理，毋得过事铺张，致滋靡费。候饬蒙荒总局知照。缴。单、图存。

为呈报绳弓并起赴段日期由

为呈报移行、札饬事　窃卑案照敝行、照得本行局开办蒙荒，业经拟具章程，呈请宪台核夺（报督宪鉴核），并由局收价发票照办，各在案。自应派令起员，及时赴荒分段丈放。现定将八起并为四起，头二起丈城基、三四起丈二等熟荒、五六起丈上等生荒、七八起丈中等生荒。定于十月二十五日由局带领司书、工役人等启行，次第前往各按派定地段，照章开绳，秉公丈放。除分行暨移行蒙旗并省局呈报并移行蒙旗外，理合呈报。为此，呈请宪台鉴核施行相应移行。为此，合移贵局请烦查照施行。须至呈移者。除分行暨呈报并移行蒙旗派人指段外，合亟札饬。为此，札仰该起员，即便遵照前往。仍将到段日期，报局备案。切切。特札。

右呈移军督部堂增、蒙荒省局

右札仰头起监绳委员、委前锋校舒委员秀，二起监绳委员、候选巡检张委员笃福，三起监绳委员、委笔帖式丰委员庆，四起监绳委员、即补防御成委员友直，五起监绳委员、知县用分省补用盐大使田委员震，六起监绳委员、即选笔帖式吉委员芳，七起监绳委员、委用笔帖式德委员寿，八起监绳委员、补用知县、候选府经历周委员瑞麟，准此。

批　呈悉。洮儿河东北上地，前已允该蒙王所请。俟该王年班晋京事毕回省后，再会同丈放。该局将现在已经收价之上地，如数拨放，仰仍先由河南段丈放可也。缴。

为禀明熟地拟收荒价并将头二等加收价值拨归王府请核准办由

全衔　谨禀督帅将军麾下。敬禀者，窃卑府等现拟蒙荒开办章程均系查照奏案十条酌核拟办。惟熟地收价一节，查原奏第三条内开：□旗垦户，倘私垦逾额，准报明确数，将应补押荒银两，照数缴足，等因。止言押荒，并未申明应否照收荒价。查原奏第二条内开：札赍特奏准章程，将垦户之地丈清坰数，核收荒价。但将荒价缴清，已垦者不强令退地。该旗应仿照办理，各该垦户应丈地亩，应缴荒价，毋得隐匿、观望，等因。是旧户熟荒，仍应照缴荒价，卑府等细绎奏文，始知第三条"阖旗垦户""补足押荒"等语，系专指本旗原领逾垦而言，所以特示优异。惟卑府等现赴蒙荒周视详查，所有该处旧垦之户尽属外旗，至本旗丁壮实少。原领及逾垦之户，则第三条补缴押租一节，似无庸虚悬一格，应即作罢。仍照第二条：清丈后，照缴荒价，一律办理。兹已仿照札赍特成案，拟定价值，并遵奏酌增。查该蒙土地膏腴，外佃历年垦种，逾额招青，深沾利益。故青户或有贫民，原佃则例多殷实。且现定荒价，原属从廉，较之各处新章，实轻数倍。在该佃照缴，略无损于膏脂，而于国帑、蒙艰，固已大有裨益。此卑府等拟将旧佃熟荒，仍收荒价之实在情形也。兹议章程，除将经收各地底价，遵原奏分拨外，其头、二等地递加之四钱、八钱，拟全数拨归该王府。盖该郡王因多年缠讼，匮乏异常。卑府心历游各蒙，颇知大概，现经亲历该旗，知哲里木盟之中，惟该王府最为贫窭，幸所属台壮素娴畜牧，外户耕获有余，生[业]颇裕。夫以大义而论，则下给者，自无上贫。然属丁各有以为生，外姓且蒙其乐利，而藩封首望，反日以不给为忧。按之我朝恤藩之心，亦应一为之所。此卑府等拟将加收荒价，全归王府之实在情形也。是否之处，恭候宪裁。如蒙核准，即乞采择入奏。除条拟办法呈鉴外，所有拟收熟地、荒价，并将加收价值全归王府各因由，合具禀陈，恭请勋安，伏乞钧鉴。卑府等谨禀。

敬再禀者，窃卑府前赴该王旗会商，一切详加体察。查知该旗之事，不外两大端。一曰外旗垦户，皆以奏准出荒价银，系一两四钱。如太加多，定即不领。而该王又自声言，但使无事，即少于一两四钱亦所甘心。卑府揆度情形，仍为斟酌加添，但不至太重，该户等已相安无事，听候勘办矣。一曰本旗台吉，该王旗前此构讼，实由革职留任王协理台吉巴图济尔噶勒、已革协理台吉朋苏克巴勒珠尔两人起衅。虽已获谴褫职，仍然不甚悔过，犹复暗中唆使各台吉，以留荒为词，意在借肆阻挠，然尚不敢公然挺露耳。卑局惟有一切照章办理，暂行不动声色。应开导者，则委婉开导；宜驳诘者，则据理驳诘，总期消患未萌，以仰副宪台绥怀藩服之至意。倘该蒙员等不知自爱，从中蛊惑，显违奏案，搅扰垦政，是彼仍欲欺侮该王，即系自外生成。卑局自当酌度情形，随时禀请拿办。合肃附禀，载请勋安。卑府谨再禀。

敬再禀者，卑局自十月二十日，悬牌招领街基、生荒。至三十日，共计报领街基三千八百余丈，报领头等生荒四千七百余垧，报领二等生荒八百余垧，三等生荒尚在无人报领。推原刻间未能踊跃之故，一由刘东武、王良等谣言惑阻，乡愚半信为渠等包办，故不无迟疑。一因冬令，到处钱紧，周转不易。又以天气严寒，知丈放无甚多日，领户亦不无观望。卑府等思但使到段开绳，年前得以出放，无论多寡，人心即稳，约俟来春当可畅旺矣。知关宪廑，敬以附陈，载请钧安。

再密禀者，窃卑府猥以庸愚，谬邀委任。每以荒务重大，事体纷繁，纵欲竭尽心力，而才知短浅。时虞陨越，不得不亟求熟悉荒务，堪以助理之人。前于传见之时，曾经面禀福龄可用一节，当蒙宪台谕令，禀请咨调，且右多设一帮办，亦不妨事之谕。本拟遵谕禀请，缘该革员与江省当事已成冰炭，恐一着形迹，愈一遭嫉妒。因先函达该革员，嘱其设法前来听用。旋接复称，江省上下，均视该革员如仇，防闲甚严，万难托词出省，并嘱亦不可露有卑府荐引之意。盖恐一经传闻，愈招忌刻，势必又将设法尼陋，即如前此卑府托该革员抄录札萨克图咨文并札赍特奏案，嫉之者即陷以危辞。兹将该革员收禁，即此亦可想见等语。卑府再四思维，只右恳乞宪台垂念卑局襄赞需人，可否径调该革员来奉，酌添拟调薪水，赏予卑局帮办名目。出自逾格鸿施，肃此谨具密禀，再请钧安，伏乞垂鉴。卑府谨再禀。

批　禀及另禀各情均悉。熟荒照章增价，所增地价统归该王旗，以示体恤，业于该守等初禀批示矣。仰即认真经理，毋得稍滋弊窦，致贻口实。缴。

为将出放生熟荒地等项价值暨街基价值起员八起并为四起次第赴荒日期移知蒙旗由

为移行事　　案照敝局出放蒙荒，业将拟定章程，呈请钦命奉天军督部堂增　奏明在案。查现定出荒章程，地分三等。洮儿河东北一带生荒，定为头等。交流河与洮儿河中间，南至沙碛茅土一带生荒，定为二等。沙碛茅土南面一带荒地，定为三等。头等生荒，每垧定价银二两二钱正。二等生荒，每垧定价银一两八钱正。三等生荒，每垧定价银一两四钱正。凡领生荒照三七折扣，即系每生荒一垧，扣作七亩收价。并于洮儿河西岸沙碛茅土地方，采定城基一处，每街基一丈见方，定价银三分三厘，长以六十丈为度，宽则听领户自便。已于二十日由敝局收价发票。除分行呈报外，相应备文移行。为此，合移贵王旗，请烦查照备案，见复施行。须至移者。

右移札萨克图郡王旗。

为移行事　　案照敝局开办蒙荒，业将绳起各员，分起前往行知在案。现定监绳委员八起，暂行并为四起放荒。头、二起丈城基，三、四起丈熟荒，五、六起丈上等生荒，七、八起丈中等生荒。饬于本月二十五日，由局分起次第起程。约在十一月初五日，定可到沙碛茅土聚齐。所有领界指段之人，自应先行移请贵王旗预为派定，赶紧饬赴沙碛茅土守候，俟各起员到时，务须明白指领，以便及时丈放。相应备文移行。为此，合移贵王旗，请烦查照，迅速施行。须至移者。

右移札萨克图郡王旗。

为咨复事　　本年十一月初一日，准贵局移开："为移行事，案照敝局开放蒙荒，业将拟定章程，呈请钦命奉天军督部堂增　奏明在案。查现定出荒章程，地分三等。洮儿河东北一带生荒，定为头等。交流河与洮儿河中间，南至萨嘎吉改毛图一带生荒，定为二等。萨嘎吉改毛图南一带荒地，定为三等。头等生荒，每垧定价银二两二钱。二等生荒，每垧定价银一两八钱。三等生荒，每垧定价银一两四钱。凡领生荒照三七折扣，即系每生荒一垧，扣作七亩收价。并于洮儿河西岸萨嘎吉改毛图地方，采定城基一处，每街基一丈见方，定价银三分三厘，长以六十丈为度，宽则听领户自便。已于二十日由敝局收价发票。除分行呈报外，相应移行贵旗，请烦查照备案，见复施行。须至移者"。等因前来。相应照抄，晓谕各该荒户人等，并移复贵局请烦可也。须至移者。

札萨克图王旗　为移复事本年十一月初一日，准贵局移开"为移行事，案照敝局开办蒙荒，业将绳起各员，分起前往，行知在案"云云，等因前来。

查本年十月二十日，本札萨克处遵奉谕旨，出派协理等官，并与贵监绳委员等与兼办台吉官员，谕令笔其各奇通事等，即与协理等官一员，在萨嘎吉改毛图等处，守候会办。合行移知贵局，请烦备查可也。须至移者。

为晓谕放荒地分三等价值牌示招领由

为晓谕事　　照得本行局开放札萨克图蒙荒，地分三等。洮儿河东北一带生荒，定为头等。交流河与洮儿河中间，南至沙碛茅土一带生荒，定为二等。沙碛茅土南面一带荒地，定为三等。所有各等荒价及交款领票、挨号、放拨章程，合亟开列晓谕。为此，谕仰民商人等一体周知。如有愿领之户，务须投局照章报领。切切。特示。

计开：

一、头等生荒，每垧定价二两二钱整。二等生荒，每垧定价一两八钱整。三等生荒，每垧定价一两四钱整。

一、凡领生荒，照三七折扣。即每生荒一垧，扣作七亩收价。

一、每荒价银一两，随收补库平银四分整，随收经费银一钱五分整，此外并无丝毫杂费。

一、凡报领生荒者，须到本行局收支处，报明愿领垧数，照章缴价。即由该处填发信票二段一纸，交该领户持赴起员处，呈验明确，挨号丈拨。即由该起将此票加戳截留中段，其票梢仍交该领户收执，俟六年升科，换领蒙古大照。

一、凡已经报领裁票之户，务须即赴该起丈拨照领。若过时不到，绳弓不便久候，即将该户应得之地，拨放续到之户。其原户准仍投局报明，即予更号，交起另拨。

一、凡领荒之户，务须于丈拨时，认明官定界址，勿许展占闲荒及侵占邻地。倘敢故违，定即从严究办，仍将侵地追回。

牌示　　右示通知。

为晓谕转运卧虎屯等站办事官司事贴书什勇暨该站蒙户一体公平交易由

为出示晓谕事　　照得本行局奉钦命奉天军督部堂增　奏派总办札萨克图蒙荒招垦事务，业经开办在案。现在由卧虎屯至沙碛茅土设立转运十站，派办事官、司事、贴书、什长等带领兵勇，分驻其地，专司转运粮米、囤积马草、护送官车、递送公文等事。除分行达尔罕、札萨克图王旗知照转饬所属外，合亟出示晓谕。为此，谕仰该处蒙户人等一体周知。该员司、书长等到站之后，所有一切租住房间、价买马草等事，该蒙户等须知，一切差员皆系为蒙旗出放荒务而来。有房者务须通融租给，不得推辞不招。有草者务须照行出卖，不得高抬价值。以期主、客相安，互相和睦。该办事官、司书、什勇等亦须恪遵局章，公平交易，不准稍有抑勒、滋扰情事。倘敢故违，一经查出，或被告发，定即严惩不贷。各宜凛遵，勿违。特示。实贴十站处所。

为酌给十站房租出示晓谕由

为出示晓谕事　　照得本行局办理札萨克图荒务，在该旗及达尔罕王旗界安设十站分驻员、司、书、勇，以备运办粮草，接递公文。业经禀请将军批准，并札饬各旗遵办在案。查各站均系租赁蒙户店家房屋居住，自应酌给房租，以昭公允。兹经议定，以后每站、每月准给该户银圆一圆，作为该驻站人等房租。以外如有本局过往员司、兵役到该店尖宿者，仍应照规给价，不在此内。除札行外，合亟出示晓谕。为此，谕仰该站及该蒙户等一体知悉。自示之后，该驻站人等，务须按数交给，勿许吞蚀、短少。该蒙户亦不得居奇取盈，希图加价。倘敢故违，定即究办不贷，其各凛遵，勿违。特示。

为拟具开办札萨克图蒙荒章程移行省局由

为移行事　　案照敝局业将赴蒙查勘，与该旗商明拟办蒙荒各情，呈请督宪核夺在案。兹经拟具开办札萨克图蒙荒章程条，并绘图、粘票。除呈请督宪核夺并另文申叙各情外，相应备文移行。为此，合移贵局，请烦查照施行。须至移者。

计：抄粘章程一件、荒界图一份、城基图一份、票式三份。

右移蒙荒省局。

为督宪业经将勘办蒙荒情形出奏札知由

军督部堂增　　为札饬事　　照得本军督部堂，于光绪二十八年十月初四日具奏，为现已派员勘办札萨克图王旗蒙荒情形等因一折。除俟奉到朱批，再行恭录饬知外，合行抄奏，札仰该局即便知照。特札。　　计抄奏一件。

奏为现已派员勘办札萨克图王旗蒙荒情形恭折具陈，仰祈圣鉴事。　　窃查本年四月间，钦差查办哲里木盟事件大臣，兵部尚书裕德会同　复奏，查明札萨克图郡王乌泰叠被参控各节。缘该王初因生计维艰，欠债无款筹还，始拟放荒招垦，继因不谙章程，致垦户日多，占地日广。梅楞齐莫特色楞等复祖护荒户，不准台吉、壮丁在彼游牧，由是积忿成隙，讦告不已。近来该旗台吉、壮丁亦深知耕获之有益。故一经查办，该郡王及协理台吉等即公同呈请，情愿请员代办。当经查照札赉特王旗放荒收价，每垧收中钱四吊二百文，以一半归国家作为报效，以一半归蒙旗，自王府以下至台吉、壮丁、喇嘛分别等差，各有应得之数。此次开办，拟照札赉特成案酌增荒价，以期两有裨益。谨将酌拟章程十条，恭呈御览。如蒙俞允，再由　奏派廉干之员，前往详求办法各等因。于光绪二十八年四月二十九日奏奉谕旨："着照所议办理，该衙门知道。钦此。"钦遵在案。旋该郡王回旗后，随经先行派员前往，查勘得该旗洮儿河南北已垦、未垦约有荒地一千万余亩。当于七月十四日札派开复副都统衔总管依桑阿、试用知府张　为蒙荒行局总办一切事宜，带同各员司、人役，分起驰往该旗。将已垦、未垦各地，与该郡王就近商定荒价，即一面试办，一面报由奏明立案，以免往返延滞。并晓谕台吉、壮丁，此次招垦该旗荒地，系为蒙民筹谋生计，各宜仰体皇仁，安分当差，听候委员分别勘放。倘敢造言生事，从中阻挠，唯有随时严为惩办，以重垦务。另于省城设立总局一所，选派妥员，专司稽核收支一切案牍。再该王旗远距省城千余里，地方辽旷，人烟稀少，收款、丈地均须有兵保护、弹压，方免疏虞，并募马、步队一百二十名，派员管带，听行局调遣。所支饷项，即由所收荒价作正开销。至前次酌拟章程十条，其中如有应行变通之处，再为随时查核奏明办理。总期上裕国帑，下恤蒙艰，无负朝廷轸念藩封之至意。除分咨户部、理藩院暨哲里木盟长查照外，所有派员开办蒙荒缘由，理合恭折陈明。伏乞皇太后、皇上圣鉴。谨奏。

军督部堂增　为恭录札饬事　照得本军督堂于光绪二十八年十月初四日具奏，为现已派员勘办札萨克图王旗蒙荒情形等因一折，当经抄奏饬知在案。兹于十月二十五日奉到朱批："着即认真经理，以裕国帑，而恤蒙艰。钦此。"除钦遵并分行外，合行恭录，札仰该局，即便钦遵。特札。

为抄录奏案移知蒙旗由

为移行事　案照敝局现奉将军札开："本部堂于光绪二十八年八月初四日具奏，为现已派员勘办札萨克图王旗荒情形一折，俟奉到朱批，再行恭录饬知"等因，抄粘原奏，奉此，相应备文抄粘移行。为此，合移贵旗，请烦查照施行。须至移者。

右移札萨克图郡王旗。

为私设垦局冒收荒价移请昌图府奉化县严密查拿由

为移请事　案照敝局开办荒务，设局招垦，业经移行在案。现在查有不法之徒，潜在各处冒称荒务局员，甚至私设局收价，诓骗乡愚，殊堪痛恨。由敝局呈经督宪批饬，准由行局派队拿解送省严办等因，奉此。兹闻该匪等，又在贵府、县有私设垦局、冒收荒价等情，于敝局既属大有妨碍，且恐贵府、县民商受其诈骗，应请贵府、县饬派干役，严密访查。如果属实，即请拿获从严究办，以儆效尤。除呈报督宪查核外，相应备文移请。为此，合移贵府、县，请烦查照施行。须至移者。

右移昌图府正堂福、奉化县正堂鲜。

为匪徒假冒荒局移行地方官缉拿呈报请核由

为呈报事　　窃卑局闻有不法匪徒，潜在昌图、奉化一带，冒称荒务局员，甚至设局收价，诓骗乡民，殊于荒务大有妨碍。现经卑局移请昌图府、奉化县严行缉拿究办去讫，理合备文呈报。为此，呈请宪台鉴核，伏乞照呈施行。须至呈者。

右呈军督部堂增。

批　据呈已悉。缴。

为局勇赵永禄携带枪械马匹潜逃移行吴总巡派队严拿务获由

为移行事　　案据本行局营务处报称，据护局马队正巡长徐海亭等禀称："卑哨马队三队正兵赵永禄，于本日携带毛瑟枪一杆，子母七十粒，骑七齿白马，私自逃跑。"呈请拿办前来。查兵勇潜逃，殊干法纪，非缉获惩治，不足以儆效尤。降饬该巡长等赶紧严拿务获外，相应移请贵总巡查照派队，一体严拿务获，盼切移行。须至片移者。

右移总巡吴。

辽源州移为禀明沿途安设马拨请转递公文由

辽源州蒋　　为移知事　　案照辽源地处僻壤，并无上下站接递文件之处，所有往来公牍均关紧要。敝署业已禀明督宪，于马队中抽拨八名，离辽源一百三十里之辽阳窝堡地方居住三名，离辽阳窝堡一百一十里之法库门地方居住二名，离法库门八十里之石佛寺地方居住二名，省城离石佛寺八十里，居省一名，分作四站。凡有往来文件，注明发文投送时刻，挨站接递，不得稍有迟误、磨损。并声明，勘丈王旗地亩往来公文，于安设各处系属必由之道，亦可由此挨递，转为简便在案。拟合备文移知。为此，合移贵局，请烦查照，嗣后如有公文，可由敝署安设各处，挨站转递，以免迟误，望速施行。须至移者。

为辽源州移称安拨递文准复由

为移复事　　案照敝局接准贵州移开：现已禀设马拨，由辽源州南之辽阳窝堡至省城，分作四站递送公文。并经声明，敝局往来公文，亦由此挨递等因，准此，自应照办，以副公谊而免迟误。相应备文移复。为此，移请贵州，请烦查照施行。须至移者。　　右移署理辽源州正堂蒋。

为移行吴总巡本局委鲁经历充差遣委员由

为移行事　　案照敝局开办之际，事务纷繁，额委人员不敷调遣，应加派员司以资差遣。查有贵营办事官鲁经历国梁，精明稳练，结实可靠，堪以派兼敝局效力差遣委员，借资襄助。除札委外，相应移行。为此，合移贵总巡，请烦查照施行。须至移者。

右移贵总巡吴。

为呈报总帮办赴荒启程日期并拟嗣后由总帮办并稽查督绳等常川轮流驻荒请核由

为呈报事　　窃卑局监绳委员八起并四起赴荒丈放，所有遣拔日期，业经呈报在案。惟绳丈初开，均资督率。且卑府心前次到荒，经该郡王面约，于开绳时仍请总办亲往督率，借安众情，兼可就近商酌等语。面允去后，兹卑府心、职福，于冬月初一日由局启程，拟将关防暂交卑职寿收掌，遇事主持。如有紧要之事，仍应包封寄由卑府核夺。并拟嗣后卑局总、帮办四员暨稽查、督绳委员等，分班轮流常川驻荒，以期局务、荒情两可兼顾，理合备文呈报。为此，呈请宪台鉴核，伏乞照呈施行。须至呈者。

右呈军督部堂增。

批　　呈悉。仰即认真经理，毋得稍滋弊窦。如至雪大不能行绳之时，应即转饬回省，俟明年春融，再行开办，以节糜费。缴。

呈为司事胡盈甲请假遗缺以郭桂五提充由

为呈报、移行事　　窃案照卑敝局司事胡盈甲，现在请假，所遗司事一缺，未便久悬。查有贴书、府经历衔附生郭桂五，堪以提充。除移行札饬暨札饬呈报外，理合相应备文呈报移知。为此，呈请宪台鉴核，伏乞照呈合移贵局，请烦查照备案施行。须至呈移者。

右呈移军督部堂增、蒙荒省局。

批　　如呈，准其补充，缴。

为札委事　　照得本行局司事胡盈甲，现在请假，所遗司事一缺，未便久悬。查有府经历衔、附生郭桂五，堪以补充，仍以额外委员在文案当差。除呈报督宪暨移行外，合行札委。为此，札仰该员即便遵照。切切。特札。

右札仰额外文案委员、府经历衔、附生郭桂五遵此。

为拟定各起心红及夫匠工食器具车价银两数目呈请核夺由

为呈请事　　窃卑局绳起应用各夫匠名数，业经拟单呈核照准饬复在案。至卑局局费心红，拟仿大凌河荒务章程，实用实销，呈经照准亦在案。惟各起绳弓每月应有心红，以及绳夫、木匠工食，前因开绳尚早，均未拟订。又查大凌河章程，每起雇大车一辆，拉运绳弓、标木、签锤等项，由局给价，不在起员车价之内。此次各起赴荒，所有标木，业经由局暂行给价雇车，每起一辆拉运去讫。查荒界苦寒，食用昂贵，一切工食杂用，如过事撙节，诚恐绳起太苦，弊窦因之而生。若订拟稍优，又恐支销有过，将来难以报部。

兹谨酌中拟议，每起每月心红银四两，每木匠一名工银八两，每绳夫一名工银七两，其器具、大车，拟仍仿照大凌河章程，每起准雇一辆，由局随时给价，归局费项下实用实销，四项均于起员赴段时起支，停绳回局时停支，以节靡费。是否之处，理合呈请宪台核夺。为此，具呈，伏乞批饬祗遵。须至呈者。

右呈军督部堂增。

批　如呈办理。遇停绳时即行停止，以节靡费。候饬蒙荒总局知照。缴。

呈为生熟三等荒地暨城基票号伏乞鉴核由

为呈报事　窃职等办理蒙荒，现将领票拨地、挨号出放拟议章程，呈请宪台鉴核在案。所有编列生熟荒三等与城基票号，理合备文、开单，呈请宪台鉴核，备案施行。须至呈者。

右呈军督部堂增。

谨今将卑敝局编列票号，开具清单，恭呈宪鉴移请贵局查照。

计开：一、头等熟荒票，编列礼字，自第一号至百号、千号、万号。一、头等生荒票，编列乐字，自第一号至百号、千号、万号。一、二等熟荒票，编列射字，自第一号至百号、千号、万号。一、二等生荒票，编列御字，自第一号至百号、千号、万号。一、三等熟荒票，编列书字，自第一号至百号、千号、万号。一、三等生荒票，编列数字，自第一号至百号、千号、万号。一、双流镇街基票，编列兴字，自第一号至百号、千号、万号。一、丈熟地信条，编列信字，自第一号至百号、千号、万号。

批　呈悉。生、熟各荒暨城基信票，均应由省刊刻填写字号，盖用将军印信，以昭慎重。一俟刊妥，即行札发，该局所刻各票，仰照数换回，以请界限。缴。单票存。

为将生熟荒及城基三项票式票号开具清单移行蒙荒省局由

为移知事　案照敝局办理蒙荒，现将发票拨地、换号出放拟定章程，呈请督宪鉴核在案。所有生熟各荒与城基，共刊印三种票式，并编列生熟三等荒地暨城基票号。除呈报督宪鉴核外，相应备文、开单，移知贵局，请烦查照，备案施行。须至移者。

右移蒙荒省局。

为遵募护局马步队造具花名清册呈报督宪查核移行各局处由

为呈报移行事　窃卑案照敝局遵募护局马、步队各一哨，业经卑敝局点验，将成队日期呈报奉准各在案。兹将护局马、步队正、副巡长字识，什勇衔姓、花名、箕斗，以及枪马、保户造具清册。除移行外，理合备文呈报。为此，呈请宪台鉴核，伏乞照呈施行呈报督宪查核外，相应移行。为此，合移贵处、局，请烦查照施行。须至呈移者。　　　计呈清册一本。

右呈军督部堂增。

右移营务处、交涉局、粮饷处、蒙荒省局。

批　据呈已悉。缴。册存。

为呈报随收补库平并经费银两请核由

为呈报事　窃卑府等前经呈报赴荒查勘实情，拟具办法，业将拟随收经费及补库平银两等情，请核蒙批在案。现经开办，业于收价时照向章每荒价壹两，随收经费银壹钱伍分，随收补库平银肆分，以免亏耗正款。理合备文，呈报宪台鉴核。为此，具呈，伏乞照呈施行。须至呈者。　　　右呈军督部堂增。

批　据呈已悉。候饬蒙荒总局知照。缴。

为移行事　案查敝局前经赴荒查勘实情，拟具办法，业将拟收经费、补平银两等情，一并呈请督宪核夺，接奉批准在案。现经开办，业于收价时照章每荒价一两，随收经费银一钱五分、随收补库平银四分，以免亏耗正款。除呈报督宪鉴核外，相应移行。为此，合移贵局，请烦查照，备案施行。须至移者。

右移蒙荒省局。

呈为督绳委员请咨原旗据情转呈请核咨行由

为呈请事　窃卑局兹据督绳委员善成禀称"委员系荆州驻防　红旗、满洲萨喇苏佐领下举人。于光绪二十八年五月省亲到奉，蒙督宪留营差遣。旋于八月十七日札委札萨克图蒙荒行局督绳委员差使。应恳转呈督宪，咨行荆州将军衙门查核转饬旗佐备案。仍乞批示祗遵"等情，据此，卑局查核该员所禀，均系实情。理合备文具呈。为此，呈请宪台鉴核，可否照准咨行。仍乞批示祗遵。须至呈者。

右呈　军督部堂增。

批　据呈已悉，仰候核咨。缴。

为谕领街基各户章程告示由

为出示晓谕事　照得本行局开办蒙荒，业经拟定章程，呈报照办在案。现经派定起员丈放街基，合行条示晓谕。为此，示仰该领户等一体周知，遵照挨领，各守各界，勿许狡展侵越以及贿嘱绳弓，希图取巧。如有此等情弊，一经查出，定即从严究办，以儆效尤。倘有员司、书役，私受贿托，违章丈放，准该领户等赴本局指名喊控。本局查系属实，即分别撤革，决不袒护。其各凛遵，勿违。特示。

计开

一、定章每街基一丈见方，定价三分三厘，以六十丈长为度，计宽一丈、长六十丈合价一两九钱八分。领者不许任意短长。至宽若干丈，均听领户之便。

一、定章每收基价一两，随收补库平银四分整，随收经费银一钱五分整。

一、定章凡报领缴价之户，由行局将花名、垧数，按号先时札知该起。其领户应齐赴该起，另验信票，届时由起员挨号照拨。准其立界，即时盖房，永为己业。其信票由起员截留中段，将票梢仍交领户收执，以备换领蒙古大照。

一、定章领过房基，应即早修盖房屋，不准日久空闲。

一、定章业经由官先行丈留官街、大路，作为公地。该户等所领街基非同毛荒，概不折扣。

右仰知悉。　　告示　　随起晓谕。

为札发办荒章程及随起告示并条开各起应办事宜饬起遵照由

为札饬事　　照得本局现经拟订开办蒙荒章程，呈请督宪核夺在案。除候批回再行饬遵外，兹将原拟章程，并随起告示一并发给。并将各该起应办事宜，另单粘示，以便照办。合行札饬。札到，该起员等即便遵照。切切。特札。

右札丈放城基头二起监绳委员委前锋校舒秀、候选巡检张笃福，丈放二等熟荒三四起监绳委员笔帖式丰庆、即补防御成友直，丈放头等生荒五六起监绳委员知县用分省补用盐大使田震、即选笔帖式吉芳，丈放二等生荒七八起监绳委员委用笔帖式德寿、补用知县候选府经历周瑞麟，准此。

计开

一、熟地，应由该佃将姓名、住址及所垦垧数，投起报明。由该起丈清实数，填入信条，截留存根，将尾条交该户收执。务饬作速备价，赴局照缴换票。其存照，应按半月汇总报局。

一、熟地，应按段清丈。一段之内熟地若干垧，承领若干户，以及报领之夹荒，均尽每段绘一总图，按项填注清楚，按半月报局备查。

一、如有一户报领原垦熟地不在一段之中者，该起止就所丈之一段内，查该户有地若干，即照数填一信条。其在他段之地，另丈、另填。总之，一户可分数条，不许一条合填数段之地，以免淆混。

一、夹荒，应由该起询明连界之熟户，如愿承领，即由该起一面丈明立标，一面备文报局，仍照熟地信条式缮发夹荒信条一纸，交该户持赴行局，缴价换领信票，呈起验明拨领。

一、凡报领生荒者，由局开单，先行札知该起，再由各领户持票到起呈验，即由该起照章程内挨号、挨村之法出放，不许颠倒、跳越。仍应将放过地段形势，绘具详图，并领户姓名、垧数、号次填注清楚，随截留信票中段，按半月一并汇报行局备查。

一、城基，应照行局原发全图，先行丈出。凡报领之户，由局开单先行札知该起，再由领户到起验票，即照章挨拨。仍照绘一图，将领户姓名、号次、各领丈数注明图内报局。仍将截留信票中段，按半月汇报行局备查。

一、各起到段开绳及停绳各日期，均应随时报局备案。

为札饬事　　照得本行局现经拟定开办蒙荒章程，呈请督宪核夺，奉到批回在案。兹将原拟章程发给，并各云云，同前札。切切。特札。

计章程一份，粘单一纸。

右札仰九、十起监绳佐委员东都、萧委员齐贤，准此。

为札饬事　　照得本行局新旧十起，现经开拨到荒，亟应酌派分段行绳，兹派　起清、放丈头等生熟荒、二等生熟荒、城基。除呈报暨分行外，合行札饬。札到，该起委员即便遵照。切切。特札。右札，仰　起监绳委员，准此。

计发熟荒信条　张至行字一号起、至行字　号止。图式　张。

为通饬各起半月绘图造册由

为札饬事　　照得本行局所有新旧十起，业已酌派分丈去讫。兹经酌定各该起所丈城基、生熟夹荒等地段，限于每月半、月底绘图造册。计一月二次，禀报行局，以备汇报督辕。合行札饬。札到，该起员即便遵照，毋稍迟误。切切。特札。

右札仰头起监绳舒委员秀、二起监绳张委员笃福、三起监绳盛委员文、四起监绳成委员友直、五起监绳田委员震、六起监绳吉委员芳、七起监绳德委员寿、八起监绳周委员瑞麟、九起监绳佐委员东都、十起监绳萧委员齐贤，准此。

为札发十一二起章程并应办事宜由

为札饬事　　照得本行局呈奉督宪核准开办蒙荒章程，及各起应办事宜，历经通饬各起绳弓，一体照办在案。查现在又经加添监绳委员两起，自应将章程事宜，一并粘单抄示，以便有所遵循。为此，札仰该起员即便遵照可也。特札。

计章程一份、粘单一纸。

右札仰十一起、署十二起监绳王委员经元、金委员祥，准此。

为随起谕领生荒各户章程告示由

为出示晓谕事　　照得本行局开办蒙荒，业经拟具章程呈报照办在案。现经派定起员，赴段开放　等生荒，合行条示晓谕。为此，谕仰该户等一体遵照挨领，各守各界，勿许狡展挪移，展占官道，侵越邻荒以及贿托绳弓，希图取巧。如有此等情弊，一经查出，定即从严究办，以儆效尤。倘有员司、工役私受贿嘱，违章丈放，准各户等径赴行局指名喊控。如查明属实，即行分别撤革，决不袒护。其各凛遵，勿违。特示。

计开：

一、定章凡报领生荒，已经交价掣票之户，先由行局札知该起。其领户等应齐赴该起呈验信票，届时眼同起员，采明可为村屯之地一处，先行丈出。按各户地垧之多少，为应拨村基之宽窄，各丈拨村基一段。再由村基四面相等宽若干里，各挨号次，如数丈拨，立界承领。即由起员截留信票中段，将票梢加戳，仍交该领户收执，听其即时垦种，作为己业，永不清丈。俟六年升科，即将此票换领蒙古大照。

一、定章洮儿河东北一带定头等荒地，收价二两二钱整。交流河、洮儿河两河之间，沙碛茅土以北定为二等荒地，收价一两八钱整。沙碛茅土以南定为三等荒地，收价一两四钱整。

一、定章每收荒价一两，随收补库平银四分整、随收经费银一钱五分整。

一、定章用二八八号计亩，每十亩为一垧。计一里见方，得地四十五垧整。荒地准此计算。

一、定章放领生荒，照三七折扣。即如票内注领实荒七十垧，应照拨毛荒一百垧。票内注领实荒一百垧，应照拨一百四十二垧有零，一概准此计算。所以宽留有余，嘉惠领户。此外，再不另留房身基地、道路、园场。

一、定章预采村基，原因众户聚居，便于守望起见，毋得拗不承领。惟此项村基，应在该户应领垧数内扣出，并非额外余荒，亦不另收基价。

一、定章遇有生荒夹在熟地之间，应准连界之熟户先领，不准生户争执。如熟户不领，再行挨号放与生户。

一、定章报领生荒之户，于起员丈放以前务须赴起，呈票照领。如过时不到，起员不便久候，即将该户应得之荒，挨放续到之户。

为行局护勇月饷恳免扣平呈请核夺由

为呈请事　窃卑局遵募马步队护勇，业经造册呈报在案。查本省饷章向例，每银一两，扣平四分。卑局护勇月饷，自应遵照发放。惟卑局招募护勇，一以保护局起，弹压荒界，一以帮司绳丈，兼供递文、运解之需，实以巡捕而兼工程二队之用。奔走日多，驻守时少，且常川荒界七百余里，路远人稀，衣食昂贵，较之他队更苦更劳。可否出自宪施，准将卑局护勇月饷，照数全发，免其扣平，以示体恤。查此项扣款集腋无多，且卑局护勇系属额外勇丁，其月饷系由卑局经费内支发，与各处巡捕额勇概在粮饷处支领者原属有间，如蒙允准免其扣平，于全省饷章，似尚无关碍。可否之处，理合备文，呈报宪台核夺。为此，具呈，伏乞批示遵行。须至呈者。

右呈军督部堂增。

批　呈悉。仍应按照省章扣平扣建，以便事竣，可以报销。所请免扣之处，应毋庸议。缴。

呈为行局报销拟缓期俟总办回局再行造报呈请核夺由

为呈请事　窃卑府等奉札办理蒙荒，所有借拨、垫款、派员、募勇、开局收价各情，业经先后呈请鉴核，各在案。查卑局自职依等，于七月十六日奉到札委，十月二十日开局收价，至十月三十日止，计三个半月内，所有领过垫款，开局收过荒价，支过铺垫、心红、薪水、车价、工食、勇饷并实存银两数目，自应于本月月半以前核算清楚，造册汇报宪辕，以符向章。惟卑局荒务初开，规模甫具，加以地别荒熟，价分数等，头绪尤为纷繁。卑府心、卑职福现经赴荒，不能督同会计，事关报销，未敢草率，致有错误。应恳宪台俯鉴，卑局事系创办，准其从缓。俟卑府等回局，再行赶紧造报请核之处。除饬收支各员司从速核算，以备汇报外，理合备文具呈。为此，呈请宪台核夺，伏乞批示遵行。须至呈者。

右呈军督部堂增。

批　如呈办理。缴。

为拟具开办札萨克图蒙荒章程备文移行省局由

为移行事　案照敝局业将赴蒙查勘与该旗商明拟办蒙荒各情，呈请督宪核夺在案。兹经拟具开办札萨克图蒙荒章程十六条，并绘图粘票，除呈请督宪核夺并另文申叙各情外，相应备文移行。为此，合移贵局，请烦查照施行。须至移者。　计抄粘章程一件、城基图一件、票式三份。

右移蒙荒省局。

为谕效力贴书张毓华等暨贴书常润久未到差以赵承安顶补由

为谕派事　照得本行局开办伊始，事务殷繁，额设贴书尚难敷用，自应再行加派以供缮写。查有张毓华、王维一、方铁春、李绍庚、毛长荣、梁国栋、董玉书，均堪派为效力贴书，合行给谕。为此，谕仰该书等即便遵照。切切。特谕。

右谕仰效力贴书张毓华等，遵此。

为谕派事　照得本行局贴书常润久未到差，自应另行拣选，以供缮写。查有候选府经历赵承安，堪以顶补，合行给谕。为此，谕仰该书即便遵照。切切。

特谕。

右谕仰贴书赵承安，遵此。

为札发领户花名垧数票号分饬各起遵照由

为札饬事　　照得该起开绳在即，所有自开局之日起，至十一月十六日止，报领过头、二等生荒、城基各户花名、垧数及信票号头，自应抄单札知该起，以便照章放拨。除牌示该户等赴荒报起验票照领外，合行札饬。札到，该起即便遵照。切切。特札。

计抄单各一件：城基、头、中等生荒，开局日起，至十一月十五、十三、十六日止。

右札仰丈放头、中等生荒、城基监绳委员　　，准此。

为札饬事　　照得该起丈放城基，业将自开局之日起，至十一月十五日止，报领街基各户票号、花名、垧数札知在案。所有自十一月十六日起，至十一月二十三日止，报领过街基各户花名、垧数及信票号头，自应抄单札知该起，以便照章放拨。除牌示该户等赴荒报起验票照领外，合行札饬。札到，该起即便遵照。切切。特札。计抄单一件。

右札仰丈放城基头、二起监绳委员舒秀、张笃福，准此。

为谕晓报领头二等生荒及城基各户执票赴起照章拨领告示由

照得本总局招领头等生荒、二等生荒及沙碛茅土城基，定于本月半后，分起一并丈放拨领，所有自十月二十日开局之日起，至本月十四日止，报领过头等、二等生荒及城基缴价掣票之户，业由本局将该领户花名、垧数及信票号头，札交各该起照章放拨去讫，合亟牌示。为此，示仰尔领户人等即便遵照，执持信票前赴该起呈验，照章拨领，毋得迟延，致干撤销。切切。特示。

计开：

一、头等生荒自乐字第一号起，至第十号止。二等生荒自御字第一号起，至第四十三号止。城基自兴字第一号起，至一百四十九号止。

一、头等生荒在洮儿河东北，由本局五、六起监绳委员丈放。二等生荒在洮儿河西南，由本局七、八起监绳委员丈放。城基在沙碛茅土，由本局头、二起监绳委员丈放。

为牌示自十一月十六日起至二十三日报领城基各户执票赴起呈验照章拨领由

照得本总局招领城基，业将自开局之日起，至十一月十五日报领街基各户票号、花名、垧数札知该起，照章放拨在案。所有自十一月十六日起，至十一月二十三日报领过街基各户花名、坰数及信票号头，业由本局札知各该起照章放拨去讫，合亟牌示。为此，示仰尔领户人等即便遵照，执持信票前赴该起呈验，照章拨领，毋得迟延，致干撤销。切切。特示。

为札饬事　　照得今年各起开绳在即，所有在局报领过头、二、三等生荒、城基各户花名、坰、丈数及信票号头，自应抄单札知该起，以便照章放拨。除牌示该户等赴荒投起验票照领外，合后札饬。札到，该起即便遵照。切切。特札。计粘单一件。

右札仰丈放头、二、三等生荒、城基，准此。

札交头二起城基领户花名单由

为札饬事　　照得该起丈放城基，业将自兴字二百二十一号起，至二百六十七号止，报领过街基各户票号、花名、坰数，札知在案。所有自兴字二百六十七号起，至二百九十八号止，报领过街基各户花名、坰数及信票号头，自应抄单札知该起，以便照章放拨。除牌示该户等赴荒投起验票照领外，合行札饬。札到，该起即便遵照。切切。特札。计抄单一件。右札仰丈放城基头、二起监绳舒委员秀、张委员笃福，准此。

札交头二起城基领户花名单由

为札饬事　　照得该起丈放城基，业将自兴字二百六十八号起，至二百九十八号止，报领过街基各户票号、花名、坰数，札知在案。所有自兴字二百九十七号起，至三百一十七号止，报领过街基各户花名、坰数及信票号头，自应抄单札知该起，以便照章放拨。除牌示该户等赴荒投起验票照领外，合行札饬。札到，该起即便遵照。切切。特札。计抄单一件。右札仰丈放城基头、二起监绳舒委员秀、张委员笃福，准此。

为札交乐字领户花名由

为札饬事　　照得该起丈放头等生荒，业将自乐字元号起，至二百零二号止，报领过各户票号、花名、坰数札知在案。所有由乐字二百零三号起，至四百六十五号止，及省局截留乐字信票由八十一号起，至一百五十号止，兹已发交本局，如数填齐，自应合并抄单札知，以便照章挨号拨放。除牌示领户投起报领外，合行札饬。为此，札仰该起，即便遵照。切切。特札。

右札仰七、八起监绳德委员寿、周委员瑞麟，准此。

为札交数字领户花名由

为札饬事　　照得该起丈放数字下等生荒，业将自元号起，至第八号止，报领过各户票号、花名、坰数，札知在案。所有自数字第九号起，至二百号止，自应抄单札知该起，以便照章放拨。除牌示领户投起报领外，合行札饬。为此，札仰该起，即便遵照。切切。特札。计抄单一件。

右札仰　起监绳　委员，准此。

为札交乐字领户花名由

为札饬事　照得该起丈放头等生荒，业将自乐字二百零三号起，至四百六十五号止，报领过各户票号、花名、垧数，札知在案。所有由乐字四百六十六号起，至五百八十号止，自应抄单札知，以便照章挨号放拨。除牌示领户投起报领外，合行札饬。为此，札仰该起，即便遵照。特札。计抄单一件。

右札仰七八起监绳德委员寿、周委员瑞麟，准此。

为牌示报领头、二、三等生荒及城基各户执票赴起照章拨领由

照得本总局招领头、二、三等生荒及双流镇即沙碛茅土城基，所有报领过各户票号、花名、垧数，现已由本局札知各起，照章放拨去讫，合亟牌示。为此，示仰尔领户人等，即便遵照，执持信票前赴该起呈验，照章拨领，毋得迟延，致干撤销。切切。特示。

呈为拟派员带勇赴怀德县收解荒价银两伏乞鉴核由

为呈报移请事　窃卑案照敝局兹准领户徐寿春等十二名，共报领二等生荒六万垧荒地，应缴银十二万余两，均在怀德县商号寄存，于十二月初一日汇齐备缴。惟因距局甚远，中间哈拉巴山贼匪出没，万难解送来郑。恳局派员前往怀德，如数弹收，再行拨荒等语。据此，卑府等查该领户均系殷实农商，敝局查该户等所备荒价至十余万两之多，怀、郑相距二百余里之远，值此匪徒出没，向非兵力保护，实属难以解运，因即照准。拟届时遣派解运委员锡寿随带局勇三十名，前往怀德贵治商号，照数弹收，解回行敝局。并移请怀德县仍请贵县拨派巡捕队，于卑敝局委员起解时护送出境，以重款项去讫。除移请怀德县查照呈报督宪鉴核外，理合相应备文呈报移请。为此，呈请宪台鉴核，伏乞照呈合移贵县，请烦查照施行。须至呈移者。

右呈移军督部堂增、怀德县正堂。

批　呈悉。嗣后所收荒价，如满十万两，将蒙王旗应得之数暨该局应用经费扣除外，即全数解送来省，交驻省总局收储，转交粮饷处，以充公用。并候饬该省局知照。缴。

为书识常连禀请转呈咨行原旗由

为呈请事　窃卑局于十一月初四日，据文案书识常连禀称"书识系黑龙江镶红旗骁骑校，前由本省请假赴吉林省亲，途次染病，假满未痊。禀经吉林将军长　批准，咨行本省续假两个月，于四月二十四日奉到札饬在案。

嗣后病益纠缠，资斧缺乏，蒙总办携至奉省，就医诊治二月有余，至八月半间，方见痊愈。适蒙荒开办，经行局委派文案书识，随赴行局当差，事关创办，未便一时回旗，应恳据情转呈督宪查核，咨行备案"等情。据此，卑局查该骁骑校所禀，皆系实情，应恳宪台鉴核，可否据情转咨黑龙江将军衙门，饬司备案之处。理合备文具呈。为此，恳请宪台核夺，伏乞批示饬遵。须至呈者。右呈军督部堂增。

批　据呈已悉。候咨行黑龙江将军衙门查照。缴。

为谕旧垦熟地佃户一体照章报明赴局缴价换票告示由

为出示晓谕事　　照得本行局开办蒙荒，业经拟定章程呈报照办在案。现经派定起员丈放佃户等旧垦熟地，合行条示晓谕。为此，示仰尔旧垦佃户人等一体遵照后开章程，从实报明，听候清丈，作速赴局缴价换票管业。毋得隐匿、拖延，狡展侵越以及贿嘱绳弓希图蒙报。如有此等情弊，一经查出，定即从严究办，以儆效尤。倘有员司、书役私受贿托，违章丈放，准尔佃户等径赴本局指名喊控。本局查系属实，即分别撤革，决不袒护。其各凛遵，毋违。切切特示。

计开：

一、定章丈地用二八八号，计亩每十亩为一垧。计一里见方，得地四十五垧熟地。准此核算。

一、定章洮儿河东北一带，为头等地。交流河、洮儿河中间沙碛茅土以北，为二等地。沙碛茅土以南，为三等地。

一、定章头等地收价二两二钱整，二等地收价一两八钱整，三等地收价一两四钱整。每收荒价一两，随收经费银一钱五分并加收荒价经费补平银四分，无论生、熟同一价值。惟熟地应当年升科。

一、定章凡佃户旧垦熟地，应由该佃户向起员报明垧数，指明地方，即由起员丈清。将该佃姓名、垧数、实数填注二连信条，截留存根，将条尾交该佃户收执，务即备价赴行局验条缴价，由局换给信票，交该佃户收执，以备换领蒙古大照，永为己业。

一、定章熟荒如有逾额垦种以及转买别人之户，准其据实报明，照缴地价，即从宽免其退地，作为己业。但不准希图狡展，指人为己，致干重究。

一、定章熟地佃户住房、坟墓、公路、园场准报明起员，酌为留出，不在该垦地之内，亦不另收价值。至该垦熟地非同毛荒，均须按数缴价，概不折扣。

一、定章遇有生荒夹在熟地之间，准连界之佃户承领。若在数户熟地之间，如皆愿领，应由起员各依各界，匀剖分领。如皆不愿领，再行由局另招。

一、定章熟地应尽本佃承领。若本佃不愿承领，或无力全领仅留若干者，应即报局，另行招佃。

一、定章佃户如有曾在王旗缴过押租银两者，准报明数目、姓名，由行局于收价时核与旗册相符，准于应缴荒价内扣除，作为已缴之价。

一、定章佃户熟地既经丈明给单，该佃即应备价赴行局照缴、换票，不准拖延。如历久不缴，查系有意抗延者，即予撤佃另招。

为严禁原佃冒顶勾窜报领熟地出示由

为出示严禁事　　照得本局办荒章程，凡熟地准原户认领，中间夹荒亦准连界之户承领。其有不愿领者，即报由本局另招，原为体恤佃户起见。至此外置荒之户放，由官局价有定章，愿置何荒，价领即得。兹闻有一种奸民，勾窜该处奸佃顶名架空，希图冒领。在该民佃等或隐占腴荒，或坐享重利，似乎两有便宜。岂知朦胧成事，彼此相愚霸占侵吞，即相因而起生端涉讼，遗害无穷。尔等须知，顶名冒替，法所必惩。本局访察綦严，若经发觉，即一同撤佃，钱地即已两空，罪戾更所难免。尔等试权利害，孰重孰轻。除密饬查访外，合亟出示严禁。为此，示仰尔民佃人等，一体知悉。自示之后，自垦者务须自领自耕，勿许顶替。置地者务须赴局价领，勿许冒名。倘敢勾结为奸，经局查明，或别经发觉，本局立将该民佃等产业，无论原领、展领，一并撤佃另招。仍将该顶冒民佃，提局重办，决不姑宽。本局言出法随，勿谓言之不预也。其各凛遵，勿违。特示。

为省局奉督宪札发木质关防择吉启用移行由

奏派办理札萨克图蒙荒事务总局　　为移行事　　光绪二十八年十一月初十日，奉军督宪札开"照得札萨克图王旗垦荒事务，业经奏明在省设立总局，并遴派总、帮办委员等妥为办理，自应刊发关防，俾昭信守。兹刊就木质关防一颗，文曰'奏派办理札萨克图蒙荒驻省总局关防'，合行札发。为此，札仰该局遵即查收，仍将启用日期报查"等因，奉此，敝局遵将奉发关防，择吉启用。除呈报并分移外，相应移行。为此，合移贵局，请烦查照施行。须至移者。

省局　　为移行事　　顷奉军宪札发蒙荒信票，等因，奉此，查此次信票，均盖将军印信，以昭慎重。但印花用油日久模糊，恐有捏造情弊。现经酌定，于领户收执一联，在眉端另行挂号，钤盖敝总局关防。敝局以省字列号，贵局以行字列号，庶日后有所查核，不致有假冒等弊。除饬收支处照办外，相应移行贵局，请烦查照施行。须至移者。

省局　　为移行事　　案照敝局去年刷印信票存根，系用"本年四月间，奏明办理。"现届二十九年，年限不合。拟将早印信票，盖用二十八年朱戳。其新刷信票，另换光绪二十八年字样。除呈报外，相应移行贵局，请烦查照施行。须至移者。

省局　　为移行事　　案照敝局核收荒价，均改发督宪印文。业经禀准，于三月二十七日即照章填发。惟收价、填札事体重大，必须慎益求慎。兹拟于填札钤用宪印之外，仍于札眉挂列骑缝号，盖用敝局关防。拟定上、中、下三等地札，编立"清""慎""勤"三等字号。除照章填列外，为此，合移贵局，请烦查照。须至移者。

呈为蒙旗现派协理等官在沙碛茅土等处会办伏乞鉴核由

为呈报移行事　　窃卑案照敝局于光绪二十八年十一月十四日，准札萨克图郡王旗移称"本年十一月初一日准贵局移开'为移行事，案照敝局开办蒙荒，业将绳起各员，分起前往，行知在案。现定监绳委员暂行并为四起放荒。头二起放城基，三四起丈熟荒，五六起丈头等生荒，七八起丈二等生荒。务于十一月初五日，定可到沙碛茅土聚齐。所有领界、指段之人，自应先行移请贵王旗，预为派定，赶紧饬赴沙碛茅土地方守候。各起员到时，务须指明荒界，以便丈放。相应备文，移行贵王旗，请烦查照，迅速派差施行。须至移者'等因前来。查本年十月二十日，本札萨克处，遵奉谕旨，出派协理等官，并与贵监绳委员等与兼办台吉官员谕令笔其各奇通事等，即与协理等官一员，在沙碛茅土等处，守候会办"等因，准此，除移行省局呈报督宪备案外，理合呈报相应移行。为此，呈请宪台鉴核，伏乞照呈合移贵局，请烦查照备案施行。再，来移系用该旗钤记，并非郡王印信，合并声明。须至呈移者。

右呈移军督部堂增蒙荒总局。

批　　如呈　备案。缴。

为三四起监绳委员呈为开绳日期由

三、四起监绳委员丰庆、成友直　　为呈报事　　窃委员等于十月二十六日由局起程赴段，于十一月十八日驰抵好陶西伯，照章下段行绳勘丈熟田。理合具文，呈报大局，请烦备案施行。须至呈者。

三、四起监绳委员丰庆、成友直　　为呈报事。　　窃委员等于十一月十八日，驰抵好陶西伯，丈放熟地。适奉局宪面谕，熟地附近生荒，如有领户，亦得一律丈放，是日遵即开绳，已经呈报在案。委因雪深没胫，碍难行绳，于月三十日随即停止。所丈生熟各地，除按户发关防执照外，合将该领户姓名、地数按号填写存照，各绘散图粘附照尾，及已丈未放生荒、丈清房园、牧养绘具总图，余剩执照五十三张，蒙汉告示六张，暨停绳日期，理合备文，一并呈报大局，查核施行。须至呈者。

呈报开绳丈放日期由

为呈报移行事　窃等案照敝局赴段暨各起开拔日期，业经呈报移行在案。今于十六日，已督同起员，分拨绳弓，将城基、生熟各荒，开绳丈放。除移行省局外，理合备文，呈报宪台鉴核施行。须至呈者。除呈报督宪查核外，相应备文移行。为此，合移贵局，请烦查照施行。须至移者。

计开：头二起监绳委员舒秀、张笃福丈城基。三、四起监绳委员丰庆、成友直丈上等熟荒。五、六起监绳委员田震、吉芳丈中等熟荒。七、八起监绳委员德寿、周瑞麟丈上等生荒。

右呈移军督部堂增蒙荒省局。

批　据呈已悉。缴。

为各起员司由荒回局并停绳日期呈报暨移行由

为呈报移行事　窃卑府案照敝总、帮办等，前于十一月初二日将由局赴荒日期，嗣于十六日复将开绳丈地各情形，先后呈报移行各在案。卑府敝总、帮办等督饬各起起员丈至一月三十日，该处已降大雪，遂饬八起监绳委员一律收绳停丈。卑府敝总、帮办等，业于十二月初一日旋回行局。各起员现已次第回郑。除将各起丈过地段另册呈报移行外，所有卑府敝总、帮办及起员等回局日期，理合备文呈报。为此，呈请宪台鉴核，伏乞照呈施行。除呈报督宪鉴核外，相应移行。为此，合移贵总局，请烦查照施行。须至移者。

右呈移军督部堂增蒙荒总局。

敬附禀者，窃卑府此次督绳赴荒，接见郡王，当经眼同协理台吉等，将原欠各佃册籍当面移交，并派人指段赴河北、河南开绳分丈，并无异言。因天气和暖，加以领户守候多人，本拟放至本月中旬再议停放。适准总局公函传谕，当即托词雪降，饬起停绳回局。查该蒙旗台壮等因熟地准原户承领一节，多欲以重价刁难，逞其妒念，外户群以为忧。窃计价过重，则恐激外户之变，酌价轻，则难平本旗之心。故前拟荒价，于上等加价八钱，中等加四钱，且熟地不予折扣。故本旗不敢议轻，各佃亦不嫌重。此次，绳起到荒清丈熟地，外户鼓舞欢迎感叩宪德，唯恐此事之中止。盖一因荒价已定，未遂本旗之贪求；一因安业有时，永免该旗之科派也。卑府因阅绳过城四家子地方，查询各起经过，有无骚扰各情。有村叟阿姓等，备述外户住荒不胜本旗之苛索，现蒙帅恩，准其安业，定价既甚平允，起员亦皆好官，叩头感谢，至于涕零，可见外户帖服，毫无滞碍矣。至本旗台壮，亦甚平静。惟前经呈请照奏案，先尽本旗报领一条，指领四十一屯之地，大半外户住庐早开熟地者。察其来意，一则受人指嗾借扰外旗，一则诱于奸民顶名采占，实非本愿领荒。经卑府传集人众，明白开导，抉其受使之因，语以究竟之害。并准照奏案，允为禀恳宪台加恩，将其庐墓留出外，并分别台吉、壮丁宽留余地若干里，俾畜牧有余，开垦亦裕，加以分受荒价。生业即已有余，该台壮闻之，均各欢而去。继经卑府廉知主持，此呈即已革协理台吉蓬苏克巴勒珠尔之谋，因内外各旗平服，无间可乘，因即托人来寓请见，备述伊打贼耗费，该王不理等情，并请领茂好荒地。查茂好一区，地颇膏腴，该王于前次会商以后，又受陈姓揽头银货，指此地抵偿，继又许给王良，一地两许，二人已相睚眦。该革员此请，盖亦利在争趋之见，且与该王作针锋之对也。卑府见其为人沈鸷，实该旗刁悍之尤：不示以威，则雄心不死；不感以德，则贪念不消。因就其指摘该王，告以钦查之件铁案不移，奴主之间纪纲难紊，该员慑服悔罪不遑。继又告以局章，挨号领放，不准指段。且茂好已由该王许抵欠款，本难照准。今经面恳，姑准呈恳将军垂怜老废，破格成全，将茂好之荒尽王抵债外，酌留若干，俾伊价领，以示格外体恤。该员不胜感刻，叩谢而去。查此人如就范围，则合旗可免无限胶葛。是本旗一律安谧，似亦无甚滞碍矣。内旗、外户，既皆顺适，领户亦皆闻风而来。卑府私衷，窃幸或可勉慰厪怀。委因该王首则请留河北，继又指占多处膏腴，奸民则夤缘王旗希图采占，远户则沃土无望瞻顾不前。卑府若牵就允从，恐指段之风一开，挨号之章遂紊。河北有停放之说，河南滋观望之疑，次土零荒尽归弃置，办理既难迅速，荒价亦必减收巨万，于公家、于蒙旗、于前奏均属有碍，其弊一。冒地价为抵债款尽归王，既食难吐，将以何款提报国家，其弊二。此次阖旗递呈请照奏分款，盖知该王素性不善理财，入手即罄，旗众仍然向隅也。今若听其借名抵债，一经挥霍，无以分润旗丁，势必再兴大讼，咎将安归，其弊三。且该旗上下蒙蔽，该王所得仍属有限，其弊四。故该王每兴此议，卑府不敢勉从，盖为大局起见。即为该王起见，而执迷不悟，不惟不鉴卑府之苦衷，且怪卑府之把持，此卑府碍难之一也。伏读宪台复王一函内开："弟处亦可设局拣派蒙员，随同卑府办理文册、收款，但不可私出主意，致乱定章。"仰见宪谕自有分寸，处置该蒙不离不即之至意。乃该旗未奉宪谕，即已铺张。如随绳之差，卑府与该旗原订随绳各派贴书一名、绳夫二名。今则自行添派各加一倍，并拟派委员各一员，或蒙或汉。恐开绳时滥作主张不由分派，约束之则疑于薄待，坐听之则一国三公，起员等无可如何。加以所派局员，自总、帮办以下数十余员，蒙汉商吏不一其类，薪水供给耗费不资，相与指段招民，上蒙下蔽，耗该王之巨款，成若辈之利薮，不及三年，恐该王应得之资，所余可想矣。夫该王自挥土地，该旗自设局员出自本怀，卑府等何妨牵就。但官中膺代办之名，而听该蒙紊其绪，公家资报效之款，而任该蒙终于穷，体宪台奏请之初心，与国家理藩之至意，似属不合。卑府等仰承委任，悚切辜恩，应否姑且通融，抑或力支大局，此又卑府碍难之一也。卑府蒙特达之知，畀以重寄，不敢避劳，亦不敢避怨。两承传谕，知我宪厪系殊殷。谨述略上闻，不胜琐黩陨越之至。所有未尽下忱，拟将局务稍为安置，即趋叩宪辕，面陈一切，先肃附禀，恭叩勋安，伏乞钧鉴。心谨附禀。

为呈于光绪二十九年三月初四日并起开绳丈放城基由

为呈报移行事 窃查卑案查敞局各起赴荒日期，业经呈报移行在案。兹于三月初一日前后到段，于初四日开绳，并起丈放城基。所有开绳日期，除移行呈报外，理合相应备文具呈移行。为此，呈请宪台鉴核，伏乞照呈合移贵局，请烦查照施行。须至呈移者。

右呈移军督部堂增蒙荒省局。

批 据呈已悉。缴。

呈为恭报十起绳弓现丈各等荒地伏乞宪鉴由

为呈报移行事 窃卑府等案照敞总、帮办前次到荒后，因等候蒙员会丈，当将各起开绳先行并丈城基缘由，业经呈报移行在案。至三月二十五日后，蒙员始经陆续到齐，而城基业已放竣。当派头起监绳委员舒秀暂留，料理城基未尽事宜，并放附城窑户。二起委员张笃福，丈河南三等熟地。三起委员盛文、四起委员成友直，各丈洮儿河东上等熟地。五起委员田震、六起委员吉芳，各丈河夹心二等熟地。七起委员德寿、八起委员周瑞麟，各丈洮儿河东上等生荒。九起委员佐东都、十起委员萧齐贤，各丈河夹心二等生荒。均于四月初一日，一律下段行绳丈放。嗣因河夹心熟户颇多，若生熟并丈，不但迟速悬殊，且熟户未经丈出，其附地之处容能留荒若干，亦无从查考。现拟略为变通，将原派丈放河夹心生荒九、十两起，改饬分丈该处熟地，由是四起分头并进，先将熟户原地若干、附地能留荒若干，一律勘丈清楚。所有余胜之荒，自能一概丈出，继此招放亦易。如此办理，虽领生荒者稍须守候，而熟地既可早日收价，并可早望升科。俟将此段熟荒丈毕，即当体察情形，分布各起，再行随时呈报移行。为此，呈请宪台鉴核合移贵总局，请烦查照施行。须至呈移者。

右呈移军督部堂增蒙荒总局。

敬附禀者，窃卑府等前派九、十两起，各丈河夹心子二等生荒，分饬去后，于初七日旋据该委员等禀称，河夹心子各屯俱已私挖封堆，将好荒任意包占图入己界，以为转卖渔利之计。每丈一处，出而拦阻，言系伊等拟留之界，不容行绳。卑府等查系该处揽头王札兰、特克尺把己等隐主其事，当经传案与蒙员会讯。卑府等一面严加申斥，一面明白开导，该蒙人等当即畏服悔罪。供系一时糊涂，嗣后倘有户下私立封堆、隐荒渔利及阻挠绳弓情事，惟该揽头等是问。蒙员复代为恳求，随即取具切结存案。由是连日各处揽头均来请示，静候领界、指段，无敢抗违者矣。再该王前云拟借洋款，自留河北上地一节，卑府等因其事体重大，关系荒务全局，不得不相机设法，力为拨正。当与职福升再四筹商，又以刻间各起一齐下段丈量，正值事务殷繁，卑府实难分身，遂授意于职福升。由职福升前往该王府，反复开陈，详说利害。斯时该处起意借款诸蒙人，因该旗行知此节之文业被卑局驳回，已向该王恳请免借此款。该王及闻职福升陈说之言，颇知悔悟，已允即将此项借款，遂即去人辞之矣。看此情形，则此节或可挽回也。现在河南、河北，均已一律开绳。此后凡与蒙旗交涉事件，卑府等唯有开诚布公，随机因应，和衷商榷，审慎办理，以期仰副委任之至意。知关宪廑，敬谨附陈。恭请钧安，伏乞垂鉴，府等谨附禀。

批　呈及另禀均悉。嗣后遇有该旗交涉事件，仍随机因应，审慎办理。缴。

为恭报新添两起清丈二等熟地呈请鉴察由

为呈报移行事　窃案查卑敝局前将分饬十起绳号，各丈上中下三等生、熟荒地，业经移行呈报在案。现在新添十一、十二两起，均已到段。当饬清丈河夹心子二等熟地，以期熟地迅速丈清，而生荒即可早得核放。除移行呈报外，理合相应备文呈报移行。为此，呈请宪台鉴核合移贵总局，请烦查照施行。须至呈移者。

右呈移军督部堂增蒙荒总局。

批　据呈已悉。缴。

呈为卑局现应停绳暨分别停发车价薪水伏乞鉴察由

为呈报事　窃案查卑敝局监绳委员十二起，各带司书绳丁丈放上中下三等生、熟各荒，业经随时呈报移知在案。查现在时届伏暑，天气炎热，蒿草遍地，蚊蠓蔽野，田苗已长，大雨时行，荒段之内实系难以行绳。应请由闰五月二十五日起，至六月二十五日止，停绳一个月，稍资歇息。候初秋以后，暑气渐退，彼时再当督饬各起赶紧丈放。其十二起监绳委员、司书、绳丁，遵照去腊停绳禀定章程，均停止一个月薪水、车价。至局中员司等正当料理册报收款等事，亦照定章，此月内止停车价，仍发薪水以资办公。除分行饬遵呈报暨分行外，所有卑敝局现应停绳暨分别停发车价、薪水缘由，理合备文呈报相应备文移行。为此，呈请宪台鉴核合移贵总局，请烦查照施行。须至呈移者。右呈移军督部堂增蒙荒总局。

批　呈悉。候饬驻省总局知照。缴。

为蒙旗台吉等公呈谓照章分给荒价由

具呈人，系札萨克图王旗人赏戴花翎头等台吉色登，头等台吉卜彦克思克，二等台吉阿敏乌尔图、卜彦托克塔虎、色冷旺楚克、得克济虎、元端依得尔、必里克图、格吉特、阿力毕济虎、图们吉力嘎勒、奇莫特，带兵梅伦四等台吉达瓦敖札尔、阿敏布虎，梅伦衔四等台吉棍楚克满都、巴雅尔、特古斯济力嘎勒、乌云毕里克、乌勒济巴雅尔、巴图尔布合、察思西格力桑、荣束米雅，达官四等台吉毛钦三音、乌勒济绰克图、乌勒济桑保、那兰绰克图、吉鲁格勒图、那逊额尔格图、萨拉虎伯尔济嘎、崔金札布、达瓦阿莫嘎、巴札尔呢玛、窝特色木丕勒、札木巴勒色伯勒、都伯特哈拉古力克、阿尔毕济虎、阿敏布虎、汪济勒，札兰章京四等台吉挑那逊，四等台吉刘喜、那逊巴图、洪克札勒山、桑济罗木丕勒、丹申呢玛、额尔得木图、布虎巴雅尔、呢玛札勒山、三音绰克图、克斯科布彦、乌合得勒虎、阿尔宾布彦、虎图克色楞、旺楚克、崔得瓦、南楚克、毕其那虎、罗尔锦察勒沁保、那逊达赉、公克尔特尔玛、西抵丹巴、济勒毕西、布彦毕西、那逊布合、尔窝尔图、克阿约林扎那、布彦虎楚图、那逊孟合里毛、色楞挠问台、青达木尔、敖巴克绰克、巴达力虎、郎保林沁、三音巴札尔、那逊伯尔济嘎、额尔其木济力嘎勒、毕里克图、巴勒罕托特毕里克、图巴图乌勒济、桑保、三音虎米其特、那兰绰克图、巴彦都楞、罗木丕勒、额尔得木图、巴图尔、伯雅特古思、达瓦布彦绰克图、毕里克图、托克塔虎、布彦科思克、阿尔宾科思克、布虎毕里克图、乌察拉虎、雅克图台勒、约巴齐、依得力布虎、得克吉力克、巴图窝查尔、元端乌勒吉札木、色楞巴图、乌勒吉元端、毕西拉虎、乌勒济托克塔虎、达瓦桑保、拉西巴图、巴札尔米图卜、布彦托克塔虎、玛克西力塔尔札，札兰章京三吉米图卜，佐领章京巴彦巴图尔、孟科绰克图、桑保、安巴得科吉尔虎、阿约喜呼毕图，佐领昆都拉木虎、阿尔毕吉虎、伯木嘎尔色楞、朋束克、嘎尔楚绰克、丹巴林特克喜、敖罕宁保罗、达道抬哈布塔改、乌勒吉布彦、萨克思哈布虎、吉力嘎勒、图们那束图、忙图、乌勒济、阿木吉尔嘎勒、乌勒吉、得勒格尔土、莫力古特布虎、吉力嘎勒、米吉克、土们嘎罗、抵朋束得克济尔虎等，阖札萨克图一旗之台吉、壮丁众蒙古等，连名呈请钦命奉天将军出派办理荒务委员案下，恩准恳乞禀明事：窃因敝台吉等，原始祖翁古代胡拉奇红巴嘎图尔老爷之次子承袭札萨克图郡王布达奇，又王老爷布达奇之长子巴雅萨嘎勒承袭郡王、次子白嘎勒二品台吉、三子海力头等台吉、四子海萨虎头等台吉、五子闹尔布札萨克和硕额驸、六子林沁头等台吉、七子道尔吉札萨克和硕额驸二等台吉、八子满珠西力二等台吉、九子果木二等台吉、十子绰思奇二等台吉、十一子额尔得呢二等台吉等。一旗世袭的分位十一缺，编造旗箭各立疆界，在旗内之众蒙古等，均受皇恩，秉公应差。敝众蒙等，由此运败。十余年来，该郡王乌泰，又信用恶霸色楞旺保、达瓦桑保、崔木丕勒、丹森呢玛、翁霍尔等，暴虐无比，私垦王荒，至今十八年卖王荒数百里。荒价、地租均行入己，并勾窜贼匪作乱，不但在本旗抢掠一空，即本盟等旗已受害至极。以此情形，在本盟长衙署并盛京将军暨理藩院等各署，均有案据可查。现今由省出派委员大人传令台吉、壮丁等，在本旗南荒莫力格奇等处齐集，限于十月初三日到齐，听候面谕。众蒙等理应闻传急到，近年多受贼匪之害，贫乏至极，又因路途遥远，逾限未到之情呈明。委员大人回局之时，又谕令十月二十五日在沙嘎吉改茅土等处守候，等因，奉此，将所有一切呈报外，今于本年四月间，奉钦差大臣明鉴，恩恤敝众蒙等数年之苦，定明十条请旨，饬下谨遵，并叩谢万分天恩。仰乞委员等，明鉴恩恤，可照奉旨十条内各情，安抚众蒙永居乐业，或照郡王之亲支十一家，同受荒银作为永产，敝旗众蒙等同得原业，以救民命。为此上呈。

具呈人，系本王旗头等台吉恩赏花翎舍等，头等台吉卜言何士阁，二品台吉那民勿力他、卜言陶他虎、舍冷王起阿、德格吉虎、元旦义德力、必勒各土、格吉德等，敝旗台吉、壮丁众蒙联名，叩恳钦命放荒事务，奉军督部堂所派办理荒务委员案下，恳恩禀明事：窃情因敝台吉等，原上祖父翁古代胡喇起红巴图尔的次子札萨克多罗札萨克图郡王卜答气，王卜答气长子札萨克图郡王巴牙萨嘎喇、次子二品台吉白嘎、三子头品台吉害立、四子头品台吉海萨虎、五子札萨克和硕额驸二品台吉闹尔卜、六子头品台吉我林寝、七子札萨克和硕额驸二品台吉道而己、八子二品台吉满洲西礼、九子二品台吉国目、十子二品台吉超萨气、十一子二品台吉而德泥等世袭分位十一佐在旗界之内，众蒙等靠皇恩，按分应纳差务。众蒙运衰，自此十年以来，郡王乌泰暨色楞旺保、达瓦桑保、春蒲勒、丹森呢玛、翁霍尔等暴虐无比，信用恶霸，私垦王荒，至今十八年私卖王荒数百里，荒价、地租一概入产，勾窜胡匪作乱至极，不但抢掠本旗，本盟等旗受害不浅之情，本盟衙署、军督部堂、理藩院等各部有案可查。现今委员大人，在本旗莫力各起地方，定期传众台吉、壮丁等听令，随时急到。比年以来受胡匪之害贫乏至极，由路途特远，限期未到之情。委员大人归局之时，定于十月二十五日在沙吉改茅土有令等候。为此，遵令于本年四月间，钦差鉴明，恩恤敝旗众蒙等，定章十条请旨。

准此十条，众蒙等叩恳皇恩，尊重十条。仰乞委员大人恩恤，可按十条之列，按抚众蒙，安度乐业。在者上王亲支十一家，同列分受荒银作为永产。敝旗众蒙等可得原业，以救民命，求恳呈禀。

批　该王旗因荒缠讼各情，业经军督宪会同钦差大臣查明奏结，何庸再诉此情。按照原奏十条，分得荒银一节，应俟荒事放竣，均均分拨，尔等静候可也。

为蒙旗台吉等公呈指领各屯荒地并控外旗勾引干预荒事等情由

具呈人，系头等台吉色登等台吉、壮丁公议，禀请贵委员大人案下恩施，为再恳呈明事情：因被哈拉沁、土默特等户，将本旗之产业牧场、坟地均行侵占。经已革之协理台吉棚束克巴勒珠尔呈控十年有余。今本年钦命大臣具奏，仁恤札萨克图王阖旗之众蒙等情，酌拟十条。内敝旗失产被夺之众户地名：棍奴力达莫哈嘎、满都拉挠告、吉额伦所格、西力棍那林黑拉哈屯、查干莫团、乃拉伯力干图、查于桃海、好来保乌拉干图、列图忙达忙哈吐、查干奇勒古吐伯、古代哈嘎、塔兰西伯、格阿鬼乃拉、东六家子、西六家子、西十家子、塔那吐布、合都力乌达乌兰、巴达索格吐、东十家子、巴彦桃海、阿力嘎营子、毕西嘎、大茂好、小茂好、巴汗花梅伦好、交流河、敖保、瓦房伯洛、特毛图、塔拉窝棚、合也力乌达、所音乃拉绰伦、胡达嘎等四十一处窝棚，系众户之宅院、牧场等地。仰乞委员大人何等仁恤，可照上谕办理。如归荒界内放恳〔垦〕，乞将此四十一屯之宅院并牧场之地，宽长皆留十里，俟绳弓丈后，再按定荒价交纳，作为敝旗众蒙之根业。此处不准招外人报领，一并具情呈请外，又宾图王旗的台吉孟棍瓦奇尔、敖罕王旗巴图孟科等人并与本旗无涉，前与哈拉沁、土默特恶匪强霸指引放荒之情，日后不知起何祸端，均系孟棍瓦奇尔、巴图孟科等起见。具情呈明委员大人案下，恩准施行。为此，上呈。

具呈人，系头等台吉舍等台吉、壮丁共议，禀请委员大人案下，禀明事情：因为胡匪起乱被害至极，失产业、游牧，坟地一概被夺之情。为众户已革协理台吉棚束克喇珠，呈控十年有余之情。现今钦命所派大臣具奏，恩佑札萨克图概旗众蒙等情，定章十条之内。敝旗失产，游牧被夺之众户地名：棍奴喇答莫哈嘎、满都喇挠告、及而伦所哥、束古喇那林黑拉哈屯、岔干莫旦、乃拉泊力汗土、岔干桃海、号来保乌兰徒、列吐默特芒哈吐、岔干出炉、保代哈嘎、塔林西泊、那鬼乃拉、东六家子、西六家子、西十家子、他那吐、卜格特吾答乌兰、巴答所格土、东十家子、巴彦桃海、那力喇营子、必西嘎、大茂好、小茂好、巴汗花梅伦好、寝照流河、敖保、瓦房伯力、倒茂土、塔拉窝堡、好牙喇吾答、所格乃喇出伦、胡答嘎等四十一处窝堡，众户宅院、牧场等地。望求委员大人何等恩怜，可按上谕之列。如能归放荒界内，仰乞此四十一处窝堡宅院、牧场地面宽长皆留十里，绳弓之后，按定荒价交纳，作为敝旗众蒙根业。禀明不准外人招买其情外，又宾图王旗台吉孟棍敖起力、敖汗王旗巴土孟可等并无敝旗相干，强霸指掌放荒之情，日后不知起何祸端，全在孟棍敖起力、巴土孟可等诱起。为此，委员大人案下，恳恩上禀。

批　查原奏本旗出荒应尽本旗先领，早由本局禀请军督宪出示定限，饬令备价承领。惟不准攘夺旧户，以符原奏安插客民之意。呈中所指各地，查系旧户所居者颇多，殊为有意刁狡，应不准行。至所控该旗现用之孟滚敖起力、巴土孟可等，既系外旗之员，不洽舆情，已面商该王罢斥不用，无庸再渎。

前据具呈人，赏戴花翎头等台吉色登等台吉、壮丁各户等，为再行呈请事：今敝众蒙等呈请贵委员等，呈内将此四十一处之房基丈量宽长十里，照章交价，作为敝众蒙等之原业，不准外户呈领，具情呈报。复奉军督部堂批示、札发告示内第八条，该旗出荒，自应先尽本旗蒙古台吉、壮丁人等首先报领，后准外户呈领。现经据办理荒务行局呈请、出示等因前来。除批示外，合亟出示招领。为此，晓谕该旗蒙古台吉、壮丁人等一体知悉。自此晓谕后，由该局丈清，限三十日尔等首先赴局报领听候，一面照章交价给照管业等因。格外施恩，谨遵札发告示前来。所呈请四十一屯之地方，晓谕敝蒙等，准其照章备价照领。如不准敝蒙等呈领，恳乞三十日限内饬复等情，叩恳奏派委员等指示见复。为此，上呈。

批　原奏本旗先领，系指生荒而言。何以显背奏案，仍有攘夺旧户之意。前呈业已批明，勿庸屡渎，致干咎戾。切切。

协理台吉巴图济尔嘎勒　为片呈事　本年十一月二十三日据本旗头等台吉色登等暨台吉、壮丁各户等报称，本旗四十一屯之房基等处，候出晓谕，照章交价承领。并具情呈请委员等仁恤三次，暨因贵局有案，今不另抄外，现此项情形如何指示，希为贵委员等饬复可也。为此，特呈。

批　各呈业已批饬明析，即备文移复可也。

为改派五、六起放中等熟地由

为札饬事　照得本行局前饬并起丈放上等生荒。兹因与该蒙旗会商，拟改丈放中等熟地，自应由该起员，即俟领户指界丈放。除移蒙旗知照外，合行札饬。札到，该起即便遵照。切切。特札。

右札仰五、六起监绳委员田委员震、吉委员芳，准此。

为五、六起监绳委员呈报开绳日期由

五、六起监绳委员田震、吉芳为呈报事　于十一月二十一日带领司书、

工役等，开绳丈放交流河北岸，随即挨次逐日认真督饬，秉公丈放。理合遵将开绳、到段日期，备文呈报总局宪查核。为此，申呈。须至呈者。

五、六起监绳委员　　知县用分省补用盐大使田震、即选笔帖式吉芳

为呈报事　　于本月二十九日收绳停丈。今将现丈交流河迤北原垦户敖达马林色等熟地十七垧二亩七分四厘内，照章扣除牧养二垧、房基地五亩五分四厘，实剩熟地十四垧七亩二分。又丈得敖荣贵熟地二十五垧四亩四分七厘五毫、毛荒六亩四分零六毫内，扣除牧养二垧，实剩熟地二十四垧零八分八厘一毫。又丈得乌能白音熟地十二垧二亩二分八厘内，扣除牧养二垧，实剩熟地十垧零二亩二分八厘。又丈得敖荣身熟地三十二垧一亩六分九厘六毫内，除扣牧养二垧，实剩熟地三十垧零一亩六分九厘六毫。又丈得刘喜熟地十七垧七亩二分零五毫，毛荒六十七垧九亩五分五厘二毫内，扣除房基地六亩五分，牧养地二垧，水泡五垧四亩，实剩毛五十九垧九亩零五厘二毫。合将原垦户等姓名，所放生、熟各荒数目，并绘具草图一纸，以及停绳日期，一并备文呈报总局宪查核施行。为此，申呈，须至呈者。

为七、八起监绳委员呈报开绳日期由

七、八起监绳委员德寿、周瑞麟　　为呈报事　　前蒙行局札开，着派七起、八起并为一起，丈放头等生荒，并将到段开绳日期呈报，等因，奉此，遵即代领司书、绳工人等，于十月二十八日由辽源州行局起程前往，于十一月初五日抵到沙碛茅土。由该处于月之二十日起程，二十二日抵至头等生荒地段，于二十三日开绳丈放之处。理合将到段、开绳各日期，具文呈报局宪鉴核施行，须至呈者。

七、八起监绳委员德寿、周瑞麟　　为呈报事　　窃委员等适奉传谕，现届大雪蒙地，天气严寒，不能行绳，着各起均即一律停绳，等谕，奉此，遵照于十一月二十九日停止绳工，于三十日带领两起司书、绳工人役，由上等生荒地段大仙塔拉地方起程回局。理合将停绳、起程各日期，具文呈报局宪鉴核，备案施行。须至呈者。

七、八起监绳委员德寿、周瑞麟　　为呈报事　　今将丈拨坐落一百六十户界外，大仙塔拉天增福报领乐字元号上等生荒，绘具四至详图造册，并中段信票钤用两起戳记，随文呈送局宪鉴核，备案施行。须至呈者。

计呈送清册一本、中段信票一纸、散图一纸。

为额外委员贴书陆连请假遗差以效力贴书张毓华补充由

照得本行局额外委员、贴书陆连，现在请假，所遗贴书一差。查有效力贴书、府经历衔监生张毓华，当差勤慎，堪以补充。合行谕饬。谕到，该贴书即便遵照，

务须益加奋勉。为此，特谕。

右谕仰效力贴书、府经历衔监生张毓华，准此。

为札吴办事官收拾站务并查点各站存项粮草带同各贴书回局由

为札饬事　照得本局各起，现经照章停绳，年内勿容转运。所有该站办事官等，可即回局度岁，以及各该站贴书等亦应饬令回局。俟开年再往操办，俾暂休息。合亟札饬。札到，该办事官即便遵照，一面将该站粮草等项，寄存妥实之户。一面回局，并于沿途查点各站存蓄粮草数目，逐细开具清单，以备查考。仍仰分饬各站贴书，将粮草觅妥寄存，一同回局。届时再行分往所有驻站，各什勇等，候至封印之日，再行传饬回局。该办事官，务须相机分饬妥办。切切。特札。

右札仰总站办事官吴千总亮孚，准此。

为协理台吉巴印君转请本旗壮丁德明阿等联名求安本业由

协理台吉巴图济尔噶勒具呈贵委员大人面下：禀请事　窃情因今有本旗壮丁德明阿、札那、金山文、能告勒、周全三、白雅勒、卜言德力各勒、金锁、那莫噶白益喇、满长、白四冷、那莫力洒纳、高明、高长命、善吉雅、金长命、锅扣都冷、高振海、杨进宝、德利、德财、杨元宝、尔登宝等匍匐前来，联名求恳，以安本业等情。转禀贵委员大人鉴明其情，望乞此案以待来年本王归旗之节，如何安抚，再行定夺应否。为此，呈禀者。

批　查德明阿等，既系本旗壮丁，与外旗各户原属有间。此次开荒，所有该壮丁等应得利益，自应比照外户稍优，仰候本总、帮办面禀将军裁夺，再为传饬遵照可也。

为札撤驻站暨押运各员司回局听候根究由

为札饬事　照得本局　兹据转运总卡正办事官吴亮孚等禀称，各该站斗秤不符等情到局。查卢办事官等，办事隐约，显有别情。而该总卡前发米面，何竟将错就错，其中有无欺饰，应将该正副办事官暨司事等四人一并撤回，听候分别查询，彻底根究。合亟札饬。札到，该正办事官吴亮孚、副办事官卢崇恩、司事恒兴、徐庆元等即便遵照，将站务料理清楚，作速回局听候查询，毋得稽延规避，致干未便。切切。特札。

右札仰正、副办事官吴亮孚、卢崇恩，司事恒兴、徐庆元，准此。

转运总卡正办事官、蓝翎守备衔尽先千总吴亮孚，司事蓝翎五品军功、委官领催恒兴谨禀　总、帮宪大人座前钧鉴：敬禀者，窃职等，于冬月二十八日义干他拉温什长至卡买米，将秤砣携至职处，言砣义（否），将砣治试，仍照蒙民秤小。又冬月十六日，遣兵孙守山送信，未由各卡传递，经行送至局，代询各卡秤情。该兵至少拉欧根司书识绪，留［面一］百斤，吊秤十二斤半，各卡所留面数均不［敷］秤。刻下副办事官卢崇恩等代砖一块将秤治试，亦照蒙民秤小二两。斗秤该伊经手，职一概不知留何秤，卖何秤，并不知大小。复思头二次来面原［马］一百零三斤，该伊秤［约］一百一十二斤，当时分别言广德奎原［马］不对，现在面到均照原［马］数相扶。随时根询其故，该伊言前在福兴店自买，格外多给，前两次并未言之等情。职回忆斗情，该伊均住腰房，有木匠送斗，职将斗治试，用马料治，二斗不同，一［差］有二升。有效力差官杨永二名，视知该伊回来，当面告知二斗不同，后不知换否。不意至各卡，均用小斗量，随时各卡分别言大斗不能用。职禀辞起程，车至河沿，粳米口袋开线，漏有二升多，卡兵十数人煮吃，至卧虎屯尖，五十来人用米八升，至口袋住十数余人用米三升，至包四土二十人用米四升，至帽德土十数人用米二升，前九卡共留米九斗。至职处，留米一石，余剩米二升代回。合亟广德奎来米二石，该伊共过二石一斗多，职亦不知斗大小。留一石米，将大斗量治九斗二升。职只可照每斗九升变卖。第二次该伊言留准斗，细情难解。职乘此大斗将存，代账卖面统合亟多少，言之秤小所余无多。在各卡所留粳米，均报价置十八千。刻下头、二起分别粳米，由广德奎原价多少，该副办事官声称价置十七千。惟职原单未见，一切情由实系不知，是以不揣冒昧，理合肃具禀闻。虔请钧安，伏乞垂鉴。职等吴亮孚、恒兴谨禀。

批　卢办事官等，办事隐约，显有别情。而该总卡前发米面，何竟将错就错，其中有无欺饰，应俟彻底根究。着先将该正副办事官、司事等四人，一并札撤，听候分别查询。附禀，存。

再附禀者，窃沐恩现在卡处存米面等物若干，蒙民此地无妥之人，碍难动身，暂且看守。沐恩候大人来谕回局否，在此处过年可也。刻下合亟司事恒兴初三日前往，回局与司事徐庆元合算账目代交清单。沐恩时下有大秤统合亟面存、浮多少，头次面留三百零七斤，二次面留一千六百五十六斤，共两次面合一千九百六十三斤。两次卡暂存面六百五十斤，账卖一千三百八十六斤，浮面七十三斤。三次面未动。专此，禀闻。

为札司事郭世杰充额外委员由

为札委事　案据主稿委员钟等呈称，五品顶戴候选训导司事郭世杰当差勤慎，恳赏加额外委员名目，以昭鼓励，等因前来。查该员等，既称该司事当差勤慎，自应准如所请，委为本行局额外委员，以昭鼓励。除批示外，合亟札委。札到，该员立即遵照，益加奋勉。切切。特札。

右札仰五品顶戴候选训导郭世杰，准此。

为马步队正副巡长分别记过由

为札饬事　　照得本行局护局步队正巡长王绍东，前在营务请假五日回家省亲，自应遵限归局，乃竟逗留半月之久，实属任意自由，殊违营制。再马队副巡长宝麟，奉派缉捕逃兵，理应严拿务获，以正军法，而儆效尤，乃该副巡长，并未将逃兵捕获，仅止收回枪械，殊为搪塞。应即将王绍东记过一次，宝麟记大过一次，以示惩儆。并即传饬各该正、副巡长等须知，此系姑念初次，格外从宽办理。嗣后该弁等务当恪遵军律，勤慎充差，痛改积习，以观后效。倘不知愧奋，仍蹈前辙，定即照例从重撤办，决不宽贷。除分行外，合亟札饬。札到该处，即便遵照，并转饬两哨，一体凛遵。切切。特札。

右札仰营务处，准此。

为准蒙旗巴印军代呈德明阿恳安本业——呈录批移复传饬由

为移复事　　案照敝局　兹据壮丁德明阿到局，呈递贵协理台吉巴代呈壮丁德明阿、札那、金山文、能告勒、周全三、白雅勒、卜言德力各勒、金锁、那莫噶白益喇、满长、白四冷、那莫力洒纳、高明、高长命、善吉雅、金长命、锅扣都冷、高振海、杨进宝、德力、德财、杨元宝、尔登宝等匍匐前来，联名求安本业一呈，到局当经批饬。查德明阿等既系本旗壮丁，与外旗各户原属有间。此次开荒所有该壮丁应得利益，自应比照外户稍优。仰候本总、帮办面禀将军裁酌，再为传饬遵照可也。等因，批饬在案，相应备文移复。为此，合移贵协理台吉，请烦查照，转饬该壮丁等听候施行。须至移者。

右移札萨克图郡王旗协理台吉巴。

呈为卑府因公晋省伏乞鉴核由

为呈报事　　窃卑府心由荒回局日期，业经呈报在案。兹有要公面禀宪台，拟于十二月初十日，携带卑局关防，启程晋省。所有启程日期，理合备文，呈报宪台鉴核，伏乞照呈施行。须至呈者。

右呈军督部堂增。批　据呈已悉。缴。

呈为卑府由省回局日期由

为呈报事　　窃卑府心于光绪二十八年十二月初十日，因公晋省，业经呈报在案。兹于光绪二十九年正月二十九日，由省携带关防回抵行局。所有到局日期，理合备文呈报。为此，呈请宪台鉴核，伏乞照呈施行。须至呈者。

右呈军督部堂增

批　据呈已悉。缴。

呈为卑局总办赴荒日期请核由

为呈报事　　窃卑府于三月初一日起程赴荒，督率绳弓经理分界等事。随带蒙文委员文亨、蒙语委员靖兆凤、行局司事郭世杰与书差人等一同赴荒。其行局关防，交卑职寿等暂行收掌。除移行总局外，理合备文呈报。为此，呈请宪台鉴核施行。再卑府由省回局，拟于二月半间即行赴荒，因等候该郡王面商一切，以致稍迟。又值河道将开未开，至现在始得起程前往，合并声明。须至呈者。

右呈军督部堂增。

呈为改派八起合并七起同丈头等生荒伏乞鉴核由

为呈报（移行）事　　窃案查卑敝局各起赴荒，并起分丈，以及二次改派地段各情，业经前后呈报各在案。二次改派第七起系丈放头等生荒，八起系丈放二等生荒，嗣因头等生荒领户守候，单起不敷放拨，当经变通办理。将八起免丈二等生荒，合并七起，同丈头等生荒，以免稽延领户。其余各起，悉仍原派办理。除移行总局查照呈报督辕备案外，理合相应备文呈报移行。为此，呈请宪台查核备案。伏乞合移贵局，请烦查照备案照呈施行。须至呈移者。

右呈移军督部堂增蒙荒总局。　　　批　如呈办理。缴。

为札解运委员等赴怀德收款并行解省由

为札饬事　　照得本局前据领户徐寿春等报领荒地，应缴价银十余万两，并拟另外预交银若干两存局，再行报领，均于本月汇存怀德商号。因道途不靖，不便运交行局，请由局委员派勇前往提收。所有委员护勇，由郑至怀往返川资，该户等甘愿预备等情照准去后。兹并拟将此款，一面收讫，一面径解省垣，亟应派员前往收提。查有本局解运委员锡寿、翻译委员靖兆凤、差遣委员张励学，堪以一同派往。除分行暨呈报外，合行札饬。札到，该员等即便遵照，带同本局护勇，并会同辽源州吴总巡带领巡捕马队，先后赴怀德传集该户，至所指商号如数弹收。所有银平银色，务照本局通章办理，毋得疏略，致难报解。收讫之后，仰即由怀，由该员等会同吴总巡马队，径行押运扫数解省，守候批回，于回日缴局。沿途务须格外防范，谨备不虞，毋得疏忽稽延，以及骚扰需索，致干未便。切切。特札。

计随发领户徐寿春等十二户信票十二张，瑞兴永、徐寿春街基票二张。随发本局印花五十张。随发本局封条五十套。

应收报领掣票中等生荒六万垧，郑平银一十三万零五百八十八两八钱四分八厘。应收报领城基一千五百丈，郑平银三千五百五十二两一钱二分。应收另外预交郑平银若干两，未具数尽收尽报。

右札仰解运委员锡经历寿、翻译委员靖巡检兆凤、差遣委员张县丞励学，准此。

为札发事　　照得本局派委该解运委员等前赴怀德弹收领户荒价，业经札饬去讫，查现在道途不靖，已派本局护勇，并移请吴总巡带勇同往，以资保护。惟事关公款，应格外慎重，以备不虞。兹由局预备移请沿途地方巡捕、团练各队公文三角。倘有警急，准由该员等将此文就近赍投各该营队，派勇保护出境、出汛，以免疏虞，合行札发。札到，该员即便遵照携带前往。如非紧急，毋许滥用以及遗失，仍仰于回局之日缴销。切切。特札。　　右札仰解运委员锡寿，准此。

为移请事　　案照敝局现派委员赴怀德经收款项，即由怀德径解省城。适值道途不靖，事关公款，未便疏虞。敝局护勇暨借拨巡捕队难敷保卫，应就近移请贵　，希即飞拨　名，烦护敝局饷车出　，以资借助，而重公款，相应备移飞请。为此，合移贵　请烦查照，望切施行。须至移者。右移

为派员赴怀德收款解省请吴总巡带兵护送分别呈移由

为呈报移请事　　窃卑局案查敝局　前据领户徐寿春等报领荒地城基，荒地应缴价银十三万余两有零，于本月汇存怀德商号。因道途不靖，不便运交卑行局，请由卑敝局委员派兵前往弹收等情，照准各情，业经呈报报省在案。现在拟将此次荒价一面弹收，一面径由怀德解省。事关公款，不得不格外慎重。刻值道途不靖，诚恐卑敝局护勇人数不多，难资保卫。且局勇枪械，原未请有交涉局牌票，到省恐资借，因应就近移请巡捕队吴总巡，带领马队　名，贵州军吴总巡、总巡带领巡捕马队　名，会同卑敝局解运委员，一同护送到省，以免疏虞。除分移外，理合备文呈报。为此，呈请宪台呈报督宪鉴核，伏乞照呈外，相应备文移请。为此，合移贵州、统、总巡请烦查照，转饬施行。须至呈移者。

右呈移军督部堂增、辽源州正堂蒋、北路统巡马步全军恒、巡捕队总巡吴。

批　　据呈已悉。缴。

吴总巡移为照拨巡队赴怀德护款移复由

总巡辽源巡捕马步队吴　为移会事　　案准贵局移开"案查敝局前据领户徐寿春等报领荒地，应缴价银，汇存怀德商号"云云。并奉北路统巡恒札，同前因各等因，奉准此，彼值敝总巡随赴围场探剿林七各匪，未便分往。当派敝队前哨副巡长胜贵，带马队二十名，于本年十二月十六日，由郑赴怀德帮同贵局委员护运，并呈报外，相应备文移会。为此，合移贵局，请烦查照施行。须至移者。

为派员解银交还粮饷处款呈报请核由

为呈报事　　窃查卑局前经开办蒙荒，需款垫办，禀蒙批准，饬由粮饷

处借拨银六千两，发交卑局遵照具领，收到粮饷处交沈平银六千两整，业经移复呈报各在案。兹派卑局解运委员，解到沈平银六千两，并备文移交粮饷处核收，清还前款去后。除俟弹收清楚，接准移复，并容后分项列入卑局开支项下，造册分别呈报外，理合备文呈报。为此，呈请宪台鉴核。伏乞照呈施行。须至呈者。

右呈军督部堂增。

为解还督辕粮饷处六千两借款移知总局由

为移行事　案查敝局前因开办需款，禀蒙督宪批饬，由粮饷处借拨沈平银六千两交局垫办，由敝局备文具领呈报各在案。兹由敝局经收荒价经费项下提沈平银六千两整，派解运委员锡赉移解交督辕粮饷处，如数弹收，清还前款去讫。除呈报督宪鉴核外，相应移行。为此合移贵总局，请烦查照，备案施行。须至移者。

右移蒙荒总局。

为派员解款交还粮饷处由

为移付事　案查敝局前经开办蒙荒，需款垫办，禀奉督宪批饬，由贵处借拨沈平银六千两，业经敝局备移具领，如数弹收，呈报督宪鉴核各在案。兹派敝局解运委员锡寿，解到沈平银六千两，径交贵处，清还前款，并饬守候回复。希即弹收清楚，以清公款。除呈报外，相应备文移付。为此，合移贵处，请烦照收见复施行。须至移者。

右移督辕粮饷处。

为自开绳至停绳各起丈过地段呈报请核由

为呈报移行事　窃卑敝局各起开绳、停绳日期，业经前后呈报各在案。所有各该起自十一月十六日开绳，至十一月三十日停绳，丈过城基及生熟荒地数目，现据各起先后呈报到局。除抄缮单移行总局备案外，理合缮具清单，备文呈报。为此，呈请宪台鉴核，伏乞照呈备案呈报督宪鉴核外，相应移行。为此，合移贵总局，请烦查照、备案、施行。须至呈移者。

计呈清单一份　计移粘单一纸。

右呈移军督部堂增、蒙荒省局。

批　如呈备案。缴。单存。

为呈报本年春夏两季丈放各等生熟地数呈请鉴核由

为呈报移行事。　窃卑案照敝局本年各起开绳、停绳日期，业经随时呈报移行在案。所有各该起自三月初四日开绳起，至闰五月二十五日停绳止，丈放过上中下三等生熟各荒数目。现据十二起监绳委员呈报到局，敬谨开列清单恭呈宪鉴。除移行总局查照缮单呈报督宪鉴核外，理合相应备文呈报移行。为此，呈请宪台鉴核，俯饬合移贵总局，请烦查照备案施行。须至呈移者。计呈清移粘单一份。

右呈移军督部堂增蒙荒总局。

谨将卑局十二起由开绳之日起，至停绳之日止，所有丈过上中下三等生熟荒地暨余荒，无租、不可垦各项垧数，分晰缮具清折，恭呈宪鉴。

计开：

头起监绳委员舒秀，丈二等窑基三百五十四垧二亩四分，扣七成，实地二百四十七垧九亩六分八厘，熟地六百八十八垧七亩九分一厘，生荒二万五千二百一十八垧六亩六分，共丈生荒、熟地二万五千九百零七垧四亩五分一厘，扣七成，实地一万八千一百三十五垧二亩一分五厘七毫。统共生荒、熟地、窑基二万六千二百六十一垧六亩九分一厘，扣七成，实地一万八千三百八十三垧一亩八分三厘七毫。无租三十垧零二亩五分。

二起监绳委员张笃福，丈三等熟地二千四百五十二垧九亩五分三厘，生荒六千零八十八垧一亩三分，共丈生荒、熟地八千五百四十一垧零八分三厘，扣七成，实地五千九百七十八垧七亩五分八厘一毫。已丈未领余荒一千零二十垧零八亩三分一厘，扣七成，七百一十四垧五亩八分一厘七毫。统共生荒、熟地、余荒九千五百六十一垧九亩一分四厘，扣七成，实地六千六百九十三垧三亩三分九厘八毫。无租二百七十九垧零三分，不可垦三百四垧一亩六分。

三起监绳委员盛文，丈头等熟地二千三百二十三垧五亩二分六厘，生荒二千四百三十垧零七亩六分六厘，共丈生荒、熟地四千七百五十四垧二亩九分二厘，扣七成，实地三千三百二十八垧零四厘四分。已丈未领余地三百一十二垧一亩四分，扣七成，二百一十八垧四亩九分八厘。统共生荒、熟地、余荒五千零六十六垧四亩三分二厘，扣七成，实地三千五百四十六垧五亩零二厘四毫。无租六百八十一垧四亩九分二厘。

四起监绳委员成友直，丈头等熟地二千九百五十二垧八亩九分，生荒二千一百九十五垧六亩五分，共丈生荒、熟地五千一百四十八垧五亩四分，扣七成，实地三千六百零三垧九亩七分八厘。不可垦四垧三亩二分。

五起监绳委员田震，丈二等熟地一千四百九十八垧五亩零三厘，生荒二千一百七十七垧三亩九分九厘，共丈生荒、熟地三千六百七十五垧九亩零二厘，扣七成，实地二千五百七十三垧一亩三分一厘四毫。已丈未领余荒一千三百八十四垧七亩八分五厘，扣七成，九百六十九垧三亩四分九厘五毫。统共生荒、熟地、余荒五千零六十垧零六亩八分七厘，扣七成，实地三千五百四十二垧四亩八分零九毫，无租二百四十三垧四亩一分，不可垦四十四垧九亩四分八厘。又丈三等生荒五千九百零五垧，扣七成，实荒四千一百三十三垧五亩，不可垦二百六十三垧一亩。

六起监绳委员吉芳，丈二等熟地五千三百九十五垧三亩八分三厘，生荒五千一百四十二垧七亩二分三厘，共丈生荒、熟地一万零五百三十八垧一亩零六厘，扣七成，实地七千三百七十六垧六亩七分四厘二毫。已丈未领余荒四十五垧，扣七成，三十一垧五亩。统共生荒、熟地、余荒一万零五百八十三垧一亩零六厘，扣七成，实地七千四百零八垧一亩七分四厘二毫。无租一百八十垧，不可垦十垧。

七起监绳委员德寿，丈头等熟地三百四十五垧八亩九分一厘，生荒二万八千零四十五垧七亩零一厘四毫，共丈生荒、熟地二万三千一百九十一垧五亩九分二厘四毫，扣七成，实地一万六千二百三十四垧一亩一分四厘六毫八丝。无租四十五垧一亩，不可垦一千零六十七垧二亩。

八起监绳委员周瑞麟，丈头等熟地三百三十三垧七亩二分，生荒一万五千五百三十二垧六亩六分六厘，共丈生荒、熟地一万五千八百六十六垧三亩八分六厘，扣七成，实地一万一千一百零六垧四亩七分零二毫。不可垦二百一十垧零四亩七分三厘。

九起监绳委员佐东都，丈二等熟地八千九百二十垧零二亩一分八厘，生荒一万四千三百五十八垧零七分六厘，共丈生荒、熟地二万三千二百七十八垧二亩九分四厘，扣七成，实地一万六千二百九十四垧八亩零五厘八毫。已丈未领余荒四百三十二垧八亩一分五厘，扣七成，三百零二垧九亩七分零五毫。统共生荒、熟地、余荒二万三千七百一十一垧零九分，扣七成，实地一万六千五百九十七垧七亩七分六厘三毫。无租一千一百六十一垧八亩九分二厘，不可垦十垧零四亩八分九厘。

十起监绳委员萧齐贤，丈二等熟地二千五百九十九垧五亩七分一厘，生荒一万零二百九十六垧二亩九分六厘，共丈生荒、熟地一万二千八百九十五垧八亩六分七厘，扣七成，实地九千零二十七垧一亩零六厘九毫。已丈未领余荒一千六百零四垧六亩四分八厘，扣七成，一千一百二十三垧二亩五分三厘六毫。统共生荒、熟地、余荒一万四千五百垧零五亩一分五厘，扣七成，实地一万零一百五十垧零三亩六分零五毫。无租一百七十五垧零四分二厘，不可垦一百六十四垧六亩五分。

十一起监绳委员王经元，丈二等熟地一千三百三十二垧六亩三分，生荒二千一百零二亩，共丈生荒、熟地三千四百三十二垧八亩三分，扣七成，实地二千四百零二垧九分八厘一毫。已丈未领余荒三千三百五十一垧三亩一分，扣七成，二千三百四十五垧九亩一分七厘。统共生荒、熟地、余荒六千七百八十四垧一亩四分，扣七成，实地四千七百四十八垧八亩九分八厘。又放山荒七百四十三垧八亩二分，七扣、又七二扣，实地三百七十四垧八亩八分五厘二毫八丝。无租九十垧。

十二起监绳委员迟熙盛，丈二等熟地一千二百四十九垧二亩三分，生荒四千三百六十一垧九亩五分，共丈生荒、熟地五千六百一十一垧一亩八分，扣七成，实地三千九百二十七垧八亩二分六厘。已丈未领余荒七千八百四十二垧七亩五分，扣七成，五千四百八十九垧九亩二分五厘。统共生荒、熟地、余荒一万三千四百五十三垧九亩三分，扣七成，实地九千四百一十七垧七亩五分一厘。无租四百六十二垧四亩七分，不可垦一千零七十四垧四亩四分。

以上共丈头等熟地五千九百五十六垧零二分七厘，扣七成，实地四千一百六十九垧二亩一分八厘九毫。生荒四万三千零四垧七亩八分三厘四毫，扣七成，实荒三万零一百零三垧三亩四分八厘三毫八丝。已丈未领余荒三百一十二垧一亩四分，扣七成，实荒二百一十八垧四亩九分八厘。共丈二等窑基三百五十四垧二亩四分，扣七成，实地二百四十七垧九亩六分八厘。二等山荒七百四十三垧八亩二分，七扣、又七二扣，实荒三百七十四垧八亩八分五厘二毫八丝。共丈二等熟地二万一千六百八十四垧三亩二分六厘，扣七成，实地一万五千一百七十九垧零二分八厘二毫。生荒六万三千六百五十五垧三亩零四厘，扣七成，实荒四万四千五百五十垧八亩七分一厘二毫八丝。已丈未领余荒一万四千六百六十一垧三亩零八厘，扣七成，实荒一万零二百六十二垧九亩一分五厘六毫。共丈三等熟地二千四百五十二垧九亩五分三厘，扣七成，实地一千七百一十七垧零六分七厘一毫。生荒一万一千九百九十三垧一亩三分，扣七成，实荒八千三百九十五垧一亩九分一厘。已丈未领余荒一千零二十垧零八亩三分一厘，扣七成，实荒七百一十四垧五亩八分一厘七毫。共丈台吉壮丁房身、坛庙、塔界、鄂博、坟墓无租三千三百四十八垧六亩八分六厘。共丈沙冈、碱片、水泡、洼塘不可垦之地三千一百九十三垧七亩八分。

以上统共上、中、下三项生荒、熟地、无租、不可垦等毛地十七万二千三百八十一垧三亩二分八厘四毫。头等生荒毛数：佃户承领三万四千六百二十五垧三亩三分四厘四毫，蒙户承领八千三百七十九垧四亩四分九厘，二共出放四万三千零四垧七亩八分三厘四毫。二等生荒毛数：佃户承领四万零八百四十垧零六亩六分四厘，蒙户承领二万二千八百一十四垧六亩四分，二共出放六万三千六百五十五垧三亩零四厘。

批　据呈已悉。缴。单存。

为派运解荒务经收银款呈请饬收由

为呈报解款事　窃卑局前经派员赴怀德弹收荒价暨移请巡捕队，吴总巡带队护送到省等情，前后呈报各在案。兹据卑局解运委员锡寿等在怀德收到荒价郑市平银　两，即派解运委员锡寿、翻译委员靖兆凤，由怀德解至宪辕告投，守候批回。伏乞饬收，弹兑相符，恳即批回，发交卑局解运委员锡寿、翻译委员靖兆凤执持回局，俾昭凭信。除汇总分项容后册报外，理合备文呈报。为此，呈请宪台鉴核，伏乞照呈施行。须至呈者。

右呈军督部堂增。

为移省局请收解款由

为移解事　案照敝局前据领户徐寿春等报领中地应缴价银存在怀德商号，因道梗不能运送来局，请局委员派队前往收解等语照准各情，业经具报奉准在案。兹派解运委员锡寿、翻译委员靖兆凤前往弹收，经该户等交到郑市平银　两，除提出六千两解交粮饷处弹收，清还前借垫办一款，并遵留应行存局各款外，兹将所余郑平银□万两，派该解运委员锡寿、翻译委员靖兆凤，由怀德径解贵总局，守候回复，希即照数弹收、见复以凭执验。除呈报督宪鉴核，并俟准复后汇总、分项册报外，相应移行。为此，合移贵总局，请烦查照，见复施行。须至移者。

右移蒙荒总局。

呈为派员解送荒价银五万八千两已交省局如数弹收伏乞鉴核由

为呈报事　窃卑局前经派员赴怀德弹收荒价，暨移请吴总巡派队护送到省等情，业经呈报在案。兹经解运委员锡寿、翻译官靖兆凤，由怀德解到市平现银四万两、道胜银行汇票市平银二万两，内除提留二千两存局备用外，共计呈交市平银五万八千两，均已如数交驻省总局，弹收清楚。其余应交款项，据锡寿等禀称，该处地方狭小，时值年终，现银愈形短绌，若立即搜括，市面诚恐不支，因尽数取具妥实铺商，银条限定明年三月初一日交付。卑府查系实在情形，当经验明存局，以备至期提取。除移行省局暨总分项册报外，理合答文呈报。为此，呈请宪台鉴核施行。须至呈者。

右呈军督部堂增。

为移交事　案照敝局前据领户徐寿春等报领中地应缴价银存在怀德商号，因道梗不能运送来局。当经即派员带队前往弹收解省，业经具报奉准在案。兹据解运委员锡寿、翻译委员靖兆凤解到市平银四万两、道胜银行汇票银二万两，内除提留二千两存局备用外，共计应交市平银五万八千两，均已如数派该委员等解交贵总局，希即照数弹收。除呈报督宪鉴核，并俟准覆后汇总分项册报外，相应移行。为此，合移贵总局，请烦查照，见复施行。须至移者。

右移蒙荒总局。

批　据呈已悉。此项银两，已据省局呈报照数兑收矣。候饬该总局知照。缴。

奏派办理札萨克图事务总局　为移复事　案准贵行局移解到领户徐寿春等所缴荒价，沈市平银五万八千两，当饬收支处弹兑，数目相符，验收讫。除呈报军督宪鉴核外，相应备文移复。为此，合移贵行局，请烦查照施行。须至移者。

为派员解款呈报宪鉴、移解省局由

为呈报解款移解事　窃卑案照敝局前据领户徐寿春等报领荒地、城基应缴价银汇存怀德商号，因道途不靖，不便运交，卑敝局请委员派兵前往弹收等情，于去岁十二月间，准照提收银五万八千两，解交省贵局收讫，业经呈报移行在案。其该户等应行续缴荒价，限于三月初一日扫数交清。兹经卑敝局派员前往提收。除酌留经费外，谨将收到荒价沈平银四万二千两，由怀德径行解省移点交省局，如数弹收去讫，贵局守候移复。希即照数弹收。除候总局收讫见复，再行分项按月汇报呈报外，理合相应备文呈报移解。为此，呈请宪台鉴核，伏乞照呈合移贵总局，请烦查照，见复施行。须至呈移者。

右呈移军督部堂增蒙荒总局。

为札解运委员等赴怀德收款并行解省由

为札饬事　照得本行局前据领户徐寿春等报领荒地应缴价银十余万两，汇存怀德商号。于二十八年十二月间，派员提收五万九千八百五十六两三钱三分，余存银七万四千二百八十四两六钱三分八厘，限于本年三月初一日扫数交付。本局提解委员取具瑞兴成期票在案。兹已届期，亟应派员提收。查有本局解运委员候选府经历锡寿、司事高凌奎，堪以派同前往。除分行暨呈报外，合行札饬。札到，该员等即便遵照，带同本局护勇，并会同吴总巡带领巡捕马队，赴怀德传集该户如数弹收。所有银平、银色务照本局通章办理，勿得疏略，致难报解。收讫之后，仍会同吴总巡马队径行押运到省，以四万二千两解交省局弹收，再以六千两解交粮饷处弹收，一并守候移复，以凭查核。其余款项，仰存储商号，以便续交。该员等务须格外慎重，毋得疏忽、稽延，致干未便。切切。特札。

计粘单一纸。发印花四十张，余张缴回。封条一百张，余张缴回。公文四角，共六件。瑞兴成期票一纸。庆泰栈期票一纸。

右札，仰解运委员候选府经历锡委员寿、司事高凌奎，准此。

计开：一、徐寿春等十二名原欠中地六万垧，共银十二万九千一百六十八两整。一、徐寿春原欠城基三百丈，共银七百一十两零四钱二分四厘整。一、瑞兴永原欠城基三百丈，共银七百一十两零四钱二分四厘整。一、张洛廷原欠城基一千五百丈，共银三千五百一十二两一钱二分。以上共欠银一十三万四千一百四十两零九钱六分八厘，除年前收银五万九千八百五十六两三钱三分，下欠银七万四千二百八十四两六钱三分八厘。

兹缴回原交瑞兴成银飞一纸，二十九年三月初一日期，内银三万八千二百五十两。又瑞兴成银飞一纸，二十九年三月初一日期，内银三万八千二百五十两。又庆泰栈银飞一纸，二十九年三月初一日期，内银五千三百五十两。计原飞三纸，共银八万一千八百五十两，原数缴回。

批　呈悉。既据径解省局，候饬该局照数弹收，具报。缴。

为移复解到徐寿春荒价银四万二千两由

蒙荒总局　为移复事　案准贵行局派员解到领户徐寿春等续缴荒价沈平银四万二千两。当饬收支处弹兑数目相符，验收讫。除呈报军督宪鉴核外，相应备文移复。为此，合移贵行局，请烦查照施行。须至移者。

总巡吴移为收齐由粮饷处所拨银两由

总巡辽源巡捕马步队吴　为移会事　案照敝总巡由督辕粮饷处请领敝队官弁、兵夫本年三月份小建薪饷、办公等银，除原扣银四两外，净银一千六百七十两零七钱八分，就近拨兑。贵局除在省由锡委员手内支用银五百八十九两一钱二分外，下余银一千零八十一两六钱六分，业经鲁办事官由贵局收支处如数找领到营，相应备文移会。为此，合移贵总、帮办，请烦查照施行。须至移会者。

呈为派员运解荒款银一万五千两伏乞鉴核饬收由

为呈报解款移解事　窃案查卑敝局前者呈报本年正月至四月份经收过生荒、城基价款数目文内，蒙宪台督宪批示：现在省城待款甚殷。该局所收生荒正价暨经费银两，仰即赶紧护解来辕，听候指拨，毋得延缓"等因。奉此，遵即由经收荒价项下，先行酌提沈市平银一万五千两整，饬派解运锡委员寿管解赴省，呈送宪辕投贵局交纳。伏乞饬照数弹收，并饬该员守候回批移复，以凭查核。除候省局收讫见复，再行分项按月汇报呈报督宪饬收外，理合备文呈报移行。为此，呈请宪台鉴核合移贵总局，请烦查照见复施行。须至呈移者。

右呈移军督部堂增蒙荒省局。

为札饬事　　照得本行局于闰五月十七日，奉到督宪批催解交荒款在案。自应先行酌提，赶紧解送，以应急需。兹拟由省城豫顺亨商号指拨沈市平银一万五千两整，亟应派解运锡委员寿前往解送。除分行暨呈报外，合行札饬。札到，该员即便遵照，急速起运赴省，呈送督辕投纳。务将解款如数弹兑清楚，并守候回批、移复，以凭查核。事关公款，该员务须小心管解，格外慎重，勿得稍涉疏虞，是为至要。切切。特札。

计开：公文二件。

右札，仰解运锡委员寿，准此。

批　据呈已悉。候饬该省局核收具报。缴。

为蔡文忠通函姨福晋札饬查办由

军督部堂增　　为札饬事　　案据护理图什业图亲王旗印务协理台吉得里克呢玛等呈称"据本旗属下梅伦丰申泰禀称，窃因已故本管盟长王身傍有一姨福晋，寄居梅伦家下。兹突有盛京省城派办札萨克图荒务委员跟随兵役蔡文忠，借本旗出拨买卖民人杨姓之便，递给梅伦家下寄居姨福晋汉字信一封，不知内有何情，是以将函呈阅，等情禀报前来。查核来函一封，内外均系汉字，敝藩向不通晓汉文，不知系何情事。伏以该姨福晋，原系本管王在世时逐出府外，著在该梅伦家居住之人。本年春间，经钦差大臣到奉会同查办敝旗案件之时，敝协理等曾经禀明在案。兹该兵役蔡文忠因差到札萨克图王旗，缘何与姨福晋通函，其中不惟似属可疑，且恐日后兹何事端，关系诚非浅鲜。只有备文将该来函附封，呈请军督部堂俯赐斟询，着将该非礼之兵役蔡文忠，如何惩办，以儆效尤，实为公便。"等情，据此，查蔡文忠系行局头起司事，辄敢擅行通函，难保不从中滋事。且闻该司事有在外借事招摇情形，亟应严行查办，以儆效尤。除饬复该王旗知照外，合行抄粘原函，札仰该局，遵即确切查明，据实禀复，以凭察办，毋稍祖延。特札。

计抄原函一件。

字奉贤姐大人福前坤安：敬启者，弟自上年拜别回京，至今无时不想念矣。弟在京屡次托人设法来文，因道路不便，一则故王之后旗下命案未完，实不敢托人办理。探闻府下，以过子嗣承袭事有定章。弟现下开札萨图王荒务，局当放地委员之差，于九月二十五日由省来至郑家屯总局候差，不日前赴上荒开办。弟稍通一吉音，如往上荒自有安置，千万毋用起急为妙。九月二十八日。小弟蔡文忠顿。

呈为遵奉查办卑（敝）局司事蔡文忠拟请撤差并以赵莲舫顶补遗差由

为呈复移行事　　窃案照卑敝局于去年十二月二十一日接奉宪台督宪札

开"行局司事蔡文忠与已故图什业图王姨福晋擅通信函，难保不从中滋事。且闻该司事有在外借事招摇情形。"饬令"确切查明，据实禀复毋稍袓延，以凭察办"等因，奉此，遵查蔡文忠身为司事，理宜奉公守法，谨慎充差。乃竟敢与已故藩王内眷擅通信函，殊属不安本分，亟应遵奉确切查明，禀请严办。惟该司事，于停绳时归省度岁，竟又私自回京，无从传询，应请将头起司事蓝翎五品顶戴监生蔡文忠，即行撤差驱逐回籍，免致再在奉省滋生事端。如蒙核夺，即乞饬复蒙旗知照。其所遗头起司事一差，查有蓝翎五品军功分省补用巡检赵莲舫，堪以委补。除分札呈报督宪核夺，饬复暨分札外，理合相应备文呈复移行。为此，呈请宪鉴核示饬遵、合移贵总局，请烦查照施行。须至呈移者。

右呈移军督部堂增蒙荒总局。

为札发信票盖印执照八百八十张由

军督部堂增　　为札发事　　照得前据该局呈拟报领生、熟荒地以及街基各信票样式，等情前来。当经批示，信票由省刊刻填写字号，盖用将军印信，以昭慎重在案。兹刊刷头等生荒信票一百张，二、三等生荒信票各二百张，头、二、三等熟荒信票各一百张。又街基信票二百张，分别编号钤印。除将头等生荒信票存留二十张，二、三等生荒信票存留各五十张，发交驻省总局备用外，合行粘单，并将信票札发该局，遵即查收备用，报查。特札。

计　粘单一件、发信票一包。

计开：生荒乐字头等信票一百张内留省局二十张，御字二等信票二百张内留省局五十张，数字三等信票二百张内留省局五十张。熟荒礼字头等信票一百张，射字二等信票一百张，书字三等信票一百张，兴字街基信票二百张。

为准蒙旗派员会同丈放并抄原函饬知由

军督部堂增　　为札饬事　　案准札萨克图郡王乌泰函称："敝王于本年十月间起程，为年班赴京，是暇并无与监绳委员会同办事之廉干差员。俟由京回旗，彼时会同协办，使报效速成，不致蒙民滋生事端。"又称："八月间经帮办刘至敝旗传谕，嘱令不必再设绳弓。九月内委员到旗又云，仍不用蒙文先生，只有该员带来先生、兵勇绳量。伏思放荒一事，两造差员会办，注清亩数，立账存查，日后丈量地亩得有把握。理当本旗派员会办，以便存查。"各等语，准此，查所陈各节窒碍者，均难照准。惟派员一层，该处原系蒙荒，刻下派员一同监放，原无不可。但所派蒙员，只准会同绳工委员监视丈放地亩、花名，各记各册，以便核对，不得借端阻扰。至于地价之高下及一切清丈事宜，均应听候行局斟酌办理，以一事权，而归划一。至该旗派出之办事人等，均应分定名目，酌给薪水，以示公允。除分札外，合行抄函札饬。为此，札仰该局即便知照。俟蒙员派到，即按照札饬事宜，听其监视丈放。此外，毋许掺杂干预。该局务须督饬员司人等与所派蒙员各司所事和衷经理，毋得妄生枝节，致干查究。切切。特札。

计抄来函一纸。

弟札萨克图郡王乌泰，敬启恩宪军督仁兄大人阁下钧前福安：敬禀事，切谨依前递之函，于十月初五日，敝身赴莫力格起地方，会同委员面商定期传本旗台吉等，会候十余日全然未到之节，遂与委员同议荒务一切各情，均照仁兄大人前函所拟。又备公文几件，仰乞恩准，依咨严办，转饬回音，遵照办理。敝王应当随同委员为国捐助，速成报效，安插荒户可也。惟遇敝王本年冬月初十之间起程，为年班赴京，是暇并无与监绳委员会同办事之廉干差员，奈难情形，蒙优爱之分，敢陈专禀仁兄鉴核。如蒙允准，敝王由京回旗之际，彼时监绳委员同到敝旗，弟亦会同协办，使报效速成，不致蒙民滋生事端，均得安业。是否能当，仰望拟定恭候教谕外，冬至月二十之间，敝王亲自拜见仁兄福面之时，再禀胸中诚言。暨六月间，弟又北旋设立局务，所有人员绳弓在在酌妥，嗣于八月间，经刘帮办福至敝传将军之谕，嘱令弟"不必再设绳弓，只用监绳委员、先生几名，薪水均照将军所拟。"正在等候，九月内委员至敝，又言"仍不复用蒙文先生，只有该员带来先生、兵勇绳量可也"等语。敝非不信省派来员，伏思放荒一事，两造差员、先生会办，注清亩数立账存查，日后丈量地亩得有把握，免滋事端。且本旗众员合并声明，理当本旗派员会办，以便存查等因。是以预禀派员会办，则与敝王颇有益处。且频蒙教谕，欣拜叩谢。专此，即候勋安，余维爱照不备。

军督部堂增　　为札饬事　　案据札萨克图郡王乌泰函称"前在郭尔罗斯公旗已设黎生地局经办出售之刘东武、刘万滨、刘振廷等，屡垫要款，刻下已发给桃河南，本旗东界长一百余里、宽三十余里，其与屯窝无碍之处，言明拨出下等荒一段。并会同蒙员王亮、于广源会同代放街基，均立有文据外，该东武、万滨、振廷等素有忠心承办。视其愿为速筹报效，匡安众户之行，实为似有好义急公之心，恳祈军督仁兄大人，赏发该公司告示数张，并请饬北路地方官知照。除由敝郡王发给天恩地局戳记，实收、代收垦价抵款，以昭大信，庶敝郡王不失信于公司。经理该公司人等，得取信于垦户，依禀即发"等语。查该郡王前时在省，曾向刘东武借贷沈市平银五千两，现在该郡王欲将旗东荒地一段拨归刘东武自行招垦，以抵欠项，殊与奏案不符。所有刘姓借给该郡王之银五千两，准其作为荒价，照章拨给地亩。除函复并饬驻省总局填给信票外，合行抄函，札仰该局遵照定章，挨号拨地可也。特札。

计抄复函一件。

致札萨克图郡王乌　　贵王仁弟大人阁下：径复者，顷接惠函聆悉。一是查贵旗荒，前因未谙垦务章程，以致互相评讼。今年经钦差大臣兵部尚书裕　会同兄奏明派员前往采勘丈放，奉旨允准在案，自应钦遵办理。由是观之，贵旗应放各荒地，理应由蒙荒行局斟酌清丈、收价、拨放，始为正办。今阁下来函，因借贷刘东武等银项，拟将旗东界拨给刘东武等下等荒地一段，并会同蒙员代放街基。阁下拟径行发给天恩地局戳记，实收代收垦价抵款，以昭大信等情。详核各节，显与奏案不符，未免自起纷扰，似难照办。至阁下所云，曾由刘东武手内垫有款项下。查此款只有五千两，已由兄处札饬行局照数拨给地亩，日后由地价内扣算。况刘东武等请设黎生公司，兄亦经批准缴价领地，阁下既不致失信于彼，而于奏案尚无违碍。总之，此次开垦，系为贵旗通筹生计，务以公同利益为要，切不可仍蹈从前偏执之病。刻下贵属群情，尚未帖服，若再偏听从小人之言，怂恿生事，恐阁下之祸，不旋踵矣。此系兄开诚布公之言，惟阁下图之。专复，顺请勋安。

军督部堂增　　为札饬事　　案据办理札萨克图蒙荒总局呈称"窃前据职商刘昶武等禀请设立黎生公司，缴款领地。并先呈缴银一万两，曾由职局据情呈报在案。兹复据该职商等禀称'十二月初六日奉批，据禀先缴沈平银一万，三个月内陆续缴银十万两，仿照天一公司章程设立黎生公司，照章承领地段'等情。查该职商既经出具切实甘结，并邀泰记土庄作保，又无洋款洋股，自应准如所请办理，以为报垦之倡。此次所缴地价市平银一万两，仰该职商先将库平经费补足市平银一千九百六十两，即由本总局转禀军督宪发给信票。其余款项，赶紧陆续措交，以便给照拨地。至所称'承领中地，搭放毗连下地'究竟报中地若干，搭放下地若干，一并声明送局查核。并候禀明军督宪核准后，再行饬知地方官保护可也。缴。保条、甘结存，等因，准此，仰见督帅将军俯念蒙垦紧要，不惮烦难，上为国家扩充利源，下为民蒙筹谋生计。蒙准推广商办，必能妥速报结。兹遵示补交库平经费市平银一千九百六十两，仍由和盛元代缴，尚祈提收。请分发信票四纸，至期内报缴之款。将来请员拨地，情愿领中地六成，搭放毗连下地四成，以为职商等领地定则。嗣后请领上地与下地不连，仍由中地毗领下地四成，庶免遗剩下地，以答宪恩。刻届新年在迩，所有集股亲友携带巨款，在北城铁、开、昌、辽、奉、怀等属，久待交价，因误听疑言，必须目睹上文方能措交。仍恳祈迅速饬知地方官保护，以便年内再交巨款等情，据此，除将补交库平经费等项市平银一千九百六十两，饬职局收支处存储，并批令该职商静候。理合呈请宪台，俯准填给信票四纸，发职局转给该职商具领。并恳札饬行局挨号拨地。一面请饬昌图、辽源、怀、奉、康暨铁、开等府州县遵照保护。是否有当，伏候批示祗遵"等情，据此，除批示并分札外，合行抄批，札仰该局即便遵照办理。特札。计抄批一件。

　　批　　　呈悉。该职商即将地价、经费等款，报缴市平银一万一千九百六十两，随批填发信票四纸，仰即转给该职商具领，并饬札萨克图蒙荒行局遵照办理。一面饬知昌图、辽源、怀、奉、康暨铁、开等府州县保护可也。缴。

　　军督部堂增　　　为札饬事　　　案据办理蒙荒驻省总局呈称"窃据职商分省试用知县刘昶武等禀称'窃职商前请仿照天一公司领段办法设立黎生公司，集股领地，议行井田分种，以期实边安民，守望相助，借资振兴商务等情。蒙恩允准设立公司，集股商办。并准领中地六成，搭放毗连下地四成成方，以免遗剩下地，既遂舆情，亦裨垦政。本期不难竣事，乃举办后，在众人因事生疑。而职商等，遂多拮据委曲，竭蹶先交银二万一千九百六十两。幸又集银二万两，仍由和盛元代交。并据昌属职商田梅臣函会银四万两交大有玉，又南城兴聚恒张鸿魁集到银三千两，均过交合盛元存储备提。言明地有的确，该票号保代交纳。此乃仰赖宪台如天之仁，格外宽容，始终保全之所致也。其余之款是否准其由蒙王拨交，或再续行呈缴，必赶紧措办，以答宪恩于万一。伏乞转详军督宪，逾格鸿慈恩准，速赐饬拨，以便及时分垦，而重农时'等情，据此，除批示据禀续缴市平银二万两，并另缴尾银二百三十四两八钱八分，候一并饬交收支处核收。惟中地现暂停放，所有该职商先后交到市平银四万二千一百九十四两八钱八分，自应统照下等地核拨，计应拨实荒二万五千二百垧。仰候转呈军督宪填发印札，以便持赴行局，听候拨地。其余未缴银四万三千两，现据该职商请领中地，究竟能否敷领，候并转呈军督宪饬查，行局复到，再行饬遵外，理合呈请宪台鉴核，俯赐分别批示，饬遵"等情。据此，除批示外，合行抄批，札仰该局遵照办理，迅速禀复，以凭饬遵，毋延。特札。计抄批一件。

　　批　　　呈悉。刘昶武先后所交沈市平银四万二千一百九十四两零，准与填发下地印札，饬令行局照章拨地，并候饬该局查明中地究竟能否敷领，迅速禀夺，再行饬遵。缴。

　　全衔为呈请事　　　窃查札萨克图旗荒地，南至达尔罕王旗界，北至旗十七道岭、莲花图、野马图山一带，纵约四百余里。东至镇国公旗界，西至图谢图旗界，阔自一百五十里至七、八十里不等，均系应放荒段。应请宪台札饬该王旗，于二月内派员会同卑局，将该旗应放荒段指清，并毗连他旗界址分明。俾卑局得有据，有确数，则收价出放之时，均有所查考，方免当前耽延时日、日后胶葛不清。理合备文呈请，伏乞宪台鉴核，俯准转饬，迅即照办施行。须至呈者。

右呈军督部堂　　督宪批　据呈已悉。候饬该王旗迅即遴派妥员会同该局，将该旗应放地段指清，并毗连他旗界址划分明晰，以便丈放而免胶葛，并候饬驻省总局知照。缴。

为奉批派员勘分应放荒界移行蒙旗知照由

局衔　　为移行事　　案照敝局前为蒙荒应放地段界址宜早分清各情，呈请将军核示在案。兹奉批示"据呈已悉。候饬该王旗迅即遴派妥员会同该局，将该旗应放地段指清，并毗连他旗界址划分明晰，以便丈放，而免胶葛，并候饬驻省总局知照。缴"等因，奉此，敝局现经派出行局清讼委员张仲麟，勘分应放荒段北界，行局绘图委员陈峒寿，勘分应放荒地东界，行局稽查委员郑尔纯，勘分应放荒地西界，行局办事官邵建中，勘分应放荒地南界，去讫。应请贵旗查照，一面咨行连界各旗，一面派员会同划分，以便丈放，而免胶葛。一俟接准咨复，敝局即饬该员等来旗会勘。除呈报将军鉴核外，相应备文移行。为此，合移贵旗，请烦查照，见复施行。须至移者。右移蒙旗。

为借辽源州巡捕马队拨递送公文请给津贴呈督宪批示移行省局知照由

局衔　　为呈请移行事　　窃查案照辽源州至省城四百余里，向来安设驿站。所有卑敝局报省公文，均系由该处巡捕队所设马拨代为递送，数月之久毫无错误。该拨兵往返驰驱，已属格外辛劳，而长川走路，费用尤系不赀。拟恳宪恩，可否按月酌给该马拨津贴银二十两，以示体恤。如蒙核准，即由卑敝局所收经费项下开销，汇总迭造报。是否可行，卑局未敢擅便，理合备文呈请。伏乞宪台鉴核、批示，除呈请督宪核示外，相应备文移行。为此，合移贵总局，请烦查照施行。须至呈移者。　　　　右呈移军督部堂增蒙荒省局。

督宪批　呈悉。该马拨递送公文往返驰驱，不无辛劳。姑准由该局经费项下，按月酌给津贴银二十两，以示体恤。候饬驻省总局知照。缴。

为前发信票字有错误拟请盖字权用呈请督宪核示、移行省局知照由

局衔　　为呈请移行事　　窃卑案照敝局于光绪二十八年十二月十七日，接奉宪台督宪札发，报领生荒、熟地及街基各信票八百八十张，当即照数祗领，备用在案。惟查乐字头等生荒信票八十张，御字二等生荒信票一百五十张，数字三等生荒信票一百五十张。第三联换照信票，均误刻换地字样，殊难照用。惟系业经钤印，已发三百八十张，只可从权办理。拟请由卑敝局，于每第三联"地"字上盖一朱印"照"字，以归简便。至此次生荒票板，并请饬令省

贵局，即行即将此项生荒票板更正，以备嗣后刷用。是否之处，理合备文呈请。伏乞宪鉴核示，除呈督宪外，相应备文移行。为此，合移贵总局，请烦查照，施遵行。须至呈移者。

右呈移军督部堂增蒙荒总局。

督宪批　如呈办理。候饬省局更正。缴。

为护局马队正巡长徐海亭屡着微劳请赏给四品差例顶戴呈督宪核示移省局知查由

局衔　　为呈请移行事　　窃卑案照敝局护局马队正巡长徐海亭，前于成队时，曾经自备子母报效，自垫众兵小口费，并未请发分文公款。嗣又连随赴荒，奋勉当差，不辞辛苦，洵属颇着微劳。拟恳宪恩督宪，可否援照各营哨官差例暂换四品顶戴，以示鼓励。是否之处，理合备文呈请。伏乞宪台钧鉴俯准，除呈报督宪核示外，相应备文移行。为此，合移贵总局，请烦查照施行。须至呈（移）者。

右呈移军督部堂增蒙荒省局。

督宪批　呈悉。该马队正巡长徐海亭，准其仿照各营哨官暂换四品顶戴，以示鼓励，仰即转饬遵照，并候饬驻省总局知照。缴。

札为督宪批准徐海亭暂换四品顶戴由

局衔　　为札饬事　　照得本行局护局马队正巡长徐海亭，屡着微劳，业由本行局恳请督宪，赏给差例四品顶戴呈报在案。兹于二月初十日奉到宪批"呈悉。该马队正巡长徐海亭，准其仿照各营哨官暂换四品顶戴，以示鼓励，仰即转饬遵照，并候饬驻省总局知照。缴"等因，奉此，合亟札饬。为此，札仰该员即便遵照，务须益加奋勉，以副奖励之至意。切切。特札。右札仰马队正巡长蓝翎四品顶戴徐海亭，准此。

为蒙旗设局派员随同放荒请裁定人数并饬该旗遵照呈督宪核示移行省局知照由

局衔　　为呈请移行事　　窃卑案照敝局办理蒙荒丈放各地，该蒙旗亦应兼派蒙员随绳监视，以昭大信，而取互相钤制。但闻该蒙旗现拟设局，已有蒙汉总、帮办及各项委员，名目繁多，用人太滥，倘有任意阻挠，乱行掺预，势必动多掣肘，贻误全局。拟请饬令蒙旗，亦照八起之数，每起派随绳蒙员一员、蒙人贴书一名、汉人翻译兼书手一名、绳丁四名，分起随同卑敝局起员丈量荒地。至该旗应设总、行局，前蒙宪饬令，派巴图济尔噶勒与三五蒙员已属敷用。此外不准再行添人，亦不准干预一切公事，以示限制。是否有当，理合备文呈请。伏乞宪台鉴核批示，并札饬该蒙旗遵照。除呈请督宪核示外，相应备文移行。为此，合移贵总局，请烦查照施行。须至呈移者。右呈移军督部堂增蒙荒总局。

督宪批　据呈已悉。候严饬该王旗，即按照该总办呈内所定员数，遴派妥员随绳监视。该王旗应设之总、行局，亦饬令遵照前函，准派协理巴图济尔噶勒，并添派蒙员二三员办理。此外不得再添多人，亦不得妄行干预一切公事，以一事权，而免掣肘。并候饬驻省总局知照。缴。

为奉督宪批准饬蒙旗派定员数会同放荒移行蒙旗由

局衔　为移行事　案照敝局前经呈请将军"为蒙旗放荒亦应蒙旗兼派蒙员随绳监视，以昭大信。拟请饬令蒙旗亦照八起之数，每起派随绳蒙员一员、蒙人贴书一名、汉人翻译兼书手一名、绳丁四名，分起随同卑局员丈量荒地。至该旗应设总、行局，前蒙宪饬令，派巴图济尔噶勒与三五蒙员已属敷用。此外不准再行添人，亦不准干预一切公事，以示限制"等因，呈请将军，批饬去讫。兹奉批示"据呈已悉。候严饬该王旗，即按照该总办呈内所定员数，遴派妥员随绳监视。该王旗应设之总、行局，亦饬令遵照前函，准派协理巴图济尔噶勒，并派蒙员二三员办理。此外不得再添多人，亦不得妄行干预一切公事，以一事权，而免掣肘。并候饬驻省总局知照。缴"等因，奉此，相应备文移行。为此，合移贵旗，请烦查照施行。须至移者。

右移蒙旗。

札为案据蒙王咨呈现经遴派色楞汪保　绷苏克巴勒珠尔　额力喜木巴雅尔为总、帮办天恩地局由

督宪　为札饬事　案据札萨克图郡王旗呈称"兹敝札萨克王进京年班，差竣回旗。途次，接奉贵军督部堂来札，展阅所批内开'据呈，已悉。候严饬该王旗，即按照该总办呈内所定员数，遴派妥员随绳监视。该王旗应设之总、行局，亦饬令遵照前函，准派协理巴图济尔噶勒，并添派蒙员二三员办理。此外不得再派多人，亦不得妄行干预一切公事，以一事权，而免掣肘。并候饬驻省总局知照。缴'等因，奉此，窃照敝旗荒地，前经钦差查办哲里木盟事件大臣、兵部尚书裕　会同贵军督部堂奏准，奉旨出放。已蒙设立总、行局，遴派总、帮办委员等到旗会同商办，为蒙民筹谋生计。前奉军宪惠函，令敝旗设立一局，量为派委数人，责成随同商办，俾资藏事。仰见军宪，体恤敝藩，无微不至。时当敝札萨克王赴京年班，未暇及此。客腊京差之便，已蒙陛见，跪聆之下，问及是荒。谕令妥实会同经理，速成报效。现当差竣回旗，应即商办。伏以敝旗缠讼多年，均由此荒而起。若非遴派廉明干练之人，不足以专责成。查有前被革之协理四品台吉色楞汪保、绷苏克巴勒珠尔

二员，均系因公获咎，并非贪劣不职。该二员前经在旗当差多年，素孚众望。若派该二员与新任协理额力喜木巴雅尔和衷经理是荒，兼办旗务，洵属相宜。兹拟派该协理台吉额力喜木巴雅尔为本旗天恩地局总办，前被革协理四品台吉色楞汪保、绷苏克巴勒珠尔二员，为该局帮办，照章酌给薪水，专司稽核荒价，经理地册。至该行局呈请酌派之指界委员，及各起随绳监放员书、翻译人等，容俟回旗再行选派，以期会同商办报效速成。以上所拟三员，如蒙恩准，即请饬复遵照，并请分行查照备案。该协理等于奉委后，如能将荒务一切会同省派总、帮办等实心经理，事有成效，即由本札萨克王呈请转奏开复该协理等原官，借资经理旗务。如不实心任事，即由本札萨克王查明，呈请严加参办。此系敝王为慎重荒务，整顿旗政得人起见。至该协理巴图济尔噶勒，仍着经理旗务原差，以资互相臂助。是否有当，仰恳鉴核示遵"等情，据此，查该旗设立天恩地局，拟派协理台吉额力喜木巴雅尔为总办，已革协理四品台吉色楞汪保、绷苏克巴勒珠尔二员为帮办，照章酌给薪水，专司稽核荒价，经理地册。其协理巴图济尔噶勒，仍着经理旗务原差，以资互相臂助等情。既据该王呈称："为慎重荒务，整顿旗政得人起见。"姑准如呈办理。惟该总、帮办等务宜会同省派行局总、帮办等核实经理。一俟成效克著，本军督部堂，定必从优奏请奖叙。倘办理不善，及有妄行干预、遇事掣肘情事，亦必严加参办不贷。除饬该王旗转饬遵照外，合行札饬。为此，札仰该局即便知照。特札。

右札蒙荒行局，准此。

禀为蒙旗请委革员办荒一案拟请奏明并请严札遵照由

总、帮办全衔　　敬禀者，窃卑局奉札内开札萨克图郡王禀称"拟派已革协理台吉色楞汪保、绷苏克巴勒珠尔两员，为荒务蒙局帮办，蒙准饬局遵照"等因，奉此，仰见宪台协服蒙旗，弃瑕策效之至意，钦服莫名。伏查色某等素未会晤，其为人尚难深知。至绷某，卑府去岁在荒曾经一见，其人虽沈鸷难驯，然通晓情理，旗众服之。不似该王之聨聨，遇事会商两情扞格，得此人以与交涉，固卑局之所乐从。惟查色某为该王信用之首，不协舆情，绷某乃现任巴印军之党，与该王讦控多端，早成冰炭。该王久欲起用色某以自辅，所虑者巴印军与绷某，比和出而阻挠。故此次起用色某，又引绷某以作信。盖引色所以倾巴而畏巴，又复引绷，其非旧隙全消，为和衷之济也。可以想见，此次若能仰体恩德，两从和协，固可相安无事。倘其宿怨不忘，仍前倾轧，则重兴大狱，所不可知。果至于此，似于前此不准干预旗务之奏，不无关碍，而荒务亦属有妨。合无仰恳宪台附片入奏，陈明宪台委曲和协该旗之微意。

并一面严札该已革台吉等，使知此次委用系宪台破格之成全，务须格外和衷，并听候省、行两局操办，谨慎从公。倘或仍前多事，各怀成见，或妄干卑局事权，准由行局禀明，立予参办不贷等语，以杜其故态之萌，而荒务庶免掣肘。是否之处，伏乞核夺施行，实为公便。所有蒙旗请委革员办荒一案，拟请奏明，并严札遵照各因由，合肃禀陈，恭叩钧安，伏乞慈鉴。谨禀。

督宪批　据禀已悉。仰候附片奏明，并分别严札饬遵该总、帮等，亦当和衷共济，毋得各存意见，是为至要。缴。

为督绳善委员成请假会试免开原差借支薪水呈督宪批示移省局知照由

全衔　　为呈请移行事　　窃案局督绳委员拣选知县善成禀称"窃委员到局供差，赴荒督视半载以来，仰承指示幸免愆尤，自应益奋驽骀，以供奔走。惟查明春系属会试年份，委员有心上进，因身应差使，加以资斧不充，实深踌躇。可否仰恳局宪转呈督宪成全格外，除往返途程不计外，于二月初一日起假，予假三个月赴试河南，并恳恩施支借二、三、四个月薪水、车价，免开原差。一俟试毕，即当作速旋局供差，以副委任成全之至意。如蒙督帅照准，即由委员届时缮具履历，禀恳咨行礼兵部知照应试，实为公德两便"等情。据此，卑府敝局复查该员，既系情殷科甲，未便阻其上进之忧。理合据情转呈，伏乞宪台鉴核批示，除呈请督宪鉴核批示外，相应备文移行。为此，合移贵总局，请烦查照施行。须至呈移者。右呈移军督部堂蒙荒省局。

督宪批　　如呈，姑准给假赴试，仰即转行知照。缴。

为札饬该王旗转饬已革蒙员与行局务宜和衷共济由

督宪　　为札饬事　　照得前据该王旗呈请，拟派协理台吉额力喜木巴雅尔为天恩地局总办，已革协理四品台吉色楞汪保、朋苏克巴勒珠尔等两员为帮办，专司稽核荒价，经理地册，以资臂助等情。据此，当经本军督部堂札复，姑准如呈办理。惟该总、帮办等，务宜会同省派行局总、帮办核实经理，一俟成效克著，定必从优奏请奖叙。倘办不善及有妄行干预、遇事掣肘情事，亦必严加参办等因。札饬该王旗转饬该革台吉等，遵照在案。查已革台吉等从前获咎甚重，是以奏明革职。此次派委该王旗荒务帮办，系属弃瑕录用。该已革台吉等，务当仰体本军督部堂破格成全之至意，谨慎从公，与省派行局各员和衷共济，庶于荒务有所裨益。倘敢各挟私嫌妄干，行局总、帮办禀揭，定当立予参办，从严惩究，决不姑宽，以为自暴自弃者戒。除饬该王旗转饬遵照外，合行札饬。为此，札仰该局即便知照。特札。　　　　右札蒙荒行局，准此。

为现值停绳之时请封印月内局中员司仅停车价各起员司薪水车价并停呈督宪核示（移省局知照）由

局衔　　为呈报移行事　　窃卑案照敝局现值停绳之际，局起各员司薪水车价理宜照章停止，以节糜费。惟查此荒地方荒远，诸物昂贵，各员司常川奔走，不但逾常辛苦，且所领薪价尚系实不敷用。况起员回省，业饬正月底到局，除去往返程途，为时不过一月，而局中员司等依然在局，照常办公。拟恳宪恩恳乞督宪准，由封印至开印一个月内，局中员司可否仅停车价，绳起各员司等薪水、车价并停。出自逾格鸿施，是否之处，理合以示体恤。除呈请督宪核示外，相应备文呈请。伏乞宪台鉴核，批示移行。为此，合移贵总局，请烦查照施行。　　须至呈移者。　　　　右呈移军督部堂增蒙荒省局。

督宪批　如呈办理。候饬省局知照。缴。

为拟举方正大户为蒙地首领呈督宪批示（移省局知照）由

局衔　　为呈请移行事　　窃查案照蒙荒旧户李信、王留锁二名，均系外旗蒙人，家道殷实，凤行公正，为蒙地众户所推服。该王每任使之以倡办各事，垦户名册亦多经其手。卑敝局正值出放生、熟各荒之际，非得本地诚实可靠之人为之领袖，则众户漫散无纪，呼应难期灵通。拟请即举李信等二人为该处方正大户，为外旗各户之首。所有一切指段、领界等事，皆假二人以为传宣，庶几诸事得有线索，丈量可期爽速，于荒务不无小补。除俟奉准再行分移并传知呈请督宪核示外，理合相应备文呈请。伏乞宪鉴核示遵行移行。为此，合移贵总局，请烦查照施行。须至呈移者。

督宪　批呈悉。李信、王留锁二名既系家道殷实，为蒙地众户所推服，所有一切指段、领界等事，准用李信等以为传宣。唯遇事仍须格外详慎，不得稍滋弊端，致贻口实，仰即转饬遵照，并候饬蒙荒总局知照。缴。

局衔　　为移行事　　案照敝局前拟举荒境方正大户李信、王留锁等为外旗首领。一切指段、领界等事，用为传宣等情，呈请将军核示在案。兹奉批示"呈悉。李信、王留锁二名既系家道殷实，为蒙地众户所推服，所有一切指段、领界等事，准用李信等以为传宣。惟遇事仍须格外详慎，不得稍兹弊端，致贻口实，仰即转饬遵照"等因，奉此，相应备文移行。为此，合移贵旗，请烦查照施行。须至移者。　　　　右移蒙旗。

为蒙王应得荒价所收库平可否发给该旗支领呈请指示（移行省局知照）由

局衔　　为呈请移行事　　窃照卑案照敝局所收荒价，均系照章经收库平，而蒙王应得荒价，俱在辽源州一带支取，向系照市平使用，与交部库者迥不相同。原拟将此一项另款存储，据实禀报，俟积有成数，即行呈缴提省，以备公用。近闻有人为之指引，该旗意欲索要此款，究竟应否发给，卑敝局未敢擅便。除移行省局查照呈请督宪核示外，理合相应备文呈请。伏乞宪鉴裁夺，指示遵移行。为此，合移贵总局，请烦查照施行。须至呈移者。

右呈移军督部堂增蒙荒省局。

督宪批　呈悉。仰即照库平分拨，以示大公。候饬蒙荒驻省总局知照。缴。

札为续奏丈放蒙荒随时更定章程抄单饬知由

钦命镇守盛京等处将军全衔　　　　为札饬事　　照得本军督部堂于光绪二十九年十一月初六日，具奏为丈放札萨克图蒙荒地亩随时更定章程缮单恭呈御览，恳请饬部立案等因一折。除俟奉到朱批再行恭录饬知外，合行抄奏并单，札仰该局即便知照。特札。计抄奏并单。右札，札萨克图蒙荒行局，准此。光绪二十九年十一月十八日。

奏为丈放札萨克图蒙荒地亩随时更定章程缮单陈明恭折

仰祈圣鉴事　　窃上年十月间，奏报开办哲里木盟札萨克图王旗蒙荒地亩折内，曾经声明前次酌拟章程十条，如有应行变通之处，再为随时查核奏明办理等因。是月二十五日奉朱批："着即认真经理，以裕国帑而恤蒙艰。钦此。"钦遵恭录分行去后，旋据行局总办试用知府张心田等带同各员司人役驰抵该蒙旗。查得应放地段南北约长四五百里，东西宽或百里或七八十里不等。辨其土性分为三等，自巴彦昭以北至沙碛茅土土色硗薄，定为下等。由沙碛茅土北至陶尔河、交流河之间多属黑土，定为中等。陶尔河东北一带，外来喀喇沁蒙旗垦户全居于此，而未垦之荒亦尚不少，土脉膏腴，定为上等。该旗北段原无垦户之处，仍留为台吉、壮丁游牧处所，不令失其生计。惟地既有肥瘠之异，其价应有多寡之分，俾示区别，以昭公允。酌拟每下等实荒一垧，仍照前奏核收库平银壹两四钱，中等每垧加收银四钱，上等每垧加收银八钱。其外户已垦熟地，除准各该户扣去从前交过押租银二十两外，余照现章计垧补缴荒价，一律发给执照，以作永业，免被驱逐，使之各得其所。又查得沙碛茅土，地居适中，因就该处先行勘定城基一处，所留街基，系按每丈见方核收价银三分三厘。并仿照大凌河、东流围荒章程，于各项地价之外，均加收库平一五经费，以作办公之需。以上各节，或就前章程量予变通，或为前章所未议及，叠由该行局总办等体察情形，禀经随时批令试办。迄今数月以来，蒙民尚称安静，所收价银已逾三十余万两，而报领者仍属踊跃。现饬各员赶紧丈放，以速藏厥事。至此项所放荒地，原议统照札赉特王旗成案每垧收价银一两四钱，以一半归国家作为报效，以一半归该王及台吉、壮丁、喇嘛等均分。第该王旗叠经讼累，生计维艰，兹拟将中等、上等加收之四钱、八钱地价，全行拨给该王旗公共项下。其城基价银一款，即归该郡王办公之用，以仰副朝廷轸念蒙艰之至意。再该旗荒段距新设之辽源州六百余里，其中蔓草荒烟，凤鲜人迹，数百人所需食用一切，不得不于沿途设站转运，并令递送往来公文，虽为各处荒务章程所无，其费则断难节省，亦其势然也。至各员弁、书役应支薪水、车价，均照大凌河、东流围荒章程办理。其始终勤奋之员，俟丈放完竣，再行援案请旨从优给奖，以示鼓励。谨将更定章程十条，缮单恭呈御览，恳请饬部立案。并将各员弁、书役应支薪水、车价、局费等项数目，一并开单咨部查照外，理合恭折具奏。伏乞皇太后、皇上圣鉴训示。谨奏。

谨将办理札萨克图蒙荒章程缮具清单，恭呈御览。

计开：

一、查札萨克图郡王旗之全境，南北长一千余里，东西宽一百二三十里不等。此次勘得该旗北段山冈、平原、河泡俱备，水草极为丰茂，原无垦户杂居，尽行划留该旗台吉、壮丁牧畜，严立界址不许民垦，亦不准该旗贪利私佃，以重本业。其南面原野平旷，河泡夹杂，南自巴彦昭北行，东西尽该旗之所有，南北约长四五百里，东西广自七八十里至百里不等，凡旧有佃户处所，全数勘作应放荒界。其间土脉肥硗不一，划为上、中、下三等。下等荒地援照札赉特成案，每实荒一垧收库平价银一两四钱，中等每垧加收银四钱，上等每垧加收银八钱，以示区别而杜争竞，正价外均收库平一五经费，以资办公。

一、应放荒界之内，仍遵原奏予限。先尽该旗台吉、壮丁等自备荒价，投局报领，照章发票，挨号拨地，届限纳租。如有该旗公共垣寝禁地、佛寺、鄂博、庐墓以及驿站并该旗台、壮现在居住自种房地，亦准报明，即按地之大小随绳量为留出，作为该旗己产，不准私典盗卖。按处丈清，各造毗连，详注绳弓四至图式，绘入开方总图清册，分给该旗一份，以凭查验。

一、荒界宽阔，将来一律开垦，均当先后安官设署，自应预采街基，拨留城镇以为治所而立市廛。兹于该荒界适中之沙碛茅土地方，先定城基一处，更名双流镇。纵横五里，其间除划留垣壕、官道、衙署、庙宇、学校一切公所，并城外附近宽留义地，设立马厂外，所余街基，按照各处成案酌中参定，纵横每丈见方征收价银三分三厘，此项拟全行拨给该郡王办公之用。其常年征收基租，拟每一丈见方作京钱三十文，以一半归将来添设地方衙门办公之需。续采基址，照此一律办理。至升科年限，亦须仿照生荒例六年起算，以示体恤。

一、查该郡王缠讼多年，益形匮乏。兹拟将此次加收中地之四钱，上地之八钱价银，全数拨归该王旗公共项下，借以上副朝廷体恤蒙藩之恩，下纾该王艰窭之患。

一、此段应放荒地，凡有领户到局报明愿领某等荒地坰数，先将荒价交清，由局掣发三连信票，将票根存局，其中段与票梢领户执赴委员处验明，换号拨予荒地，复将信票中段截留，委员缴局考查。领户即执票梢，以凭换领蒙古大照。

一、该旗原有垦户，以前报领荒地不以地计，只以户计。每户纳银二十两，即准将地段尽力开垦，甚至有将原领之地转卖他人而复行私垦者，几至无从稽考。此次严定章程，先令旧户、垦户将执契投局报名，按照蒙王移送户册查对相符，核明曾在蒙旗交过押租银若干，即列入该户现在已交荒价项下，一俟分提款项之时，再于旗应得款内如数扣除。该户所种之地如系某等，即按此次所定上、中、下荒价，按坰补缴承领，准其永为己业。如敢借端狡赖及有抗延阻扰情事，即将该户所种地亩撤回另放，一面分别究治。

一、此项荒地，系仿照札赉特旧案，以二百八十八弓为一亩，十亩为一坰，每毛荒一坰，扣作七亩收取荒价。但须先将荒价交清，不得有架空、拖欠、影射诸弊。凡遇河泡、水洼、碱塘、石田实系不堪耕种者，准由清丈委员照章量予折扣，图册满入绳弓，报明行局考查。如系沃土，领户有意狡展希图扣数及委员受嘱、受贿代为蒙报者，查出一并惩治。其已垦成熟者，应遵原奏，仍照定章当年升科，至挨地之荒认领若干，亦照定章先收荒价，俟五年后第六年起科。至租赋如何征收，俟荒地放竣再行酌议，奏明办理。

一、开绳之初，尚未设有地方官，而荒事办竣，约须二三年之久。所有荒段一切词讼，必须由行局秉公讯办。至民间遇事，亦不可略无管束，即由行局先验放乡约甲长数人，将地方乡社牌甲均编列整齐，验放乡甲后，由行局发给执照，归乡充当。有事则报经乡甲转禀行局，庶有线索。俟设有衙署，即饬归地方官，另换执照。

一、查原领蒙佃，近有无力全种情甘退佃者，应由局另行招户承领。设原户自有妥实买户，愿将此地兑卖者，姑念原户开垦有年，且盖有房间，准令就其所有熟地、房间稍收牛具花费，以示体恤。至应征地价，责令买户承缴。惟熟地之外，不准分毫私卖官荒，违者治罪。

一、该旗界内旧户，有曾经为匪弃业潜逃者，或系因乱他往逃避多年，现闻开荒来归认业者。此项逃户本属良莠不齐，年久似难分辨，且其多年未交粮租，若照现有旧户一律准其认业，势恐远年逃户纷纷假托前来办理，即无限制。凡遇此等逃户，即照新佃，准其备价，换号认领，俾有生业，不得任听假托侵赖，以免架名巧占渔利之弊。

札为续奏丈放蒙荒一折奉到朱批恭录饬知由

军督部堂　　为札饬事　　照得本军督部堂于光绪二十九年十一月初六日，具奏为丈放札萨克图蒙荒地亩，随时更定章程缮单恭呈御览，恳请饬部立案等因一折。当经抄奏，并单饬知在案。兹于十一月二十六日，奉到朱批："户部知道。单并发。钦此。"除钦遵并分行外，合行恭录，札仰该局即便钦遵。特札。

右扎札萨克图蒙荒行局，准此。光绪二十九年十二月初五日。

为锡委员寿补捐经历呈请备案由

总办张　　全衔　　为呈请事　　窃据卑局解运委员锡寿禀称"窃职前于光绪二十三年，由附生遵新海防例，报捐双月选用府经历，十二月二十八日奉部发给执照。二十四年投效来奉，二十八年三月间蒙派斗秤捐局委员差使。于二十八年四月间，因托候选同知闽臣赴京之便，代捐分省花样，中途更换大车，竟将执照丢失，当经禀由斗秤捐局，转禀军督宪存查在案。是年八月间，复蒙军督宪札委蒙荒行局解运委员。惟失照迄未寻获，由部补请执照诸多碍难，不得已只有补捐，遂于是年十一月间，遵山东捐案，由附生报捐贡生，并遵新海防例，由附贡生报捐府经历，准以双月选用，均于十一月十九日、二十日先后领到部照。除由斗秤捐局转呈外，理合声明。伏乞宪鉴查照，转呈军督宪备案施行。实为德便"等情。据此，卑府复查属实。理合造具履历清册，随文呈请。伏乞宪台鉴察，俯赐备案施行。须至呈者。

右呈　　军督部堂增。光绪二十九年正月初三日呈。

二月初十日奉批　　如呈备案。缴。册存。

局衔　　为札饬事　　照得本行局解运委员锡寿禀请补捐府经历等情，据此，当经转呈督宪备案。于二月初十日奉到宪批"如呈备案。缴。册存"等因，奉此，合亟札饬。札到，该员即便遵照。切切。特札。右札解运锡委员寿，准此。

为候选巡检萧策璠禀控候补都司刘东武拖欠集股买荒银两当经批饬呈请督宪鉴核、移行总局由

全局衔　　为呈报移行事。　　窃卑案照敝局于本年正月二十三日，据前交涉局委员、候选巡检肖策璠禀称"窃职于二十八年八月初旬，有素识之候补都司刘东武，面称札萨克图王旗出荒，伊承办黎生公司地局，比将所印放地执照样纸及抄录蒙王文约给阅。且云：'八月十四日须交驻省荒务总局压价银四万两，只欠三千两未齐。'垦职代集股份。并云'八月节后开办公司，领地十方，只照七方缴价。蒙王文约每亩壹钱四分，公司放出多收四分，计公司领地十方，只须市平银肆百陆拾叁两上下。所收股银先照原领章程，按方劈利。开局收价先还股银，不得出九月'等语。职因该员家道殷实，不至有指荒骗股情事。即商同戚友共集银叁千壹百余两，于八月初十日交齐。九月中旬，职进省探听，始知督宪尚未准行。查问股银，该员一味支吾，屡约屡展。各股友闻此信向职索银，来往川资垫付贰百余元，催取数月，本利未付分文，并不发给股照。直至去腊中旬，幸蒙督宪批准该公司承办。幸该员之弟刘昶武具有天良，知职受累太重，陆续筹付街帖洋元约计壹千肆百余两，其余利并未付给。所余之银经刘昶武出为调停，立具入股银收，注明照章劈利。而月内所支之数，自八月初十日起四月有余，既不照股给照，又无月息。各股友向职索利，职均出据承认。殊该员刘东武昧绝天良，云股银既经支出，即不能劈利。又经伊弟昶武立入股银收，刘东武并不许支给。查该公司系刘昶武、刘万宾二人主持一切，刘东武并未在公司办事。刘昶武等所收股银，均已本利退还各股。因职银系伊兄东武经手，故不允支付。查该公司承办垦务，去年腊月始奉宪札照准。该员刘东武于八月初旬遽行招集，其为借荒骗股，不问可知。况集股叁千壹百余两，至腊月下旬，始行零星支出千肆百金，未得照股分劈。现存股银壹千柒百伍拾两，注明照章分劈，按银数应照该公司领地章程，每十方缴价只四百六十余两，合计壹千柒百伍拾两，应得三十九方地价。其去年腊月零星支过之钱，当时该员口称作为股利，将来仍照原股银数支领。日昨向该员核算，坚不承认，只算壹千柒百伍拾两本银，尚不允即速清还，只允以车马服物抵偿。职向戚友集股银叁千余两，拖延半载，本利尚无着落。受戚友追迫已无生路，不得已禀恳宪台俯准作主。饬传该公司董事职商查明收条图书笔迹，此银应否清偿，股利应否分劈，均候宪台察夺施行，除分禀省局宪外，恭开具各股友银数暨蒙王文约，并该公司银收及执照样纸粘呈，伏候饬追，实为德便"等情，据此，当经批示，该职与刘昶武兄弟集股买荒各情，频有胶葛，既经分呈省局，自应听候讯办。现查黎生公司已在省局缴价壹万伍千两，俟省局讯明，如果该职之壹千柒百伍拾金，即在此款数内，再自呈请省局移知本行局，照数拨归该职名下，声明愿领某等，遵章报号领地可也。所呈公司执照样纸及抄蒙王文约均存，银收随批掷还在案。理合备文呈报，伏乞宪台鉴察施行。须至呈者。右呈军督部堂增。光绪二十九年正月二十三日呈。

二月二十九日奉批　呈悉。候饬省核办。缴。文约执照抄发。

候选巡检萧策璠谨禀总办大人阁下：窃职前因补用都司刘东武欠股不还，

具控乞追在案。旋蒙批示，俟讯明准归职名下报号领地，等因，奉此，仰见宪台洞察下情，逾格恩施之至意，感激莫名，随即函告各股友，均称所入股份银两半系借贷，不愿领地，仍向职追索现银，不能迟缓。适刘东武之弟刘昶武邀人出为调处，自愿自行了结，代伊兄偿还欠款。惟当时立有合成堂股银收条，计股银壹千柒百伍拾两，壬寅八月初十日黎生公司具交职手收存，职前因求宪台照数在该公司压价内，将银扣出，是以将银收粘呈禀尾。今刘昶武自知伊兄理曲，已如数筹出，议定见条还银。如不见该公司银收，不能发给。职以各股友追索现银甚急，又乘刘昶武深畏宪台究办，甘愿见条付银。且职已定于三月初旬回南省亲，所有经手事件，自应早为料拾。为此，续禀宪台大人台前，赏准将前禀粘呈银收撤还，以便即速凭条取银，以清经手而息讼端，实为恩便。除另禀垦务省局查夺外，俯候宪台批示遵行。恭请钧安，伏维垂鉴。职员策璠谨禀。　　附呈押领壹纸。

　　本局批　据呈刘东武原欠该职员入股银壹千柒百伍拾两，既系该职员不愿领荒，刘东武兄弟等情人调处，自愿见条偿银，两甘和息。所有前经粘存该公司银收一纸，既经该职员具领前来，应即照准撤发收领可也。抄发，押领存。

　　具押领甘结候选巡检萧策璠，今于与押领事。前因职员刘东武欠股不还，具控在案，已将黎生公司所立银收粘呈禀尾。今伊弟代兄还银，见条照数即付，央请息讼前来，理合出具押领甘结领到。局宪大人，将职前禀粘呈壬寅八月初十日黎生公司收到合成堂入股份银壹千柒百伍拾两整撤还。须至押领者。

为萧策璠具领请撤还前呈入股收条录批请核移行由

　　全局衔　为呈报移行事　窃案查卑敝局　前据萧策璠禀控刘东武拖欠集股买荒银两一案，当经批饬并呈报宪台鉴核移行贵局在案。

　　兹于二月二十日，据萧策璠禀称"窃职前因补用都司刘东武，欠股不还"云云，至批示遵行等情，据此，查刘东武原欠该职员入股银壹千柒百伍拾两，既系该职员不愿领荒，刘东武兄弟等情人调处，自愿见条偿银，两甘和息。所有前经粘呈该公司银收一纸，既经该职员具领前来，应即照准撤发收领。除批发并呈报移行外，理合相应备文。具呈移行。为此，呈请宪台鉴核，伏乞照呈合移贵总局，请烦查照备案施行。须至呈移者。　　右呈移军督部堂增、蒙荒省局。

　　钦命镇守盛京军督部堂增　为札饬事　案据办理札萨克图蒙荒驻省总局呈称"案奉宪台札开'据办理札萨克图蒙荒行局总办张守心田呈，据候选巡检萧策璠禀控刘东武指荒骗财一案'饬令职局核办，等因，奉此，遵查此案，职局前已准该行局移，并据萧策璠禀同前情，当以控关指荒骗财，虚实均应彻究。随即差传刘昶武至局讯，据声称此系伊兄经手之事，恳请稍缓，情愿自相完结。嗣据肖策璠禀称，已经刘昶武将款偿清出结，恳请销案。并据刘昶武亦出具完案押结，乞准和息前来。职等查原被控因钱债葛藤，既经两造将款清还和息，自应准其销案。当经据情呈蒙宪台批准在案。兹奉前因，理合将原案业已完结缘由，呈报查核饬知"等情，据此，除批示外，合行札仰该局，即便知照。特札。

右札办理札萨克图蒙荒行局，准此。

为省局收价只发印条领户仍由行局挈票并乞将省留各票全行颁发伏候鉴核饬遵由

总办张全衔　　为呈请事　　窃卑局于光绪二十八年十二月十七日奉到宪台札发头、二、三等生熟各荒及街基信票，除存留省局生荒信票一百二十张外，共计颁到卑局八百八十张，均已如数祗领备用在案。伏查省、行两局一并收价，俾期迅速藏事，诚为甚善。惟由省局发票一节，既与卑局号头间隔，即于挨号章程相絭，且所留之票，究能报领者若干地数，已难凭空悬揣，而于卑局随时约计荒数收价发票，有此隔阂，尤属无凭考核。至省票到段，起员更系无法放拨，纵然另由他处丈放，及至绘报图册，缴呈中段信票，卑局并无存根，又将从何查核，反复筹维，殊多窒碍。卑府现思一直捷简便两不相妨之法，此后如有由省缴价者，拟请饬令省局只发给领户关防收条一纸，卑局即据条填挈信票，照章挨号赴段拨地。如此办理，两局均可收款，而章法仍归一律。如蒙核准，即请将省局存留之票，仍行全发卑局，以昭画一。是否有当，理合备文呈请。伏乞宪台鉴裁，批示遵行。须至呈者。右呈军督部堂增。光绪二十九年正月二十日呈。

二月十九日奉批　　呈悉。候饬札萨克图蒙荒总局核议复夺，再行饬遵。缴。

局衔　　为移行事　　案照敝局于光绪二十八年十二月十七日奉到督宪札发头、二、三等生熟各荒及街基信票，除存留贵局生荒信票一百二十张外，共计颁到敝局八百八十张，均已如数祗领备用。并准贵局移开，凡由贵局发出之票，于第三联眉端列省字号，由敝局发出者列一行字号，各盖各局关防，等因，在案。查省、行两局一同收价，俾期迅速藏事，诚为甚善。惟由省发票一节，既与敝局号头间隔，即于挨号章程相絭，且所留之票究能报领若干地数，已难凭空悬揣，而于敝局随时约计荒数收价发票，有此隔阂，尤凭无考核。至省票到段，起员更系无法放拨，纵然另由他处丈放，及至绘报图册，呈缴中段信票敝局并无存根，又将从何查核，反复筹维，殊多不便，现思一变通办理收价、发票两不相妨之法，拟请督宪饬知贵局。此后，有由省交价者，贵局关防收条一纸，领户持赴敝局，敝局即据条填掣信票，照章挨号拨地。如此办理，两局均可收款，而章法仍归一律。并请将贵局存留之票，仍行全发敝局，以昭划一。除呈请督宪核示外，相应备文移行。为此，合移贵总局，请烦查照施行。须至移者。　　　右移奏派办理札萨　　克图蒙荒事务总局。

军督部堂增　　为札饬事　　案据办理札萨克图蒙荒驻省总局呈称"窃奉宪台札，据札萨克图蒙荒行局呈称：'窃奉札发头、二、三等生、熟各荒及街基信票'云云，至'是否有当，理合呈请鉴核、示遵。'等情，据此，除批示外，合行札仰该局，遵即核议复夺等因，奉此，遵查职处前奉宪谕，在省设立收支处，就近收价发票，原为道途辽远，运解银款往来非易。故在省设局出示以广招徕，兼以省城需款孔急，借便指拨。是于官民，两有裨益。今该行局既称由省发票诸多窒碍，请饬给发领户关防收条等情。伏思省、行两局虽系分设，而经理则实系一事。但求于事有济，何庸畛域自分，自当按照所请酌议准行。无如职局自开办后，屡有领户到局询问，皆以为先给收条再赴行局换票，徒多周折，不愿承领，再四开导，执不允从。若不设法变通，恐既灰领户争领之心，亦自背开局晓谕之示。且细按该行局呈称各节，实亦未尽足虑。即如该局所称'由省发票与该局号头间隔，即于挨号章程相紊，所留之票究能报领若干地数，已难悬揣'一节。查行局前领信票由一号起至八十号止，职局所留之票即由八号起至一百号止，此就上等地言之，他等仿此，截然分明毫无紊乱。将来行局放地俟八十号之票放完，即可按省局所发八十一号之票接放。以后再领信票，两局仍照此分清发放，是号数无虑相紊也。至若干地数悬揣诚难，近查职局领户富庶居多，非北边就垦流氓可比，职局现定不论上、中、下地，均须足一百垧始给填票一张，其零星者概饬赴行局报领，则职局共留票二十张，即为留地二千垧。头等如此，其二、三等以此类推照数留地，挨号丈放，是地数亦无庸悬揣矣。又称：'省票到段，起员无法拨放，纵然另由他处丈放，及至绘报图册、缴呈中段信票，该局并无存根，又将从何查核'一节。查省发信票存根自在职局，领户遑持中尾两联到段，委员固属茫无头绪，即领户亦无从寻觅，职局已虑及此，现拟凡在省领户，均饬令持中、尾两联信票，先赴行局查验注簿后，即由行局指令赴某段，委员按号听候拨地，一面由职局将领户花名、年址、银数、号数等次开明，备具移文，飞知该局存案，以凭核对，则委员、领户俱不至无所措手，与行局存根无异，亦无虑难于查核也。惟领户远道领地，该局必须依等、挨号拨给地段，方符原议。若如所呈另由他处丈放，转于原定挨号章程不合，碍难准行。再行局须预计何等地约共若干垧，其留省之票若干张，计合何等地若干垧，必足敷其数。不然职局如放上等地二千垧，至行局上等地已无此数，则无以取信于领户矣。并请宪台饬令该局，应将自开办起共放何等地若干，实收价银若干，其未放者何等地，约计各有若干，详细移行职局存案。以为职局酌留地照，并酌量发给该行局地照地步，嗣后或按旬或按月收发之数，均须照此移知职局，既资查核，又免溢放。此皆宜预为之计者也。总之，两局收价皆为公家筹款起见，务宜和衷共济，声息相通，得以速集成数。如此变通办理，庶于向章既无所紊，而于大局亦不无裨益。如蒙允准，即请迅饬行局遵照，实为公便。所有遵议缘由，是否有当，理合备文，呈复鉴核示遵。"等情，据此，除批示如议办理外，合行札仰该局即便遵照。特札。右札办理札萨克图蒙荒行局，准此。光绪二十九年二月十三日。

呈为前因办荒省局发条行局挈票蒙饬省局核议省局仍拟发票等因据复札饬到局再呈不便情形请示由

全衔　　为呈复事　　卑局接奉宪札，除原文有案邀免全录外，所有卑局前因省局发票多有不便，仍请只发印条，其信票专责卑局填发一呈，蒙饬总局核议。据复，省局仍拟发票等情，札饬卑局遵照，等因，奉此，卑局窃思，两局同办一事，理宜和衷商酌，不可畛域自分。然于大局攸关之处，商酌稍有未安，则应不厌繁难，期于斟酌，尽善而后已。查总局所议各节，极为周详，实多卑局初拟不及之处，自当遵照办理。惟其中尚有数端，卑局不无过虑，应即复陈。查总局复议："行局前领头等信票，由一号起至八十号止，总局所留自八十一号至一百号止，将来行局放地俟八十号放完，即可按省局八十一号接放，号数无虑相紊。"又称"总局现定地足百垧始给写票一张，则留票二十张即为留地二千垧，照数留地，挨号丈拨地数，无庸悬揣"一节。所议诚属周妥，但思两局发票断难两平，向使行局之八十张早经填尽，而省留者尚多未填，行局不待汇齐，即接续填发一百零一以下之号拨放。一百零一以下之荒，是在行局报领者，先省票以交银，后省票而挨号，名为挨领，实则颠倒后先，诚恐领户澹先得之心，荒务失招徕之具。且即如按票留荒一节，此项地段究系如何留法，谓丈到时即先丈出，则领户来时断难一指即领，必须重丈，是多一丈也。若不丈而约估，岂能即恰合二千之数，倘不足若干垧，将以何地补给，或多出若干垧，又以何户领之，此卑局不能不过虑者一也。查此荒分为三等，原就大致而言，即如头等之中亦间有中地，中、下亦然。放拨时，即按省票以留荒，先拨后领，倘所留者土色不齐，一经见闻势必无人承领，则一号不填，下此皆为所阻，荒票两闲终将谁属。若照所议办理，地数固无悬揣之虞，而剜空实荒务之大忌，此卑局不能不过虑者二也。若待两局填毕，始准卑局填发已下之票，则必不时停收，或改给收条，甚或停绝候票，则绳起縻款以待领户，久候荒场实属不便。且时停、时发，忽票、忽条，外来愚民未免疑阻。盖卑局报领之户，大抵就垦流民，零整不齐，诚如总局所议。然远来大户亦颇有之，有填票数张而不满百垧者，有领荒万垧而止填票一二张者，是总局可按票以知荒，卑局则不能计荒以领票。卑局领票若多，则总局所留者号次落后太远，溢放或难预防；领票若少，则票尽停收，续领动须半月。即如卑局此时已多碍难之处，上等信票告尽已逾十日，挂号待领者已二十余户。更有见不发票，遂谓卑局无发票之责，竟以前此谣言信为真事，观望而去者颇不乏人。稽留领户，暗损招徕，此其明验。若照所议办理，虽地数无悬揣之虑，而总局溢放，卑局停收，二者之弊，难辞其一，此卑局不能不过虑者三也。又称"行局须预计何等地约共若干垧，共放何等地若干垧，实收银若干，其未放者何等地，约计各有若干，按月、按旬移行总局，以资查核，而免溢放"一节。查卑局已放若干，收银若干，按月报省自应遵办。惟此荒系丈放并行，与他处先丈后放，原有成数可稽者不同。加以各等荒中，皆有熟地夹杂，熟户虽有册籍，而私垦、逾垦不一而足，其数无从考查。熟地无定，则生荒难知，须俟熟地丈完，生荒始有梗概。所称"何等荒共约若干，未放者若干"，卑局实不敢凭空妄报。况卑局距省远弯，驿递不通，荒数既难确指，总局溢放难知，此卑局不能不过虑者四也。再四思维，不如仍由总局发给收条，抑或径用印文，纵使溢放，可以退款注销无碍于号次。抑或改领别等，皆可以通融。然总局必议发票者，以领户不愿领条之故。而领户不愿领条者，以赴行局换票徒多周折之故。不知领条固须赴行局换票，而领票亦须赴行局注簿。此事总局早经虑及，则既在总局报领，无论是条、是票，此等周折皆所难免。此系该领户等不谙局章，固执之见。嗣后总局如仍发条填给时，请将此理详为开导，自当照领。待有一二户换票无讹，俾知条、票原无二致，则报领自然无滞。夫总局发票，则可虑既多，改而发条，则填票无倒号之虞、拨地免剜空之事。总局不虞溢放，行局不至停收。在总局不过多费开导之功，在荒务遂获无穷之益。应请宪台饬令总局，将现在已填之票，连票根发交卑局。所有卑局现经挂号之户，即挨省局已发票号之后填发。嗣后总局收价止发收条，其信票仍责成卑局一处掣发，庶免滞碍。总之，总局所议，大抵为办理爽速，于公家、领户两有裨益起见。卑局所陈，亦系实在情形，期于通行无碍。断不至各执成见，自滋纷扰，谅均在宪鉴之中。是否之处，除移知总局外，理合备文具呈。为此，呈请宪台鉴核，伏乞批饬遵行。须至呈者。　　右呈军督部堂增。

批　　呈悉。已于另札饬遵在案矣，仰即知照。缴。

局衔　为移行事□□案照敝局前因两局发票多有不便，业请督宪饬将贵局所留信票发交敝局，呈请在案。兹于二月二十二日奉督宪札开，除原文不及详录外，所有敝局前因省局发票多有不便，仍请只发印条，其信票专责敝局填发，蒙饬贵局核议。据复，省局仍拟发票等情，札饬敝局遵照。等因，奉此，敝局复查贵局前议，极为周详。惟其中尚有数端，敝局不无过虑。当经呈复督宪核夺，请示去讫，相应抄稿备文移行。为此，合移贵总局，请烦查照施行。须至移者。

右移奏派办理札萨克图蒙荒事务总局。

军督部堂增　　为出示晓谕事　　照得札萨克图蒙旗荒地前经奏准丈放，当经饬由总、行各局填给信票交领户收执，以凭拨地换照，并出示晓谕在案。惟查信票一节，若由总、行两局填发，诸多窒碍。现已议定所有信票，统由行局填发。其有在省交价报领荒地者，由总局按照所报荒地等次、垧数呈请填给本军督部堂印文，发交该领户持赴行局换领信票，听候照章挨号拨地。除分札饬遵外，合行出示晓谕。为此，示仰诸色人等知悉，尔等须知印文本与信票无异。如有愿在省城交价报领荒地者，即可到驻省总局收支处兑交银两，以便该局呈请填给印文，交该领户亲赍驰赴行局换领信票，听候拨地，勿稍观望，以免自误。其各凛遵，勿违。特示。右谕通知。

军督部堂增　　为札饬事　　现据领户底，系报领等。荒　垧，缴到正价库平银两，随交一五经费库平银　两。所有银两，业已由办理札萨克图蒙荒驻省总局如数兑收讫，合行札饬。为此，札仰该行局查照札内所开领户姓名、籍贯、荒地等次、垧数暨正价经费库平银两数目，填给信票发交该领户收执。一面转饬清丈地段委员，照章挨号拨给地亩，毋得留难阻滞。此札即交该领户亲赍前往，限二十日赴行局投到，听候填发信票，拨给地亩可也。特札。

右札仰办理札萨克图蒙荒行局，准此。光绪二十九年　　　月　　　日

札为据省局拟请领户在省交价发给印文予限二十日执赴行局验收换票由

军督部堂　　为札饬事　　案据办理札萨克图蒙荒驻省总局禀称"窃查行局呈文封面奉宪台手谕，嗣后省局收款但发印收，信票仍由行局发给等谕。遵此，查在省收款发票一节，曾经宪台出示晓谕在案。嗣据行局呈报，总局发放信票诸多窒碍等因，蒙饬核议禀夺，卑局彼时因发给印收，询问领户，恐多周折，不愿承领，是以仍请发给信票，原以为从民便也。兹据行局复呈，仍有不便之处，卑局亦不敢固执前见，自应变通办理。然经征款项，忽而发

给宪台信票，忽而发给卑局印收，前后不符，领户必多疑虑。拟请嗣后凡在省局交价者，随时由卑局请发宪台印文，予限二十日执赴行局验收，刻即换给信票，以便挨号拨地，庶免隔阂紊乱之虞。如蒙允准，仍请出示晓谕，并请札饬行局遵照办理。再行局谓'省局收价纵有溢放，可以退款注销，抑或改领别等'一节。查省、行两局现在收价无多，尚不至于溢放。拟俟行局福署总办龄到段随时体察，如果某等报领将尽，赶即呈报卑局先行停放，自无溢放之虞矣。是否有当，统候示遵"等情，据此，除饬复并出示晓谕外，合行抄粘示稿暨发给领户印文式样，札仰该局遵照办理。勿违。特札。

右札办理札萨克图蒙荒行局，准此。光绪二十九年四月初六日到。

为前议省局收款发条由行局掣票请将省留信票仍交行局各情再呈乞准并饬速交由

全局衔 为呈报移行事 窃卑案照敝局前奉宪台督宪颁发各等信票，经总局贵局截留若干张，以备在省收价。继经卑敝局拟议，恐两处填发间隔号头，于挨号章程有紊，拟请以后总贵局收款只发印条，仍由卑敝局掣票，并请将省留之票，仍交卑敝局顺次填发各情，业经呈请宪台督宪核夺各在案。现值开绳之际，领户甚为踊跃。其业经领过局票之户来局更换新票者，亦纷至沓来，自应立与更换，不令久稽，并应照原领号头填发，以免领户异议，致阻招徕。惟因前情未奉宪示督宪批示暨总局贵局所留各票尚未发还，未敢擅行填发。新、旧领户守候多人，应恳宪台已经督宪早饬示遵，并饬从速将省留各票发交卑敝局之处去讫。除移行总局查照呈请督宪批饬外，理合相应再行备文具呈移行。为此，呈请宪合核夺批饬，望切合移贵总局，查照施行。须至呈移者。

右呈移军督部堂增蒙荒省局。光绪二十九年二月初六日呈。

二月二十二日奉批 呈悉。查前据总局详拟章程议复，当经札饬遵照在案。据呈请将留省之票发交等情。查此项信票，现据在省领户来局报领，业由总局照前拟每百垧给信票一张，章程挨次填发，所请应毋庸议。兹据另呈请发头等生荒信票三百张，贰等贰百张，街基壹百张。除随批发给总局头等生荒信票伍拾张，自壹百壹号起至壹百伍拾号止；贰等壹百张，自壹百壹号起至叁百号止。其余头等生荒信票贰百伍拾张，由壹百伍拾壹号起至肆百号止；贰等生荒壹百张，由叁百壹号起至肆百号止，街基壹百张，由贰百壹号起至叁百号止。仰即于奉到后挨次填给，庶总、行两局彼此均无紊乱之虞。候饬札萨克图蒙荒总局知照。缴。

为前请补发信票再呈垦饬速发由

全局衔　　为呈请移行事　　窃卑案照敝局前奉宪台督宪发给生、熟各荒暨城基信票，因不敷填用，拟请补发，业经开单呈请宪台督宪核夺，并移行总贵局查照各在案。查现在卑敝局正值开绳，领户踵至，核计原领各票已觉不敷填用，加以前经报领由局发过局衔信票之户，刻亦遵示前来更换，未便久令稽留。应请宪台督宪饬将前请补发各信票如数刷印，从速发交卑敝局，以敷应用而免稽留。新、旧各领户之处去讫，除移行总局查照呈请督宪饬遵外，理合相应备文具呈移行。为此，呈请宪台核夺，饬遵合移贵总局，请烦查照施行。须至呈移者。　　右呈移军督部堂增蒙荒总局。光绪二十九年二月初六日呈。

二月廿三日奉批　呈悉。已于前呈批示矣。仰即知照。缴。

为请补发信票粘单移行总局由

局衔　　为移行事　　案查前奉督宪颁发信票，由贵局各留若干张，经敝局议请仍交敝局掣发，并请督宪各饬补发若干张，前后移行各在案。现在敝局报领踊跃，所有上等生荒信票八十张业经填尽，并有多户因无信票在局守候。应请贵局准照前因，速将应行补发各信票如数发给，并将前留各票一并发交敝局，专差飞速送局，以免有紊号次而敷掣发，相应粘单备文移请。为此，合移贵总局请烦查照，望切施行。须至移者。

右移蒙荒省局。光绪二十九年二月十一日。

禀为出放蒙荒佃户各众拟请双流镇早设地方官以资治理伏乞宪鉴采择办理由

全衔　　谨禀督宪将军麾下：敬禀者，窃卑局所放札萨克图王旗荒段，横宽虽百里内外不等，纵长总近四百里。从前私招外旗蒙佃及蓤青各户，见于原奏者已近三千户。卑局现在卖出已拨、未拨上中下各等毛荒合计已有二十余万垧，以百垧一户核算，又有二千户。纵未能一时垦齐，然亦可折半估计，是前后总不下四千余户，而城基之商铺与未卖出各荒之户，尚不在此数。查该旗远处北边，形同瓯脱，素鲜教化，放纵自如。本旗仇视蒙佃，蒙佃近又嫉视汉民，有谓各佃应归该旗管辖者，有谓荒务局去后仍将汉民驱逐者，谣言叠兴，若与荒务相终始。虽无关于正事，然该旗之蠢愚、外佃之浮动已可概见。自非及早设官治理，不足化妒嫉而销桀骜，使土客渐致相安。惟设官一事，贵先立基址，不贵铺张。就地方形势而论，河北之白城子、河南之巴彦招，均须续采街基，为添设分防扩充县治之地，其事尚待后来，而双流镇一经设官，则官至民归，不独商贾云集，即四境亦必及早开垦，裨益地方良非浅鲜。应请宪台迅赐擘画，及时出奏，或先设蒙化厅而领以理事同知，或即设蒙靖府而令其自理地面。如经奏准，请即拣派委员于今岁冬令，或来年春间，饬赴双流镇先行试办设治事宜，卑局所禀创办木植，如蒙照准，则今冬各项材木可大集镇所，砖木皆备，以之修署尚为易事。如此则人心镇定，晓然于后来之无复更易，庶可徐徐就我范围。此关系大局之事，职等受恩深重，管见所及，理合恭禀具陈，伏乞宪台鉴核，采择施行。职　等谨禀。光绪二十九年五月二十九日。

　　全衔　　谨禀督宪将军钧座：敬禀者，窃卑府等前蒙札派勘办札萨克图蒙旗荒段，曾将历次拨丈情形随时禀报在案。兹查该旗熟地、生荒已逐渐丈放，约明年春夏之间，可以一律安插完竣。惟该处地方辽阔，民蒙杂处，旧有垦户均系喀喇沁旗蒙民，新招之户满汉兼有，复加本旗台壮，风俗不一，良莠不齐。若不及早设官分治，则荒务告竣职局即应裁撤，而此地并无官员镇慑，将见争夺频仍，盗贼即因之而起。倘再勾结外人强事干预，不特万余户生灵涂炭，即该蒙旗亦从此不能安枕。卑府等周历荒所，闻见较确，唯有仰恳宪台俯念民蒙等身命之重暨外藩待治之殷，迅赐奏明，将该旗招垦之地先设一府、一县、一分防划疆分治，庶遇事可以拊循弹压。以该处形势而论，南北约长四五百里，东西宽或百二三十里，或百五六十里不等。西与南两面土性硗薄，户口尚少，东北则地本膏腴烟户辐辏。兹拟就双流镇地方建设府治，距府治百余里之白城子地方设一县治，其疆如何划分，衙署、监狱如何修建，统请俟委员试办时，再行勘定禀夺。至分防府照磨所管地面，俟人烟聚集再行改设一县，并恳拣派熟悉该处情形之员，分投前往试办。如是，则职局裁撤时，该府县已早莅任所，一切应办事宜，不致稍有隔阂。古语云"莫为之前虽美弗彰，莫为之后虽盛弗传"者，职是之故。是否有当，谨绘图贴说，恭呈宪览，敬候批示祗遵。肃禀虔叩崇安，伏乞钧鉴。职　　等谨禀。

　　再附禀者，札萨克图王旗荒地原奏，系照札赉特成案办理。窃查札赉特征租之法，每实地一垧，征收京钱六百六十文，以二百四十文归之国家，为筹饷、安官各项经费，以四百二十文归作蒙古生计。此次安官设治以暨征收，自应悉照成案办理。除蒙古仍照应得之数划拨生计外，其归国家之二百四十文，即作安官各项经费之用。所有经征人员，于未设治之先，暂行由行局择派妥员会同蒙局征收。一俟安官之后，另设局所会派员司经征，以专责成之处，是否可行，理合附禀具陈，伏乞宪台批示祗遵。卑府心等再禀。光绪二十九年十二月初六日。

为差遣张励学丁艰回籍以黄焯委补并派令驻省办事呈请批示由

　　全衔　　为呈请事　　窃卑局办理荒务，所有承递文件、领缴票张、拨兑款项，事务甚繁，在在与省中相关。而行局距省远夐，非有专员经理难免迟误之虞。卑局差遣委员张励学，现丁外艰回籍。所遗一差，查有五品顶戴尽先补用营千总黄焯，公事熟习，堪以委补，即令驻省经理往来文件、领缴票张、兑拨款项等事。可否之处，应请宪台核夺。如蒙照准，即恳札委遵照，以资经理而节经费。除移行总局查照外，理合备文具呈。为此，呈请宪台鉴核，伏乞批饬遵行。须至呈者。

右呈军督部堂增。光绪二十九年二月初七日。

为开局经费银两数目呈报督宪备案移行总局由

全局衔　　为呈报移行事　　窃卑案照敝局于光绪二十八年七月奉宪台督宪札饬开办荒务，在郑家屯赁房设局。因郑街僻狭，迄无合宜房屋，不得已租赁旧房，修葺敝漏添补门窗，所有修费并开局置备铺垫以及各起置买丈地器具，一切支用过银两实在数目，除移行总局查照呈报督宪鉴核备案外，理合相应备文，缮折呈单，移请鉴核，备案贵总局查照。查此项开局经费，只准开局一次开销，惟今年卑敝局拟请添派绳弓两起，亦当照各起置备一切器具，且各起今年进荒，多系无人之境，仍应置买帐棚、锅具等项。此两项银两，拟俟临时置买已讫，再行实用实销，合并声明。为此，具呈，伏乞照呈移请贵总局，查照施行。须至呈移者。　　计呈粘清折单一扣分　　右呈移军督部堂增蒙荒省局。

局衔　　谨今将卑敝局开局各项经费，支用过银两实在数目缮折，恭呈宪鉴备案单，请烦查照施行。须至清折者。

计开：

一、修补局房共支用过郑平银伍百叁拾柒两。
一、行局置买铺垫支用过郑平银柒百陆拾肆两。
一、八起置买丈地器具支用过郑平银肆百伍拾贰两。

以上共支用过郑平银壹千柒百伍拾叁两。光绪二十九年二月初九日呈。

三月六日奉批　据呈已悉。仰仍造具详细清册三分，呈送来辕，以凭分别咨札备案。缴。单暂存。

呈为遵批造具修补局房等三项清册伏乞鉴查由

全局衔　　为呈报移行事　　窃案查卑敝局去岁修补局房并开局置备铺垫，以及各起置买丈地器具，共计支用过郑市平银壹千柒百伍拾叁两整。前经缮折，呈报移行在案。嗣奉宪台督宪批示"据呈，已悉。仰仍造具详细清册三分呈送来辕，以凭分别咨札备案。缴。单暂存"等因。奉此，遵将卑敝局修补局房、置买铺垫暨各起制备丈地器具，逐一造具详细清册各一份。除移行省局查照呈请督宪鉴核外,理合相应备文具呈移行。为此,呈请宪台鉴核,俯赐备案合移贵总局,请烦查照施行。须至呈移者。计呈移清册三份。右呈移军督部堂增、蒙荒驻省总局。光绪二十九年闰五月十五日呈。

六月十八日奉批　如呈,备案。候饬驻省总局知照。缴。册存。

为置买各起帐棚呈请宪鉴移行省局由

全局衔　　为呈报移行事　　窃案查卑敝局今年绳起丈放生荒,多系无人之境,仍应置买帐棚等项,业于呈报开局经费文内声明在案。现已置买布棚六架,支用银两数目,分晰缮具清折单,恭呈宪鉴。除移行呈报外,理合相应备文具呈移行。为此,呈请宪台鉴核,伏乞照呈合移贵总局,请烦查照备案施行。须至呈移者。

计呈移清折单壹扣纸。　　　　右呈移军都部堂增、蒙荒省局。

计开:一、帐棚每一架用中尺布二十四匹,每匹六吊五百文,共合钱一百五十六吊。一、每一架用青麻绳十二斤,每斤九百文,共合钱十吊零八百文。一、每一架用大铁四根,每根四吊,共合钱十六吊。一、每一架用小铁四根,每根二吊,共合钱八吊。一、每一架用白棉线十二两,每两五百文,共合钱六吊。一、每一架用大木梁壹根,合钱拾吊。一、每一架用立木柱脚二根,每根二吊,共合钱四吊。一、每一架用木橛二十八根,每根一百文,共合钱二吊八百文。一、每一架用手工钱,六吊五百文。一、每一架用木工钱,六百六十文。以上计一架共用钱二百二十吊零七百六十文,按十吊零五百七十文合银,每架支银二十两零八钱八分五厘,计六架共支银一百二十五两三钱一分。光绪二十九年三月二十五日呈。

四月二十六日奉批　据呈已悉。缴。折存。

为酌定行局月支心红办公等费声明缘由并恳免抄细账呈请鉴核由

全衔　　为呈请事　　窃卑局造册呈报开支各款,除局起各项薪水、车价、津贴、工银、运车、房租等项均照章支用外,所有心红银每月五十两,办公银每月二百五十两,系就去岁设局至今实用数目酌中均计,从减定拟。查卑局僻在北荒,诸甚昂贵,几一倍于省中。而边地严寒,合局员司、书差、弁勇一百余人,即柴火一宗为费尤巨,万难省减。加以护局两哨,原未请有办公银两,统由卑局支给,以及一切因公使费,在在需款。应恳宪台俯鉴前情,准卑局嗣后照此支用,以资办公。卑局自应力从撙节勿任过支,如有可以减省之处,自当随时禀裁,以节靡费。至每月造报,自应开列细账,以征核实。惟此项使用,账目繁琐,卑局司书仅十数人,卑府等常川驻荒又必随带数人,在局司书益少,一切经理收发、票账、缮写、案牍,人少事多,实属不敷应用。

拟恳宪台俯鉴前情，姑准卑局仍按总数开报，免其开列细账，以省繁赜。是否之处，理合备文具呈。为此，呈请宪台核夺，伏乞批示遵行。须至呈者。

右呈军督部堂增。光绪二十九年三月初四日呈。

闰五月初一日奉批　呈悉。该局办公、心红每月开支至三百两之多，奉省垦荒各局，向无此办法。将来报销到部，必干驳诘，业已另札饬遵，并据另呈批示矣。仰即查照办理，勿得再事虚糜。切切。缴。

禀为陈明支用心红办公等费各因伏乞宪鉴由

全衔　　谨禀督帅将军麾下：敬禀者，窃卑局兹经造报开局以来收支各款，所有月支心红、办公两项银两，业备另呈声明支用缘由，及恳免开列细账等语，均属实在情形。惟其中下情，尚有未能尽达之处，敬为我宪陈之。查卑局心红、办公两项，每月匀计约共需银叁百两，一因北荒诸物昂贵，使用叁百只抵省中二百余金；一因两哨并未请有办公，系由卑局心红挹注供用；一因局中上下多人，烧炕柴火支用甚巨，北地严寒断难裁免；一因不时借用巡队赴荒解省，不得不酌给资赏；一因蒙旗爵职，往来关系交涉，股商大户关系招徕，均不得不酌为款酢；一因局中司书实属不敷应用，只得酌收效力司书，以资襄助，不得不酌给饭钱。诸如此类，均属可少而不可无。然集少成多，遂非此数不能敷用。此后唯有认真办公二字，力图收缩，如何节省，卑府等自当随时呈请裁节，断不敢稍事虚糜，此卑局支用心红、办公两项之实在情形也。至恳免开列细账一节，委因此项账目既甚繁琐，卑局又属人少事多，且如前称各项，在卑府等仰承知遇，但使问心不愧，当可见谅。于宪台而吏议多端，我宪体恤属寮，难以遽白于各部。卑府等开报时，若虚造名目，以避部中挑剔，是已先欺我宪，问心何安。若一一具陈，仍恐不能据以咨部。再四思维，只有暂就二项报明约数，姑俟报竣再将卑局底帐呈核，斟酌造报，以省繁赜而便咨行，此卑局恳免开具细账之实在情形也。卑府心田、卑职福升家门不远，粗免饥寒，卑职寿祺曾读诗书，筮仕方始，皆仰蒙特达之知，畀此创办之局，誓不欲汩昧天良，糜公款以恣挥霍。凡有支用，上下共知，宪察神明，难逃洞照，伏乞核夺，不胜悚栗屏待之至。所有声明支用，办公等费各因由，合肃禀陈，恭叩钧安，伏乞崇鉴。

光绪二十九年五月二十一日奉批　据禀各情均悉。心红、办公月支叁百两，未免过巨。兹定每月给银壹百伍拾两，其余犒赏款酢以及效力司书饭食等费，准其实用实销，按月造册送核，以免将来报销，多所窒碍。此系格外从优，该总、帮办等仍当核实撙节，毋稍虚糜，是为至要。

除禀批示并饬蒙荒总局知照外，合行札饬。为此，札仰该局即便遵照。特札。

右札蒙荒行局，准此。光绪二十九年五月十三日。

为豫顺亨商号寓世合栈夜有匪人入院禀请保护移行江源州吴总巡派队巡更严缉由

局衔　　为移请事　　案照敝局兹据豫顺亨执事人面禀"商人居住本街世合栈内，于本月初一日夜间有匪人入院劫取院中货物，被更夫觉察而去。初三日夜间又来，至初五日复有五六人手执枪械，半夜上房入院搬取货包，并与更夫等答话'认敢动手，我即开枪'等语。窃思商人寓处所存，皆系行局公款，应请保护"等语，面禀前来。查该商租寓世合栈内，专为收存敝局荒价，为数甚巨，该匪等胆敢于贵治防切近之所，公然结伙持械，屡次入店行却，若不严加巡缉，更必肆行无忌。事关公款，急应备预，以免疏虞。除饬局勇前往该号防护外，应请贵州饬派捕役、防，饬派巡队巡更下夜，严为巡缉，以资弹压，相应备文移行。为此，合移贵州总巡，请烦查照，望切施行。须至移者。

右移辽源州正堂蒋，总巡辽源州马步巡队吴。光绪二十九年二月十一日。

为贴书郭桂五提升司事所遗贴书一差以梁国栋补充由

局衔　　为谕派事　　照得本局贴书郭桂五业经提升司事，所遗贴书一差，查有效力贴书梁国栋，当差勤慎，堪以补充，其薪水即由二月初一日起支。除分行外，合亟谕派。为此，谕仰该贴书即便遵照，务须益加奋勉，毋负委用。切切。特谕。

右谕效力贴书梁国栋，遵此。光绪二十九年正月二十日。

为谕派苏松泉永吉顶补贴书由

局衔　　为谕派事　　照得本行局贴书赵承安，请假未到，所遗贴书一差，查有苏松泉，堪以顶补贴书。沈廷璞告请长假，所遗贴书一差，查有效力贴书永吉，堪以顶补。除分行外，合亟谕饬。为此，谕仰该贴书等，即便遵照。务须勤慎供差，毋负委用。切切。特谕。

右谕仰贴书苏松泉、永吉遵此。光绪二十九年二月初五日。

为谕王英敏补贴书由

为谕派事　　照得本行局额外差遣委员佐东都，业经委补新添九起监绳委员，所遗贴书一差，查有效力委员附生王英敏，堪以补充，合亟谕派。为此，谕仰该贴书，即便遵照。切切。特谕。右谕仰贴书附生王英敏，准此。光绪二十九年二月十三日。

为札委王利宾高乃升汪正纲派充效力贴书差官由

局衔　　为札委事　　照得本行局事务殷繁，所有额设书差尚难敷用。

自应再行添派，以供缮写差遣。查有拔补把总汪正纲、王利宾、高乃升均堪派为效力差官、贴书，合亟札委。为此，札仰该差官、贴书等，即便遵照。切切。特札。

右札仰效力差官汪正纲、贴书王利宾、高乃升，遵此。光绪二十九年正月十九日。

为札委候选府经历苏松泉为额外委员由

为札委事　　照得本局办理蒙荒，现在正值出放之际，事务在在殷繁。自应加派人员，以资缮办公事。查有候选府经历苏松泉，堪以派为本局额外委员。除汇案呈报外，合行札委。札到，该员即便遵照。务须勤慎从公，力副委用。为此，特札。　　右札仰候选府经历苏松泉，遵此。光绪二十九年正月二十日。

为札殿喜充额外司事由

为札委事　　照得本行局收支一差，事务殷繁，所有额设员司尚难敷用，自应再行添派，以资办公。查有五品顶戴殿喜，熟悉计算，堪以派为额外司事在收支处当差，合行札委。为此，札到，该司事即便遵照。切切。特札。　　右札仰殿喜遵此。光绪二十九年二月十三日。

为札张瑾补行局司事由

为札委事　　照得行局司事王化普，任意延宕，久不到差，业经撤退。遗差，查有额外委员府经历衔张瑾，堪以补充。除仍候督宪批饬暨移总局外，合行札委。为此，札到，该司事即便遵照。切切。特札。　　右札仰司事府经历衔张瑾，遵此。

为谕孙升顶补局差由

为谕派事　　照得本行局局差张福，现经撤革。所遗局差一名，查有孙升，堪以顶补，合亟谕饬。为此，谕仰该局差即便遵照。特谕。　　右谕该局差孙升，遵此。光绪二十九年正月十九日。

为李绍庚派额外司事由

为札委事　　照得本行局收支一差事务殷繁，所有额设员司尚难敷用，自应再行加派，以资办公。查有五品顶戴李绍庚，在收支处效力日久，尚属勤慎，堪以派为额外司事，仍在收支处当差，合行札饬。札到，该司事即便遵照。为此，特札。　　右札仰额外司事李绍庚，遵此。光绪二十九年二月十六日。

为谕李绍庚补贴书由

为谕派事　　照得本行局贴书苏松泉，业已提升二起监绳司事。遗差未便久悬，查有效力贴书李绍庚，堪以补充，合亟谕派。为此，谕仰该贴书即便遵照。特札。右谕该贴书李绍庚遵此。

为谕李树某等充效力贴书由

为谕派事　　照得本行局事务殷繁，所有额设贴书尚难敷用，自应再行添派，以供缮写。查有附生李树某、骁骑校穆庆祥、监生高学柴，均堪派为效力贴书，合亟谕派。为此，谕仰该贴书即便遵照。切切。特谕。右谕仰效力贴书李树某、穆庆祥、高学柴，遵此。光绪二十九年三月初八日。

为札委效力差官刘泮由

为札饬委事　　照得本行局护局马步队新置枪械，亟应演放熟习，以资防护。查有蓝翎五品顶戴尽先拔补外委刘泮，火器素娴，堪以派为效力差官，随局差遣，并帮同步队哨官长等训练队兵，演放枪械等事。除分行外，合亟札饬委。为此，札到，该弁即便遵照。务须勤慎从公，毋负委用。切切。特札　　右札仰步队正、副巡长王绍东、杨光照，效力差官刘泮，准此。光绪二十九年三月十一日。

为谕派袁嵩琳李树某补贴书由

为谕派事　　照得本局贴书才碧峰，因事回籍，所遗贴书一缺，查有六品顶戴贴书袁嵩琳，堪以调补。其袁嵩琳所遗之缺，查有效力贴书附生李树某堪以补充，以资鼓励，合行谕派。为此，谕仰该贴书等即便遵照。特谕。右谕仰贴书袁嵩琳、李树某遵此。光绪二十九年十二月十五日。

为谕派李树某王利宾补贴书由

为谕派事　　照得本局贴书王英敏提升司事，遗差查有贴书李树某堪以转补。递遗贴书一缺，查有效力贴书王利宾，堪以补充，仍食半分薪水捌两伍钱，外加津贴银叁两伍钱。除分行外，合亟谕派。为此，谕到，该贴书等即便遵照。特谕。右谕仰贴书李树某、王利宾，遵此。光绪三十年正月十一日。

为贴书王英敏提补司事呈报移行由

全局衔　　为呈报移行事　　窃卑查行局司事候选巡检郑树德，于去岁年终告请长假，所遗司事一差，自应拣补，以资办公。查有行局贴书附生王英敏，供差勤慎，堪以提充行局司事，薪水车价由正月起支。除札饬暨移行呈报督宪外，理合相应备文呈报移行。为此，呈请宪台鉴核，伏乞照呈合移贵总局，请烦查照施行。须至呈移者。右呈移军督部堂省局。光绪三十年正月二十二日。

呈移为造报二十八年自开局收价之日起至年底止发过信票丈过地基号次数目清册由

全局衔　　为呈报移行事　　窃案查卑敝局自光绪二十八年开局收价起至十二月底止，掣发过各等生荒暨街基信票号头，并丈拨过生荒垧亩、城基丈尺，清丈过熟地暨夹荒垧亩数目，除移行呈报外，理合相应造册备文呈报宪台鉴核。伏乞照呈移行贵总局，请烦查照施行。须至呈移者。右呈移军督部堂、省局。

呈移为造报二十九年正月至四月份掣发生荒暨街基信票号次数目清册由

全局衔　　为呈报移行事　　窃案查卑敝局自去岁开局收价起至十二月底止，掣发过各等信票号头，业经造报在案。兹将二十九年正月初一日起至四月底止，所有掣发过各等生荒暨街基信票号数，除移行呈报外，理合相应造册各文，呈报宪台鉴核。伏乞照呈移行贵局，请烦查照施行。须至呈移者。右呈移将军省局。

呈为造报二十八年七月奉委之日起至年底收支实存款目由

全衔　　为呈报事　　窃职依　等于光绪二十八年七月奉札总办蒙荒，前后委派员司，颁发关防，赴荒开局，募勇设站，分起开绳，业经前后遵奉报请宪台鉴核在案。所有自职依　等于二十八年七月十六日奉札之日起至十二月底止，经收过城基、生荒价正款，随收经费并补库平与经费所补库平银两，由经费项下支用过修理局房、置备行局铺垫、各起器用等费，支发过办公、心红、房租、薪水、车价、工食津贴、各起大车转运、大车解运等费。由正款项下支发过马、步队薪饷并批解过正款银两，以及实存各银两数目，分晰造具清册四份。除分移外，理合备文呈报。为此，呈请宪台鉴核，伏乞照呈施行。再，卑局开办伊始头绪纷繁，不及按月份报，故谨将开办以来至去岁年底共六个月汇总造报，以省繁牍。嗣后自当按月份报，以便随时查考，合并声明。须至呈者。　　右呈军督部堂增。

计呈清册四分：

一、为造报卑局光绪二十八年奉札之日起至年底止，支用过各项经费数目清册由。

一、为造报卑局二十八年由九月起至十二月底止，支发过马步队薪饷清册由。

一、为造报卑局二十八年开局收价之日起至年底止，经收过生荒、城基正价，经费补平银两各数目清册由。光绪二十九年三月十五日。

批　呈悉。嗣后该局支用各款，应将管收除存造具四柱清册，按月报送一次，以凭稽核。比次册报办公、心红两项月支三百两，未免过巨。将来报销定干部驳，业已另札饬遵矣。仰即遵照办理，勿得再事虚糜。切切。缴。册存。

呈为光绪二十九年正月至四月份经收过生荒城基价款数目由

全局衔　为呈请移行事　窃案查卑敝局自去岁七月起至十二月底止，收支各款，业经选报在案。兹将光绪二十九年正月初一日起至四月底止，所有经收过城基、生荒价款数目，分晰造具清册，恭呈宪鉴。除移行呈报外，理合相应备文具呈移行。为此，呈请宪台鉴核，伏乞照呈合移贵总局，请烦查照、施行。须至呈移者。

计呈移清册四本。

右呈移军督部堂蒙荒省局。光绪二十九年五月廿二日。

批　据呈已悉。现在省城待款甚殷，该局所收生荒正价暨经费银两，仰即赶紧派队护解来辖听候指拨，毋得延缓。候饬驻省总局知照。缴。册存。

呈为派员赴怀德收款解省请吴总巡带兵护送由

全局衔　　为呈报移行事　窃卑案查敝局前据领户徐寿春等报领街基、荒地，所有应缴价银汇存怀德商号。因道途不靖，不便运交行局，请由卑敝局派员前往弹收等情，照准各情，业经呈报在案去讫。现在拟将此款一面派员弹收，一面径由怀德解省。事关公款，不得不格外慎重。刻下道途虽靖，卑敝局护勇人数不多，难资保卫，现经移请辽源州巡捕队吴总巡俊升，应就近移请辽源州吴总巡、贵州吴总巡、贵军吴总巡、贵总巡带领巡捕马队会同卑敝局解运委员，前赴怀德贵治、怀德，一同护送到省，以免疏虞资借重。除分移呈报外，理合相应备文呈报移行，移请。为此，呈报宪台查核，伏乞照呈合移贵县、贵州、贵统巡、贵总，请烦查照施行。须至呈移者。　右呈移军督部堂增、怀德县正堂范、辽源州正堂蒋、北路统巡恒、辽源总巡吴。光绪二十九年二月三十日。

批　据呈已悉。缴。

呈报自正月至八月支发各款暨五月至八月收过各款由

全局衔　　为呈报移行事　窃案查卑敝局自光绪二十八年七月起至年底止收支各款，并二十九年正月初一日起至四月底止，经收城基、生荒各款数目，前后造报，奉批遵办各在案。兹将二十九年正月初一日起至八月底止，所有局起转运、员司、书差薪水、车价、工食、办公、心红、房租、解费、马拨津贴、款酺犒赏、效力饭食、各起暨转运大车、补造帐棚、马步队薪饷各项支款银两，及由五月初一日起至八月底止，收过城基、生荒，并由总贵局经收生荒正价、经费及补库平银两数目分晰造册,并合造管收除存四柱清册,恭呈宪鉴。除移行总局呈报督宪外,理合相应备文呈报宪台鉴核,伏乞照呈移行贵局,请烦查照、施行。须至呈移者。　　　计呈移清册　本。

右呈移军督部堂省局。光绪二十九年十月十六日。

移为自正月起至八月底止支发过马步队薪饷银两数目由

局衔　　为移行事　　案查敝局马步各队自光绪二十八年九月募齐之日起至十二月底止,支发过马步队两哨官弁、兵夫薪水饷乾银两各数目,移行在案。兹将光绪二十九年正月初一日起至八月底止,支发过马步队薪饷各数目,分晰造具清册,除呈报暨分移外,相应备文移行。为此,合移贵处,请烦查照备案施行。须至移者。

计移清册九本。　　　右移督辕营务、粮饷处。

呈为声明各项支款开支先后缘由请核由

全衔　　为呈明事　　窃卑局现经造报各项开支款目,其中起支先后不同,应即声明缘由,以备查核。查职依　等于光绪二十八年七月奉札开办蒙荒,先时公件不多,其七月份心红均由卑府等自备,故所报心红,自八月起支。其局房系卑职福升在郑募勇时,于九月初一日租定,卑府等暨局起人等,即于是日到局,故所报房租、办公两项,自九月起支。至设局后递送公文、或托营税公便、或借队兵,至十一月初七日始与辽源州商妥,由该州马拨代递,故请给津贴,自十一月初七日起支,除各项支款已由随时报请有案勿容声明外,所有卑局支用款项,先后起支各缘由,理合备文呈明。为此,呈请宪台鉴核,伏乞照呈施行。须至呈者。

右呈军督部堂增。光绪二十九年三月初四日。

批　据呈已悉。缴。

呈为酌拟运费呈请批饬由

全衔　　为呈请事　　窃卑局经收荒价,均在郑家屯街交兑。至荒段熟户不日丈清,其应缴荒价,自应赴局交兑。惟距街过远之户,于卑府等驻荒时,如愿就近交付,自应照收,以示体恤而免延误。所有在荒、在郑经收各款,将来解省在在需费,自应酌定数目以免过支。查大凌河荒务局定章,每解银百两支运费银一两二钱。卑局较大凌河距省甚远,而由蒙抵局又加数百里之遥,且边外道路,荒险异常,又非内地可比。卑局去岁解省一次,所用解费约计每解银百两需费二两,已照此具报在案。所有卑局解省运费,拟恳宪台核夺,可否即照每解银百两准支运费银二两,以资办公。卑府等仍当力求,如有赢余,即从实具报,另款存缴以节靡费。是否之处,理合备文具呈。为此,呈请宪台鉴核，伏乞批示、遵行。须至呈者。　　右呈军督部堂增。光绪二十九年三月初四日。

批　如呈办理。候饬驻省总局知照。缴。

蒙王为梵通寺广寿寺主持请由行局拨银修庙可否准支由

札萨克图郡王乌　为咨移至贵局，以仰施行事。　　兹有本旗梵通寺主持达喇嘛拉巴柱尔，广寿寺主持达喇嘛耶西汪七各、得木齐劳木坯勒、老他尔等齐来呈禀，声称"先由贵局应收荒银内暂行支使欲备重修广寿寺之工费，务期速成起见，致使诚诵圣主万寿巩固之经，以免致耽。及为瑙彦胡图克图格根一切善事，既遵前章赴西藏来回靡费以及掣名签等项用款，仍欲除还。是广寿寺系敕赐匾额，业已年久，僧众诚诵圣寿永固之经并未间断。且本寺瑙彦胡图克图格根，系多辈轮生佛体，在朝时常陛见，为法护国家诵经之格根。且现放荒敕恤条例，庙分亦属应得荒银充赡"等语。仰祈贵局，查照主持喇嘛得木齐等禀称，先行支付作为重修广寿寺及瑙彦胡图克图格根一切善事所用等款支，务使会诵圣主万寿永固之经，以免致误，而报效皇上，请著芳名。此项用款贵局果能准支，某月日即来移复后，遂将转饬该主持喇嘛得木齐等迅速前往到局受领，日后由庙仓应得荒款，抵算扣付。将原禀粘附于尾，一并咨移。　　右移蒙荒行局。

蒙王为普济寺通达寺主持请由行局拨银修庙候复由

札萨克图郡王乌　为咨移至贵行局，以仰施行事。兹有本旗普济寺主持喇嘛名那木海札拉参，通达寺主持喇嘛巴拉巴尔、德木齐、敖德色尔挠汗代等，齐来呈禀，声称"先由贵局应收荒银暂行支使欲备重修通达寺之工费，务期速成起见，致使诚诵圣主万寿巩固之经，以免有耽。而该通达寺，系奉旨敕赐匾额以来，众僧诚祝诵经逐日无误，盖有多年矣。且因敕恤条内，仍载庙分庶得荒价充赡"等语。仰乞贵局，查照主持喇嘛及德木齐等禀称，先行支付，作为重修通达寺之支，务使会诵圣主万寿永固之经，以免有误，而报皇上，请著芳名。此项用款贵局果能准支，某月日即来移复后，遂将转饬该主持喇嘛德木齐等到局受领，日后由庙仓应得荒款，抵算扣付。将原禀粘附于尾，一并咨移。

右移蒙荒行局。光绪二十九年四月初七日到。

为准蒙咨梵通普济两寺喇嘛请借荒款修庙呈请、移复由

全、局衔　为呈请、移复事　窃阜府等在荒于光绪二十九年四月初一日，（案查敝局　兹）准札萨克图王旗（贵旗）咨开"兹有本旗梵通寺"云云，至"应得荒款抵算扣付"等因。同日又准咨开"兹有本旗普济寺"云云，至"应

得荒款抵算扣付"等因译汉。准此,卑局复(敝局)查经收荒款,除该王旗(贵旗)遇有紧要公需可以酌核支拨,仍一面呈核外,所有台壮、喇嘛等照章分等,应得数目,须俟荒务办竣,将款劈分清楚,再行分领。今准来(大)咨,既系修庙善举支借荒银,卑局未敢擅便(希候敝局飞请将军核酌,可否通融支借。一俟奉批,再行移知),除移总局,并复蒙旗候示(呈请示复 呈请督宪,并复蒙旗候示外),理合(相应)备文具呈(移复,移行)。为此,呈请宪台核夺。伏候批饬遵行(合移贵旗〔局〕,请烦查照转饬施行)(合移贵局,请烦查照施行)。须至呈、移者。

右呈、移军督部堂、札萨克图王旗、蒙荒省局。光绪二十九年四月十一日。

附禀为声明两寺借款不便情形暨应否发给伏候示遵由

敬附禀者:卑府心 等本日晤该旗绷印军,询问两庙借款之事。据云,梵通寺系合旗公庙,普济寺系该王私庙,若概允所请,其弊有三:公庙应得荒价,私庙则无明文,若一体准借,则公庙必有繁言,一也。公庙承领此款者,未必即众喇嘛推服为首之人,倘入手之后,不能涓滴归公,则喇嘛势必喧嚣而起,胶葛遂滋矣,二也。合旗台吉人多而贫富不一,喇嘛准借,则台吉必纷纷援例以请,将何以应之,三也。卑府等查该印军所言不为无见,且察该印军之意,于原奏分别等差一语,颇有深心。盖愿台吉多分,而庙上少分也。去岁卑府晋省,已将此意缮具说帖禀明宪台,请于该王回时面与商酌,当蒙批准。不料该王径行回旗,卑府不得一晤。其荒款异日应如何分等,至今尚无成议。今既有此请,应否发给以及发给若干,卑府等未敢擅便,恭候批示遵办。附禀,载请勋安。心 等谨禀。

光绪二十九年五月二十一日奉批 呈及另禀各情均悉。该蒙旗喇嘛支借荒款一事,业已另札饬遵矣。仰即知照。缴。

札为普济梵通两庙请支荒款由行局移知该王转饬各喇嘛妥结准予承领由

军督部堂 为札饬事 案据该局呈称:光绪二十九年四月初一日,准札萨克图郡王咨称,本旗普济寺主持喇嘛暨梵通寺主持达喇嘛禀恳,先由行局应收荒银内暂行支使,以备重修各寺工费,日后由庙仓应得荒款抵算、扣付等情,呈请核示前来。本军督部堂查所收该蒙旗地荒价,该郡王暨台吉、壮丁、喇嘛等各有应得之款,曾经奏明在案。本应俟荒务办竣后,将款核算清楚,分别等次再行饬领。该总、帮办等附禀所陈三弊,诚为不易之论。惟该蒙旗素称贫乏,各台吉、壮丁、喇嘛等大抵贫者多而富者少,自应变通办理,以示体恤。况该郡王上年年班晋京,业已在荒价内酌量借给,而各台吉、壮丁、喇嘛等亦有应得之项,若使一概拒绝,未免向隅。此次普济、梵通等寺支借荒款,即由该总、帮办等悉心酌核，分别应得多寡，量予借给。日后台吉、壮丁如有借支，亦应比照办理，以示大公无我。究应支借若干，务将得数目核明，一面具报，一面移知该王旗转饬各喇嘛取具妥结承领。除饬驻省总局知照外，合行札仰该局，即便遵照，切切。特札。

右札办理札萨克图蒙荒行局准此。光绪二十九年五月二十一日到。

呈、移为张峰云宋炎甲等派充十一二两起随绳司事由

全、局衔　　为呈报、移行事　　窃（案）查卑（敝）局现经禀添督绳委员一员，十一二绳弓两起，业奉批准分札在案。其两起随绳司事、贴书一差，自应由本局拣派，以资办公。查有府经历衔张峰云，堪以派为十一起随绳司事，五品顶戴长春，堪以派为十一起随绳贴书，五品军功宋炎甲，堪以派为十三起随绳司事，五品顶戴殿喜，堪以派为十二起随绳贴书。除移行分札（呈报分行）外，理合（相应）备文呈请宪台鉴核，伏乞照呈（移行贵局，请烦查照）施行。须至呈移者。右呈、移军督部堂、蒙荒省局。光绪二十九年四月十二日。

批　如呈委充。缴。

谨将拟请添派督绳监绳各员司衔名开具清单恭呈宪鉴。

计开：前蓝翎补用佐领、骁骑校金祥，堪以派为督绳委员。候选巡检王经元，堪以派为监绳委员。五品顶戴附贡生迟熙盛，堪以派为监绳委员。府经历衔张峰云、五品顶戴宋炎甲，均堪派为丈地司事。

批　如禀委充。仰候分饬各该员等遵照。其司事二名，即由该局札委可也。候饬　行省局知照。缴。单存抄。

札为署总办福　禀请添派员司批准如禀委充由

军督部堂增　　为札饬事　　案据署理札萨克图蒙荒行局总办福总管龄禀称"窃查札萨克图蒙荒，始因私垦食租起衅，该王与台壮、喇嘛人等互相争控，缠讼多年。盖因蒙人鲜知政体，轻听任性，不顾事理轻重之所致也。既荷钦差大臣会同宪台查明奏结，业经奏准招垦在案。计今开办半年，省、行两局交价报领者已甚踊跃，允宜及时赶办出放，以收一气呵成之效，庶免旷日持久，或至转生枝节。惟此荒地段太大，头绪纷繁，现在纵然督饬各起竭力丈量，奈限于地数，而未经指拨之荒尚多。现在体察情形悉心酌核，与其减省人员逐渐勘拨而多需时日，曷若量加绳起迅速出放，俾早蒇事。是以拟请再行添派督绳委员一员，丈地员司两起，以期同力合作早日竣工。不但可以节省经费，似于荒务实有裨益。谨将拟请加派人员衔名开具清单附禀，恭呈宪鉴示遵"等情，据此，除批示并分札外，合行抄单并批，札仰该局即便遵照。特札。

右札札萨克图蒙荒行局，准此。

呈为荒地待丈请添绳弓两起拟员补充伏乞示遵由

全、局衔　　为呈请、移行事　　窃（案）查卑（敝）局原设绳弓八起，嗣经加添四起，所有上、中两等荒地及旧户熟地未经丈放者尚多。委因旧户皆系到处采占随便开垦，参差错落交互夹杂，勘丈清厘倍形费手。不但与大段生荒大相悬殊，即较之清丈他处熟地，亦难逾倍蓰，丈拨未能迅速者，实在于此。而三等生荒，现在设法招徕，刻计报领掣票者，业有四万垧，如果似此踊跃，则熟地、生荒均待绳丈，仅止绳弓十二起，仍系不敷分拨。早以拟恳宪台（督宪）核夺，可否再请加添绳弓两起。俾得通力合作分投并丈。倘能早一日告竣，即可早节一日之经费，实于荒务不无裨益。查有卑（敝）局司事候选巡检吴培基，留心垦务，堪以提升十三起监绳委员，领催福浚，讲求丈量，堪以派为十四起监绳委员。候选府经历宋向阳，明习书数，堪以派为十三起随绳司事。贴书、府经历衔李绍庚，熟悉口算，堪以升为十四起随绳司事。如蒙宪台（督宪）核准，除两起监绳委员合请宪台（督宪）札委该员等遵照外，所有司书、夫匠人等，应由卑（敝）局遵照分别委派募充，照前各起支给薪工、车价、心红银两，并一体置备绳弓等项。惟现因开差之际，领户守候请拨，只得暂由卑（敝）局先行各委，各该员试署去讫，是否之处，卑局未敢擅便，除移行总局（呈请饬遵）外，合将拟添两起请派员司衔职列名开单备文具呈（相应备文移行）。为此，呈请宪台核夺，祗候批饬遵行（合移贵总局，请烦查照施行）。须至呈、移者。

右呈、移军督部堂增、蒙荒省局。光绪二十九年九月初一日。

批　据呈，已悉。准如所请以吴培基、福浚派充十三、十四两起监绳委员，候札饬该员遵照。其司事宋向阳等，即由该局饬遵并候饬札萨克图蒙荒省局知照。缴。单存。

为具报总办福同赴王府并俄人过境各情呈请宪鉴由

全衔　　为呈报事　　窃卑局前准蒙旗咨开，旧户恳借洋款购留熟地，当经移驳、呈报各在案。四月十六日职福 行抵荒次与职心 等商酌一切，闻洋人已来该王府，议订借款一事。职等拟即前往察其动静，以为设施。唯恐蒙民讹传，官中迎迓洋人，殊于招徕有碍，乃酌由职福借阅绳弓、察视地段，由河北迤逦北行，于二十二日行抵王府，讵职等甫到，洋人先已出府。职等面询该王，据述借款系户下之意，并非该王本心，现在尚无定着等语。职等悉其托词，又见其事似无成，未便深求，遂告以从前行局一切举办与往返公牍，皆系求与奏案相符，于荒务、旗务两有裨益，并非与贵旗为难。嗣后酌办一切，无容稍设成见等语，该王颇觉愧悟。职等遂于二十六日回抵荒次，得悉洋人出王府后，由旗饬户沿途供应，于二十四日抵双流镇，拜谒职心，当经款见，其首领系郭罗茂夫，随带二十余人，蒙、汉通事各一名。询其来意，据称赴图什业公界购买牛马，并无他事。谈及屡赞城基得地，并询洮河所通之地方与各城距此之远近，而于荒段应用木植来路、销场尤致详诘。职心细察其意，似欲借揽办木植，以为浸渐通商地步，当遂答以此间木植，皆系附近杨、柳，远来松木民不能购，且距江省、新城均远，洮河水逆湾多，不能通运等语。该洋人遂在城基住宿，因无住房，由局饬借帐棚两架，派人代为买办草料食粮。次日，该首领郭罗茂夫差人送到名片一纸致谢，并索职心名片，遂奔赴图什业公旗界去讫。职等详察该王所言，参观洋人举动，借款之事似成画饼。但洋、蒙各情，均未可深信。除俟续查有无别情随时呈明，并木植另筹办法以免觊觎外，理合备文呈报。为此，呈请宪核，伏乞照呈施行。须至呈者。

右呈军督部堂增。癸卯五月初九日。

批　据呈已悉。仍将蒙、俄情形随时探报。缴。

注：前福系指总办福龄，后福指帮办刘福升。

为俄人过境各情备文移知交涉局由

局衔　为移行事　案查敝局前准札萨克图郡王旗咨开，荒段垦户请借洋款购留熟地，业经由旗派员往借等因，经敝局驳复，并呈报督宪在案。兹有前俄官郭罗茂夫携带蒙、汉通事并俄人共二十余名，由该郡王府行抵荒境北段，循洮儿河东南，于四月二十四日抵双流镇。当询该俄员来意，据称"拟赴图什业旗界购买牛马，道经此地"等语。谈叙之间，屡询洮河所通地方与各城距此之远近，而于荒段应用木植来路、销场尤致详诘。细察其意，似欲借揽办木植，以为通商地步。当答此间所用，皆系附近杨柳，远来松木民不能购，且距江省、新城均远，洮儿河水逆湾多，不能通运等语。次日，该俄官等携带人夫同赴图什业公旗界去讫。除呈报暨分移外，相应备文移行。为此，合移贵局，请烦查照施行。须至移者。

右移交涉总局。光绪二十九年五月初九日。

为行局署总办福　到局日期呈报分移由

全、局衔　为呈报、移行事　窃职福（案照敝总办）于光绪二十九年三月初三日，蒙宪台（督宪）札开"署蒙荒行局总办朱道，现派署铁路交涉总办，所遗蒙荒行局总办，查蓝翎补用总管五品官福龄，堪以派委署理"等因。奉此，当于是日任差，迨经禀带加派员司由省起程，于四月初一日到局，除分移（呈报暨分行）外，所有职福任差、到局日期，理合（相应）备文呈报（移行）。为此，呈请宪台鉴核，伏乞照呈（合移贵某处，请烦查照）施行。须至呈、移者。 右呈、移军督部堂增、省局、蒙旗、文案处、粮饷处、营务处、昌图府、奉化县、铁岭县、怀德县、康平县、辽源州、恒统巡、吴总巡。

总办福衔名 谨禀督帅将军麾下：敬禀者，窃沐恩禀辞后，于初六日由省起程，现于初十日行抵郑家屯行局。卑局总办张守心田、帮办刘令福升早经赴荒。沐恩与王令寿祺商酌，现值开办伊始，规模须先定妥，日后方免紊乱。当即带同帮稿委员刘作璧、绘图委员孙其昌、稽查委员崇华，并新添十一二起赶将应用丈地绳桩等件备妥，即于十二日前往荒段，会同张守等筹办。一俟到荒查看情形，再行会禀。除另备公牍呈报外，沐恩经过沿途地方，一律安谧，田皆播种，惟稍觉风旱耳。肃修寸禀，恭请钧安，伏乞慈鉴。沐恩福谨禀。光绪二十九年四月十一日。

呈、移为调五起委员田震丈三等生荒由

全、局衔 为呈报、移行事 窃（案）查卑（敝）局三等生荒急需丈放，现经转饬清丈中等熟地五起监绳委员田震，照章丈放河南三等生荒，以期领户随到随拨，免致守候。除移行（呈报）外，理合（相应）备文呈报（移行）。为此，呈请宪台鉴核，伏乞照呈（合移贵总局，请烦查照）施行。须至呈、移者。右呈、移军督部堂、蒙荒省局。

癸卯闰五月初二日。

批 据呈已悉。缴。

呈、移为委杨光照署理步队副巡长由

全、局衔 为呈报、移行事 窃（案）查卑（敝）局护局步队副巡长李成林管兵不严，难资约束，经卑（敝）局撤差，所遗步队副巡长，查有蓝翎五品顶戴尽先拔补把总杨光照久历营伍，堪以署理任差，后如果得力，再行呈明委补。除移行总局查照（呈报督宪）外，理合（相应）备文呈报（移行）。为此，呈请宪台鉴核，伏乞照呈（合移贵局，请烦查照）施行。须至呈、移者。

右呈、移军督部堂增、蒙荒省局。光绪二十九年二月十八日。

批 据呈已悉。候饬营务处知照。缴。

为派杨光照试署步队副巡长由

局衔 为札饬事 照得本行局步队副巡长李成林管兵不严，滋事有据，着即撤差，所遗副巡长一差，查有效力差官杨光照，堪以暂派试署，如果胜任再行札委。除分饬外，合行札饬。札到，该署步队副巡长、正巡长，即便遵照。切切。特札。右札仰署步队正、副巡长王绍东、杨光照准此。光绪二十九年二月十六日。

呈为司事赵连舫等补缺请核由

全、局衔　　为呈报、移行事　　窃查（案照）起随绳司事蔡文忠驱逐回籍，以赵莲舫委补。查行局司事王化普久不到差，任意延宕，由局撤差。四起司事刘树芝，经该起委员以不熟算法，且有目疾，禀经撤差。五起司事申文庆、七起司事程玉森、八起司事承厚，现均请给长假。六起司事盛文，提补三起监绳委员。所遗行局司事一缺，查有五品顶戴府经历衔张瑾，堪以委补。其二起司事，查有候选巡检苏松泉，堪以委补。其四起司事，查有四起贴书郎成韶，堪以提补。其五起司事，查有转运贴书候补骁骑校世绪，堪以提补。其六起司事，查有候选府经历赵承安，堪以委补。递遗七起司事，查有六品顶戴高海田，堪以委补。其八起司事，查有七起贴书候选巡检张鸿恩，堪以提补。除移行呈报外，理合（相应）备文具呈（移行）。为此，呈请宪台核夺，伏乞批饬遵行（合移贵局，请烦查照施行）。须至呈、移者。

右呈、移军督部堂增、蒙荒省局。光绪二十九年三月十八日。

为委赵莲舫等补充司事由

局衔　　为札委试署事　　照得本行局头起司事蔡文忠，驱逐回籍遗缺，查有候选府经历赵莲舫，堪以委补。六起司事盛文提补三起监绳委员，递遗司事一缺，查有候选府经历赵承安，堪以补充。七起司事程玉森告请长假，遗缺查有高海田堪以补充。二起司事萧齐贤提补新添十起监绳委员，递遗司事一缺，查有贴书候选府经历苏松泉，堪以补充。五起司事申文庆告请长假遗缺，查有转运贴书候补骁骑校世绪，堪以补充。八起司事承厚告请长假遗缺，查有七起贴书张鸿恩，堪以补充。四起司事刘树芝撤差遗缺，查有四起贴书郎成韶，堪以提补。除仍候督宪批饬，并移总局暨分札外，合行札委试署。为此，札仰该司事等即便遵照。切切。特札。右札仰头起随绳司事赵莲舫、六起随绳司事赵承安、二起随绳司事苏松泉、五起随绳司事世绪、八起随绳司事张鸿恩、四起随绳司事郎成韶、七起随绳司事高海田准此。

为谕王维一补充随绳贴书由

局衔　　为谕派事　　照得本行局四起贴书郎成韶提补四起随绳司事，递遗贴书一缺，查有效力贴书王维一，堪以补充。七起贴书张鸿恩提补八起随绳司事，所遗贴书一缺，查有效力贴书方铁春，堪以补充。新添九起贴书一差，查有成友礼，堪以补充。新添十起贴书一差，查有效力贴书高乃升，堪以补充。除分谕外，合亟谕饬。为此，谕仰该贴书等即便遵照。切切。特谕。

右谕仰四起随绳司事王维一、七起随绳司事方铁春、九起随绳司事成友礼、十起随绳司事高乃升遵此。光绪二十九年三月十八日。

呈、移为三起委员病故拟员请补并由局暂委试署由

全、局衔　　为呈请、移行事　　窃卑（案照敝）局兹据跟役王升禀称"主人，前三起绳委员丰庆，停绳在省，患对口疮症，于正月初四日病故"等情，据此。现在卑（敝）局开绳在即，碍难悬待，亟应拟员请补。查卑（敝）局六起随绳司事候补骁骑校盛文，随绳得力，颇著勤劳，堪以提补三起监绳委员。现因新旧领户过多，守请拨地，立待开差，业由卑（敝）局暂委该司事试署去讫。是否之处，卑局未敢擅便，应（一面呈）请宪台（督宪）核夺。可否即派该六起司事候补骁骑校盛文补充三起监绳委员。如蒙照准，即乞宪台札委该员遵照，以资得力而奖勤劳。除移行总局查照（呈请督宪核示）外，理合（相应）备文具呈（移行）。为此，呈请宪台鉴核，伏乞批饬遵（合移贵局，请烦查照施）行。须至呈、移者。右呈、移军督部堂增、蒙荒省局。癸卯二月十一日。

批　　如呈　准予充补。候饬该员遵照。缴。

为札盛文试署三起监绳委员由

局衔　　为札委试署事　　照得本行局三起监绳委员丰庆病故，遗差业经呈报督宪，并拟派员请补在案。现值领户踊跃，丈放势难稍缓，应即以拟派之员暂委试署。所有三起监绳委员一差，查有六起随绳司事候补骁骑校盛文，随绳得力，颇著勤劳，堪以补充以资丈放。除仍候督宪批饬暨移总局外，合行札委暂行试署。为此。札仰该员即便遵照。切切。特札。

右札仰三起监绳委员盛文准此。光绪二十九年二月十三日。

为派补转运各员司由

全、局衔　　为呈请、移行事　　窃卑（案查敝）局前请安设十站，分派员书、护勇办理转运，呈（业）经宪台（督宪）核准，遵办在案。其转运贴书世绪，办理得力，颇著勤劳，拟恳提补五起司事，业经另文请示（呈请督宪批示）亦在案。惟查总站正办事官吴亮孚，因不服水土，恳请改派，其副办事官卢崇恩、押运司事徐庆元因病请假，均经照准。司事恒兴办事含混，现经撤差。所遗总站正办事官，查有前卢龙县知县张承福存心迁改，老练可靠，堪以委补。其押运副办事官，即以总站正办事官、尽先把总吴亮孚调补。其总站司事，查有五品顶戴谷永清，长于核算，堪以委补。其押运司事，查有转运贴书五品顶戴王立德，办事勤慎，堪以提补。现因开绳在即，该办事官等亟应于各起开差以前先期赴站，办理转运，业由卑（敝）局札委暂行试署去讫。拟俟奉宪批准，再由局给札。是否之处，卑局未敢擅便。除移行（呈请）外，理合备文呈请宪台鉴核，伏乞批饬遵行（移行贵局，请烦查照施行）。须至呈、移者。

右呈、移军督部堂增、蒙荒省局。光绪二十九年二月十三日。

批　如呈办理。缴。

为札张承福试署转运总办事官由

局衔　为札委试署事　照得本行局转运总站正办事官、尽先把总吴亮孚，业经调委。所遗总站正办事官一差，查有前卢龙县知县张承福，老练可靠，堪以委补。除仍候督宪批饬暨移总局外，合行札委试署。为此，札仰该办事官即便遵照，务须认真办理，毋负委任。切切。特札。

右札总站正办事官前卢龙县知县张承福准此。

为札吴亮孚试署押运副办事官由

为札委试署事　照得本行局押运副办事官卢崇恩撤差，所遗押运副办事官一差，查有总站正办事官、尽先把总吴亮孚，堪以调补。除仍候督宪批饬暨移总局外，合行札委试署。为此，札仰该副办事官即便遵照，务须认真办事，毋负委任。切切。特札。

右札仰副办事官、尽先把总吴亮孚准此。

为派委转运各站司书等由

为札委试署谕派事　照得本行局转运总站司事恒兴撤差，所遗总站司事一差，查有效力贴书五品顶戴谷永清，堪以补充。押运司事徐庆元撤差，所遗押运司事一差，查有巴彦招五站贴书五品顶戴王立德，堪以提补。递遗巴彦招五站贴书一差，查有五品军功长春，堪以补充。包四土九站贴书姜德升撤差，所遗包四土九站贴书一差，查有效力差官汪正纲，堪以补充。少拉欧根七站贴书世绪，业补五起随绳司事，所遗少拉欧根七站贴书一差，查有效力贴书孙炳辉，堪以补充。除分行札饬外，合行札委试署、谕派。为此，札谕仰该司事、贴书等，即便遵照。切切。特札谕。

右札（谕）仰总站押运司事谷永清、王立德，少拉欧根七站贴书孙炳辉、巴彦招五站贴书长春、包四土九站贴书汪正纲，准此。光绪二十九年三月十三日。

为札饬总站张办事官承福另造详细清册按月汇齐呈报行局由

局衔　为札饬事　照得转运一事，原系借用公款垫办，自应遵照定章，随发随收月清月款。由总站办事官随时督察，按月汇齐册报，以期清结而重公项，历经札饬、遵办在案。查该总站此次所呈之册，既未将九站汇齐造根，又未将内欠、外欠详晰分清，致收支无从查核，应即发还更正另报，并将定章再行申明。所有本局驻荒各员司、书役、队弁、什勇暨各起委员、司书、绳夫以及十站驻站员司、贴书、什长、队兵等所用油盐米面等物，某人应缴货价若干，各站务须按名注清，按月报由总站汇报本局，以便由各该员名应领薪水、工食项下扣还。至于过往领户购用食粮，应由各该站随时收价，自行清理，不准任意赊欠，并不得牵混开报。按月各站务将共收米面等项数目、已经卖出数目，逐一分晰清楚，详细册报总站，即由总站汇齐、核实，呈报本局，以凭查核。合亟札仰该办事官，务即查照文内事理转饬各站一体遵照，迅速汇齐，详细造报，勿得迟延含混，是为至要。切切。特札。

右札仰总站张办事官承福准此。光绪二十九年五月十七日。

呈、移为荒务报领踊跃请添绳弓两起拟员补充并暂委试署由

全、局衔　　为呈请、移行事　　窃（案）查荒界地方宽阔，卑（敝）局所拟开放章程，原系丈放并行。原拟八起绳弓，本属不敷遣派，因恐初办报领未能踊跃，故从减委派。拟至五月得有把握，再行酌量添派。兹查卑（敝）局本年开丈以来领户踊跃，日见增多，候拨之户，已有多人源源而来，后此尤难预料。兹就现有领户一月报领之荒，与八起一月丈出之地相当计算，实属放拨不及。若报领再加踊跃，则积压过多，稽延日久，既累领户，亦碍招徕。加以熟荒一千余户，关系本年升科，尤属不可稍缓。拟请宪台（业经呈请督宪）核夺，可否即行添派绳弓两起。如报领者多，则派拨生荒庶免积压，报领即减，则清丈熟地亦无旷时。若能办理爽速，早日报竣，节省经费实属不少。查有蓝翎五品顶戴候补笔帖式佐东都，办事勤敏，丈量素娴，堪以派为九起监绳委员。二起随绳司事候选县丞萧齐贤，历办垦务，能耐劳苦，堪以派为十起监绳委员。行局司事候选巡检马振铭，长于书算，堪以调补九起随绳司事。廪生何印川，熟习步算，堪以派为十起随绳司事。应（已）请宪台（督宪）核夺。如蒙照准，除两起监绳委员，合请宪台（督宪）札委该员等遵照外，所有司事、贴书、夫匠人等，应由卑（敝）局遵照分别委派、募充，照前派各起，支给薪工、车价、心红银两，并一体置备绳弓等项。现因开差之际，领户拥挤，纷纷守请拨放，只得暂由卑（敝）局札委各该员试署去讫。是否之处，卑局未敢擅便。除移行（呈请）外，合将拟添两起请派员司衔职列名开单（相应）备文具呈（移行）。为此，呈请宪台核夺，只候批饬遵行（合移贵局，请烦查照施行）。须至呈、移者。

右呈、移军督部堂增、蒙荒省局。光绪二十九年二月十一日。

批　　呈悉。该总办等所称添派绳弓两起，如报领者多则派拨生荒庶免积压，报领即减则清丈熟地亦无旷时。若能办理爽速，可节经费不少等情，尚系实在情形，姑予照准。委员笔帖式佐东都、县丞萧齐贤准予分别充补，候分饬

遵照。司事马振铭、何印川，仰即转行饬遵。惟员司既多，贤否不一，允宜随时认真严查，嗣后各起员司，如有舞弊情事，即行撤惩。倘办理不善，定为该总办等是问，凛之。缴。单存。

为添派两起移知蒙旗由

局衔　　为移行事　　案照敝局前请将军裁定贵旗荒局蒙员等人数，呈蒙批准，业经移行在案。兹因领户踊跃，原派绳弓八起拨放不及，复经呈请将军添派九、十两起，所有委员，司事、贴书、绳夫、木匠人等均照原章委派，业经由局饬派试办，合同各起于二月十八日前后开拨赴荒。应请贵局查照前移开载数目，一体添派蒙员人等两起随绳监视，以照信实，相应备文移行。为此，合移贵旗，请烦查照施行。须至移者。

右移札萨克图郡王旗。

为札委试署九十起监绳委员由

局衔　　为札委试署事　　照得本行局领户踊跃，日见增多，所有前派绳弓八起，实在丈放不及。业经本局呈请督宪添派绳弓九、十两起，并拟派员请补在案。现时候拨之户纷至沓来，应即以拟派各员暂委试署。所有九起监绳委员一差，查有候补笔帖式佐东都，堪以委充。十起监绳委员一差，查有候选县丞萧齐贤，堪以委充，以资丈放。除仍候督宪批饬并移总局暨分札外，合行札委暂行试署。为此，札仰该员等即便遵照。切切。特札。右札仰九、十起监绳委员佐东都、萧齐贤准此。

为札委九十起随绳司事由

为札委试署事　　照得本行局领户踊跃，日见增多，所有前派绳弓八起，实在丈放不及。业请督宪添派绳弓九、十两起，并拟派员请补在案。所有该两起司事，应即先由本局拣派，以便赴段办公。查有候选巡检马振铭，堪以派委九起随绳司事。廪生何印川，熟习步算，堪以派委十起随绳司事。除仍候督宪批饬并移总局暨分札外，合行札委，暂行试署。为此，札仰该司事即便遵照。切切。特札。右札仰九、十起司事马振铭、何印川准此。光绪二十九年二月十六日

为札委九十起监绳委员佐东都萧齐贤由

军督部堂增　　为札饬事　　照得札萨克图蒙荒行局，现在领户踊跃，前派八起绳弓不敷丈放，亟应再行添派两起，以免积压而期迅速。查有候补笔帖式佐东都，堪以派为九起监绳委员。候选县丞萧齐贤，堪以派为十起监绳委员，据该行局呈请札委前来。除分札饬遵外，合行札饬。为此，札仰该行局即便遵照。切切。特札。右札办理札萨克图蒙荒行局准此。光绪二十九

年二月三十日。

移为催蒙旗绳起速赴荒段以便会丈由

局衔　　为移催事　　案照敝总、帮办业于光绪二十九年三月初七日至沙碛茅土荒段，督催各起开绳丈放，所有指界、领段等事，立待贵旗派员随绳指引，并敝局拟添九、十绳弓两起，亦经移行在案。贵旗应即添派九、十两起随绳委员各一员、贴书各一名、绳夫各四名，与前派各员等齐赴沙碛茅土会同开绳丈放，相应备文移催。为此，合移贵旗，请烦查照迅速施行。须至移者。右移札萨克图郡王旗。

呈、移为行局起员到荒多日蒙员延不赴段由

全、局衔　　为呈报、移行事　　窃卑府（案照敝总帮办）等前将赴荒启程日期，呈报（督宪）在案。当经移行蒙旗速派各员齐集双流镇会同丈放，兹于三月初七日抵双流镇荒段，各起绳弓早于初一日前次第到齐。惟蒙旗尚未派到一员，复经分别函移，屡催该旗去讫。卑府（敝总帮办）等遂先督率各起丈放街基，现已完竣，蒙员仍未前来。惟于二十日该旗已革协理台吉朋束克巴勒珠尔始行抵段。据称"该旗随绳委员等业经派齐，二十五日以前约可到荒"等语。卑府（敝总帮办）等初次移催，本谓天气舒长，正宜乘时丈放，而该旗遇事迟延，实有出人意外者，不得不预为声明。除移总局查照外，理合（呈报督宪鉴核外，相应）备文呈报（移行）。为此，呈请宪台鉴核（合移贵局查照）施行。须至呈、移者。右呈、移军督部堂增、蒙荒省局。

致蒙旗函为催起员速来荒段由

径启者，三月十二日接准贵旗移文内开"所有随绳委员，以及贴书、绳夫等，业经派定员数，不日前来会同敝局起员，照章丈放"等因。现在敝总、帮办抵荒日久，立待督率起员开绳，转瞬三月将尽，贵旗尚未派到一员，如此旷延，则敝局员司等坐耗薪饷，难免有误办公。况现奉将军札催即行开绳，限于三月十五日前，务将所丈数目若干，随时呈报以凭查核等语。贵旗所派各员既未到荒，不能立时开绳，其将何以呈报将军，务祈贵旗将派定各委员等速饬来荒，以便克即开绳，呈报将军。万勿再延，盼切，祷切。专此敬请大安，希惟霁鉴。蒙荒行局谨启。

蒙旗移为派定总帮办并局起员司人等暨每员月支薪水若干由

札萨克图郡王旗　　为移行事　　于本年三月初九日，准贵局移开"贵旗应即添派九、十两起随绳委员各一员、贴书各二名、绳夫各四名，与前派各员等齐赴沙碛茅土会同开绳丈放，相应备文移催。为此，合移贵旗，请烦查照，迅速施行"等因前来。查前奉将军札开，今札派总办协理台吉额力西木

巴雅尔，再台吉色楞汪保，帮办已革协理台吉朋苏克巴勒珠尔等。现派管册官一员、翻译官二员、核算官三员、蒙古贴书四名、汉文贴书三名、差遣四名、绳弓十员、蒙古贴书十名、通晓汉文贴书十名、通事十名、绳弓四十名。是以札派各差，于本月十五日齐集札萨克处。俟日到时，再会同咨行贵委员等外，总办一员月支薪水银八十两，帮办二员月支银五十两，绳弓十员均月支银二十两，管册官、翻译、核算、贴书等均月支银十五两，绳弓、贴书、通事等月支银均十两，差遣等十两，绳兵七两。是以通共合银一千一百九十五两。又一月笔墨纸张银十两，均由闲款内动用，亦不用兵等。兹因札萨克处未有收款，由此外出派台吉等官会同图什业公、果尔罗斯公、图谢图王等旗，将本旗疆界分清，一并具情咨行外，相应移知贵局查照可也。须至移者。右移奉天蒙荒行局。

蒙旗各起员书人等花名册。

会办委协理官等，为造送随绳委员、贴书、通事、绳夫等花名数目清册。

计开：头起随绳官排三达乌勒吉巴图，毕其格奇桑金敖力布，通事常德，绳夫毕里克图、太龙、达瓦、巴图力桑。二起随绳官梅伦桑永，毕其格奇党逊隆札卜，通事阿木嘎，绳夫阿敏布虎、多瑞、双地、巴勒旦。三起随绳官梅伦色楞巴勒桑，毕其格奇色勒春，通事留成，绳夫翁古力、阿勒丹果雅勒、拉木呼、阿尔宾。四起随绳官台吉图普新吉力嘎勒，毕其格奇那逊巴雅尔，通事额尔格图，绳夫得克吉拉虎、巴图尔、西勒布札勒三、特立克。五起随绳官台吉桑佳，贴书乌尔那束图，通事朋束克，绳夫那逊布虎、敖棍台、色楞、宗乃。六起随绳官台吉罗木丕勒，贴书特克喜，通事高升，绳夫阿约喜、乌克得勒虎、马吉特、塔宾太。七起随绳官台吉那逊巴图，贴书色班札卜，通事巴月勒，绳夫巴札拉特那、色鲁卜、哈拉特新、布彦图。八起随绳官台吉布彦托克塔虎，贴书棍布札卜，通事布彦俄罗什虎，绳夫布林、奇讷尔、那逊巴图、布合塔木尔。九起随绳官台吉云瑞，贴书色普镇额，通事哈卜塔改，绳夫巴图、布合、依鲁格勒图、布虎卜彦图。十起随绳官台吉那逊吉尔嘎勒，贴书恩合巴图，通事布彦得克吉尔呼，绳夫布尔奇克、哈改、巴勒吉、桃那尔。

札萨克图郡王旗会办荒务官员　　为移知复接收事　　情因去年会办协理官员、绳起员差等办理四十余日，需款一千六百三十九两二钱八分。本年协理官员、绳起各差等一个月，需款一千三百两，又解银护卫额尔登绰克图支使路费银三十两。通共计银二千九百六十九两二钱八分，内少平银二两二钱六分。会办荒务处，今收到二千九百六十七两二钱，一并具情知照可也。须至知者。

右移蒙荒行局。光绪二十九年四月十五日。

移催蒙旗绳弓赴荒会丈由

局衔　　为移行事　　案照敝局绳起委员等，现已由郑家屯陆续开拔来荒，拟一面抵镇，一面到段行绳，并经禀添十三、十四两起绳弓一并到荒，以期丈拨迅速，应请贵局迅即添派两起绳弓，并调齐各起随绳员书人等作速到局，以便指段会勘，相应移行。为此，合移贵局，请烦查照调派，盼切施行。须至移者。

右移蒙局。八月二十七日。

移知蒙旗、局添派两起速饬赴段会丈由

为移知事　　案照现在荒户报领踊跃，敝局拟再添绳起，以期丈拨迅速早日竣工。兹就在局人员，派领绳弓两起，分段丈荒，刻日前往。应希贵旗（局）从速添派绳弓两起随即赴段，以便会同丈放。相应移行贵旗（局）知照，盼切施行。须至移者。

右移蒙旗局。光绪二十九年九月十七日。

札准户部咨饬蒙荒总行局造报员司马步队等衔姓员名清册以凭转咨报部立案由

军督部堂增　　为札饬事　　案准户部咨开"山东司案呈内阁抄出盛京将军增奏现已派员勘办札萨克图王旗蒙荒情形一折。光绪二十八年十月十九日奉朱批：'着即认真经理，以裕国帑而恤蒙艰。钦此。'钦遵到部，相应恭录朱批，咨行盛京将军遵照。即将蒙荒总、分各局委员人等衔姓员名，设局日期，并添募马队若干、步队若干，管带衔姓花名，迅饬查明报部可也"等因，准此，除分札外，合行札仰该局遵即查照办理，作速呈复，以凭转咨，毋延。特札。

右札办理札萨克图蒙荒行局准此。光绪二十九年正月二十九日。

呈为遵饬造具卑局总帮办局起员司马步队衔姓员名清册由

全衔　　为呈复事　　窃卑局于光绪二十九年二月初十日奉宪台札开"案准户部咨开"云云，至"毋延，特札"等因，奉此，遵即将卑局开办日期暨总帮办、局起员司、马步队官弁衔姓员名、数目，分晰造具清册。除移省局查照外，理合备文呈复。为此，呈请宪台鉴核，伏乞照呈施行。须至呈者。

计呈清册一本。

右呈军督部堂增。光绪二十九年三月初四日。

办理札萨克图蒙荒行局，谨将卑局开局日期暨局起各员司、贴书衔姓员名，局差、绳夫、木匠花名，并护局马步队正、副巡长字识衔姓，什勇数目，遵照部咨造具清册，呈请宪鉴，伏乞核夺施行。须至清册者。

计开：计行局一所，于光绪二十八年七月十六日奉札试办。

一、总办二员：花翎副都统衔开复海龙城总管依桑阿、花翎分省试用知府张心田。

一、帮办二员：花翎同知衔候选知县王寿祺、蓝翎五品顶戴候选知县刘福升。

一、主稿委员一员，蓝翎五品顶戴候选通判钟祺。

一、收支委员一员，分省试用州同纪应澜。

一、清讼委员一员，县丞衔供事张仲麟。

一、帮稿委员一员，五品军功尽先即选府经历刘作璧。

一、解运委员一员，候选府经历锡寿。

一、抽查委员一员，提举衔候选州判王荫第。

一、稽查委员二员，升用直隶州知州分省补用知县郑尔纯、工部主事崇华。

一、绘图委员二员，蓝翎五品顶戴尽先选用巡检孙其昌、县丞衔陈峒寿。

一、蒙文委员一员，蓝翎五品顶戴文亨。

一、蒙语委员一员，蓝翎五品顶戴靖兆凤。

一、差遣委员一员，候选县丞张励学。

一、办事官二员，同知衔分省即补知县谢汉章、拣选知县邵建中。

一、随局司事六员，候选巡检吴培基、五品顶戴廪生郭世杰、府经历衔附生郭桂五、县丞衔高凌奎、五品顶戴府经历衔张瑾、蓝翎五品顶戴县丞职衔丁梦武。

一、随局贴书十名，骁骑校常连、候选县丞才碧峰、五品顶戴叶绵熙、府经历衔张毓华、府经历衔梁国栋、五品顶戴附生王英敏、尽先选用县丞耿相元、蓝翎五品顶戴候补骁骑校永吉、府经历衔李绍庚、六品顶戴李作昆。

一、随局局差十名。以上在局各员司、书差衔姓员名。

计丈地绳弓十起。

一、督绳委员二员，拣选知县善成、尽先补用骁骑校荣斌。

一、十起监绳委员十员，头起监绳委员蓝翎五品顶戴委前锋校舒秀、二起监绳委员候选巡检张笃福、三起监绳委员候补骁骑校盛文、四起监绳委员候补防御成友直、五起监绳委员知县用分省补用盐大使田震、六起监绳委员即选笔帖式吉芳、七起监绳委员委用笔帖式德寿、八起监绳委员补用知县候选府经历周瑞麟、九起监绳委员候补笔帖式佐东都、十起监绳委员五品顶戴县丞衔萧齐贤。

一、十起随绳司事十员，头起随绳司事候选巡检赵莲舫、二起随绳司事候选府经历苏松泉、三起随绳司事六品顶戴张文堂、四起随绳司事候选巡检郎成韶、五起随绳司事候补骁骑校世绪、六起随绳司事候选府经历赵承安、七起随绳司事六品顶戴高海田、八起随绳司事巡检衔张鸿恩、九起随绳司事增生马振铭、十起随绳司事廪生何印川。

一、随绳贴书十名，头起随绳贴书张承缙、二起随绳贴书叶之春、三起随绳贴书牛廷芳、四起随绳贴书王维一、五起随绳贴书田维上、六起随绳贴书钱桂芬、七起随绳贴书方铁春、八起随绳贴书赵文栋、九起随绳贴书成友礼、十起随绳贴书高乃升。

一、十起绳夫每起四名，十起共四十名。

一、十起木匠每起一名，十起共十名。以上各起员司、贴书、夫匠衔姓员名。

计转运十站：头站双流镇、二站权杆达拉、三站摩力格池、四站哈拉乌苏、五站巴彦招、六站茂得土、七站少拉欧根、八站各洛根保头、九站包四吐、十站卧虎屯。

一、驻站正办事官一员，蓝翎五品顶戴前卢龙县知县张承福。

一、押运副办事官一员，直隶提标三屯营松棚路经制外委吴亮孚。

一、驻站司事一员，五品顶戴谷永清。

一、押运司事一员，五品顶戴王立德。

一、驻站贴书四名，杨春荣、长春、孙炳辉、湖北督标候补把总汪振纲。以上运站各员司、贴书衔姓员名。

计护局马、步各一哨。

一、马队正巡长一员，四品顶戴尽先外委徐海亭。

一、步队正巡长一员，蓝翎五品顶戴王绍东。

一、马队副巡长一员，蓝翎五品顶戴披甲宝麟。

一、步队副巡长一员，尽先拔补千总杨光照。

一、字识一名，五品顶戴冯鹤亭。

一、马队什长四名，正勇三十六名，共四十名。

一、步队什长八名，正勇七十二名，共八十名。

一、马队长夫四名。

一、步队长夫四名。以上护局马、步队正副巡长、字识、什勇、长夫衔姓员名。所有该两哨正副巡长、字识、什勇、长夫花名、年籍、箕斗、枪马，另缮清册，合并声明。

督宪批　据呈已悉。仰候核咨。缴。册存。

为移送马步队清册由

局衔　　为移行事　　案照敝局兹奉督宪札开"准户部咨称'蒙荒行局添募马队若干、步队若干，管带衔姓花名，迅速查明报部'等因，饬局遵照呈复，以凭转咨"等因，奉此，敝局遵照查明前招护局马队一哨四十名，步队一哨八十名，官弁、字识、什勇、长夫衔姓花名、年籍、箕斗、枪马数目，造具清册，以备咨行。除呈复督宪查核并分移外，相应备文移行。为此，移请贵处，请烦查照施行。须至移者。

右移督辕营务、粮饷处。

为札各起赴荒次第开拔日期由

局衔　　为札饬事　　照得本行局转运员司等，业经饬办米面先期赴站去讫。所有各起员司、书役等亟应赴荒，早开绳丈。其头、二两起限于本月十九日开拔，三、四两起限于二十日开拔，五、六两起限于二十一日开拔，七、八两起限于二十二日开拔，九、十两起限于二十三日开拔，除呈报督宪鉴核外，合亟札饬。为此，札仰该起员等即便遵照，勿稍迟延。切切。特礼。

右通札十二起监绳委员等准此。光绪二十九年二月十八日。

呈为派员勘分应放荒地各界由

全衔　　为呈报事　　窃卑局前为蒙荒应放地段界址，宜早分清各情，呈请宪台核示在案。于光绪二十九年二月初十日，接奉批示"据呈，已悉，候饬该王旗迅即遴派妥员会同该局，将该旗应放地段指清，并毗连他旗界址划分明晰，以便丈放而免胶葛，并候饬驻省总局知照。缴"等因，奉此，卑局现经派出行局清讼委员张仲麟勘分应放荒地北界，绘图委员陈峒寿勘分应放荒地东界，稽查委员郑尔纯勘分应放荒地西界，办事官邵建中勘分荒地应放南界去讫。除移请蒙旗查照并请咨行连界各旗派员会同划分，以便丈放而免胶葛。一俟接准蒙旗咨复，卑局即饬该员等赴旗会勘外，理合备文呈报。为此，呈请宪台鉴核，饬遵施行。须至呈者。

右呈军督部堂增。光绪二十九年二月十八日。

批　呈悉。候分饬各该王旗遵照，并候饬总局知照。缴。

札为派员勘分应放荒地各界由

局衔　　为札饬事　　照得本局开放蒙荒，首重经界，业经呈请督宪转饬札萨克图郡王旗暨连界各蒙旗，派员与行局委员会同勘分等因，蒙准遵照，分移去讫。查有行局稽查委员郑尔纯、清讼委员张仲麟、绘图委员陈峒寿、办事官邵建中，堪以派往勘分、查勘荒地西、北、东、南界。一俟接准蒙旗咨复，即饬分途赴蒙会同蒙员眼同勘分、查勘，以清界址。除呈报暨移行外，合行札派。为此，札仰该员即便遵照，届时前往，务须逐细分清、查明。仍将勘分、查勘界址具报备查，毋稍含混。切切。特札。

右札仰郑委员尔纯、张委员仲麟、陈委员峒寿、邵令建中准此。

为加派荣委员斌会同勘分荒段北界由

全、局衔　　为呈报、移行、移会、札饬事　　窃查蒙（案查贵）（照得蒙）旗出放荒界，应派委员会同勘分，业经呈蒙批准遵照分行各在案。查荒段北面与该（贵）（本）旗牧地毗连，东西相值甚远，此次新拟划界筑立封堆，较之其余各处原有界址者，事体尤为繁要。除已派行局清讼张委员仲麟前往外，仍（亟）应加派人员一同赴旗勘分，以期办理妥速。查有行局督绳委员荣斌，稳练和平，堪以派往。除分行（呈报暨分行）外，理合（相应）备文呈报（移行、移会）。为此，呈请宪台鉴核，伏乞照呈（合移贵局、旗请烦查照）施行。（合行札饬，札到，该员即便遵照。特札。）须至呈、移者。

右呈、移军督部堂增、蒙荒省局、札萨克图王旗。光绪二十九年四月初七日。

批　　据呈已悉。缴。

吴营移请以王全胜补充稽查两哨委员由

总巡辽源巡捕马步队吴　　为移请事　　案照敝总巡前经贵总、帮办禀请兼带贵局新募护队马、步两哨，当由敝总巡拣弁一员李向辰，送请委充两哨稽查委员在案。兹查该弁业经请假回籍，所遗之差，查有敝队蓝翎守备王全胜，谙练营务，办事可靠，拟派兼充贵局护队两哨稽查之差，以资周密。除饬该弁知照外，相应备文移会。为此，合移贵总、帮办，请烦查照，发给委札，以便任差，并希传谕两哨遵照施行。须至移者。

右移蒙荒行局。二月十七日。

为准吴营移请以王全胜兼充稽查两哨委员当即移值委补由

局衔　　为移复事　　案照二月十七日接准贵总巡移开：前经会委稽查马步队两哨委员李向辰，业经请假回籍，遗差以总查蓝翎守备王全胜兼充。即希发给该弁委札，以便任差，并传谕两哨遵照等因，准此。敝局覆查蓝翎守备王全胜，熟习营伍，堪以委补本局稽查两哨委员。兹已准移、札委去讫。除分行外，相应备文移复。为此，合移贵总巡，请烦查照施行。须至移者。

右移总巡辽源巡捕马步队吴。

为前由并移知恒统巡

局衔　　为移行事　　案照二月十七日，准贵军吴总巡移开云云至等因，准此。兹已准照札委去讫。除分行外，相应备文移行。为此，合移贵统巡，请烦查照施行。须至移者。

右移统巡奉天北路巡捕马步队全军恒。

札为王全胜兼充稽查两哨委员由

为札委事。　　照得本行局二月十七日，接到总巡吴移称：稽查两哨委员李向辰，请假回籍，遗差以蓝翎王全胜兼充等因，准此，本局复查该守备熟习营伍，堪以委补本局稽查两哨委员。除移行并札饬两哨知照外，合行札委。为此，札仰该员即便遵照。切切。特礼。右札仰稽查两哨委员王全胜准此。

为前由并札知两哨

为札饬事　　照得本行局二月十七日接到云云，除移行暨札委外，合亟札饬。为此，札仰该马、步队正、副巡长即便遵照，传谕两哨可也。切切。特札。右札仰马、步队正副巡长徐海亭、宝麟、王绍东、杨光照准此。光绪二十九年二月二十一日。

札为监绳池委员熙盛现未到差以督绳金委员祥暂行署理由

为札饬事　　照得本行局十二起监绳池委员熙盛，现未到差，荒地急需丈放。其监绳委员一差，查有督绳金委员祥，堪以派委暂行署理。俟该员到局即饬各任各差，以专责成而重荒务，合行札饬。为此，札仰该员即便遵照。切切。特札。

右札仰署理十二起监绳委员金督绳祥准此。光绪二十九年四月十二日。

为蒙批准饬蒙旗派员分界呈请并饬连界三蒙知照由

全衔　　为呈请事　　窃卑局前因荒界宜早分清，请饬蒙旗派员会勘各情，业奉批准转饬在案。查札萨克图应放荒界，除北界系属本旗地方外，其东界与札萨克公旗地毗连，南界与达尔罕王旗地毗连，西界与图什业图王旗地毗连。分界时，必须各该旗派员会勘，方征核实。若候札萨克图旗咨情该三蒙派员会勘，诚恐呼应不灵稽延时日，殊于放荒有碍。应请宪台准照前呈，分行札饬札萨克公、达尔罕王、图什业图王等旗知照，派员与札萨克图郡王旗所派之员暨卑局委员等会勘分界，以免稽延而清胶葛，理合备文具呈。为此，呈请宪台鉴核，伏乞照呈施行。须至呈者。

右呈军督部堂增。光绪二十九年二月十六日。

批　　据呈已悉。候分饬各该王旗迅即遴派妥员，与札萨克图郡王旗所派之员会同该局委员等，将该王旗应放荒地毗连各旗界址，划分明晰，以便丈放而免胶葛，并候饬省局知照。缴。

省局为牟滋森等十一名报领乐字生荒移知行局由

蒙荒省局　　为移行事　　案据领户牟滋森等十一名，各交正款库平银二百二十两，经费库平银三十三两，共交库平银二千七百八十三两，报领乐字八十一号起至九十一号止头等生荒一千一百垧。除填注信票十一纸给领户并呈报外，相应开单移行贵局，请烦查照办理施行。须至移者。右移蒙荒行局。光绪二十九年二月十四日。

省局为宫得福报领乐字生荒一百垧移知行局由

蒙荒省局　　为移行事　　案据领户宫得福一名，交正款库平银二百二十两，经费库平银三十三两，共交库平银二百五十三两，报领乐字九十二号头等生荒一百垧。除填信票一纸给领并呈报外，相应开单移行贵局，请烦查照办理施行，须至移者。

右移蒙荒行局。光绪二十九年二月二十七日。

省局为王心一等十二名报领御字生荒移知行局由

蒙荒省局　　为移行事　　案据领户王心一等十二名，各交正款库平银一百八十两，经费库平银二十七两，共交库平银二千四百八十四两，报领御字一百五十一号起至一百六十二号止二等生荒一千二百垧。除填信票十二纸给领并呈报外，相应开单移行贵局，请烦查照，办理施行。须至移者。

右移蒙荒行局。光绪二十九年二月二十九日。

省局为乌尔图等八名报领御字生荒移知行局由

蒙荒省局　　为移行事　　案据领户盛京旗人乌尔图等八名，各交正款库平银一百八十两，经费库平银二十七两，共交库平银一千六百五十六两，报领御字一百六十三号起至一百七十号止二等生荒八百垧。除填信票八纸给领并呈报外，相应开单移行贵局，请烦查照办理施行。须至移者。

右呈蒙荒行局。光绪二十九年三月初二日

省局为宋会元报领御字生荒移知行局由

蒙荒省局　　为移行事　　案据领户工部人宋会元一名，交正款库平银三百六十两，经费库平银五十四两，共交库平银四百一十四两，报领御字一百七十一号起至一百七十二号止二等生荒二百垧。除填信票二纸给领并呈报外，相应开单备文移行贵局，请烦查照办理施行。须至移者。　　右移蒙荒行局。光绪二十九年三月初三日。

省局为柯鸿钧等四名报领乐字生荒移知行局由

蒙荒省局　　为移行事　　案据领户柯鸿钧、刘永泉、刘凤俊、刘永成，共交正款库平银四百四十两，经费库平银六十六两，通共交到库平银五百零六两，报领乐字九十三号起至九十四号止头等生荒二百垧。除填信票二纸给领并呈报外，相应备文，移行贵局，请烦查照办理施行。须至移者。右移蒙荒行局。光绪二十九年三月初九日。

省局为德喜等二十二名报领御字生荒移知行局由

蒙荒省局 　　为移行事 　　案据领户德喜等二十二名交正款库平银九千三百六十两，经费库平银一千四百零四两，共交库平银一万零七百六十四两，报领御字一百七十三号起至二百二十四号止二等生荒五千二百垧。除填信票五十二纸给领并呈报外，相应开单移行贵局，请烦查照办理施行。须至移者。右移蒙荒行局。光绪二十九年三月初九日。

札为李馨圃等三名报领御字生荒二百垧由

军督部堂增 　　为札饬事 　　案据办理札萨克图蒙荒驻省总局呈称"现据领户李馨圃等三名，报领二等实荒二百垧，交到正价库平银三百六十两，经费库平银五十四两。除将交到银两由职局如数兑收外，理合照章开单呈请宪台，迅饬填发札文，以便发交该领户亲赍依限驰赴行局换领信票，听候拨地。伏乞查核"等情，据此，除批示外，合行札仰该局即便遵照。特札。右札蒙荒行局准此。光绪二十九年三月二十七日。

为札萨克图郡王请给纹银五千两如数照拨收讫由

全、局衔 　　为呈报、移行、移复事 　　窃卑（案照敝）局于光绪二十九年二月二十四日，接准札萨克图郡王（大）咨开"今春修造需款，请给纹银五千两，以供应用"等因，准此，卑（敝）局业经付给该（现照拨贵）旗沈市平银五千两整，如数收讫（希即弹收）。除移该郡王见复暨移总局查照（呈报督宪鉴核暨移蒙旗见复、呈报将军暨移总局查照）外，理合（相应）备文呈报（移行、复）。为此，呈请宪台鉴核（合移贵总局、贵王旗请烦查照见复）施行。须至呈、移者。右呈、移军督部堂、蒙荒省局、札萨克图郡王旗。光绪二十九年二月二十六日。

批 据呈 已悉。缴。

为准蒙旗咨拨蒙员等薪水银两由局照付由

全、局衔 　　为呈报、移行、复事 　　窃卑（案照敝）局于光绪二十九年三月二十一日在荒准札萨克图郡王旗（贵旗）咨开"去冬由旗派委办荒员弁等计四十余天，需用薪水银一千六百三十九两二钱八分，请行局照拨交旗"等因。准此。同日又准咨开"因本旗派委会同办荒大小员弁，每月薪水按先咨所拟，如数由行局拨出交旗"等因，同准此。卑（敝）局复查核该旗先咨所称需用银一千六百三十九两二钱八分，系去岁各员弁应支之款。后咨所称，将大小员弁每月薪水，按先咨所拟各数拨交等语，谅系本年月内应支之款，但未准注明数目。业由卑府等（敝总、帮办）面询该（贵）旗，当据荒务帮办绷印军核计需用银一千三百两整外,并应给解银差员川资银三十两等情。由卑府等(敝总、帮办)函局照发去后。兹由卑(敝)局眼同该(贵)旗差员白银福,照先咨拨郑平银一千六百三十九两二钱八分,照后咨拨郑平银一千三百两,并发给该(贵)旗差员川资银三十两。三项共郑平银二千九百六十九两二钱八分,如数交该(贵)旗差员白银福收讫。除分移(呈报)外,理合(相应)备文呈报(移行、移复)。为此,呈请宪台查核,伏乞照呈(合移贵局、旗请烦查照见复)施行。须至呈、移者。

右呈、移军督部堂、省局、蒙旗。光绪二十九年四月初六日。

批　据呈已悉。缴。

注:此银两数字原系蒙文,为注者所译。

札吴办事官会同蒙员解款赴蒙由

局衔　为札饬事　照得本局兹准札萨克图郡王旗咨请拨款二千九百六十九两二钱八分,并派差员白银福领解回旗等因,咨请到局。现经如数照发,该差员领讫,并饬随同本局转运车一同到蒙,由该押运办事官等会同解送,以免疏失。除派兵护送外,合行札饬。为此,札到,该办事官即便遵照,会同该差员解送到蒙。沿途务须格外谨慎,毋得疏失,是为至要。切切。特札。

右札仰吴办事官亮孚准此。光绪二十九年四月初七日。

札为据蒙王呈称遵札派委荒务总帮办暨各员书人等月支薪水若干由

军督部堂增　为札饬事　案据札萨克图郡王乌泰呈称"前奉军督部堂札文,派委协理台吉额力喜木巴雅尔为荒务总办,台吉色楞汪保、绷苏克巴勒珠尔为帮办。其色楞汪保因病,遗差已派记名协理台吉那孙得克吉力虎接充。至各起随绳监视委员各一员,书识、通事各一名,绳弓四名,已遵札出派,专司稽核登记册档。各该员役,均已随同贵将军委员等任差,均酌给薪水。其总办一员月给薪水银八十两,帮办二员月给薪水银五十两,随绳委员各给薪水银二十两,管册委员薪水银十五两,书识、通事各给薪水银十两,绳弓各给薪水银七两,心红、办公银月给十两。此项费用、薪水银两,系遵札酌给,理合将各项薪水银两数目,备文呈报鉴核备案"等情,据此,除饬蒙荒总局知照外,合札仰该局即便遵照。特札。

右札蒙荒行局准此。光绪二十九年七月初八日。

呈为官商合办木植请示祇遵由

全衔　为呈请事　窃卑局前于呈报该旗借款案内,曾经声明另筹办理木植,以杜外人觊觎等情在案。查此荒全段四百里内并无林木,即附近一二百里亦绝少木植可购，必须运自伯都讷及伏龙泉等处。间有蒙人自该旗并图什业公界之北山砍伐，然皆运以牛车不能多载，且无大木可用，自不能不为之设法提倡。兹经招得公正股实商人华昌源执事人张廷奎，与之议明官商合办。其股本则官一商二，先由该商人出资本银一万两，再由官中发资本银五千两。事非公司均不准取七厘官息，亦不责报效，但俟获利按股本匀劈。由该商人派人分赴吉林新城，并黑龙江及西大岭公王各旗之北山采买。或由松花江运至新城，再截成材料装船，由洮尔河上运，或由北山顺洮尔河散放，皆集于双流镇城东河口，由卑局派一专员勾稽木价，督查销售，冬令则以车装运。如此，则材木不可胜用，既以杜外人之觊觎，开吾民之风气，且有木则建修衙署不致为难，即有运木之利，而建修衙署亦不烦另费。三年之后清账归本，如果获利能敷修署之用，固属甚佳，倘稍有不足，亦动用公款无多。万一事有意外，彻底计算，即未能获利，似亦不至亏本。此系一气呵成，官民俱便之事。虽无外人窥伺，当此帑项支绌犹尚可为，况重以外人之垂涎乎。如蒙宪台采择可行，拟恳迅赐批示，再由卑局提发款项交该商试办。所有卑局呈拟试创官商合办木植缘由，是否可行，理合备文呈请宪台核夺，伏乞批示遵行。须至呈者。

右呈军督部堂增。光绪二十九年五月二十八日。

批　如呈办理。仰即妥为兴办，勿任滋弊，是为至要。候饬蒙荒驻省总局知照。缴。

呈、移为请派官商合办木植专员由

全、局衔　　为呈请、移行事　　窃卑（案照敝）局前于闰五月间曾经呈请招得华昌源商人张廷奎，在双流镇地方议明官商合办木植，并请派一专员监视办理，业蒙宪台（督宪）批准在案。叠据该商人函称，已将资本凑齐，遣人赴吉林新城购办各种木料，只候水涨运放，亟应派员前往，以便开办。查有头起监绳委员舒秀，精明强干，勇往有为，堪以派为稽查木植委员，专司勾稽木价，督查销售各事宜。暂领监绳薪水，俟木局开办后，再与商人议订，另行支发。如蒙宪台（督宪）核准，请即赏发委札，以专责成。其监绳一差，暂派该起司事赵莲舫署理。卑府（敝总办）拟俟抵镇后，督饬该委员务将该商人所办木植股本等项，逐一认真确切查实。饬令写立合同，红账呈局，钤盖关防，分别呈送督辕备查，并发还该商收执一份，以昭慎重。所有请派稽查官商合办木植专员，并查实股本缘由，除移知省局（呈请督宪核示）外，理合（相应）备文具呈（移行）。为此，呈请宪台鉴核，伏乞批示遵（合移贵总局，请烦查照施）行。须至呈、移者。

右呈、移军督部堂增、省局。

批　呈悉。候札饬委员舒秀遵照，并候饬蒙荒驻省总局知照。缴。

谕饬商人张廷奎拟定合办木植章程暨订立合同等情由

局衔　　为谕饬事　　照得本局办理札萨克图荒务，民商咸集，需用木植甚多，而荒段之内并少林木，亟应设法提创。现招得公正殷实商人华昌源执事人张廷奎，与局议明官商合办，本银官一商二，初在一万五千两，不取官息，不责报效，获利按本均劈，三年各归各本。先行由商遣人分赴吉林新城、黑龙江及西大岭公王各旗之北山采买，水陆并运双流镇，由局分别派员稽察督销，以开风气。呈蒙督宪批示"如呈办理。仰即妥为兴办，勿任滋弊，是为至要"等因，奉此，合行谕饬。为此，谕仰华昌源执事人张廷奎遵照，刻即拟定官商合办一切章程。订立合同缮具三份，注明红账，各印该号图书呈局钤印，以一份存局，以一份呈省，一份发还该商收执。所有官本五千两，仰即备具图书收条在局如数承领，其商本万两，亦应缴齐报局立案备查。切切。特谕。

右谕仰华昌源执事人张廷奎遵此。

木植官局执事人张廷奎谨禀行局台前：敬禀者，窃执事接奉谕饬内开"现与华昌源执事人张廷奎，官商合办木植。呈蒙督宪批示'如呈办理。仰即妥为兴办，勿任滋弊，是为至要'等因，奉此，仰即拟定官商合办章程，订立合同三分，注明红账。其官本五千两，仰即备具图书收条，在局如数承领，其商本万两，亦应交齐报局立案"等因，奉此，遵即备具图书收条呈局，将官本银五千两如数领讫。其商本一万两，亦经交齐请饬验明立案。兹并拟具官商合办木植章程八条，恳请鉴核。如蒙允准，伏乞呈报督宪备案。以便订立合同，注明红账，及时兴办，实为公便。合肃禀陈，恭请崇安，伏乞垂鉴。官局执事廷奎谨禀。

本局批　官股五千已经发领，商股万两亦即验发。所拟章程仰候呈报督宪鉴核分行，所有应立合同、红账，亦着该局速立，即为兴办。切切。

办理木植官商局，谨将合办木植章程，分别条陈，恭呈鉴核。

计开：

一、官商合办木局，自应订立合同。查原股本银一万五千两，分作十五股，官五商十，试办三年，清账归本。如未及三年荒局即已报竣，华昌源即于报竣时，将官股五千两归还荒局，获利照股分劈。除官本应由官交华昌源执事人张廷奎承领归木局存储备用外，其商股仍由张廷奎招集成股。如已经招得成股十股之外，更有续愿入股者，亦准该执事人随时招集，以便扩充所有商股银两，呈由局员验明，归木局存储提用，以免架空而重商务。仍当订立合同，发给股折，以为凭据。

一、华昌源张廷奎既承招为官商合办木局执事人，并荒局委员均各给予身股。所有荒局派来委员专司查察弊端，至局中买卖交易之事，应专责执事人经理，以期各尽其职。

一、局中事务繁多，执事人一人实难兼顾，非拣派诚实妥善身股二人帮同办理，不足以专责成。今派素知之崔凤逵、徐寿春老成朴实，二人以充斯任。华昌源执事人给身股两股，帮执事人二人暨荒局所派委员，各给身股一股。凡系给予身股之人，每股每年支银一百二十两，以作养家之费。俟结账获利后按股分劈，归还支使养家之费。所有工役薪水，照所办事体轻重，按月份别拨给。

一、凡局中所用之人，无论官商工役，均须先有妥保，然后入账。倘遇功过、天灾，统听执事人随时约会保人举劾。执事人如有错失，亦准官商股伙禀请荒局约会保人理处。

一、局中出入银钱账目，按商家规矩，年终将齐年收存银钱、货物、木植总数，分晰开单，分送各股东查阅。

一、局中红账，拟先订就流水总、散各账簿，呈由荒务局盖用印花后再加木局图书，方准启用，以杜抽换挖补等弊。

一、采买木料，或到吉林新城、黑龙江及西大岭蒙古王公各旗之北山等处，应先呈明蒙荒局，禀请军宪发给执照，知会各王公免其阻止，以便觅夫砍伐。

一、官厂或派人赴集镇采办木料，买就时，一面开明发单，一面盖用官局采运大印，以杜偷漏而便稽查。

一、禀请发给告示，并分行吉林、黑龙江、札萨克图王旗、札萨克公旗，以便在各处砍伐购买。冬季用车拉，夏季由洮儿河顺水放至双流镇。并请该王旗严谕蒙民，均不许在河偷窃木料，以重商务。

一、在各处采运木植，除吉、江两省已有税课，应就地照章完纳外，余如西大岭及各旗北山所办木植采处、运处、售处，均属向无课税之区。此举既为开风气、便农商起见，且官中既享其利，与抽税无异。应即禀明，暂免其征税，以宽始创。俟开办三年之后，如果风气大开，采运畅旺，再议税则。

呈为遵发木植官本验明商款并饬立合同红账呈报章程备案由

全衔　　为呈报事　　窃查职局前拟与华昌源执事商人张廷奎，官商合办木植官局，业经呈蒙批示内开"如呈办理，仰即妥为兴办，勿任滋弊，是为至要"等因，奉此，遵即转饬该商详拟官商合办章程，并饬其具领官本，呈验商款，以凭分别转请立案去后。兹据该商张廷奎备具图书、领条，将原订官本沈平银五千两，由职局如数领讫。并将该商等招集股本沈平银一万两呈验前来，职局当即饬派妥员验明属实。并据该商呈到拟具官商合办木植官局章程十条，职等复核尚属妥协。除饬该商另立合同、红账，及时兴办暨将章程照缮清折附呈外，理合备文呈报。为此，呈请宪台鉴核，备案施行。须至呈者。

右呈军督部堂增。　　批　如呈备案。缴。折存。

局衔　　为发给护照事　　照得本局官商合办木植，派人前往各处采运，往返道途应准携带枪械，以资防卫，合亟发给护照，以利遄行。为此，照仰沿途经过营汛、团卡，一体验照放行，勿许留难阻滞。该运木人等亦不得借端滋事，致干并究。切切。须至护照者。

右照仰木植官局执验。限回日缴销。

呈为行局旗员等充差在荒恳免回旗春操据情转呈请札各该旗营由

全衔　　为呈请事　　窃卑局于三月初四日，据蒙文委员文亨禀称："委员系盛京汉军镶白旗广龄佐领下披甲。兹届旗制春操，委员现充本局翻译委员，奉札赴蒙不便前往。应恳转呈督宪，札饬盛京镶白旗广龄佐领，免其回旗操演之处"。同日，又据文案书识永吉禀称"书识系盛京蒙古正红旗文兴佐领下前锋。原营制，每逢二、八月雨季，所有前锋等均应依限赴本营操演骑射。书识现在蒙委在荒，不便前往。应恳转呈督宪查核，札饬前锋营免其班操，可否之处"各等情，据此，卑局复查该委员、前锋等，所禀皆系实情。应恳宪台鉴核，可否照准，分札汉军镶白旗佐领广龄，免该委员文亨回旗操演，并管理前锋营协领色普铿额，免该前锋永吉回营以及班操之处，理合备文具呈。为此，呈请宪台鉴核，伏乞批饬遵行。须至呈者。

右呈军督部堂增。光绪二十九年三月十三日。

批　据呈已悉。候咨行将军衙门转饬遵照。缴。

移为准康平县移称蒙匪徐札那更名在局充差请拿送办等因查无此人移复由

局衔　　为移复事　　案照敝局兹准移开"蒙匪徐札那即徐永奎，顷闻更名在局充差，祈密拿送县"等因，准此，敝局登即按照移开籍姓，遍查册籍，并机密谘访传询。敝局马步队哨官长等，仍由敝局点验，在局差役及马步什勇，逐细盘诘，均系确有来历，并无踪迹、籍姓与该犯相近之人。除经函请敝局总办张在荒就近查访随护勇丁、各绳起夫役，如有迹近该匪之人，即行移送讯办外，相应备文移复。为此，合移贵县，请烦查照施行。须至移者。

右移康平县正堂涂。癸卯三月十五日。

呈、移为中等生荒放出已逾十万垧拟暂行停收以免溢放由

全、局衔　　为呈请（移行）事　　窃（案）查卑（敝）局拟放中等生荒，因北界尚未与本旗划分，熟地亦未丈毕，其中等生荒无数可稽。兹查卑（敝）局暨总（贵）局自开办起，至本年三月二十四日止，报领掣票中等生荒扣作毛荒将及十一万垧之多，诚恐溢放。兹拟卑（敝）局自本月二十四日起，总（贵）局自文到之日起，将中等生荒暂行停收。一俟该段界址分清、熟荒丈毕，如余荒尚多，即由卑（敝）局一面具报，一面由省、行两局再行招领，以免溢放。是否之处，除移行总局查照（呈请督宪核夺）外，理合（相应）备文具呈（移行）。为此，呈请宪台核夺，祗候批示遵（合移贵局，请烦查照，见复施）行。须至呈、移者。

右呈、移军督部堂增、蒙荒省局。光绪二十九年三月二十三日。

批　如呈办理。候饬蒙荒驻省总局。缴。

呈、移为准蒙咨请禁止熟户转卖由局移复准驳由

全、局衔　　为呈报、移行事　　窃卑（案照敝）局于光绪二十九年三月十八日，在荒段接准札萨克图郡王移开"敝王因赴年班转回本旗，闻诸洮河以北垦户等，缘奉派贵员等未至以先，各自私行赚卖者有之。本王向饬各堡头目、揽头，将原户应置地亩若干，查明注册，其余各地不准私自赚卖于人。仍将其余地段界限分明注清，呈报本札萨克处，以备复饬遵行发给执照，转交头目、揽头等因在案。其垦户倘敢故违札饬，将以其所不能置之余荒私行赚卖者，若被两处官员等查出，一则轻视圣主定章，竟敢侵取；二则蒙蔽本旗，谋利赚钱；三则苟贪中正蒙民财利等恶徒，即由地亩公册删其名号，驱逐本旗永不准住。以其所垦地段，另行择选良善蒙丁领住。拟定应放荒地，业经由贵员与旗员会放出售，始合于理。不应垦户各自出兑等，情咨至行局，预为知之"等因，准此，当经移复。查河北各户原垦熟地，并附近熟地之荒，敝局订拟复奏章程十六条内载：应准原佃承领，其垦地若干不能全领者，所余若干即由行局另行招佃。原系预防该原佃借此渔利，受他人重价。即以原佃之名架空展领，必致有碍招徕，自应会同禁止。惟所称"其余地段界限分明注清，呈报本札萨克处，以备复饬发给执照，转交揽头"等语。查此案系奏奉谕旨派员定章招放，所有全旗应放生、熟各荒，均应由行局照原订章程出放。贵旗若再发给执照，转交揽头等把持其间，殊与定章不合。况报效朝廷之款与贵旗所需银两，皆系收诸新领各户，何能不早为安插。务请贵旗仍遵向章办理，毋得轻生异议等因，移复去讫。除移行省局查照（呈报督宪鉴核）

外，理合（相应）备文具呈（移行）。为此，呈请宪台鉴核，伏乞照呈（合移贵总局，请烦查照）施行。须至呈、移者。

右呈、移军督部堂增、省局。光绪二十九年三月二十六日。

批　据呈　已悉。缴。

为准蒙旗咨称借贷洋款俾旧户承领原垦地段由局移复报请核夺由

全、局衔　　为呈报、移行事　　窃卑（案照敝）局于光绪二十九年三月十八日，在荒段接准扎萨克图郡王旗咨开"敝王赴年班转回本旗，三月初三日沿途，顷接本旗垦户头目、揽头人等联名禀称'本旗业已奉旨放荒，准招蒙民以兴养民之本。是以众户各将原垦地段，概欲现拟荒价照数承领。惟恐款项不敷，奈向俄国洋行借款二十万，随交荒价。仰恳求禀，原垦各地，照初承领'等语。伏思垦户人等借款，欲置原垦荒地，恰与原奏相符。于是转饬差员前往，原拟俄国洋行实与垦户允借与否，探知端的。差员回报以后，仍行咨文与贵员会商酌定施行可也。是以将垦户人等禀呈，照样抄录粘于后尾，一并发寄知之"等因，准此，查众户请留原垦地段，诚与奏案相符，业经敝局详订章程，禀蒙军督宪出示晓谕在案，自应实力遵行。至所称向俄国洋行借款二十万两，备缴荒价。查借用洋款关系重大，但不知系何人首创此举，文内并未声明。究竟此款系贵旗出名，抑户下揽头等出名，应请贵旗声叙明白，咨行敝局，以凭转呈军督宪核示遵办。又揽头等原呈内称"仰乞蒙、民交界安插明白，以免言语不投，致酿事端"等语。查民、蒙为邻，其各家地界自应明白，至就合境以论，则本省所属民、蒙兼有不止一处。如昌、怀、奉、康一带，皆系民、蒙杂居，相安已久，并未闻有畛域之分。况此次出荒，除蒙佃原留不计外，早经订拟不分满、蒙、汉民一律招放，断不能如一二揽头之私意有所歧视也。等因，移复去讫。查该王旗借贷洋款，事关交涉，并未先行呈明宪台核夺，此事日后有无利害，于大局有无关系，应否出自宪裁札饬该旗，准驳之处，卑局未敢擅便。除移行总局查照（呈报督宪鉴核）外，理合（相应）备文呈报（移行）。为此，呈请宪台鉴核，伏乞照呈（合移贵总局，请烦查照）施行。须至呈、移者。

右呈、移军督部堂增、蒙荒省局。

附禀为声明准蒙旗移称借洋款报领河北荒地各情由

敬附禀者，窃查该王听信人言，欲留河北转卖，以图重利，虽经驳斥，而意念未泯。故此次咨内"蒙、民交界安插分明，免生事端"之语，盖欲不招外户，为全留河北张本。其又咨内称"佃户熟地不准赚卖，仍将余地注册报旗，由旗发给执照"等语，盖为自放河北张本。然奏案綦严，知难专擅，故特托名众人借用洋款，展转以遂其志。查此举成否，尚未可卜，应俟去差回旗，再行相机商办。然即令有成，于官中收项亦无所损。惟"洋人"二字，足以阻绝招徕，且恐包留地多，省、行两局已领未拨之户，难尽安插。加以借款外人事关大局，故不得不略为驳诘。至为该旗计，则债累既多，又借洋款，有无后患，非卑局所敢知矣。其称蒙、民交界安插分明一节，除据理移复外，仍拟传集各户剀切晓谕，免其被人蛊惑，致生畛域之心。至赚卖一节，已照准出示禁止。惟由旗发照云云，其用意既诡，自不得不为驳回。此卑局准咨移复之实在情形也。查该旗此次虽多狡展，然卑府心近在荒界，自当准情酌理，设法令其平顺，以释宪廑。惟因蒙员晚到，各起久候，殊深焦急，刻即一律开绳矣。附禀。恭请钧安。卑府心田等，谨附禀。光绪二十九年三月二十六日。

批　呈及附禀均悉。借款一事即据续禀，该王去人辞之，应毋庸议。候饬驻省总局知照。缴。

为各起放荒时拟将驼运改置牛车由

全、局衔　为呈报、移行事　窃（案）查卑（敝）局各起今年丈放生荒，多系无人之境，应另行雇驼，以运食粮器具，业于具报开局经费呈（文）内声明在案。现在各起业经开绳，不日深入荒里，亟应操办，以资运载。惟卑府等在荒访问，查骆驼热季换毛，难以常川使用，不得不量为变通。兹议改用大牛车，每起给车一辆以代驼运。约计每车一辆需价银八、九两，每辆用牛一只，每只需价银三十余两。十起共车十辆，统需银四百两内外。现在各起丈熟地者尚可缓办，其丈放生荒者势在必需，现已酌量操办，一俟置齐，再将支用价银从实具报。将来荒务告竣，尚可变卖车牛，稍还原费。至每车应用车夫一名，又行绳时需用看棚长夫一名，拟将原设随绳木匠一名裁去，所遗工银八两，改为分雇车夫、长夫等工银，计每人每月四两，以节靡费。如此办理较之雇驼，似属尤为撙节。是否之处，除移行（呈报）外，理合（相应）备文呈报（移行）。为此，呈请宪台鉴核，伏乞照呈（合移贵总局，请烦查照）施行。须至呈、移者。

右呈、移军督部堂增、省局。光绪二十九年四月初六日。

批　如呈办理。缴。

为收买马步队籽药支用银两呈请应由何项开销由

全、局衔　为呈报、移行事　窃（案）查卑（敝）局自去岁募齐马步队两哨，除经该哨官徐海亭自备马队子母，业经护饷、查荒、操练使用已尽外，并未领有子药。兹由卑（敝）局陆续收买马队应用子母，步队应用药砂铜帽，共支用过银两，应否由正款开销，抑或即在经费项下开支，分晰缮具清折（单），恭呈宪核，除分移（呈报暨分移）外，理合（相应）备文呈请宪台鉴核，伏乞批饬，祗遵（移行贵局、处、处，请烦查照、备案）施行。须至呈、移者。

计呈、移清折（单）一扣（纸）

右呈、移军督部堂增、蒙荒省局、督辕营务处、粮饷处。光绪二十九年三月二十五日。

批　呈悉。此项子药银二百二十四两六钱八分，即由该局经费项下开支。候饬驻省总局知照。缴。折存抄。

呈为总办张由荒抵局日期并查勘绳弓各情由

全衔　　为呈报事　　窃卑局前曾将职龄到段与职心等商办各节，并赴王府等情呈报在案。兹于职龄等回双流镇后，卑府心复于五月初七日启行，前赴河北白城子及野马图山一带查阅绳弓。每至一处，见各员司人等驰驱荒段，日炙风侵辛苦万状，去村远者求一水解渴而不可得，日暮归寓，须秉烛绘图，本日完本日之事。又河北熟地，开垦零星，一户之地有散至数十处者，往往荒地夹杂，争论多端。委员向机开导，舌敝唇焦，实不易易。卑府心逐查勘丈拨均属认真，遂宣布宪恩奖其前劳，兼励其后效。各员司等，尚属踊跃。至各户情形，台吉每嫌界狭，而一为多给，即原不住此之台吉亦将接踵恳求，不能不遵章限止。外佃每嫌地少，而任其多留，则新户无从安插，印房亦有烦言，不能不酌量均分。凡此各端，办理均为棘手，然于大局尚无关碍。十三日旋回双流镇，因天时亢旱，与职龄、职福升商酌，先在城北河干兴修土庙奉祀龙王，并于十六日虔诚祈雨，次日幸沛甘霖。兹将荒段一切事宜，商由职龄、职福升督饬办理，将应行呈报及续有呈请各件，由卑府心带归郑屯与职寿祺赶办。卑府心于二十日在荒起身，二十三日抵局办事，所有查勘绳弓并回局日期，理合备文呈报。为此，呈请宪台鉴核施行。须至呈者。

右呈军督部堂增。光绪二十九年五月二十七日。

批　据呈已悉。仰仍督饬各员认真经理，毋稍疏懈。缴。

呈报总办张由省旋局日期由

全衔　　为呈报事　　窃卑府于七月二十三日禀辞后，遂即起程，因北路泥泞难行，拟取道火车，不料铁岭界内河水暴涨，铁路桥梁又被冲断，只得在城外守候数日，始能开车。路经八面城小住，与恒统巡玉会晤商议拨队之事，延至八月十一日始抵辽源州行局。俟督饬各起一律开差，卑府当亦赶紧赴荒矣。所有卑府由省旋局日期，理合备文呈报。为此，呈请宪台鉴察施行。须至呈者。　　右呈军督部堂增。

批　据呈已悉。缴。

附禀旋局后拟即速催各起赴荒开绳各情由

敬附禀者，现查蒙地熟田禾稼已经刈收，生荒蒿草黄落，正宜行绳之时。况此次停绳为日已多，卑府旋局后，本拟督催各起绳以迅速赴荒，以期早日开绳丈地。惟各起皆有添置绳弓、旗橛及锅帐、行李等物，均须拉运前往。时值秋成农忙之际，所用大车，贵贱无处寻雇。且查询双流镇虽有铺户，所存食粮仍系无多。现拟移局至彼，加之各起以及兵队人数甚众，仍非转运米面源源接济不可，而雇车同属为难，实属令人焦灼。刻已派人四出寻觅，雇得一车，即饬一起前往。俟各起陆续一律开差，卑府随即赶紧驰赴荒段与福署总办龄、帮办王令寿祺、刘令福升分督各起竭力丈放各等荒地，并将本旗、外旗交界，亲往分清。三等生荒，亦当随时设法招领。凡遇该旗一切荒务事件，务必和平办理，俾臻允协，以期仰慰宪厪。肃禀恭请钧安。卑府心谨附禀。

呈为双流镇可否准其行使中钱请示由

全衔　为呈请事　窃照双流镇城基业经放竣，现在领户修盖房屋者已有二三十处，商贾日见加多。该处东接新城、伏龙泉等处，北近黑龙江，西界各蒙旗部落，均系行使中钱地方，因之该处亦皆使用中钱。惟查奉天全省俱系行使小数东钱，而该处独使中钱，似属钱法独异。惟该处相沿日久习为固然，小民既皆称便，似未便骤然更改。是以仰恳宪台俯鉴前情，所有双流镇地方，拟即准其行使中钱以顺舆情。如蒙核准，卑局再当出示晓谕，俾小民永远遵行。是否之处，理合备文具呈。为此，呈请宪台核夺，伏乞批示施行。须至呈者。

右呈军督部堂增。光绪二十九年五月二十八日。

批　如呈办理。仰即出示晓谕，仍将示稿呈辕备案。候饬粮饷处暨蒙荒驻省总局知照。缴。

呈为遵批晓谕双流镇地方通使中钱由

全、局衔　为呈报、移行事　窃卑（案照敝）局为双流镇地方，拟沿照该处旧俗一律行使中钱，呈蒙宪台（督宪）批示"如呈办理。仰即出示晓谕，仍将示稿呈辕备案"等因，奉此，卑（敝）局遵即出示晓谕蒙、民、商、佃人等一体周知，自七月初一日起，凡商、民等一切交易，务照向例通使中钱，尤不得以小钱、中钱掺用，以归划一。除将示稿另折抄呈并（呈报将军暨）分移外，理合（相应）备文呈报宪台鉴核，伏乞照呈备案（移行贵总局，请烦查照）施行。须至呈、移者。计呈清册一份。

右呈、移军督部堂增、省局、蒙局、蒙旗。

局衔　　为出示晓谕事　　照得商务为农务之枢纽，钱法乃商贾之本源。兹设双流一镇，商贾日多，所有行使钱文首重厘定。查荒境北通江省，南近新城，交易往来向以中钱为便，既系相沿成习，未便骤令变更。惟须统归一律，庶免奸商掺混射利累民。现经本局呈蒙督帅将军批示"双流镇地方，准其行使中钱"等因，奉此，合行出示晓谕。为此，示仰尔蒙、民、商、佃人等一体周知，自七月初一日起，凡尔等一切交易，务照向例通使中钱，尤不得以小钱、私钱掺用，以归划一。倘或任意掺越，定予罚办。其各凛遵，勿违。特示。

批　据呈已悉。缴。示稿存。

传晓谕双流镇铺商行使粮斗拟仿卜魁斗式一律改换新斗由

局衔　　为传谕事　　照得斗秤必期一律，行使乃为方便。本处使用之秤准足十六两，似与各处相同，勿庸再行重定。惟查粮斗大小不一，有足四十斤者，有三十余斤不等者，殊不足以昭准量。详核卜魁行用五升之斗，以小米重三十一斤四两为一小斗，以二小斗为一大斗，每一大斗重一千两整。此处应以何数为便，应否仿照卜魁斗面，总须统归一律，于农商两便为益，合行传谕。为此，谕仰本街铺户及乡会人等从长会议，具情禀复，到日本局核夺，以便定式。晓谕周知，其各遵议，勿延。切切。此谕。　　右传本街铺户人等知悉。

局衔　　为出示晓谕事　　案据双流镇铺商豫贞庆等十四家禀称"窃商等蒙传斗秤宜归划一。饬令会议等因，奉此，当即合街铺户会同核议。本处初辟荒业，农务大兴，产粮必旺，斗大易招远客，农商庶益兴通。拟请仿照卜魁斗式呈局较准，行使相安，农商两便。所有界内原未经官升斗，概请毋用"等情，据此，查该商等公议斗随卜魁，百升为石，乃因地方农商交易公平起见，自应照准，依式自置，随时送局较准烙印，用归划一。除分行外，合行出示晓谕。为此，示仰各该商民人等一体知悉。应自八月十五日为限，一律改换新斗，以归划一而昭齐禁。所有旧斗大小不一，买卖粮石概不准用。乡间昔借今还之粮，仍用旧斗免致争竞。切切。特示。

右谕仰合街商民等准此。光绪二十九年八月初一日。

为汪保请由行局拨给蒙王所欠银两移行蒙旗见复由

局衔　　为移行事　　案据蒙古孟科巴雅尔汪保呈到贵郡王手记文约内开："兹因本旗出荒，前用过昭乌达敖罕王旗之佃户蒙古孟科巴雅尔汪保等银二千一百一十两。以此项银两，将洮儿河西岸东边乌拉干、布达嘎等处地许给，发给手记文约一纸。"并据该佃声称"如果无地放给，请即由本行局在贵郡王应得荒价项下，将此项用过银两如数拨给，作为贵郡王归还该佃原款"等情，据此，查该佃孟科巴雅尔汪保一名，去冬贵郡王送到以荒抵债各户花名印文内虽有此户，至于该佃现在不欲领地，请在贵郡王应得荒价项下，由本行局拨给原银作为贵郡王归还该佃原款。本行局未曾奉过贵郡王印文，无凭办理。究竟此案，该蒙佃之款是否由本行局拨还，与嗣后再遇此等事件如何办理之处，应请贵郡王速用印文见复，以凭核办。除饬该户听候外，相应备文移行。为此，合移贵王旗，请烦查照，盼切施行。须至移者。

右移札萨克图郡王旗。光绪二十九年闰五月初十日。

呈为准函商请吴总巡派队赴荒提解盗首徐札那由

全衔　　为呈报事　　窃卑府在局时接准署总办福　由荒来函称"据札萨克图荒务蒙局帮办绷苏克巴勒珠尔面称：宾图王旗居住之科尔沁蒙古阿至尔札那即徐札那，前于光绪二十六、七、八年，曾在康平县一带纠集伙匪百余人，到处抢劫抗拒官兵。去岁十二月间，康平县涂令几被围害，详省通缉，迄未弋获。今经差人白银福等在札赉特旗南界花尔都地方，将该匪拿获，因兵少不便押解，已交该处会首杜洛七看守，有请兵往提"等语。查徐札那系属积年著名盗首，奉省有案。今既经蒙人白银福等捕获，来卑局请队，卑局自未便推诿。卑府临行时，已就近商请辽源州巡捕队吴总巡俊升，派该队巡长石德山带马队三十名，前往该处提解去讫。是否有当，理合备文，呈请宪台鉴核施行。须至呈者。

右呈军督部堂增。光绪二十九年六月　　日。

督宪批　　呈悉。盗犯徐札那一名，前曾札饬宾图王旗查拿在案。兹经该局拿获，仰即提解来辕，听候饬审。候饬营务处转饬吴总巡俊升遵照。缴。

札为赴花尔都地方提解盗犯徐札那由

局衔　　为札提事　　案据前康平县涂令之侄涂丙生等来局飞禀"经差已将在苏鲁荒地方要劫家伯之盗匪阿至尔札那即徐札那，并其枪械、马匹，寻踪探追拿获。差少途长未敢解送。就近交与花尔都地方社长杜洛七，一同去差四名在彼看守，禀恳提解"等情，据此，卷查盗匪徐札那，道路要劫涂县，曾经行文本局有案。现既据报获犯交在花尔都地方待提，亟应派哨官徐海亭带同蒙古会兵，执文往接，以凭讯办。除分饬外，相应札饬该社长杜洛七，一俟官兵到日，帮同将犯（哨官徐海亭，刻即前往花尔都地方，接犯）押解来局。慎勿疏虞，是为至要。切切。特札。

右札，仰花尔都社长杜洛七、马队哨官徐海亭，准此。

谕为加兵提捕盗犯徐札那由

局衔　　为谕饬照办事　　照得本总办向来办盗，本不株连窝家。唯有盗匪徐札那，曾在花尔都地方练长杜忠德家保留，继经派员接犯，竟敢护赃庇盗支吾不发，亦不具情禀复。若非加添官兵提捕，日久必致纵脱。除分谕提捕外，合再谕派哨官徐海亭、哨长孙魁、副巡石得山、蒙会白音福等带队五十名，仍赴花尔都练长杜忠德家提要盗犯徐札那，并其枪械、马匹来案，勿得疏懈。倘该练长始终护庇，务即探贼所在，合力捕拿，幸勿免脱为要。事关越境捕盗，仰该官兵凡遇经过地方衙门、局卡、乡会，先行验谕挂号，以便堵截助援，不得疏忽，滋生事端。切切。特谕。

右谕哨官徐海亭等，准此。

局衔　　为谕饬事　　"照得本总办"云云至"合再谕"，仰该练长奉到此次之谕，务将赃犯即行设法交出，帮同押解来案。倘再仍前庇护不现，或敢纵犯逃匿，兵力所在，自必合力捕拿，莫谓株连窝家，自贻后悔。切切。特谕。右谕花尔都练长杜忠德，准此。光绪二十九年六月二十一日。

呈为杜忠德有意庇盗可否咨行江省提讯惩办由

全衔　　为呈报事　　窃卑局前因要犯徐札那就获，商请吴总巡俊升派队往提等情，业经呈报在案。兹于本月十一日，卑府在寓，接准署总办福五品官来函开称"据副巡石得山等禀称，徐札那业被练长杜忠德释放"等情，函达卑府，呈蒙札饬辽源州转饬吴总巡派队解省，等因在案。今练长杜忠德胆敢乘间释放，其为有意庇盗不问可知。虽经卑局责成该练长设法捕拿，难保不饰词狡展。且该练长所居，系属黑龙江管境，可否仰恳宪台咨行黑龙江将军衙门，将该练长提省讯办，以示惩儆。除将福总办龄原函二封，并副巡石得山等原禀抄呈外，理合备文，呈请宪台核夺施行。须至呈者。

右呈军督部堂增。光绪二十九年八月二十日。

批　　呈悉。蒙匪阿至尔札那即徐札那，前经批饬解省审办。兹据呈送函称，派队往花尔都地方提解该犯，业由练长杜忠德乘间释放，殊属胆大妄为。杜忠德即杜洛七。候咨行哲里木盟长札赉特王旗查拿解究，并候饬统巡恒玉及札萨克图、宾图王等旗，一体严拿逃犯徐札那，务获究办。缴。禀函存。

督宪札为会提徐札那一案饬局讯明禀夺由

军督部堂增　　为札饬事　　案据督辖营务处呈称"窃照职处前奉宪台札开，案据札萨克图蒙荒行局呈称'窃卑府在局时，接准署总办福五品官龄由荒来函称：据札萨克图荒务蒙局帮办绷苏克巴勒珠尔面称，宾图王旗居住之科尔沁蒙古阿至尔札那即徐札那，前于光绪二十七、八年，曾在康平县一带纠集伙匪百余人，到处抢劫抗官兵。去岁十二月间，康平县涂令几被围害，详省通缉，迄未弋获。今经差人白音福等在札赉特旗南界花尔都地方将该匪拿获，因兵少不便押解，已交该处会首杜洛七看守，有请兵往提等语。查徐札那系属积年著名盗首，奉省有案。今既经蒙人白音福等在札赉特南界花尔都地方捕获，来卑局请队，卑局自未便推诿。卑府临行时，已就近商请辽源州巡捕队吴总巡俊升，派该队巡长石德山带马队三十名，前往该处提解去讫。是否有当，理合备文，呈请鉴核'等情，据此，除批示外，合行抄批，札仰该处立即转行遵照办理。计抄批一件，内开'呈悉。盗犯徐札那一名，前曾札饬宾图王旗查拿在案。兹悉该局拿获，仰即提解来辕，听候饬审。候饬营务处转饬总巡吴俊升遵照。缴'等因，奉此，遵即抄批，札饬总巡吴俊升派队速将该犯提解来省，转送饬审。旋据该总巡呈称'接奉札饬。窃职队前准蒙荒行局请队往提贼首徐札那等因。当经饬派额外队长石得山等带马队三十名去后。兹据旋称：队长等带队驰抵双流镇禀见局内总办，始悉该局并未将该犯徐札那拿到。即经福总办派队长等协同巡长徐海亭持谕往花尔都提解该犯，于六月二十四日到该处，使牌头将谕送交杜忠德家，而杜忠德又不在家，使其妻侄李殿荣探询消息，言语中探悉徐札那已在莫力洪岗子投入天主教。二十六日杜忠德之胞弟杜忠全潜来告述，徐札那常在附近各会游审，在色登家埋伏，又回杜忠德家等语。队长查其言语支离，故与该局巡长徐海亭商将来人李殿荣、杜忠全带交双流镇行局，禀请讯夺外，具情禀报前来，据此，谨将未经提到贼犯徐札那情形，理合具文，呈报查核，转详'等情，据此，理合具文，呈复查核"等情，据此，除批示并分行外，合行抄批，札仰该局遵即讯明、禀明。特札。

计抄批一件。

右札，札萨克图蒙荒行局，准此。

批　呈悉。徐札那一犯，系迭次通缉之巨盗，既有踪迹，亟应设法跟拿，未便任其逍遥漏网。候咨行哲里木盟长札赉特王旗，赶紧饬差将该犯徐札那严拿，务获究办。李殿荣、杜忠全两犯，既据移送札萨克图蒙荒行局收讯。候即饬该局讯明、禀夺。缴。光绪二十九年十月初一日。

呈复会提徐札那一案讯明带到之李殿荣等开释各情由

全衔　为呈复事　窃于光绪二十九年十月初一日奉宪台札饬，除原文省繁邀免全录外，所有行局会同吴总巡派队会提盗匪徐札那未到，经队官石得山等将其妻侄李殿荣、胞弟杜忠全二名，带局讯夺各情，由总巡吴俊升呈经营务处转详。据此，抄批"饬局讯明禀夺"等因，奉此，卷查队长石得山等带到之李殿荣、杜忠全两犯，经职福提讯，均非正犯，当即开释免累。除录供附卷外，一面仍谕杜忠德设法捕拿徐札那送究，一面函知职心呈请宪夺。

职心因公在省，当即抄函呈报，奉到宪批在案。兹奉前因，合抄原供二份，备文呈复。为此，呈请宪台鉴核，伏乞照呈施行。须至呈者。

右呈军督部堂增。光绪二十九年十月初九日。

批　据呈已悉。缴。供存。

督宪札为督绳委员善成请假百日照准饬知行局由

军督部堂增　　为札饬事　　案据札萨克图蒙荒行局督绳委员拣选知县善成禀称"窃今夏闰五月初一日，在局接到家中来信。先父病患咳嗽，饬令赶紧回荆。当即禀求局宪请假两月，回荆省视，荷蒙允准。即于初二日起程，昼夜兼程，不料闰五月念三日抵里，先父惨于五月初八日卯刻弃养，恨抱终天，痛心疾首。身遭大故，本拟在家终制，稍尽人子之道，奈慈亲在堂，一家十余口，食指繁多，嗷嗷待哺。先父身后，又复宦囊萧条，旗营饷来微薄，难资养赡，仰事俯畜，仍须奔走谋求升斗。沐恩前次请假两月，原期回荆省视，调养痊可即速旋局销假。惨遭变故，于闰五月念三日成服，九月初三方满百日。可否仰恳宪恩，俯赐矜恤，免开差使，赏假百日，俾得料理丧事，则沐恩有生之日，皆戴德之年。百日服满后，沐恩即当急速到局销假当差，万不敢借故耽延，虚糜饷费。所有请假百日，恳恩留差，缘由理合肃禀"等情，据此，除批示并分札外，合行抄批，札仰该局即便知照。特札。

右札蒙荒行局，准此。　　计抄批一件。

批　如禀赏假百日，俟假满即速到局任差。候分饬札萨克图蒙荒省、行各局知照。缴。

移复据美商禀称张励学骗股各情业经撤差无从传送由

局衔　　为移复事　　案据美商达都禀称"张希庵等议妥招股入本，在营、沈二城开设洋行，至今仍未开设。浪费卖出股票二张，汇银一千两，并议将美聚洋行停止，致天津、美国两处行费每月二千两无着，以上各项共一万七千两，均被伊等使令亏赔。据供张希庵即张励学，现在蒙荒充当委员，恳乞传讯，饬令包赔"等情，移请迅将张希庵即张励学一名，赶紧移送过局，以凭质讯等因，准此。查张励学系直隶乐亭县附生候选县丞，曾经派在敝局充当差遣委员差使。前于本年正月间，丁忧回籍，因其假满日久永未旋局，业经敝局于八月十三日呈请督宪撤差在案。兹准前因，实系无从传送。相应备文，据实移复。为此，合移贵总局，请烦查照施行。须至移者。

右移蒙荒总局、交涉总局。光绪二十九年九月初一日。

移请辽源州（吴总巡）严拿盗匪由

局衔　　为移行事　　案据敝局护局步队正巡长王绍东等于本月二十二

日禀称"窃据职哨正兵刘福德声报，队兵奉派赴东路递送公文，于本日早间行至距州城三、四里许东河沿地方，由路旁高粮地内突出盗匪三名，两人各持手枪，一人执持矛枪，向队兵威吓，当被劫去路费银钱二圆，理合据情，禀请核夺"等情，据此，敝局查该处距城数里之遥，匪徒等竟敢肆行抢劫，殊属目无法纪。应请贵州移营饬差，严缉法办（贵总巡派队严拿，务获法办），以安行旅而靖地面。相应备文，移行贵州（总巡），请烦查照施行。须至移者。

右移辽源州正堂蒋、总巡辽源巡捕队吴。光绪二十九年六月二十二日。

札为哨官长管兵不严各记大过一次由

局衔　　为札饬事　　照得护局队伍各官长等，理宜遵照军律管辖，严明约束兵丁恪守营规，岂可纵令兵丁随便出外游行，滋生事端。兹查有步队正兵温殿卿等，不守营规，在外斗殴滋事。该哨哨官王绍东、哨长杨光照，实系任意疏懈，管兵不严，殊属不成事体，先后各记大过一次，以观后效。倘再有玩懈营规，纵兵滋事情事，定即从重惩办，决不再宽。除滋事各兵分别责革外，合亟严饬该哨官长各宜凛遵。切切。特札。

右札，步队正、副巡长王绍东、杨光照，准此。光绪二十九年七月初七日。

札饬马队正副巡长革补什勇暨请假务须禀明由

局衔　　为严行札饬事　　照得本局马、步两哨，原为护卫行局丈放荒务及供应差遣之用。兹查马队兵勇请假回家多日者，至有数名之多，且有日久尚未归伍者。似此纷纷给假，相率效尤，势必旷误差操，空糜饷项，尚复成何事体。并开革、募补兵勇等事，多有未能及时即报者，从前竟有迄未一禀者。似此随便更换，任意呈报，尤属无凭可查，而缺额空粮诸弊，皆由此而生。除将逾限未归正兵朱德林二名即行革除外，亟应明定章程，严行札饬。嗣后马、步两哨所有什勇等凡有请假者，该正、副巡长查明果系真有事故，禀由本总、帮办裁夺，量予假期，挂号离营，并不准将枪械、号衣带去。一俟假满即行回伍，逾限不到者，即请革除。凡遇什勇有自请长假及差操不力、违误公事、不守营规、滋生事端例应斥革者，该正、副巡长等即时将该兵应行革退情由，具呈禀由本总、帮办核准，分别出示斥革。每出一缺额，该正、副巡等立即将招募备挑之人，开单禀由本总、帮办验看，拣其人马强壮者充补，即将革除、顶补之勇名单，交文案存案。该正、副巡长等仍须按月将本哨什长、正兵及开革募补兵勇，一并照例造具花名清册，以凭查核。自此次严饬之后，该正、副巡长等务须破除故习，认真督饬。倘再仍前玩懈、瞻徇蒙混，定即从严撤办，其各懔遵。特札。

右札，马、步队正副巡长，准此。

呈为职商王佐臣禀恳购用机器开荒据情转请伏候示遵由

全衔　　为呈请事　　窃卑局现据分省试用知县王佐臣禀称"窃职商，素悉外洋开垦，专用火力机器。一日可垦数十垧，便利非常。亦恐所闻不确，复于今春亲诣外洋考查彼帮农学成绩，查勘垦荒机器，实属工精器美，为振兴农务所必需。况蒙荒尤非别处可比，幅员宽广，肥硗相兼，高者茂草，低者沮洳，剪棘披荆，既为人力之所难施，亦非旦夕所能奏效。若用机器开垦，不特资本较省，且易藏事。是以职商回奉后，先行备集股本二万两，创立务本公司，即在开垦蒙荒之所设立，并定明不招洋股，专为推广农学。先以机器垦荒办起，所备资本领荒之外，尽行购机。如果办有成效，即可逐渐推广。聘请农学教习，考查气候土质，讲求改良标本、肥料、选种，凡农学一切均拟次第推行。惟事属创始，应请局宪随时保护，并恳转请立案。职商不惜工资敢为先导，不特有裨农工，且从此开通风气，可否照举兴新事之章，量予在奉天所放蒙荒各处专办垦荒机器年限，以固创行之本而照激劝，亦祈代请奏咨。候机器购到，再行禀请办理。谨将创办大纲章程，附禀呈阅，即请先为立案"等情，据此，除批示听候转呈外，查卑局所放三等生荒出放未能迅速者，实因地太瘠薄，人工太贵，费用不赀，领之易而开之难，诚恐得不偿失耳。如该职商所云，垦地机器捷妙非常，如果属实，则机器一具常年可以开地万余垧，若置机数具，数年即可开荒数十万垧。倘能藉此鼓舞振兴，大开风气，则各处领户闻风兴起，踊跃报领，似数十万下地，亦何难早日报竣，是于荒务大有裨益。现在该职商业经报领三等生荒六千余垧，所有禀请，自备资本，不招洋股，开设农务务本公司，购置外洋火力机器垦荒，恳由官为保护各节。应恳宪台，垂念此举系属速兴地利、有裨垦务，可否俯赐照准，并饬交涉局、善后局先行立案，以便饬令遵办。至恳照举兴新事之章，量予专办年限之处，拟俟该职商机器运到，详加考验。如果试办确有成效，届时再当呈请宪台核夺办理。除移行省局外，理合备文，呈请宪台鉴核，伏乞批示遵行。须至呈者。

右呈军督部堂增。光绪二十九年九月初一日

批　呈悉。购办机器开垦地亩，固属振兴农[业]藉开风气。惟专利一节，是否与定章相符，候咨请商部核议，复到再行饬遵。至所称蒙荒各处，甚属笼统，究竟先由何处起办，并如何明定限制，应再详切禀明，不得稍有含混。切切。仰即转饬查照，另禀候核。缴。

督宪札为购机开垦咨准商部核复饬遵由

军督部堂增　　为札饬事　　案准商部咨开"光绪二十九年十月初八日，据盛京将军来文内开'准札萨克图蒙荒行局呈称，据试用知县王佐臣禀称：

窃职商素悉外洋开垦云云，至如果办有成效，再当呈请核办等因，据此，除批示外，应咨贵部查照核复'等情前来。查该职商，拟集华股设立公司，购买机器垦荒，洵于农业有益。惟蒙荒地大，若仅予该职商以专办年限，于垦务转形不广，究非开通风气之意，所请应毋庸议。至该局所办领荒章程，是否妥协，应饬详细报部查核，相应咨行查照办理"等因，准此，合行札仰该局知照办理，并转饬该职商知照。特札。

右札蒙荒行局，准此。

札为前因转饬务本公司知照由

局衔　　为札饬事　　照得本局于光绪二十九年十一月十一日，案奉军督部堂札开"案准商部咨开"云云至等因，奉此，合亟札饬。为此，札到，该职商即便知照可也。特札。

右札务本公司准此。光绪二十九年十一月十二日。

呈为现拟移局至荒仍留收支在郑并请添提调由

全衔　　为呈请事　　窃卑府心田现将局事料理清楚，各起业经催饬一律开差。拟定九月初四日携带关防同卑职寿祺、福升带领各员司陆续赴荒，与职福龄同驻荒段，俾期就近通筹，居中调度。卑府心田到荒，将东公界址亲往分清。三等生荒果能报领踊跃，拟将卑局职事较减，各员均请改为绳起，一律丈地。届时，应与职福龄体察情形，酌核办理。并议由职等总、帮办四员亲赴地所，分督各起赶紧丈放，务期迅速蒇事。只有公款一节关系重要，不能不格外详慎。查辽源州系属州城，地方通顺，近来行使好银，于领户交价、卑局收存款项、解银送省均为稳便。而收支委员纪应澜，洁慎自矢，笃实可靠，拟将该员仍留驻郑，饬令带领司书等妥慎办理收支事务。惟是卑局总、帮办既经全移晋荒，距郑甚远，所有采运荒上食粮、添购丈地物件，尚皆取给于郑，而领地各户报领交价，亦悉会集于郑。是郑家屯一隅，仍为卑局中权枢要之区。举凡招徕领户、稽察票张、照料收解款项、核发粮物价值，以及承转来往公文，事体极为烦剧，在在均关紧要，非有明白妥实之员从中主持诸事，实难臻允协。查有卑局主稿委员候选通判钟祺，熟习情形，堪胜斯任。拟请宪恩，可否赏添卑局提调一缺，请以钟祺升补，仍照主稿原定薪水支领，派驻辽源州办理一切支应事宜。与收支委员遇事和衷商榷，妥为经理。遇有重要事件，仍当随时禀诸卑府等裁夺。至主稿一差，综司案牍，事繁责重，尤属一时不可无人。查有帮稿委员尽先即选府经历刘作璧，才具明敏，谙练公事，即请以刘作璧提补主稿委员，仍领帮稿薪水以节经费。如此量为转移，不但名实相符，实于卑局办理荒务确有裨益。如蒙宪台俯准，请即赏发委札，俾得各专责成。

卑府等系为慎重要公,因地制宜起见,是否之处,卑局未敢擅便。除移知省局外,理合备文,呈请宪台鉴核,伏乞批示遵行。须至呈者。

右呈军督部堂增。光绪二十九年九月初一日。

批　呈悉。准如所请。候分别札饬委员钟祺、刘作璧遵照。并候饬蒙荒省局知照。缴。

呈为现留收支在郑移请辽源州巡捕队保护由

全衔　　为呈报事　窃卑府等现拟移局晋荒,只留收支委员纪应澜在辽源州办理收支,主稿委员钟祺在郑经理一切支应、承转事件,业经另备公文呈报宪台鉴核在案。惟查卑局在郑经收荒价公款关系紧要,现已一并备文移请办理辽源州设治事宜蒋丞文熙、驻札辽源州巡捕队吴总巡俊升一体妥为保护。除分移外,理合备文,呈报宪台鉴核施行。须至呈者。

右呈军督部堂增。光绪二十九年九月初三日。

批　呈悉。候饬北路统巡恒玉、辽源州蒋文熙一体派队,妥为保护。缴。

呈为三等荒土薄滞销拟变通分卯交价以广招来由

局衔　　为呈请事　窃职局办理荒务,所有三等生荒土色硗薄,招领经年,领户仍多观望。职等再四筹商,拟为变通办理。如领生荒数千垧至数万垧者,方准请领绳弓往拨,仍于变通之中不失挨放之义,且暂缓限期分卯交价。惟必先将限期、款数、卯数定明,实有殷实妥保者,方准如此通融。职局方兴此议,即有多户闻风候示报领,似此踊跃,今冬可望卖尽。所有变通缘由,理合备文,呈请宪台鉴核,批饬遵行。须至呈者。　　右呈军督部堂增。

批　呈悉。准其变通办理,以广招徕。候饬驻省总局知照。缴。

督宪札为蒙旗呈称委员越界行绳不恤台壮各情饬局查明声复由

军督部堂增　　为札饬事　案据札萨克图郡王乌泰呈称“光绪二十九年闰五月初十日,准军督部堂委员等移称:‘为移行事,案照敝局开放蒙荒,原系钦差大臣裕　会同盛京将军奏明贵旗荒地,计出百万余垧。兹查去年及本年所放之地,由敝局仅出放七八万垧,上地尚缺至六七万垧,中地缺至七万垧。贵旗迭次补添户名指领,贵旗地局又请留围牧、庙宇坐落,除台吉、壮丁应留房身地亩外,旧户于原领之外,仍留生荒余地,希图谋利。是此种种各情,办理实非易易。况已交荒价领照各户守候至今尚未得地,将来如无地安置,殊于奏定章程大有关碍。兹拟原垦大小户,一律匀丈地亩,大户多者不过两方,计荒地九十垧。余荒由绳弓丈明数目,按名登记册内报局查核,以便挨名拨给新领各户。其台吉、壮丁分租各户,以及自占、自种坐落各户,每户给荒地一方，计四十五垧，系无租地，均按名填入册内，以免胶葛。敝总办亲诣地所监查，各绳毫无隐匿情弊。然丈地放荒，虽归敝局专司，而荒地之有无，能否足放，出自贵旗主持。兹由贵旗给各庙指领地亩甚多，倘或不敷百万垧之数，恐于奏案有关。相应移行贵旗，查照见复'等因，准此，查光绪二十八年十一月间，本旗呈报军督部堂，声明本旗出荒北以野马图山、那吉哈达、连花图、古力班莫多等处为界。由野马图至边招长三百余里、宽百余里，其中有碍坟墓之地留出若干，因丈放生、熟各荒不敷丈放，拟越野马图行绳丈放等情。当经本旗，移行委员文开'为移行事，本年闰五月十二日，据本旗野马图地方居住户长四海伯洛特等呈称：窃身等原垦北界乌力得各哈普奇勒地方，现已越界行绳丈放等情，据此，查前经呈报将军开垦本旗荒地系以古力班莫多、那吉巴罕哈达、野马图等处为界。现既越界行绳丈放，随派梅楞阿敏卜虎、笔奇格其富宁阿等往查去后，旋据伊等禀称：职等遵札赴彼，见监绳金委员查询，示以札萨克王爷札谕。据称，并非伊擅自在此丈放，系奉本局所拟，拟由陈户地边丈至图鲁勒吉地方，给八家子民人孙姓丈量地段。其塔力堨、塔连哈达、额林索格等处均拟丈放。现奉有本局总办札文，兹既王爷谕令，只有暂行缓丈，禀候示复等情，禀请查复前来，据此，核与奏案不符。查开垦此荒东、西、南、北四至界内，并未言及能出荒地若干。越界丈放之地，向系本旗台吉、壮丁游牧，前因贼匪肆扰，避乱迁移四百余户在彼坐落，众蒙免致流离。是以移请贵局，就近即行停丈、饬禁，并祈见复'等因，移行在案。若果加放，于本旗台吉、壮丁牧养牛马大有关碍。再出派委员等均各自专，与民人丈量好地并不恤及台吉，于原奏谕旨告示似属不合。以上各情，仰恳贵军督鉴核，照前呈报文内界址，拟定饬复遵行"等情，据此，合行札到该局遵即查明，声复毋延。特札。

右札蒙荒行局，准此。

呈为蒙旗呈称越界行绳不恤台壮遵札声复由

全衔　　为呈复事　　窃于光绪二十九年七月十三日，奉宪台札开，除原文省繁邀免全录外，据札萨克图郡王乌泰呈称"准行局以荒数不敷移商该旗，并委员越界行绳并不恤台吉"等语，据情饬局查明，声复等因，奉此，职局遵查原呈内称：职局移称荒数不足百万垧，而该旗去年呈报地图，系北以野马图山等处为界，宽一百余里、长三百余里，并未言及能出荒若干一节。恭绎钦差会奏十条内载'该王呈验地图，南北长一千余里，现在开垦之区，核计该旗地址，已逾其半'等语。现在放荒，自应以已有开垦之地为断。夫一千余里而逾其半，则出放之荒应长五百里以外，方合奏案。今即就长五百里、

153

宽百余里计算，内除河泡、沙碱、庐墓、鄂博，所余净荒计百万垧，有赢无绌。该旗虽未注明有荒若干垧，而前呈钦差之地图，载明奏案，固非他人所能捏造。故宪台据以奏陈，职局据以招领。至去年该旗呈报之图，北以野马图山为界，南北长三百里，核与前呈钦差之图南北长五百里以上者，显不相符。若照长三百里计算，内除河泡、砂碱、庐墓、鄂博，则净荒难足百万垧矣。且查野马图山以北已丈垦户三十余家，垦户以北二龙索口等处，已有垦户均尚未丈，则以野马图山为界不可为凭，可以概见。故去年宪台据报，并未饬下职局照办，仍饬职局与该旗会勘北界方为定案，仰见宪台并未照准，该旗何得援以为据。查该王以荒抵债，及使过佃户押荒各银两已及二十余万之多，预计该王应得荒银若不放至百万垧，则已过支银两，未免侵用报效及台壮等应得之数，遗累实有可虑。惟自开办以来，该王呈省、移局请留地段不一而足，今放未及半，又复阻止绳弓，动称越界。故职局声明奏案千万亩之说，与该王过支银数各情，行文商订，俾其公私兼计，若能解悟，庶免掣肘。此职局以荒数不足，移商该旗之实在情形也。原呈又称金委员越界行绳，不符奏案一节。查职局署十二起委员金祥，于闰五月丈量图鲁勒吉地方生、熟荒地，该王曾派台吉来段阻止绳弓，势甚凶暴，经该员婉谕方罢。继经职局行文征询，该王即以越丈各情移复前来。查荒段与牧场界址，呈蒙宪台札饬该旗与职局会同勘分去后，职局派员坐待数月，屡经移行，该旗迄不派员会勘，以致北界今未定，夫界既未定，何见为越。且图鲁勒吉南距边招仅及三百里，照奏案里数距界尚远。况其中二龙索口等处已有垦户，照章应为安插，岂敢疏漏。夫界内据称越丈，已垦不许行绳，不符奏案，其咎谁属，固不待职局之申辩也。原呈又称图鲁勒吉为台吉四百余户之坐落，若果放荒有碍牧养一节。卷查合旗台吉共止四百余户，前经该旗移送名册有案，该旗北境牧地尤为宽广。该台吉等住处大约北境多而南境少，散处多而聚处少，安有合旗台吉聚居一处之事。且图鲁勒吉区区一隅，断难容纳如许多户。兹查该处除外旗垦户外，并无本旗常居之户，此蒙、民所共见者也。本非台吉所居，自与牧养无损，其为捏称可知。原呈又称委员为民人丈量好地，并不恤及台吉一节。查职局承办蒙荒，唯有一秉大公，不分畛域。该户等既备上价，按号核拨，不问是蒙是民，均可摊得好地，断难专提沃土留待蒙丁。查全荒好地，多为旧佃所领，皆系该王前此所放，何以甘付外旗，并不留与台吉。职局开办之初，早经宪台出示尽该台壮先领，而该台壮等留界既宽，生理颇裕，多无须于领荒。职局即将好地留与该蒙，而卒不报领，虽欲恤之而不能。且本旗先领之示，一再展限，段内台壮之居，已为留界。前该王为图鲁勒吉有台吉愿领荒地数户，移行到局，当时业已逾限，而指地报领，又属局章所无。职局因其系属本旗台吉，只得仰体宪施，特示优异照准，移复去讫。历查前后，所以待该台吉者只有失之过厚之处，所称不恤台吉，职等平心内问，访察员司，实属不知所据。溯查该王前此或请不放河北，或请自放城基，又请不放围场，又欲自领百里，去年预呈地图捏划北界，今复率称越丈，阻止绳弓种种行为，迹近阻扰。盖因该王历年缠讼，展转生方，以冀扣留北段荒场自放获利，借资弥补。此该王所由呈称并未指明荒数，及称越界各节之实在情形也。窃以该王前已自行出荒而讼衅以启，债累益深，可见不谙章程，自放反属无益。今既请员代办，职局蒙委，自应为大局〔起〕见，务使蒙、民两裨无偏倚。若不从中牵掣，俾得爽速办理。凡有垦户之处尽数出放，当能聚集巨款，除报效朝廷、分润旗众外，计该王之入款，岂唯堪清宿负。至台壮等除在荒内数十户，业为留界，生计无虞外，其余三百余户，犹有北境六七百里牧场，畜养蕃息，生理有余，似于耕牧咸宜，公私两益。唯有恳请宪台鉴查前情，可否饬复该王不再阻搅，俾职局得以迅办之处。除绘具垦户所在北界细图备查外，所有遵饬查明各情，理合据实呈复。为此，呈请宪台鉴核，批示遵行。须至呈者。

右呈军督部堂增。

附禀为声明蒙王阻挠绳弓揹留北段各情由

敬附禀者，窃查职局应放荒段，照原奏所指，南北应长五百里以上。而该旗去年所呈地图指由野马图等处为界，长三百余里，与奏案本属不符。职局去年开办之始，查询所指各该处，以北虽曾有户开垦，然已被匪逃去，而该旗去年所指之界，虽属不符，然南北几及四百里之长，足敷放拨。故职局初议章程，即照该旗去岁所指地方拟界，未与该旗据奏争执，盖仰体宪台嘉惠蒙丁之至意，姑为多留牧场也。按照此界计算，大约百万坰之数有赢无绌，故宪台复奏，有可放千万亩之说。惟下等荒砂碱太多，若扣除至尽，则百万坰之数难以放足。加以该王使用押荒及刘昶武等户银两已及二十万两之多。预计该王应得三分之一荒银，若放地不多，则已过支。须放至百万坰之谱，方可抵销而有余。且野马图山以北逃户，闻知开荒，今年后归开垦，若不为之丈拨，则如许之户，仍归该旗私租，未免又遗异日之衅端。无奈该王多方阻挠，留地、拦绳，职局不胜其扰。故特援奏案所指荒界南北应长五百里以上之数，与复奏千万亩之说，移行该王，以折其揹留北段之心，俾其不再阻挠，庶敷放拨，而公私两裨，此系实在情形。合肃附禀声明，恭叩钧安，伏乞崇鉴。职福等谨附禀。光绪二十九年九月二十日。

批　呈及附禀均悉。仰候札饬该王旗凛遵迭次奏案，毋再阻挠，致干察究。

缴。图存。

督宪札为蒙王呈称请安台吉并索城基丈数等情饬局查复由

军督部堂增　　为札饬事　　案据札萨克图郡王乌泰呈称"案查出放本旗荒地，向以野马图山、那吉哈达、古力班莫多等处为北界，绘具地图，备文呈报贵军督部堂在案。嗣九月间，军督部堂派委总、帮办等到旗面见敝王多次，并未商及荒地如何丈放情形，出荒地段亦未详查。已定即分为上、中、下三段，虽据总、帮办等呈报将军，其实应与敝王及旗下官员会商，将三段地内查勘明确。其中有无本旗台吉、壮丁房身及陈户开垦熟地若干，妥为勘明呈报为是。无如总、帮办等自主，不论地之能否足放，新招民户尽收上中等荒价，以致蒙、民掺杂。查出荒上、中等地内陈户开垦年久者多，下地户少，荒地实多，若尽指领上、中等地，有碍台吉、壮丁及陈户地亩，恐致滋生事端。敝王若执以畏惧奏派委员等不查不报，诚恐后有连累。除预先呈报外，再街基现已完结，究竟丈放若干，收价若干，迄未见复，无从而知。第应先将本旗台吉、壮丁坐落及户下原领地亩安抚后，呈报贵军督部堂，再收新户荒价，似两造各无贻累。然并非干揭委员等公务，唯恐蒙、民受累，激成事端。是以预先具报，并声明越丈原报地方情形，仰恳贵军督鉴核恩施，拟以无碍办法，俾安合旗蒙古生计，并请将先后呈报文件，按照地图由贵军督部堂俯赐备文饬下，两造遵办，以免贻误。奉旨要公，望速施行"等情。据此，合行札饬，札到该局，遵即查明，切实声复，以凭核办。毋延。特札。

右札蒙荒行局，准此。

呈为遵饬查明蒙旗请安台壮暨城基地数等因由

全衔　　为呈复事　　窃于光绪二十九年七月十三日，奉宪台札开，除原文省繁邀免全录外，据札萨克图郡王呈称"总、帮办等面见敝王，并未商及荒务"等语一呈，蒙饬职局查明声复等因，奉此，遵查原呈内称职等未与该王及该旗官员会商一节，职心等去年九月到荒，一面采勘荒地，一面赴该王府与该王暨该旗官员等面商荒务，在王府逗留数日具报有案。当时面请该王传集印军、台吉等，因屡传未到，面嘱职等代为移传，而该印军等终未到旗。旋复约在莫勒格池会议，及至该处，等候多日该王始到，而巴印军与排山达色亦到数员。职等一面与该王拟议各等荒价一切事宜，一面对众宣示所议放荒各节，该旗员等均无异言。而该王商及加价尽归旗王一节，意见甚惬，故职等即将拟议各节呈夺，均各有案可查。职等若非与该王商订办荒事件，何以在该王府逗留与在莫勒格池等候竟至数日之久。若非与旗员台吉会商，何以代为移传。至该旗员台吉等或到或否，则系若等不求预闻，职等开办事繁，断难家访而户告之也。原呈又称：段内有无台吉、壮丁房身，陈户开垦若干，应先勘明为是，无如总办等无问能否足放，以致蒙、民掺杂，尽指上、中等荒，有碍台吉及陈户地亩，恐生事端一节。查职局首先开办拟具章程，即有酌留段内台吉房身、牧场一条，继复专呈请示奏准后，均已陆续移旗。若非先已查明，何以拟章具请，成案固俱在也。其陈户垦地，从来未经绳丈核对，该旗册籍仅有户数、花名，询问揽头，亦只能有仿佛，自非编历，绳弓何能预为估计。至称上、中等报领户多，下地户少，足见利在争趋，职局分等尚属不谬。且上、中等职局早经呈准停收，固已预防溢放。计前经收价之户，但期该王原指地段不再指留，当能一律安插。至界内台吉既已先尽报领，又为留界，仍准挨领生荒，并于北界拟留大段牧场，生理极广，新户所领固两不相干也。若陈户则既领自垦，复领挨号，竟有领地有余兑与别户者，该王前曾行文，请局示禁有案。足见新户虽多，于陈户地亩毫无妨碍。如因蒙、民掺杂恐生事端，查此荒未经官放以前，因匪、因荒酿成巨讼，当时蒙、民并未掺杂，何以事端纷出。又查近边康平等县，均系蒙、民杂居，日久相安，两无妨碍。可见地方事故，但问治理之何如，不在居人之纯杂，似亦无庸过虑。原呈又称：城基放完，迄未见复一节。查城基于五月始行放竣，当经造册、绘图，一面呈报宪台，一面移付该旗去讫。计该旗此文呈省之日，职局前移尚未抵旗，故致多此一问，此时早已接准见复有案矣。原呈又称应先将本旗台吉、壮丁坐落及户下原领地亩安抚之后，再收新户，请拟无碍办法一节。查先行查明旧佃，丈清生、熟荒地，然后招领，各处办荒亦有此例。但此荒系钦差会同宪台奏准，仿照札赉特开荒成案办理。该荒系属丈、放并行，生、熟兼拨，与先丈后放者较为爽速。故特奏请仿行，现已照办年余，何敢轻易更改。此职等遵饬声复之实在情形也。事涉藩封，端资信实，职等祗承宪示，只有据实直陈，不敢稍事隐讳，所有遵饬查明各情，理合具文呈复。为此，呈请宪台鉴核，伏乞批示遵行。须至呈者。

右呈军督部堂增。光绪二十九年九月十七日。

批　呈悉。候饬该王旗知照。缴。

为饬领户听拨催熟户缴价暨停放窑基各牌示晓谕由

本局示　现订于本月二十七日，分饬各起丈放生、熟各荒，所有领票人等急早自赴本局，认明某起，以便随赴荒段照号丈拨，合亟牌示。为此，示仰该领户等即便遵照，毋得稽延，致干撤销。切切。特示。

告条　本局示　现派各起丈放上、中、下三等熟地，尔佃户等，务须遵照前示所定期限，速赴本行局报缴价银。倘敢抗延，定即撤佃归公。各宜凛遵，勿违。切切。特示。

本局示　　照得本局招放窑基烧做砖瓦，以备修造。今查各户报领窑基已有十余所，已属敷用，应即停放，以示限制，合亟牌示。为此，示仰尔领户等，即便遵照。切切。特示。

局衔　　为牌示事　　照得双流镇创设街市，所有街巷必须宽敞，盖房尤应齐楚，以利行人而壮观瞻。凡领街基之户，如盖临街市房，均宜先行报局勘齐街面，再行起盖。各户门前均退五尺起立门面，其房式拟以举架均高一丈零八寸为准，房檐准出二尺二寸，概用门尺中义字之数，不得随便高低，亦不得前后参差。至于地身高矮，虽系不能齐一，亦应左右配合，不得旋高旋低，是为至要。为此，牌示周知。倘有违式起盖者，如被查出，定责拆改，从重罚办。切切。特示。

局衔　　为出示晓谕事　　照得本行局现已饬传揽头，迅催各领户呈缴荒价银两，以凭掣给信票，而便汇总报解。惟银色低潮，折扣既恐累民，宽收又碍难交款，不得不量为变通。除零星小户，准其随时赴局呈缴以示体恤外，其荒价较多者，应赴郑家屯投本局驻郑提调处报明，将银交付豫顺亨银号领取收条，回镇换票，以昭慎重，合亟出示晓谕。为此，示仰各领户一体遵照定章，按期缴价。倘敢因循观望及饰辞抗延，定即撤佃归公，决不宽贷，各宜凛遵，勿违。切切。特示。

右仰通知。光绪二十九年九月二十八日。

本局示　　为牌示事　　照得荒段各户，所有抛地逃走，以至二三年未曾种地、纳租者，照章应归官放。查该逃户等竟有仍向揽头要索原地者，殊属可恶。合亟牌示尔逃户等知悉，倘再如此，定即传局严办。切切。特示。

为牌示事　　照得现届绳弓告停，事务粗定。凡台吉、壮丁暨原佃人等所领生、熟地段，一经官绳丈过，只宜各守各界迅速缴价，听候征租。其先前逃户、弃户等，尤不准再出认界，并冒称己地丈给他人等情，以省烦扰，合亟牌示。为此，示仰台壮、佃户各色人等一体知悉，务宜恪遵禁令，各安生业。倘敢故违，定行从重惩办，决不姑宽，勿谓言之不预也。切切。特示。

局衔　　为出示晓谕事　　照得本局前以王旗暨台壮等纷纷支银，漫无限制，应俟荒务放竣通盘筹算，自王府以下台壮、喇嘛人等均照应得之数，秉公分拨，务使不偏不倚，仍由军督宪奏明分放等情，业经呈报在案。兹于本年十月二十九日，奉到军督部堂增批开"呈悉。候饬该王旗转饬台壮等一体遵照。一面即由该局出示晓谕，并将示稿送核"等因，奉此，除遵抄示稿送核外，合亟出示晓谕。为此，示仰蒙旗诸色人等一体知悉，自示之后，各宜静候荒务办竣时，由军督部堂奏请分放。该王府以下台壮、喇嘛人等应得荒价，决无乖错，万勿仍怀猜忌，有负上宪体恤蒙旗之至意。切切。特示。

右谕通知。

局衔　　为传饬事　　照得三十户、七十户生、熟荒地，早经丈放，立待缴价，以凭解运。应饬该揽头迅速严催各户，定限本月内将价缴齐。如再玩延过期，定行撤佃另招不贷，合亟传饬。为此，传仰该揽头即便遵照，毋延干究。切切。特传。

右传三十户、七十户揽头等，准此。光绪二十九年十一月二十日。

为二月初一日开征租赋饬差催纳并一面催缴荒价由

局衔　　为传催事　　照得本局各起所丈熟户，迄未交价者尚多。现订于二月初一日开征，经收该户等二十九年份租赋，应饬届期交纳。至所欠地价，尤须先期交清，以重公款。合亟派差，携同各该段揽头达拉嘎迅速传催。为此，传仰尔佃户人等一体遵照，务须如期赴局纳租。其未交地价之户，限于开征以前，作速缴清地价，仍将租赋如期完纳。倘敢抗延，立即带辕，除撤佃外，仍予严办不贷，其各懔之，勿违。该催差及揽头达拉嘎等亦不能借端勒索，致干查究。切切。特传。

右仰催差持传揽头达拉嘎、佃户。

为双流镇街巷均留余地七尺由

为牌示事　　照得双流镇创设街市，所有街巷必须宽敞始足以利行人。前经牌示，凡盖临街市房，门前均退留五尺。现经本街铺商先后来局禀称：退留五尺，仍形窄小等语。本局查核属实，兹定门前均留余地七尺，俾资阔达，合行牌示。为此，示仰起盖市房人等知悉，自示之后，务须遵示照留，毋得吝惜尺土，致挠公便。切切。特示。

光绪三十年二月初十日。

移为蒙旗暨各庙指留荒地过多恐不敷拨放请预先指定处所以便拨给由

局衔　　为移行事　　案照敝局开办蒙荒，前经钦差大臣裕　会同军督部堂增　奏明贵旗荒地足放百万余垧。今核去、今年两年，敝局实拨仅在七、八万垧之数，而收银未拨上地尚缺五六万垧，中地尚缺七万余垧。而贵旗迭次来文补添户名指段要地，贵局亦复移请欲留向来各旗打围处所，各庙喇嘛亦屡恳留跳塔、鄂保、水泉、庙地，加以台吉、壮丁要留房身己地格外加多，更有旧垦各户均照原写之数恳拨荒地，仍求多展冀图渔利。似此纷纷高下其手，勘办殊非易易。若不预为酌定均一之道，率听官民表里贪占，漫无限制，其已经交价领票未得荒地各户，必致无地安插，实与奏案放荒一切定章大有窒碍。兹拟原佃力薄垦少之户，量其自力能交荒价多寡拨予地亩，仍限其不得过熟地一倍。如力足者，荒熟并计每户不得过两方，计毛荒九十垧。所余之荒丈明弓数，造入空名毗连清册报局查核，以便挨号指安收项领票新户。其台吉、壮丁既在得分租银之列，凡遇自种自居房地，每户已准拨给一方，计毛荒四十五垧，造入无租毗连清册，以示限制而免纷争。敝总办已拟亲赴荒段，按起搜察，无容隐漏。然丈地、丈荒乃是敝局之责成，而荒地之有无，能否足放，均系贵旗、局之主持。今贵旗、局暨各庙指要留地，各地之数如许之多，将来如不敷百万之数，奏案攸关，究由何处拨给之处，亦应预商。贵旗、局先为酌夺指出处所，然后所指、所留、所要之地必照来文拨给。除分行移商外，相应备文，移行贵旗、局，请烦查照，先行见复，以待照办施行。须至移者。

右移蒙旗、蒙局。

移为蒙旗移称起员越丈并称何以预测不敷百万垧之数等情移复由

局衔　　为移复事　　案准贵旗移开："都尔吉地方起员越丈。"又准移复："何以预测不敷百万垧之数，难拟续添补放。"前后移付前来。查放荒原奏，系就贵旗全境地址而论，只准酌留牧养，并无某处应放、某处不应放之语。而敝局禀请会定北面牧场界址，贵旗迄今亦未派员会分。窃夫牧场既无定界，而放荒何以越界之有。至称去岁呈有印文，内有北至野马图等处，南北长三百里等语。究系据何成案所定，敝局无从考核。恭绎钦差原奏第五条内载"查该王呈验地图南北长一千余里，现在开垦之区，核计该旗地址，已逾其半"在案。将军复奏，亦有千万亩之许。今贵旗遽以南北长三百里，显与奏案不符，未悉以何为据。至请为敝局计，应否准照贵旗以后之文，抑或遵照钦差从前之奏，各等荒熟地数，贵旗亦有行局，已丈未丈自必有数。上、中号荒现不敷放，领户久候未经得地，人所共知，何不可预测之有。查都尔吉附近他拉根、那津河、二龙索口北面，贵旗私招之户，亦在其内夹杂。敝局奉派丈放贵旗之荒，凡有垦户之处即系应丈之荒。夫招户始自贵旗出荒，全旗分价叠经钦差、将军奏奉谕旨。开办之后，而贵旗并不度地多寡，前后来文以荒抵债，以债取银。更或不放河北，或自留百里，或不派委员勘界，或纵容台吉拦绳，或塔地、庙基之外指处留荒，或留围场闲旷之区。台吉、壮丁、喇嘛人等聚众悬领荒银，甚至都尔吉附近地方，在贵旗则可私招，在起员则为越丈。地不敷放，置若罔闻，反责敝局不应预测，种种情形历历有案。叠次谕旨贵旗是否不愿遵照，其百万之荒贵旗是否有无其数，抑或全荒仍欲违例私招不准官放。本年秋间绳弓到段，有户之荒是否一律出放，应希逐层示复，以便先期禀明办理，免致一误再误，相应备文移复。为此，合移贵旗，请烦查照，见复施行。须至

蒙荒案卷

移者。

右移札萨克图郡王旗。光绪二十九年六月初三日。

函复蒙王荒如不足百万其不便有三剀切陈明由

郡王爵前：叠荷云章，倍承拳注，临风骧首，罔罄驰依。恭维鼎绋绗绥，戟门增帜，引觇卿霭，无任荼铺。某前奉檄办荒，因得查询贵旗事件。于爵前之为人，初未深信；及来荒界，博采舆论，均称爵前忠厚待人，出言必信。厥后一次晤教、三次奉函，见夫笃厚之诚、谦冲之度，溢于言表。然后知爵前可与共远谋、可与济大事，欣喜钦佩，有不可言。而往来函酌，和衷以济，如某者尤承格外奖爱，异于他人，实深感志。嗣此以后，凡于贵旗有益之事必当尽力，凡于爵前有益之言必当尽言，庶有以报此美意也。顷接大牍，以委员越界见责。查原奏出荒，系就全旗而论，只准酌留牧场，并无某处应放、某处不放之语。既无定界，何越之有。且都尔吉等处，系在野马图山后三十户迤西，已有之垦户处所，并非台壮所居之地。此时贪食私租，后日受其遗累。敝局遵奏经营旗产，凡遇此等地方正当清厘，何贵旗既可私招，反不准敝局绳丈。然敝处仍为贵旗设法，拟将此荒照奏案放足百垧，所余北境大段数百余里划为牧场，如此，则将军不失信于朝廷，而牧务、荒务两有裨益。今者将军及敝局所收各等荒价为数已多，而王仓以荒抵债之款数亦甚巨，加以台壮留界、塔庙留荒，计与百万垧之数尚差大半。此时领户群集，无荒可拨，退价则款有支销，遣散则谁甘放手，以数千百之户，捐数十万之银，顿令银地两空，势非京控、省控不得地不止。此荒不足，则领户有不了之局，非放足不可者，一也。查现放生熟荒价仅数十万两，除去报效及各局经费、兵饷，与台壮、喇嘛应得之数，其应归王仓者不过数万金。而查爵前用过之款与以荒抵债之款，已及廿万有零，与王仓应得之数计算，尚欠十万之多。还债则必侵用台吉、壮丁之款，不还则宿欠仍存。宿欠若存，则本利展转，日久月长，仍当以荒抵补，所失滋多，达尔罕王之事，此爵前所亲见也，侵用若多，则台壮不服，互相讦控，贵旗之讼案又无已时矣。此荒不足，则王仓有不了之局，非放足不可者，二也。查甘愿出荒，贵旗具结于前；荒足百万，将军据奏于后。今放未及半，而贵旗纵容台吉拦绳，遽责委员越丈，塔、庙更留余地，荒内复留围场，如此揩荒不放，以致不符原奏，使将军有奏对不实之名，想将军于爵前相待不为不厚，交谊不为不亲，胡为一中途改计，令将军无以对朝廷，即爵前何以对将军。此荒不足，则将军有不了之局，非放足不可者，三也。然爵前既不顾将军之颜面，将军亦何所回护于爵前，势必将贵旗揩荒不放，如台吉拦绳、阻止越丈各节，据实入奏，请旨遵行。至是时朝廷来抗旨之谴，旗众兴侵款之讼，欠户索债，领户索荒，百绪纷来，不得已而仍当补荒以了事。与其补之于后，何若不吝于前。爵前试权利害，当知咎之所归矣。至为敝局计，则荒之多少，放与不放了无关系。有荒准放则照章办理，捎留不放则据实禀明，早日报竣，一切烦恼有人任之，于敝局固无碍也。然而某既承爵前相爱之厚、相待之优，倘为敝局计，而不为爵前计，且明知后来大有关碍将不利于爵前，竟知而不言、言而不尽，问心实属难安。况今日之事，或非本意，一时之见，或有未及，故不惮烦数，一一备陈。如蒙鉴察此心，从长酌议，俾此荒敷放，则不惟宿欠可清，台壮无语，而且余资可得巨万。不惟领户感德，而且租赋岁增。不惟将军有以符原奏，而爵前亦足以对将军。盖一举而三善备焉。若不鉴此心，仍执成见，则请早赐示复，俾得转禀奏停以免两误。某素性质直，不解欺人，凡所陈说是否，实为爵前起见，想蒙鉴照耳，迟数日某当派员蹐府，以面达未尽之情，并候指示，以定行止。先此肃布，敬请崇安，希维霭照不俄。福　顿首。

敬再启者，前奉惠书，以本旗台吉恳分荒价，请暂勿分给一节。日前台吉等聚集多人来局声请，本拟酌为发给，以济困贫，然既承敦嘱，只得如命办理，刻已婉为开导，从缓发给矣。知关注系，特用附陈。专此，载请时安。龄再启。

移复蒙旗为台壮拟领续添之荒地及都尔吉一带即请开单见复由

局衔　　为移复事　　案准贵旗移开："荒界丈竣，拟为续添补放荒地，本旗台壮等已禀承领。"并准函称"都尔吉一带所居台壮，意欲请留几名荒地，若不得已，即照定章缴价报领"各等因，准此。敝局续查函语，始知移内所称补放荒地，台壮已禀承领，系指都尔吉一处而言，且都尔吉之内亦止请留数名，为数无多。查凡本旗台壮现住荒界之内者，准其酌留界址作为牧场，以示体恤，定章有案。而该台壮数名，如实系在该段界内居住，敝局丈放时自应挨其房地留出界址，断不令其失所。如非界内居住愿领其中荒地者，查定章本旗出荒应先尽本旗承领，由将军出示晓谕予限一个月，逾限不领即招外户。现在都尔吉之荒既允出放，本应安插曾经交价之户。惟台壮又欲认领，虽已逾限多时，然既仅此数名，姑准一律安置，仍须照章先行缴价掣票候拨，以免见遗。该台壮等是否留界，抑欲领荒，应请分别开单见复，以凭核办。相应备文，移复贵旗，请烦查照见复施行。须至移者。

右移札萨图郡王旗。光绪二十九年六月二十四日。

函为蒙王函称续荒以敷百万之数暨与道尔吉等照银给地由

郡王爵前：顷接复翰，叨承拳注。

函内所言，续展荒地以敷原奏百万之数，及台吉、寺庙请留各地，能由别处拨出，断不敢有违谕旨之意各等语。核与敝局会商、委员所禀相符，足见爵前为人笃厚，大度涵宏，不独以朝廷为怀，且复笃于友谊。惟荒不足数一节，既然允补，则敝局自可安插各户，而爵前宿债从此亦可了结，台吉等再无争执之患。至函内所指都尔吉一带荒地，台吉意欲交价报领请留几名一事，详核此段既允出放，伊等自请备价领地，乃与各户领地事同一体，而先后情形不同。敝局开办之始，予限先尽台壮报领，展限复招历历在案。迨招外户备价报领地段之内不敷百万，以致挨号领户无以安插，故备文加函派员往商于爵前。然既示有荒可展，且为台吉商领数户荒地，未悉留荒台壮系在界内、抑在界外，自应按照领荒定章，分晰开单，另由公牍见复，以备札饬该段监绳照办。又称道尔吉西勒布银七万五千九百八十两，爱敏萨合气银二千六百两，该垦户等既以借款领荒，伊等所指之地虽未占领，诚以爵前所示，不使钱、地两空，应俟续补缺荒之时定遵来示，仍将此二户照银给地。如愿领银，必俟荒地丈竣，核清爵前既有应得之款，亦必照数开发，万不致有负爵前厚意。特此布达，顺请崇安。余希戬照不庄。

移复蒙旗为饬员勘定界址于外不准展越等情由

局衔　　为移复事　　案准贵旗来移，转据梅楞章京四等台吉爱力比吉呼等联名请留都尔吉荒地并各处碱泡，据情移行到局。查放荒原奏内载，此次安插客民，请员代办。又载，先尽本旗纳领。又载，开荒定界各等语。惟开办之初，迭次予限，准令报领。嗣因予限报领无人，始收另户荒价，行知支使在案。其贵旗定界报省，并未奉复，亦未会勘，又无确图。故饬委员，凡有贵旗招垦客民之处，全数勘作应放荒界。兹准前因反复详绎，敝局丈放，本系贵旗原籍之地，租价亦系贵旗各有应得。既称都尔吉倘不得已出放，其由纳晋哈达、巴汗哈达等处垦户界址以北沁图札拉克等五处，留作孳生。设果不敷百万，尔时两相酌商等情，本应从权办理。但文内所称地名如许之多，遍查贵旗图内，并未注有似此名目处所，碍难稽核。绳弓到段，工难停待。只得遵移严饬委员，务在贵旗所招垦户之处东西相平，以卯酉方向勘作应放之界，于外丝毫不准展越。界内之荒，已经安户之处无庸夺佃，其未经安户之处只准安足曾已交项挨号之户，不准于外另招来往游行之人承领。设如剩有余荒，报局查核数目，先尽贵旗之户交价认领。除札饬遵照外，相应移复贵旗，请烦查照，饬起照办，见复施行。须至移者。　　右移札萨克图郡王旗。

移复蒙旗为牟喇嘛徒弟等恳留庙基两方查系外旗仍应照章价领由

局衔　　为移复事　　案准贵旗移开：据双金茅图哆啰牟喇嘛徒弟干珠

尔加卜等禀请，在屯堡就近恳留庙基两方创修经殿，其余作为僧众马场等语。转据请局饬起在三十户道东，依禀酌留等情，准此。查系外旗喇嘛来此求地修庙，准其留荒，则可仍应照章发票交价、纳租。除饬起照文酌留外，相应移复贵旗，请烦查照，转饬施行。须至移者。

右移札萨克图郡王旗。

移为蒙旗请留石厂苇塘等处暨荒内不准烧窑烧酒各情由

局衔　　为移复事　　案准贵旗移开"荒界以内，遇有祭祀山泉、关庙、台壮等庐墓应留余地，并石灰厂石所、煤所、碱场、苇塘、山林树木各应酌留，由本旗日后出兑。且荒内不准任意烧酒、烧窑、放船、领买林木、网梁河鱼"等因，准此。查原奏条载，该旗不谙放荒章程，请员代办。又载，开荒立定界址。又载，招垦详查札赉特成案办理。又载，垦户所种之地，丈清坰数，核收荒价各等语。自开办以来，贵旗虽经定界，而定界之外尚有垦户，诚不足以为案据，且未先期会同勘明尤难以为定界，自可以户定界免至疏漏也。此次所指一切留地，地名均不知在于何处。遍查各图无注写，似此地名委属无从照办。唯丈过之地，遇有庙、泉、庐、墓均已随时酌留，造录图册有案。未丈之地，自必量予也。至所称石灰石厂、石所、煤所、碱场、苇塘、山林树木均在何处，并未绘图贴说，难以饬起查找，而札赉特成案亦无似此办法。是在荒界之内，自应归于荒图，不在荒界之内，应由贵旗办理。其称荒内不准烧酒、烧窑、放船等事，原奏并无此等定章。况放荒所以安民也，荒地街基既经出放，仍限民生业，似于奏案、成案均属不符。除分移外，相应移复贵旗，请烦查照施行。须至移者。

右移蒙旗。

移为蒙旗布合勒侵占房基一案因未指明地方移复查明由

局衔　　为移复事　　光绪二十九年十二月十四日，准贵旗移开"管旗章京色伯克［札］卜之房基坐落，被哈尔沁布合勒等侵占一案。查该台吉并未立文约将房基给布合勒，系布合勒强占，应拨给色伯克扎卜地四方，并重惩布合勒"等因，准此。查此案于本年十一月初六日，准贵旗抄呈，移局在案。敝局因不知所称巴勒阿拉勒地方在于何处，又因前有河夹信荒段，准贵旗来文准给［伯］罗，旋又移请拨给台吉，前后两歧。当经查明，该处仅有台吉一户，业经饬起留界一方，余外熟地已照章给原户承领，移请见复亦在案。兹准来移，所有台吉色伯克扎卜之坐落巴勒阿拉勒，是否河夹信内地段。其哈尔沁布合勒是否即前案之伯罗，前后是否一案，来移仍未指明，敝局无从查核。相应备文移复贵旗，请烦查照见复，指明此案系在某揽头牌下，以便查办。须至移者。右移蒙旗。

移为蒙移台吉等请留图鲁勒吉等处查台壮并无此意已遵批安民由

局衔　　为移复事　　案准贵旗移开"据管兵梅伦阿敏卜虎并台吉等呈称'台吉等因图鲁勒吉、塔本札拉嘎等处免给他人'等情，移明行局在案，今反有民人五六十来此纷纷丈量，希为转行等情，据此，应希贵局听候督宪批示遵行，此等肆意之民，若不法办，日后蒙民杂处，两不相宜"等因，准此。查图鲁勒吉等处原有贵旗原招佃户，故敝局未便漏丈。前经贵旗以敝局越丈呈报将军，札经敝局查复，蒙批"呈悉。仰候札饬该王旗，凛遵迭次奏案，毋再阻挠，致干查究"等因，奉此。查此案敝局既已奉批，贵旗亦经奉札，敝局自应遵饬安民，并非该民等肆意侵入。且此次贵旗台吉、壮丁等二百余名赴局，请领荒银一呈，内称"再有本旗他勒根、莫力克图等处，王爷逼勒台吉等画押，说台吉等不愿出户。其实台壮等并无狡展争论，无荒何能放钱，台壮等不能如此无理"等语。查图鲁勒吉尚在他拉根等处东南，其他拉根台壮等尚不狡展，则图鲁勒吉早有垦户，更属在所不争。且查具呈台吉等二百余名已有阿敏卜虎等在内，均经来局面见敝总、帮办声诉，并无请留图勒吉地方之意等语。既系该台壮等均愿出放，日后当无不宜之处。应希贵旗仍遵将军前札，以重奏案。相应移复贵旗，请烦查照施行。须至移者。右移蒙旗。

为准蒙王移称前支阜海银三千两请由荒价通融查伊父已经领荒支银碍难重发移复由

局衔　　为移复事　　案照敝局于九月三十日，准贵王移开"阜海承领七户荒地，由起丈拨。然敝王业在江省由阜海名下支银三千两，迄今未归。伊现在旗置荒，理当应还，希贵局自敝旗应得数内，预为通融妥办"等因，准此。查自去岁冬间，曾准贵王移文，内有蒙古乌讷巴雅尔曾交现银二千二百六十五两，全指给荒地。迨经该蒙将银如数领讫，声言领地自行补交荒价在案。兹准来移阜海领荒支银三千两，惟阜海本系乌讷巴雅尔之子，领荒支银本系一事。况敝局经收荒价，贵王府应得之款，支使业已逾额。敝局现难重复照拨阜海领地，应令自行交价，以符前案而免重发。相应照抄清单，备文移复贵旗，请烦查照施行。须至移者。　　右移札萨克图郡王乌。

移复蒙局讯办钦达克殴打委员由

局衔　　为移复事　　案准贵局移开"兹据本旗七起委员等报称，在本旗六家子佃户钦达克家借宿被殴，并失去银物各件"移请究追。并据敝局七起德委员寿禀，同前由各等情，据此，当将殴打官差之张富泰即钦达克及邱贵二名，传局会同研讯。据张富泰供称，委员等带同绳起赴该蒙人张富泰家采觅住处，张富泰声称病人在室不肯留住，口角兼出不逊。经德委员面斥其非，该蒙人竟喝众殴打，并殴及蒙员，旋经屯邻劝阻而散。今经堂讯，该蒙人悔罪，只求恩典，并经邻佑出保，嗣后永不敢再有凶横情事。姑念乡愚无知，素鲜教化，从宽责释。蒙员所报丢失物件，据称当时并未查点有无，俟有寻获，情甘送还。邱贵讯系解劝，尚无帮殴，从宽免责释放安业，邻佑免具保结，以省拖累。相应备文移复贵局，请烦查照施行。须至移者。

右移荒务蒙局。光绪二十九年十月二十六日。

呈为蒙旗移过刘昶武荒银照收并价拨地呈报请核由

全衔　　为呈报事　　窃准札萨克图郡王乌移开"敝王前指地，先后用到黎生公司职商刘昶武银五万二千五百两，屡经呈报在案。现届放地，该职商来府，请将此款移知贵局收入地价项下，请烦照章拨地。由敝王应用款项扣抵"等因，准此。查职商刘昶武招集众户股款，既已交付该王使用，无款清还，移请拨地扣抵，若不照收拨荒，则数十百入股之户银地两空，被累实非鲜少。职局只得照准，将该王用过刘昶武银五万二千五百两，照数收入地价项下，作为该王已支荒银，并将此款与该职商前在总局缴过荒价四万零五百七十二两，合并核计拨给三等生荒一段，交该职商承领，仍派妥员监视弹压，并先丈熟户以免滋事。俟将该段内所有熟户丈出，即照该职商应得地数一律划清。除移行外，理合备文，呈报宪台鉴核，伏乞照呈施行。须至呈者。

右呈军督部堂增。

批　呈悉。刘昶武领地价银五万二千五百两，既据该王旗移知，准由该王应得项下抵扣，自应照章拨地。惟正价之外尚应报缴一五经费，来呈并未声叙明晰。仰该局仍饬职商刘昶武遵照可也。缴。

呈为恳札蒙旗缓支荒银并由局晓谕由

全衔　　为呈请事　　窃查札萨克图郡王乌泰，迭次拨还各户押荒及拨刘昶武之账，陆续在卑局支过银二十余万两，而又频来函牍，嘱令缓发台壮款项，以防挟作讼费。该台壮等亦恐该王所支过多，侵蚀众款，彼此防范，互相猜忌。一不满欲，两造均啧有烦言。若非预为筹划，诚恐另生枝节。拟恳宪台札饬该旗，并准卑局出示晓谕，统俟荒务放竣通盘筹算，自王府以下台壮、喇嘛人等均照应得之数，秉公分拨，务使不偏不倚。仍由宪台奏明分放，万无舛错。如此办理，则该旗上下，可泯猜忌之嫌，而卑局亦无所顾虑，公私两有裨益。是否有当，敬候钧裁示遵。所有拟请札饬札萨克图旗，并由卑局出示晓谕以安旗众缘由，除移行外，理合备文，呈请宪台鉴核，伏乞批示遵行。须至呈者。右呈军督部堂增。光绪二十九年九月二十四日。

批 呈悉，候饬该王旗，转饬台壮等一体遵照，一面由该局出示晓谕，并将示稿送核。缴。

移为蒙王请将民户陈有应交荒价拨归本账以还宿债由

局衔 为移复事 案于光绪二十九年十一月初七日，准贵王移开"请将民户陈有应交荒价拨归贵旗帐内，以还二十三年使过陈有银四万三千五百两之债"等因，准此。卷查前于五月间，曾准贵王函开"现有民人陈有等欲报领荒地十余万垧，其荒银不拘饬交何处，无不遵命"等因在案。今陈有所领之地既经丈拨，自应遵照贵王前函照章缴价，何得又以债务作抵。且贵王支过拨兑各款为数已巨，已奉将军批示"嗣后蒙旗自王府以下台壮、喇嘛人等应得款项，应候荒务报竣时奏明，秉公分放，决无舛错，不得再事拨支"等因。业于本月初六日，由敝局出示晓谕，亦在案。兹查贵王移来蒙文内称"由敝王应得分内支取"，而汉文又称"由敝旗应得收簿"等语，蒙汉两歧，尤难凭信。事关款项，查与局章、宪示、奏案均不吻合，碍难照办。相应移复贵王，请烦查照施行，须至移者。

右移札萨克图郡王乌。光绪二十九年十一月初九日。

传谕起员在双塔东北为蒙旗酌留祭地等因由

局衔 为传谕事 现与绷印军商明，双塔东北相连有鄂保二处，共做一处，此地系全旗祭祀之所，最为要紧，应略为多留，或每面二里，或里半，或东北略出鄂保外，余三面各照二里均可。又大仙塔拉有二泉子，十家子有一泉子，均应酌留每面半里来地，至前札与达喇嘛留荒若干，即由此外挨拨。合亟谕传该起员，即便遵照。切切。特传。

右传丈放生熟荒起员等，准此。光绪二十九年四月 日。

移复蒙旗为台吉施舍慈善寺荒地拟来春丈拨由

局衔 为移复事 案准贵郡王移开"据达台吉三音绰克图，施舍盛京慈善寺荒地二十方，请拨给得莫奇得力格加卜名下承领"等因，准此。查现届年终绳弓早停，已饬得莫奇得力格加卜，来春到局认领，以凭派员丈拨。相应备文，移复贵旗，请烦查照施行。须至移复者。

右移札萨克图郡王旗。光绪二十九年十二月十五日。

札为伯王旗达喇嘛恳领上等荒地拟由双塔外酌拨饬起遵照由

局衔 为札饬事 照得本行局现据伯王旗广福寺达喇嘛报领上等实荒三百三十垧，施于本旗庙内为香火之资，并恳转请督宪邀免异日租赋等情。查该喇嘛购荒舍庙，且照章缴纳荒价，自应准其报领。惟事关善举，并应酌与优等。现在蒙旗移称，河东有双塔一处，为该旗祭祀旧所，请留余地，免将来与民胶葛。此次，达喇嘛所领荒段，意重施舍，正与此举相同，可以饬令连界，除由塔界由内照章与蒙旗每面酌留一里外，其塔界外，即与该喇嘛挨拨毛荒若干，扣足实荒三百三十垧，以期两有裨益。合行札饬，札到，该起员即便遵照。特札。

移行蒙旗为堂讯王札兰等阻拦绳弓各情由

局衔　　为移行事　　案据本局九、十两起委员禀称"委员等蒙派丈放中等生荒，遵即赴段照章铺绳。讵意揽头王札兰、特克尺把已等，竟敢率众阻拦，不令挨次行绳，并私挖封堆占荒，应请饬传究办"等情，禀报前来，当经会同贵旗委员，提集该揽头等严加审讯。据供实系一时胡涂，未能领清界址，致各户私挖封堆占荒渔利。今蒙传讯，已自后悔，情愿具结，从新用心指领，并指导众户遵章办理。再有狡展，惟小的二人是问等情，据此，查该揽头等既知悔过，从此照章领界，并具有甘结，姑予免究。倘嗣再蹈前辙，定即重惩不贷。除将甘结存案备查外，相应备文，移行贵旗，请烦查照施行。须至移者。计粘甘结壹份。

右移札萨克图郡王旗。

揽头王札兰、特克尺把已为出具甘结事

兹因众户阻拦绳弓，小的们一时胡涂，未能领清界址，致各户私挖封堆，占荒渔利。今蒙总、帮办大人审讯，已自后悔，情愿具结率众户遵章办理。如再有狡展，惟小的二人是问，甘领重咎，所具甘结是实。光绪二十九年四月初七日。

呈为转运亏款恳归九月份册报由

全衔　　为呈请事　　窃查职局拉运大车一项，原照去岁冬月安设，转运伊始，正值道路封冻，大车易行，所有雇价较廉，按月核算，每月作脚价银六十两，尚不甚亏短，是以呈准照办，历经造报在案。今至本年九月三十日，呈请一律停撤，照发过脚价款目，通盘截算尚亏一百二十余两。实系七、八、九三个月雨水较多，由郑至荒，道途泥泞，大车俱不愿往，非加价难以雇觅，因此多发，致有亏短。再四筹商，有关造报，可否由支发大车脚价项下，照数提出弥补，造入九月份册报内之处。出自宪裁，理合备文，呈请宪台鉴核，伏乞批示遵行。须至呈者。

右呈军督部堂增。　　光绪二十九年十月廿九日。

批　　据呈已悉。准其核实造报。缴。

谕为清查黑户以防顶冒原佃由

局衔　　为谕饬事　　案准蒙局移开"据本旗原垦佃户揽头乌勒济巴图、

特克喜巴彦等呈报，所属佃户花名共黑户七十八户，抄单请查"等因，准此。查所载花名实共七十七户，内除为匪之布力古特等十一户，在逃未回之巴土等六户，抛地无主之吉尔哈春等四户，窠盗被拿之僧得格力一户，共二十二户均应按户注销其遗地，由本局另行招放外，其余黑户五十五户合行开单谕饬。为此，谕仰该揽头等，各就所管逐一清查，是否实系原垦，有无顶冒情事，按户具报本局，以凭查核。如果实系原垦，方准照章价领，免失本业。惟此等黑户，蒙局移请不给押租银八十两，则与良户有所区别而杜巧取。该户之中，似尚可行，仍应查明。倘有顶名、私兑、捏报等弊，一经查知，除将各该佃等惩究、撤销外，仍将该揽头从严究办，以为具报不实者戒，其各凛遵。切切。特谕。右谕揽头乌勒济巴图、特克喜巴彦遵此。

移复蒙局为查究黑户分别注销拨放由

局衔　　为移复事　　案照敝局叠准贵局移开"揽头乌勒已巴图、特克喜巴彦等所管地界内，各项黑户共七十八户。揽头巴图敖承招户数，各项黑户共三十五户。揽头巴图敖卜力、西巴古存钱、卜林吐格素等所招户数，各项黑户共三十七户。揽头金宝格古思等所管户数，均系黑户。希为核夺，如何查究，以儆效尤"等因，先后准此。查敝局遵照原奏安插客民，自应查核有据，分别注销拨放。除分行传饬清查外，相应备文移复贵局，请烦查照施行。须至移者。右移荒务蒙局。

移为蒙移阖旗人丁户数是否相符由

局衔　　为移行事　　案于光绪二十九年闰五月二十五日，准贵蒙局移开，查明札萨克图郡王所属台吉、喇嘛、壮丁等男女老幼共一万零七百九十五名口，请发荒银先后移付前来。惟此项人丁户数是否相符，而将来荒务报峻，应否照此人数分给应得荒银，抑有别项办法，应请贵旗复核。如果属实，咨复到日，再行呈明核办。除呈报将军暨分移外，相应移行贵旗，请烦查照核复施行。须至移者。右移蒙旗。

移复蒙局为台吉庙众等应分荒银究竟应由何处分发由

局衔　　为移复事　　案准贵局以协理四品台吉总办额尔克恩巴雅尔、协理四品台吉巴图吉尔嘎勒等移开"本旗台吉庙众，因摊历年防匪操费及庙站等费受累，请借荒银五万两"等因，准此。查该台吉等所呈贫苦受累，自系实在情形，亟应照发以应急需。惟现在经收荒银，除解省及开支并扣还各户八十两外，所余款项不多，碍难发给。至贵旗台吉、庙众等应分荒价，究竟应否由敝局移交贵王旗，或交协理等，或贵局分发，抑或径由敝局发给，从未议准定章。应由贵局预为请示贵王旗核议章程见复，以凭详省办理。相应移复贵局,请烦查照施行。须至移者。右移蒙局。光绪二十九年七月廿八日。

移为旗众应分荒价并未确切见应在何处分发由

局衔　　为移复事　　案准贵王旗移开"台壮应得荒银,某月某日缴发,再行酌商"等因,准此。卷查敝局前准贵局移送台壮、庙丁人数,经敝局移询将来应否照此人数分给荒银,迄未确切见复。兹因原奏并未指明应布在何处分发台壮、庙丁应得银两,预商贵王旗仍未指定,敝局无凭办理。应请贵局再行请示贵王旗,能否预定复夺。至此次来移所称荒银如何分派一节,应俟定妥分发处所,一并呈请将军批示遵办。相应移复贵局,请烦查照转呈见复施行。须至移者。右移蒙局。

移为揽头四海恳留敖宝噶一带原佃界址查系逃户碍难照准由

局衔　　为移复事　　案照敝局前准贵旗移开"据揽头四海禀请恳留原垦界址,例应酌行"等因,准此。查局章凡丈原垦佃户挨领生荒,不得过熟地一倍。该揽头等恳留三十余里之多,于章殊属不合。又查续定章程十条内载,逃而后归各户良莠不齐,不准照原有旧户一律认业,业已呈报将军复奏在案。该揽头所称敖宝噶一带原垦佃户既无一定坐落,遍查前报亦无此等花名,自系逃户可知,照章尤难准其承领。既准贵旗来移,应饬起员就近斟酌安插。至称例应酌行之处,自应毋庸置议。相应移复贵旗,查照施行。须至移者。　　右移蒙旗。

移为札赉特旗界有匪徒打毙俄人四名恐该匪逃入荒界已出示严禁收留由

局衔　　为移付事　　照得敝局兹闻札赉特旗界有匪徒沙克德尔、七十三、色登、巴彦色楞、张鸭申等滋生事端,四处窜匿,难保不潜入荒界,遗累地方。此次准设乡团,即系预防不虞之意。除分谕外,合亟移付贵局,请烦转饬界内蒙、民、商、佃人等一体知悉。嗣后凡遇外来之人,除系畏累良民避祸来界依倚亲朋确知根底者,姑准留住外,所有滋事匪徒若来荒界,准乡团拿送,或立时飞报派队往拿送究,务必为乡民作主。倘有任意收留,或隐匿不报,一经查知,定将该户照窝盗例从严治罪,决不姑宽。相应移复贵局,请烦查照施行。须至移者。右移蒙局。

禀为前因并侦探俄人消息由

总、帮办全衔　　谨禀督宪将军麾下:敬禀者,窃查札赉特旗界有宝石地方,练总沙克德尔等于八月初间,打毙俄人四名。俄人调兵数百至该处烧杀、捕剿,居民有逃窜至札萨克图界者,蒙人畏俄如虎,众心汹惧,群谋逃避,职得信较早,一面示禁界内不许容留匪人,一面分路侦探俄人消息。倘其入境,职拟亲往迎阻,仍设法密拿窜匪,不准匿迹荒界,并由职亲巡乡屯安抚众户，一概不令迁移。兹于十六、十七等日，探得俄兵现分两支，一由南郭尔罗斯暨伯都讷等处追匪回哈尔滨去讫，其一直向札赉特王府及札萨克公府要索酿事匪徒去讫。嗣此俄人谅其不至西来，经职四出晓谕，居民照旧收割庄稼，领户照旧听候拨荒，现已一律安堵矣。恐烦廑念，特肃禀陈，恭叩钧安，伏乞崇鉴。职　谨禀。光绪二十九年八月十九日。

为出示严禁容留匪人由

局衔　　为出示严禁事　　照得近日东旗酿事，民匪并逃。幸本局先事预防，设团禁赌，以故匪徒未敢入境混迹。值此小惊，街乡始无摇动之人。现在地方平靖，允宜再申前示，凡合境蒙、民、商、佃人等，务须安分守业。除严禁赌博勿得再犯外，仰尔街市、乡村家谕户晓，均不准容留来历不明之人，以防奸民乘间窃入扰害善良。且烟馆更为匪人栖身之所，尤须严加禁止，虽然假借生意名目，实乃匪盗之区，殊于地方大有关碍。本总、帮办不惮烦劳。但愿尔等一体凛遵，永不开设烟馆，界无容留匪人，是为盼切。倘有匪人入境，即为送信拿办。如敢故违，或经查获，或被告发，均照定例，房屋入官并治其罪，决不姑宽。切切。特示。

呈为俄员照会札赉特打毙俄队一案遵饬查复由

全衔　　为呈复事　　窃于光绪二十九年九月二十三日接奉宪札，为准俄武廓米萨尔一千九百五十四号照会内开，韩潘屯民伤死俄兵一案，饬即查复等因，奉此。详查此案，前于八月十一日，忽有由札萨克图东境逃窜难民信息，职局总办张守心田等均在郑局。职福　刻即抚绥垦户，并自下乡弹压，安辑流亡。曾询难民，佥称"札赉特南界月亮泡迤南嘎山屯相近之前保石屯，来有俄人，在彼买马。彼后保石屯看守图谢图公主灵之壮丁沙克德尔家，去一蒙语通事传说：俄人要到这屯，你们均要小心。沙克德尔家有匪七十三、色登、巴音色楞等闻信张荒，俄人到时，开枪打死俄人几名，惹出事来。俄人调兵，烧毁佐近村屯十数余处。酿事之沙克德尔等当时携眷先逃，众民被害逃难"等语。随即出示，禁止奸民入境在案。兹奉前因，详绎俄照所称"那聂河口"，似与嫩尼江之音相同，其"韩潘市屯"若按地形推求，即系嘎山屯相近之保石屯地方，其"车廓特尔"即系沙克德尔，而俄照所称情形，与询难民所述核系一案，惟保石地方，委在札赉特旗南界与札萨克图界相去二百余里。至此案因何起衅及正凶匪党于酿事之后逃匿何处，现均不知下落，除遵派干差访查外，案关交涉事件，合将前次出示禁止奸民入境告示，并绘具酿事地方形势草图，先行呈报。为此，呈请宪台鉴核施行。须至呈者。

右呈军督部堂增。光绪二十九年九月二十五日。

批　呈悉。此案前准俄员照请，已派景道贤、双道伦等前往查办矣。据呈前情，应俟该委员查复到日再行照会，仍候该委员等从速驰查，并候饬交涉局知照。缴。

督帅札为飞饬事

案查前准俄武廓米萨尔一千九百五十四号照会内开"照得俄九月初二日，距那聂河口七十里之处，轮船边界队兵弁数名上该河右岸购买牲口，乃韩潘市屯民向其开枪。是以又派一轮船，有武员带同队兵前往，而于俄九月初八抵该屯后，该队亦遭枪击，乃即攻屯，于交仗时，该队委去死者三人，伤者三人，且死尸被屯民焚化、尸骨弃与猪食。然持枪抵距之罪犯，乃为首屯长，逃匿于蒙古王图谢图王处等因。敬恳贵大臣，迅即电饬将该屯长车郭特而及其所有党人，交给哈尔滨俄员可也"等因，准此。查来文所有河名、屯名皆由俄言辗转翻译不无错误。其地究在何处以及案情若何，无凭查核。惟为首屯长各犯既逃图谢图旗藏匿，自应饬由该旗赶紧查拿，免致别生枝节。当经先行照复，一面札饬该总办飞速查拿，具报在案。前准该俄员面称，此案伤亡俄人六名，甚至焚尸抛骨，情节甚为残忍。访闻该犯等自知情罪重大，当经四散逃匿，有逃在图谢王旗者，有逃在札萨图王旗者，恳请飞速分投拿办，以免远扬难获等因。正核办间，又传闻札萨克图王旗界宝石等处练总沙克德尔、七十三、色登、巴音色楞等，有打死俄人四五名情事。查沙克德尔与俄文屯长车廓特尔字音相近，似系一事。惟不审因何起衅，除分饬外，合行札仰该总办立即就近遴派干差，务将案情始末查明，并将俄照所指那聂尔河口究系何地、正凶何人、究逃何处、韩潘屯与宝石地方之案是否一案，逐一确查，飞速具报，仍一面妥筹办法，以免累及良民，是为至要。切切。特扎

右札蒙荒行局福总办　准此。

大俄国武廓米萨尔　为照会事　案查敝处俄九月二十六日等一千九百五十四号照会等因，今送抄文一件，以便将该宝石屯攻打巡队之事查究可也。相应照会贵军督部堂，查取施行。须至照会者。右照会大清国盛京军督部堂增。俄历一千九百零三年十一月十八日。光绪二十九年十月十三日。第二千三百八十八号。

廓米萨尔，额外有恩。而蒙古去岁间，由北藩搬来住札萨克图郡王旗下，身不知各情详细，亦俄兵来王旗，于返逆王老虎、刚卜、桑卜打仗，贼攻逃散之后，阖旗人等太平一节。多亏大俄国兵来保护，阖旗得安，众等感恩报俄国功德立石碑，造刻俄汉蒙三样字，碑留万古。由卜魁城武廓米萨尔写来字样，因献俄国大臣永远功德碑记，在二次立碑妥当，常有歹人毁坏，又预

备碑石造刻，即有成效。亦俄国大臣惠照救众蒙古佳意千万层。现下众蒙古灾患累苦不休，叠次生隙，因仇射谋调词屡次多事非。该王有意报俄国之惠，功德难以可报。常常所想会议哲里木盟十旗，均知报晓俄国之惠，而该王有意铁路北就近出力护守之心，总归感德实意耳。身料想中外合义，大仁大义等情。再有宝石屯生事一节，借势六人凶恶起衅，胆大包天，刻下众贼逃奔至主谋朋束克巴尔珠处护庇，助人马刀枪，此系实在情形。由省派放地委员张××傅×暗中帮助等情之委员二十六年黑龙江于俄国兵打仗，不法革职，永不叙用。尔等逆贼，原在哈巴山抢劫之犯靠山、萨各尔得，押事朋束克巴尔议情，俄兵来迟逃至，如要俄兵来急，内外好打，而附近大害。

又王旗来信，身想之俄国大臣助救王旗合众太平时，如此六人常在王旗，永无太平之日。亦俄国功德，难献之，那时各旗蒙古大意虽缘俄国大臣大意，救众除害矣。如要拿此六人，日后不知生何故事端也。于铁路两相，必有大害日添，逆贼招集匪，确实此六人永在铁路北是有大碍。将此六，灭之。铁路北未有舛错，不如早以除恶而安良等可妙。该王与俄国和好重情，仁德大义，容易而得也。

俄武廓米萨尔为照会事　　案查俄九月二十六日及俄十一月十八日，敝处第一千九百五十四及二千三百八十八各号照会等因，敬恳贵大臣饬催将该照会内所开各人，拿获为荷。兹查该匪帮有贵处所派放荒地委员保护之事，相应照会贵军督部堂，查照施行，须至呈者。右照会大清国盛京军督部堂增。

为札饬事　　照行札赉特旗后保石屯蒙丁沙克德尔暨匪七十三、色登、巴音色楞，打死俄人一事，业已叠准俄员照会并经叠札图谢图、扎萨图各蒙旗查拿凶犯在案。乃为时将届两月，不独要犯迄未一获，该蒙旗亦迄无只字禀复。昨又准俄员照送抄文一件，竟有牵涉该总办等情事，除照复并严催各蒙旗上紧缉匪外，合亟抄录照会、照复各稿，札仰该总办等遵照据实查复。切切。特札。十一月初八日。

右札札萨克图蒙荒行局总办等准此。

呈为俄员照会扎赉特打毙俄队一案遵饬查复由

全衔　　为呈复事　　窃于光绪二十九年十二月初二日，奉宪台札开"札赉旗后保石屯蒙丁沙克德尔暨匪七十三、色登、巴音色楞等打死俄人一事，业已叠准俄员照会，并经叠札图谢图、札萨克图各蒙旗查拿凶犯在案，乃为时将届两月，不独要犯迄未一获，该各蒙旗亦迄无只字禀复。昨又准俄员照送抄文一件，竟有牵涉该总办等情事。除照复并严催各蒙旗上紧缉匪外，合亟抄录照会、照复各稿，札仰该总办等遵照据实查复"等因，奉此。查俄员照会抄件内称"该匪逃至主谋绷苏克巴勒珠尔处，庇助人马刀枪等暗中帮助"等语。查札赍特起事地方荒段相隔二百余里，俄队到彼即时生事，朋苏克巴勒珠尔于数百里外，何从主谋。该蒙员为人素尚方正，查与该匪首等向无姻好，何故护庇。若果资助人马，该蒙员与职局近在比邻，难瞒职等之耳目。况该蒙员以一台吉不管旗政，又无兵权，人马枪刀从何而得。职等与该蒙员蒙汉攸分从无交识，果其与匪勾结，实属荒务之大害，方当设法究办，安有与伊朋比暗助自取咎戾之理。况起事之际，职福正在出示禁止奸民入境，呈稿有案。职心因公在省，尚未回荒。其为挟嫌之徒信口诬灭，可以想见。溯查扎萨克图郡王乌与该蒙员素有积嫌，历经讦控有案。今年该蒙员奏派办荒，上邀录用，该王嫉之，故前曾呈请撤差，又未允其所请，该王嫉之益深。又因该王在职局支使荒银业已满数，嗣后屡向职局索款，未能尽允，遂多方与局相难。该王又与俄语通事阜海交通谋占腴荒，移称曾使该通事银三千两，请局拨荒扣抵，职局许之。而该通事派人来局声称，渠领之荒另自交款，请先交还所过之银。职局即于该王项下拨银付讫，继将荒地拨给该通事。后该通事又勾通该王移请职局，仍由王款扣抵荒价。是时该王业已支使满数，职局未允照拨。该通事过价不遂，该王支款未得，故皆仇视职局。益以该王又嫉朋苏克巴勒珠尔，故两相勾结，设法陷害职等与绷苏克巴勒珠尔。职等细阅俄照抄件，语属蒙丁显然可见。现值中俄连约，若任其从中簸弄，殊于大局有碍，应请宪台饬查究办，并照会俄员勿为愚弄以全邦交。除仍遵照查拿匪徒外，理合备文呈复。为此，呈请宪台鉴核施行。须至呈者。

右呈军督部堂。光绪二十九年十二月二十日。

禀为办荒以来蒙王多方狡展各情密为缕细禀陈由

全衔　　谨禀　　督宪将军座前：敬密禀者，窃此次奏请开办蒙荒，前于该旗结案时，虽据该旗郡王暨旗众出具甘结，情愿请员代办。然该王实因台吉等均愿出荒，势难违众，其实具结以后，心甚悔之，故自开办以来，百方搅扰，百方刁难，但使无碍大局。职局无不设法调剂，以期消弥，故未一一禀明，以免上烦宪虑。惟该王赋性昏庸，不可以德感，不可以情联，节外生枝，真有非意想所及者。职等调停无状，不敢避其愆，而大局攸关，亦宜防其渐。今荒务方竣，其前后搅扰刁难情形，有不得不为我宪缕细陈之者。查开办之初，职心到该王府，将荒务大概办法逐细相商，该王略无主见，及至举办，则请留河北自行出放屡渎不休，一也。职局采定城基，该王则自放揽头王良、于广原等管理，自定价目，拟即自行出放，二也。沿河南北熟户最稠，而该王移送图说，只准出放站道以南，是欲将野马图山一带熟户指留，三也。苇塘不合游牧，正可化无用为有用，而该王来文不许出放，又指留山泉、鄂保各界均周围十里，四也。西界大段捏称围场，不许出放，五也。新立城基正待招来商贾，而该王来文不许烧窑、烧酒，六也。该王支使荒银已经满数，台吉等亦请少支给若干，奉批准拨，而该王来信不准照发，七也。河北丈放之际，乃忽来文命留二百里自领不放，八也。城基共有一万一千五百丈，丈放之际，乃忽差人来欲自留万丈，否则再放二十里，九也。勾通俄人，欲借款尽留河北荒地转卖渔利，招致俄人来荒查探，以致蒙民惶惑，十也。怂恿台吉上控职局，台吉不从，来局请示，经职等开导散去，犹冒台吉之名移局，多方狡展，十一也。都尔吉早有佃户，原在应放界内，而该王屡经派人拦绳、行文力阻，十二也。该旗既已派员会办，职等遇事即与该局商酌，以照信实，而该王屡次造谣责职局谓与绷某朋比，十三也。该王私招队伍一百七名，苛派各户供应不赀，及该户设请警察，不过互相守望，兼因兵少，慎重款项。而该王恐有此举，户下即不再出资养伊之兵，遂播散谣言达于外人，谓众户敛钱，职局编队，十四也。北面应留牧场与应放荒段之界，早经呈奉札饬旗局会勘，该王迄不派员，屡催罔应，故留胶葛，十五也。受奸民之贿托辄给执照冒称旧户，希图指占不知凡几，使职局莫可究结，十六也。局章不准指占，而该王屡次移开新户指给荒段，紊乱章程，十七也。该王年班回旗时行文索款，乃称陛见奉旨责其速成报效等语，恐吓职局，十八也。熟户已奉饬本年起科，免纳猪粮，而该王府仍照旧苛索，致各户缴价为难，十九也。该王曾用赵有年巨款，于奉旨后仍派该户为招佃委员，给有执照。及赵某呈控该王，请拨地段，职局拨荒而该王又不允许，并请将其地封禁，二十也。若斯之类，不可胜言。河北七十户地属上等，照章每垧交价银二两二钱，丈过数月，并无一户交价，屡经催交，置若罔闻。职等将揽头传局严讯，始知该处有温都尔、燃及莫两喇嘛等素与该王因缘为奸，敛银二千两通贿该王。该王即给执照，准各户每垧只收一两四钱，故各户恃符抗违逾限不交。兹虽讯明严押揽头，该喇嘛逃去，而各户交价者始交价大半，此案方办有头绪。今日又来文，请于河夹信子二百户内之二十七户，本属二等地作为三等交价等语。结奸民而揽大局，贪小贿而捐巨款，其颠倒有如此者。今又勾结通事，无中生有以陷绷某，而牵涉职等，阅墙非患，而揖盗堪虞。观俄员抄件内称，前年立碑一事，并愿报效某国等语。知其结纳外人，心存离贰，非伊朝夕。前者私佃、私租自肥得计，今经官放顿失独得之押荒，又分岁出之租赋，即使贤员相处，恐难化其不甘之心，贪念既已不泯，谬妄势将日甚，值此强邻在迩，若不预为之所，则将来之事有非职等所能料者矣。职等渥荷恩培，敢辞劳怨。惟值我宪忧劳王事之际，本不忍冒黩重累宪廑，而大局攸关，又未敢再事缄默。且职等不幸与此人共事，若一一曲从，则百计刁难，得寸进尺。若认真理论，又恐铤而走险，意外滋虞。除已往者能销于无形，皆已销融办理外，而此后尚有数月，所收拾结局者皆重大事件，未知又如何狡展。届时委曲求全，万分棘手，非建白于我宪公明洞照之下，谁复鉴此苦衷。用敢缕述上闻，敬候裁夺，不胜琐渎待罪之至。合肃密禀，恭叩钧安，伏乞崇鉴。谨密禀。

呈为遵查蒙旗并无编队名端营情事请核由

全衔　　为呈复事　　窃奉宪台札开"准俄武廓米萨尔照会内开'请将蒙古旗内编成队伍名端营者，奉何人允准及何意，一并示知'等因，准此。除咨查外，合行札饬该总办等一体详查，据实具报，以凭照复"等因，奉此。职等遵查札萨克图旗荒段，均系垦种佃民，素安耕凿。其余则系本旗台吉、壮丁，皆散处游牧并无编队之事，至所称端营，尤属向所未闻。理合据实呈复宪台鉴核，照复施行。须至呈者。

右呈军督部堂增。

呈据佃户达拉嘎赉鲁卜等八名禀请重立乡团据情转呈由

全衔　　为呈报事　　窃职局兹据荒段佃户达拉嘎赉鲁卜等八名并河东等处三百余户，先后联名呈请"佃户等计十七旗蒙人，共一千余户，于光绪初年来在札萨克图王旗种地度日，至二十五年有贼首王老虎、刚保、桑保等率贼来此抢掳财物、牛马、妇女，以致家室不保。幸有佃户伯力斯巴古、孙乾、伯力特古斯、留金锁等为首创立乡会，经札萨克图王给照充当会首领，同众户自备费用、枪马，极力抵御盗匪，众户始得安堵。现蒙放荒，蒙民正喜乐业，不料先时贼匪余党，相传又有潜来此地信息。佃户等公同筹议，甘愿均摊糜费，自备枪马，公举伯力斯巴古等户仍为会首，重立乡会以靖地方，恳恩照准"等情，据此。查荒段前被匪扰，各户转徙流离，至今四、五年来犹形凋蔽。现在既惧余灰复燃，各佃惊惧，访查实有此情，所请重立乡会，自系势不得已。现在款项支绌，既难多募勇兵分扎防护，而该佃等流离新集，性复朴鲁，又未便律以警察规条。既前此同心御匪著有成效，此次仍愿各摊费用自备枪马，众志攸同，自应暂准试办。惟须妥议章程，不滋流弊，以期消患未萌，一俟荒务放竣，民户渐稠，该会如果办有规模，堪受绳墨，再行改安警察，遵章推广。刻下各乡如此办理，似于荒务、地方不无裨益。但乡团初设，是否之处，职局未敢擅便。除分移蒙旗、省局查照，并批示暂行试办以顺舆情，仍饬拟议章程，由局核妥另行报外，合先具情呈报。为此，呈请宪台鉴核示遵。须至呈者。

右呈军督部堂增。光绪二十九年九月十七日。

批　呈悉。查现准俄员照会，以蒙古旗内有编成队伍之事正饬查问，兹据前情，该佃等守望相助仅可保卫闾阎，何必大张声势立名曰团，致滋外人口实。仰即传谕收敛，仍照守望相助办法自相保护，不准稍涉铺张，亦不准借以敛钱是为至要。候饬交涉局并省局知照。缴。

呈为双流镇地方请设警察敬候示遵由

全衔　　为呈请事　　窃查荒段新经招垦，创设城基，农商四集，蒙、汉杂居，人类既已不齐，良莠保无混杂。加之荒地辽阔，兵力太单，必须设立警察，方足以清市面而补兵力之不足。现在段内佃户，亦均纷纷呈请设局警察。若由职等就地筹款，妥议安设，尚属不难。合无仰恳宪台鉴核，准于双流镇地方设局警察之处，如蒙照准，即乞将警察章程饬下，职局遵照妥议办理。是否有当，理合备文呈请鉴核，伏乞批示遵行。须至呈者。右呈军督部堂增。光绪二十九年十一月十四日。

批　呈悉。候饬双道纶详查，禀夺饬遵。缴。

局衔　　为传饬事　　照得警察初设，自应遵照守望相助、互卫身家之章，交相劝勉，各安本分。不得再称团队，以致骇人听闻，合亟传饬。为此，传仰该董即便遵照，转传各户一体遵照可也。特传。右传警察局董准此，光绪二十九年十二月初二日。

呈为台壮联名具保绷苏克巴勒珠尔剿抚功绩由

全衔　　为呈请事　　窃据札萨克图王旗台吉满都巴雅尔、棍楚克、那逊孟科、挠古泰桑佳、六十、那逊巴图、布彦托克塔虎、托特那逊巴皆挠力图、那束图各台吉壮丁等联名呈称"窃因光绪二十六七等年，有匪首刚保、桑保等，纠集数百匪众，盘踞本旗境内肆行抢掳，以致蒙众弃产远逃父子离散，全境几无人迹，惨不忍言，幸有被革协理台吉绷苏克巴勒珠尔，不辞劳瘁，倡练会勇，抚安各户，极力捍御至一年之久，始将各匪全行逐出，地面赖以安堵，至今阖旗人等感念不忘。是以再四筹商，无以报德，只有恳求恩施，转请将军备案，可否奖叙之处，恩典出自鸿慈"等情前来。职等采诸舆论剿办事实，既经该旗台吉、壮丁合词禀恩，职等未便壅于上闻。除移行省局外，理合据情呈请宪台鉴核，伏乞批示施行。须至呈者。

右呈军督部堂增。光绪二十九年十月十四日。

禀为请开札萨克镇国公旗荒段敬候示遵由

全衔　　谨禀督宪将军钧座：敬禀者，窃查卑府等前在江省曾经创办札赉特旗蒙荒，今蒙宪委办理札萨克图王旗之荒，经营年余约可竣事。闻札赉特亦可渐次放竣，唯有札萨克镇国公旗之荒界在两旗之间，尚未出放。然其境内南界宽百里，长约一百五十里，概已招有蒙、汉垦种。该旗自知东西两界均已开辟，本旗地段断难独安荒芜。故有采占北山以内盖造公府，以备迁居之举，其欲将南段出放可知。特是蒙旗不谙放荒章程，既已任民指占，经界不清，而承佃之户又皆西来客蒙，良莠莫辨，日久滋弊，势必又蹈札萨克图之故辙，而四邻亦受其累。现闻该公拟赴京营求出放，又有揽头为之转求农安县禀请吉省办理。窃查该旗既属哲里木盟，则垦荒招民自宜隶于奉省，况密迩札萨克图，其界犬牙相错，异日开垦，设官分治，幅员亦可稍宽。若仿照札萨克图一并出放，则国家可资报效，该旗亦济艰难。且边实则觊觎销，民稠则盗贼远，诚一举数便之道。卑府等渥蒙宪恩，谬司荒务。际国家帑项之绌，体宪台筹措之艰，凡管见所及，何敢缄口不言。可否咨商理藩院及哲里木盟长，并札饬该旗酌议开办。抑或径行奏请之处，出自宪裁。所有拟请开放札萨克镇国公旗界荒务各缘由，合肃禀陈，恭请钧安，伏乞崇鉴。职谨禀。

光绪二十九年十月二十八日。

批　禀悉。即札派该总办张守心田前往，妥为商办。候咨行哲里木盟长、理藩院查照。并候饬札萨克镇国公旗知照。缴。

移据民人赵景山等呈系王爷自招恳将原占各荒一律安插由

局衔　为移行事　案照敝局案据民人赵景山、孙海川等呈称"窃身等系札萨克图郡王于光绪二十六年招来原佃，采占莫勒克图、他拉根等处之荒。虽未开垦，荒银已交二千两在局，过存有案。今经委员由他连哈达丈过，身等所采之处抛在界外。伏思身等均是王爷自招佃户，既蒙普同安插，缘何抛在界北不给丈放，漏出身等二户荒地。只得叩恳恩准，将身等佃地一律安插，则感大德"等情，据此。查该户既系王旗所招原佃，即与旧户无异，自应照章勘办勿得遗漏，致异日又多胶葛。除批示并札饬起员外，相应移行贵局，请烦查照，饬起勘办施行。须至移者。

右移札萨克图荒务蒙局。光绪二十九年十月初五日。

为准蒙旗移称金委员越丈荒地给赵景山等承领各情移复由

局衔　为移复事　案准贵旗移开"金委员越丈交流河封堆文诺山西边、东至莫勒克图等处荒给赵景山、孙海川等承领。所有大凌河马厂及绰勒木苇塘，系向来旗属出产，能否酌留"等因，准此。查贵旗北界划作牧场不放之界数百余里，归流河、卧牛加拉嘎等处皆有余荒万垧，如作马厂牧养，似尚有余。且所放荒段之内台壮留界均极宽广，生产甚饶。而绰勒木苇塘，查在荒界之内，自应照章招垦，未便任其遗漏。况苇塘均系按等作地，出放食租，化无用为有用，正与原奏兴利之意符合。其赵景山、孙海川于去年曾奉贵王旗札委招佃，缴过押荒银两。经赵景山等呈验原札，并经贵旗移行过兑拨荒银数各在案。日前赵景山等来局呈控起员不为丈拨，原指荒段银、地两空等语。据此，查赵景山等既系缴过押荒指领荒段，即与旧户无异，照章应准承领。以故饬起照拨，委实按依贵旗文移所办，并非该起展放。兹准前因，应请贵王旗与赵景山等商酌，如该户等甘愿退领其押荒银两，无庸敝局扣抵，希即移复敝局查核，即撤销赵景山等莫勒克图等处之荒未为不可。相应移复贵旗，请烦查照施行。须至移者。

右移札萨克图郡王旗。光绪二十九年十一月初二日。

为准蒙移赵景山等领地一事并抄粘文约等因移复由

局衔　　为移明事　　案准贵郡王移开，为民人赵景山、孙海川等领地一事，并抄粘文约一纸等因，准此。查该民人赵景山等呈到贵郡王给发指领荒段文约一纸，又给发招佃文约一纸。敝局详查指段文约，系与奏案不符，并未收理。其所发招佃文约，既已招有佃户，准其报领荒地六万垧，收价解省在案。迨委员拨地，又据该民人赵景山等来局呈称，伊系贵王所招之户，已采占莫勒克图、他拉根等处之荒，今经委员抛在界北不给丈放，漏去荒地恳恩请拨等情前来。敝局当以该民既系贵王给照所招原佃，即与旧户无异，照章饬起勘丈，以资安插，先后移行贵王、蒙局各在案。兹准来移抄单，乃系指段文约，并非招佃印照，或系贵王误抄，抑系该民错举，执此隐彼，实所不解。惟查敝局办荒系为贵旗安置客民，此后阖旗永远分租，其利无穷，实与敝局无涉。而该民所缴荒价，系一半分与贵旗，各有应得之数，一半报效朝廷，更与敝局无干。是该民与贵旗，于敝局无所厚薄，敝局只得一秉大公持平办理。况该民原呈称，系光绪二十六年即由贵王自招之户，该户应归敝局照章安插之民。荒既丈拨，碍难改易。若谓有碍旗众生活，则荒段以北绵亘数百里膏腴沃壤，牧养绰有余裕。应请贵郡王仍遵奏案，关念大局，不必注意于此区区弹丸之地，孳孳与小民较量，以省烦渎，实为公便。合将该民所呈招佃印据，照录文尾，以凭校核。相应备文移明贵郡王，请烦查照施行。须至移者。　　计粘抄单一纸。

右移　札萨克图蒙旗、局。光绪二十九年十一月十三日。

哲里木盟札萨克图郡王　　为发给怀德县属下五甲民人赵景山执照事：访查赵景山，因在本盟前果尔罗斯公副盟长旗之荒务，以慰办公由该县呈请吉林将军奖赏五品衔官人。现今本王旗因奉旨出荒，会同盛京将军委员，在该旗之闲荒出放数百里之遥。所以领荒之民人等不得知晓，又虑穿通各旗碍难前来，恐误国家筹饷等因，将赵景山招领佃民等谕。又达尔罕王旗的东公议局行走、五品蓝翎孙海川，帮同尔等速赴街内，将领荒民人之姓名注写、领到本旗取领地照。持照交价，并无哄瞒。依民人等，不误前来。为此，发给执照。光绪二十八年十月初六日。

禀为请开达尔罕王沿途之荒以通道路伏候示遵由

全衔　　谨禀督宪将军座前：敬禀者，窃查职局所放札萨克图荒段，新立双流镇城基距省一千余里，距辽源州亦五百余里。除由双流镇至南界巴彦招二百里外，由巴彦招南行抵辽源州二百余里，均属达尔罕王旗管界，横亘中间。是札萨克图全荒，与奉境形成瓯脱。该达尔罕王既未出荒，人人心存畛域，村墟寥落。其旗不解开设旅店，而又不容外人租开，馈粮无术，行旅为忧。加以蒙兵、蒙会以主凌客，凡遇行人有无鞍之马及携军械自卫者，故意盘诘多方留难，此当前之不便也。札萨克图全荒既经出放，有日臻繁盛之势，不日转输载道，商旅云集，公文、兵队时有往来。而经此村落星稀之处，必有行旅暴露，文报稽延之患。又或盗贼窃发，道路戒严，而地未安民，又未便派兵驻扎，此异日之不便也。职等统筹前后，再三商酌，窃维由巴彦招以南抵辽源州一路，属达尔罕王旗境二百余里，必须通为开辟。若该旗不愿多放，则沿途之两旁，宽者两面各划十里、狭者两面各划五里，招放站户。其地土多沙碱，较札萨克图之三等荒尚为不及，价值从廉，不必责提报效。但使招民开垦，或养马植树，分设站户，俾札萨克图荒境与辽源州联成一气，而奉省脉络无限，官民商旅均称通畅矣。惟该旗素乏办事之人，难于商榷，应请出自宪裁，奏请朝廷，饬下该旗开办，实为公便。职等为大局起见，所拟是否有当，伏乞宪台鉴核，恭候示遵。所有荒界中隔道路不通，请开沿途达尔罕王旗地缘由，合肃禀陈，恭请钧安，伏乞崇鉴。职　谨禀。

光绪二十九年十月二十八日。

批　据禀各情均悉。仰候奏明办理。缴。

移为洮河南北佃户由王仓以下每户收租与总数不符即请核正见复由

局衔　　为移复事　　案准贵旗咨开："原在洮儿河北所招佃户，由王仓、庙仓下至台吉、壮丁等，每户收租之数，抄单粘尾。"又"洮儿河南所招佃户，由王仓、庙仓下至台吉、壮丁等，每户收租之数，抄单粘尾"等因，同准此。查来文户数与总数均不相符，所有应扣之押荒银两，是否与贵旗前后来移符合，应俟敝局逐细查核，并会同贵蒙局传讯各庙仓台壮等，按文查认，有无胶葛。仍希贵旗将来文户数与总数不符之处，核正见复，以免胶葛而便勒令分摊。惟事关旗众，敝局虽欲竭力开导，能否做到，尚未可必。相应备文，移复贵旗，请烦查照见复施行。须至移者。

右移札萨克图郡王旗。光绪三十年正月初十日。

呈为更正雅图站留界伏乞备案由

全衔　　为呈明更正事　　窃职局为荒界雅图站蒙丁恳请留界，当经酌准该站南北西三面各留二十里，东面有王旗坟塔，留二十五里。一面饬起照拨，一面呈报在案。旋经职等与蒙局覆商，该站西面有荒五十方，仍应纳价认租，留界无须若是之宽。因议改拨西面由站至五十方，计留五里。东面由站至王旗坟塔，留二十里。南面留十三里。北则系七十旗道岭沙石之地，划归不放之地界，多寡听其自便。当经饬起改拨，以资牧养而免闲旷。业据丈拨，具报前来。除移行总局查照外，理合备文呈明。为此，呈请宪台鉴核，伏乞照呈改正备案施行。须至呈者。

右呈军督部堂增。光绪三十年正月二十二日。

批　　如呈备案。缴。

禀为蒙户谣传河北不招民户查系出自蒙王无端煽惑禀陈宪鉴由

全衔　　谨禀督宪将军钧座：敬禀者，窃查职荒自本年入春以来，各处蒙户谣传"河北及河夹信仍不招民，已请省员带领洋队，来此逐民"等语。职等初以蒙户向来疾视客民，故特造言恐吓，该王当不出此。仅设法开导，以息谣风。近又查知该王遍传旧户索验信票，无者必系兑与民人，勒令追还，以免民户掺入。似此逐民之说，出自该王，不为无因。现在众心摇摇，几莫知适从，熟户交价因此亦多观望。查河北现在民户纷集，蒙汉错杂，本易生隙。加以该王倡为仇视之论，无知蒙人必且益甚，久恐酿成仇案。除由职局严催熟地交价，并随时开导俾相辑睦，遇有蒙、民争讼案件持平办理，但论是非不论蒙汉，以期销融外，所有该王无端煽惑之处，理合据实禀陈。虔请钧安，伏乞垂鉴。职　谨禀。光绪三十年二月初十日。

批　　据禀各情均悉。候饬双道纶并案查复，并饬省局知照。缴。

呈为蒙王捏称省员饬备公馆苛派众户并将该王传谕封呈请核由

全衔　　为呈请事　　窃查职局，自开办荒务以来，该札萨克图郡王即多无端摇惑人心之举。近数日，该王又捏称省员饬备公馆，苛派各户猪粮，约一户所出中钱肆拾余吊，计一千余户共中钱肆万余吊。值此熟地升科交价之外，犹须纳租，职等已恐民力之不逮，岂容再事苛敛，以致民不聊生。且于职局收价，亦属有碍。又既已出荒升科，则荒内岂容该旗更为擅便。职等未便显然阻止，致邻争竞。兹将揽头长春等呈到该王饬摊猪粮传谕一件，封呈宪鉴。应如何设法维持大局之处，职等未敢擅拟。理合备文，呈请宪台鉴核，俯赐作主，望切施行。须至呈者。计呈该王传谕一件。　　　　右呈军督部堂增。

光绪三十年二月初十日。

札萨克王为晓谕蒙民各佃户事

今复查荒地有信由京城、盛京派员前来，预先传知。由尔等所属每户取肥猪一口、小米五斗、炒米五斗、红粮五斗、谷草一百捆、羊草一百捆、黑油二斤，将此备用之物，札饬达拉嘎等传谕各户，何日、何处需用，并不准推延退误。后凡应用各户何物，均行发价。如该揽头达拉嘎等，亦不准从中获利。由此外再备用白面、粳米、酒、粉、蜡烛、文书纸张、干菜等项，均由庙仓、旗公中报账。再各户内如有被委员等欺压并夺失地者，被打、花钱一切冤屈等事，即赴王仓呈报记查。并将此各情节转报大员，以雪冤屈，即于各蒙民人等大有裨益。合将体恤蒙民各情，一并札传。如谕到时，可勿违悖等语。钤用手记传谕。揽头长春、刘振东等准此。正月十八日谕。

光绪三十年三月初五日奉批　据呈已悉。候饬双道纶并案查复，并饬省局知照。缴。传谕存。抄发。

札委张总办前往札萨克镇国公旗商办荒务由

钦命镇守盛京等处将军增　　为札委事　　案据札萨克图蒙荒行局总办张守心田等禀称"窃查卑府等前在江省曾经创办札赉特蒙荒，今蒙宪委办理札萨克图王旗之荒，经营年余约可竣事，闻札赉特亦可渐次放竣，唯有札萨克镇国公旗之荒界在两旗之间，尚未出放。然其境内南界宽百里，长约一百五十里，概已招有蒙汉垦种。该旗自知东西两界均已开辟，本旗地段断难独安荒芜。故有采占北山以内盖造公府，以备迁居之举，其欲将南段出放可知。特是蒙旗不谙放荒章程，既已任民指占，经界不清，而承佃之户，又皆西来客蒙，良莠莫辨，日久弊滋，势必又蹈札萨克图之故辙，而四邻亦受其累。现闻该公拟赴京营求出放，又有揽头为之转求农安县禀请吉省办理。窃查该旗既属哲里木盟，则垦荒招民自宜隶于奉省，况密迩扎萨克图，其界犬牙相错，异日开垦设官分治，幅员亦可稍宽。若仿照札萨克图一并出放，则国家可资报效，该旗亦济艰难。且边实则觊觎销，民稠则盗贼远，诚一举数便之道。卑府等渥蒙宪恩，谬司荒务，际国家帑项之绌，体宪台筹措之艰，凡管见所及，何敢缄口不言。可否咨商理藩院及哲里木盟长，并札饬该旗酌议开办，抑或径行奏请之处，出自宪裁。所有拟请开放札萨克镇国公旗界荒务各缘由，合肃禀陈"等情，据此。除批示哲里木盟长暨饬该旗遵照外，合行札委。为此，札仰该员遵即前往，妥为商办，仍将办理情形禀复核夺，特札。右札札萨克图蒙荒行局总办张守心田，准此。光绪二十九年十二月十四日。

蒙荒案卷

禀为拟俟镇国公回旗再行前往商办荒务由

张总办全衔　　谨禀督宪将军座前：敬禀者，窃于光绪二十九年十二月二十九日，奉宪台札饬，卑府前赴札萨克镇国公旗商办荒务等因，奉此。查该镇国公因二十九年年班，业经入都去讫。访听本年二月初间，方可回旗。卑府拟届时再行遵照，作速前赴妥为商办，以免虚延。合先陈明，仰恳鉴察。所有札萨克公年班入都，拟俟回旗再行前往商办荒务各缘由，理合肃禀具陈，恭请钧安，伏乞崇鉴，<small>卑府心田谨禀</small>。光绪三十年正月十一日。

批　据禀已悉。缴。

禀为遵饬赴镇国公旗商办荒务业经议妥出放并借垫银两由

张总办全衔　　谨禀督宪将军钧座前：敬禀者，窃卑府于光绪二十九年十月十八日，为札萨克镇国公旗有意出荒，恳请宪台核夺酌议开办等情，禀奉批准并札委卑府前往妥为商办，仍将办理情形禀复核夺，等因，奉此。旋因该镇国公年班入都，未便前往。现闻该公回旗，遵于四月初七日前往，初八日抵镇与该公暨该旗乌印军、包印军、管旗保梅伦会同熟商。订将该旗南段，长、广百里，出自该旗甘愿划作出放之荒。惟因该旗现有公用需银一万两，请由官中先为借垫等语。面商数次，卑府伏查该旗愿将南荒大段由官出放，系属出于至诚，所请借垫银两，亦系实有紧要公需。将来此荒出放，国家可得报效银数十万两，于公款不无裨益。此时因开放尚需时日，先由官中暂借万两，不过一时泹注。俟该荒出放，即可由该旗荒价内先为扣还，于公款似无妨碍，自未便过事拒绝，致滋疑阻。只得暂允借垫，以示通融而期成议。商妥去后，旋准该旗照商备文呈复宪辕，即将该呈文交卑府呈递，以昭凭信。卑府于十三日旋局，将商拟借垫该旗银两等情与卑局福总办龄等覆商无异。拟即由卑局随收经费项下拨银一万两交付公旗，仍取具承领印文，以重公款。应恳宪台鉴核，派员开办，以便拟定章程奏明立案。并饬承办该荒局所，于收得荒银时，将此借垫银一万两扣还卑局之处，除由札萨克镇国公旗呈报哲里木盟长转咨外，所有遵饬商办札萨克公旗荒务，议妥出放，并借垫银两各缘由，谨将该旗呈文，随文报请核夺、示遵。合肃偹禀，虔请钧安，伏乞崇鉴。<small>卑府心田谨禀</small>。

敬附禀者，窃查镇国公由京回旗负债甚多，内有万金尤为紧急。已拟招外旗私佃天保、三麻子等数揽头，先令垫款万金，允由河北招安二百户，事在将成，而卑府适至。该公初尚隐匿其事，然辞退揽头，则难偿近债，而请官代放则须辞揽头。私自踌躇，颇有进退维谷之势。卑府窥知其隐，遂语以如有缓急，均可代为分忧，并晓以外旗各佃，惯为把持之弊。嗟商数四，该旗遂将揽头斥退，而为借款于卑府之请。窃计此时若不权宜允借，则揽头捷足先得，不由官放，国家失筹款之利矣，此卑府允借银两之实在情形也。查该旗上下人皆明理，事权归一。与卑府商办一切，均各欣然喜形言色。一则感沐宪施托庇有日，一则于卑府等之办理邻荒或有所见闻也。惟该旗印文允放南段，查段内半系汉人私佃，然其土色下等居多，不如沿河两岸多属上、中两等。且不稍放河北，则地仅百里，不足一县，将来安官幅员亦狭。卑府已将此意婉达该旗，该印军等亦均深知应并放河北。据称开办时，仍当酌量将河北出放若干里，先由该旗立明界址，再由官中于界内行绳，以免侵越等语，商妥去讫。惟议定时，该旗业将印文缮就送到，拟令改添出放北段字样。又恐躁切致令疑阻，不甘宪台派员开办，应恳饬令复商，将河北酌量出放，以广荒界而资集款，该旗当不难于允从也。再该旗东界紧接月亮泡，现已有新城木船多艘，由嫩江驶入月亮泡，上至洮儿河。然蒙旗逐节留难需索，商民苦之。若河南北兼出，则河运可开，商农两畅矣。谨肃附禀，载叩钧安，伏乞慈鉴。心田谨再禀。光绪三十年四月十五日。

禀为赴镇国公旗商办荒务随带人员沿途费用由行局垫给具报请核由

张总办全衔　　谨禀督宪将军钧座：敬禀者，窃卑府遵饬赴札萨克镇国公旗商办荒务，携带人员启程日期，并议妥出放各情，业经禀复在案。查此次前往，因事关商办，地属隔旗，不得不随带人员以资办事。当经拣派行局蒙文委员文亨一员、已裁前行局翻译委员靖兆凤一员、移借荒务蒙局通事白音福一名，并护勇、跟役人等，随同卑府前赴该旗，往返七日。除卑府暨蒙文委员文亨均有原差薪水，勿庸另支用费以期撙节外，所有该随从人等，沿途人马费用，并与该旗蒙公、印军相见仪物，发给翻译委员车价，酬给通事辛劳，计用银五十八两，用中钱二百四十八吊六百文合银七十一两零三分，总共用银一百二十九两零三分，均由蒙荒行局经费项下暂行借垫。谨缮清折，呈请宪台鉴核。该员役等随从往返办事，不无微劳，准其支给之处出自宪施，如蒙核准，即恳于开办该荒时札饬承办局所，如数扣还卑局，实为公德两便。所有商办荒务随带人员沿途费用，由局垫给银两各缘由，合肃禀陈，恭请钧安，伏乞崇鉴。卑府心田谨禀。

光绪三十年四月十五日。

移复镇国公旗为议妥出荒并先由官中借垫银一万两由

总办札萨克图蒙荒行局花翎分省试用府正堂张　　为移复事　　案准贵局移开"前奉盟长王、将军札饬出荒。经总办到旗商议妥协，本旗情愿出放荒款以利旗众，而报效国家。所有分款，拟请仍照札萨克图旗成案，希转禀将军代奏派员开办。本旗现有急需，请先借垫银一万两，由应得项下扣还"等因，准此。查贵旗既允出放荒段，自应由敝总办转为禀请军督宪，奏明派员开办，以成美举。惟现在收款尚需时日，贵旗现有要需借银一万两，敝总办只得先为垫办。一面呈明军督宪存案，俟放荒时再行扣还，相应备文移复。为此，合移贵旗，请烦查照可也。须至移者。

右移札萨克镇国公旗。光绪三十年四月十一日。

移复镇国公旗为借拨银一万两由

局衔　　为移付事　　案照敝总办张前赴贵旗商办荒务，准贵旗商向敝局借银一万两整，经敝总办张面允借拨，业经贵旗呈报将军在案。兹准贵旗出派委员，印务章京苏各得、笔帖式阿拉木苏，赍到领款印文前来。当经敝局将沈市平银六千三百两，点交贵委员苏各得等如数收讫。其余三千七百两，订于五月十五日如数交齐。除呈报将军鉴核外，相应备文移付。为此，合移贵旗，请烦查照弹收见复施行。须至移者。

右移札萨克镇国公旗。

札萨克公旗协理吐门吉尔嘎勒等为出具执照事

今旗内向开办札萨克图荒务总办知府张议妥借银一万两，于三十年四月十六日，先取银六千三百两，其余三千七百两，订于五月十五日交齐等情。因空口无凭，两造立此执照，钤用札萨克手记，以为日后备查等因，各执一份存证。光绪三十年四月十六日。

呈为起员请集股创设水利公司锤井灌田据情转呈由

全衔　　为呈请事　　窃据二起监绳委员张笃福禀称"古者治田专求水利，今者兴之于南、废之于北。近考东西各国请讲求农学无微不至，而尤以水利为所倚赖。新式锤井机器，更觉费省利多，劳一益久。京津各处举办，已有成效。该机钻地数丈，直达水源，以竹管镶接，使水上升，昼夜无息。一井需工银数十两，保灌地百数晌，利用数十年。委员前在福建省委监是工，所知甚确，购自东洋资本无多。查札萨克图旗河南一带，地势极高，林木稀少。委员奉丈放荒周历已久，询之于民，均称以苦旱为虑，十年已遇七八，正宜举行水利，以补天时之不足，即如兴办农学，专以水利为要务。委员现拟请由河南拨荒一段，作为试行水田之场，照章缴价，招集股本，创立金生水利公司，购机为人锤井，以御旱灾而保种植。方今国家举行新政，凡有益于国计民生者，均准创办。倘此后水利试兴，与国计民生不无裨益。是以先行陈明开办，并恳转禀督宪立案。除批示准行，再将办法、酌拟条章禀复"等情。并绘具锤井机器略图，呈验到局。查河南地势高敞，土性带沙，每雨泽稍稀，辄易苦旱。该职拟集股创立金生水利公司,锤井灌田,自为便民生、开风气起见,似尚可行,所请拨给试行水田荒场一段,既系照章缴价,自应酌拨三等余荒,以资试验。除饬复并移行总局查照外,理合绘图备文具呈。为此,呈请宪台鉴核,伏乞批示遵行。须至呈者。

右呈军督部堂增。光绪二十九年十月二十六日。

批　呈悉。锤井灌田,以救旱荒,系农务之善政,应如所请,准其设立金生水利公司,集股购地,妥为试办。仰即将条章议妥,呈候核夺,再行咨行商部查照可也。缴　图存。

呈为务本公司于所领段内自立镇基呈请示遵由

全衔　　为呈请事　　窃据务本公司禀称"前以开通风气,速兴地利,禀设公司,当蒙批准在案。兹公司报领荒地,已经委员拨丈清楚,自应速兴举办以观成效。惟思欲兴地利全赖广聚人口,欲聚人口须先设立集镇。使始作得以交易称便,兴起有以运贩周流,加之官长弹压以保太平,定必人心趋向,万户偕来,此集镇之不可不速立者也。况公司购办机器,创兴农学,如自孤立一方,保护亦难周到。是以拟仿锦州天乙公司成案,在公司地内周设十屯、中兴一镇,勘地在六井子、七井子两屯迤东三二里。该处北距城基百三十里,南至巴彦昭四十余里,东距三王交界六七十里,西距图什业图王边界五六十里,为南段冲要之地。以城基赴巴彦昭一直大道,划地一区,约合二千亩,取名富平镇。乃因地处幽远,又系自行创兴,与官立稍有不同。若不设法招徕,成效难期其速。拟请宪局派员勘丈坐落,先行酌留衙署、营房、庙宇各地基,请免发价,用伸报效。其余街基,公司订议减价兑卖。自拨地之日起,立限二十个月,有能在限内修盖铺房者,按照事业大小,卖给街基,每亩收回地本银二钱,不准多取丝毫,出具兑卖执照,以便永远为业。将来生意踊跃,如街基不敷分布,再为挨次推展。似此变通办理,兴隆可立而待。如有成效,地利以兴,民藉以富,公司得以保卫,农学得以易举,与国课不无关系,与垦务不无裨益,诚一举而数善备焉。并请准照天乙公司办理丰乐镇章程,举凡市面商务,由公司整顿,一切地方民情概不干预。如蒙允许,恳先晓谕周知,以便公司粘贴告白,招户办理。并祈转请立案,以昭信实"等情,据此。查南段采立市镇街基,或由官办,或在民段,准其私立各情,曾经呈明在案。今该公司于所领段内划留地基,立街兑户不图加收价银,只求商农相济,事属民利自兴,似可照准,任其出兑其捐留官署地基。查该处地当冲要,将来如果商农稠集,亦可于该处分设治所。除批示外,理合将该公司原拟创兴集镇章程暨街基,略备文呈报。为此,呈请宪台鉴核,如蒙照准,伏乞批示,并札饬札萨克图郡王旗，以便转行遵照。须至呈者。

右呈军督部堂增。光绪三十年三月初十日。

批　呈悉。准如所请，设立镇基以兴商务。但该镇既立，所有地方一切应由地方官妥为经理，以重事权。即该镇并不得称公司镇基，以杜将来把持之渐。候饬驻省总局暨札萨克图王旗知照。缴。章程、图存。

谨将创兴富平镇章程，缮具清单，恭呈宪鉴。计开：

一、在公司地内，划地一区，创兴集镇，取名为富平镇。勘地在六井子、七井子两屯迤东二三里，正由街基赴巴彦昭一直大道。为南段冲要之地，将来兴隆，可立而待。

一、街基先划南北长四百九十四丈四尺，宽二百四十六丈六尺，除去街道，约合二千亩，请官酌留衙署、营房各地基，其余均行收价兑卖。如果生意踊跃，不敷公布，再为展办。

一、公司以兴地利、开风气为宗旨，此次创兴集镇，但期地面速兴，商农均沾利益，故拟照城基官价减价十倍兑卖。自拨地之日起，立限二十个月，有能在限内修盖房间者，按事业大小，分为四等，准卖数目。每亩仅收回地本银二钱，不能多取丝毫，发给兑卖执照，以便永远为业。

一、有欲开设烧锅、货栈、车店、马店、粮店，及资本宏大用地较多各生意，声明在限内盖房十间以上者，按每房一间，卖给街基一亩。

一、有欲开设杂货店、各项工艺铺及小本营生用地较少者，按每房二间，卖给街基一亩，不及四间者照二间论，以此类推。

一、有欲修盖铺房另行出租者，亦照盖房二间，卖给街基一亩办法。

一、有欲在各巷修盖住宅者，按照盖房三间卖给街基一亩，五间照三间论。

一、如买地盖房，须先赴公司代办。商号报名挂号，声明作何生理，欲在限内盖房若干间，公司当即照章卖给。倘将地拨给后过限并未盖房，公司即行禀请官长撤地议罚，用杜取巧。

一、事属群力创兴，非同官放。拟定不计号数，先行绘图标明街巷及大概行业地方，准人按图指选基址，以期先至为快。

一、公司不论亲疏，不问盖房优劣，凡为生理而设者，一概照章办理。

一、街基之外，凡义地、土厂、窑基，公司均行酌留。

一、街基丈拨后，凡整顿街市一切章程，拟仿照锦州天乙公司办理丰乐镇章程，斟酌合议订定，以便互相遵守，而昭严整。

呈为荒户请缓限交价并恳熟地扣成录批呈报请核由

全衔　　为呈报事　　窃卑府心驻荒，据蒙荒七百余户佃民呈称"为恳仁恤事，卑众蒙古等均系外旗卓索图、昭乌达等之人，情因本旗有教匪倡乱，弃产而移至本旗租种地土。卑众蒙古等将前被害之苦，一并呈明，经札萨克王恩施呈报大院转奏，元气稍复，再行回归各等情。奉旨前来，照依所请。业住几年，又遇河水涨发、被灾，此几年因年景不收，并被乱匪扰害。所以，今又奉旨出荒，卑众蒙古等情因无法，将实在难苦之情呈明委员大老爷额外施恩，恳乞将熟地照三七一律折扣，并请缓限交价各等情，伏乞达拉嘎等转呈委员大老爷案下恩准，将卑众蒙古以安生活，而雪弃产之苦"等情。公呈前来，当经批饬该佃等呈恳缓限交价，已由本总办面谕，予限一个半月矣。仰即遵照，勿许拖延、逾限，致于撤销。查局章：凡丈生荒既不另留房场等地，亦不除去沙碱沟洼，故以三七折扣，补其不足。至熟荒地皆沃土，佃户各有居庐，与生荒迥别。故前经面谕该佃等，准将该佃每户住房门前留地四丈，其余三面各留地二丈五尺，清丈后概不作荒收价。是熟地虽不扣成，实与扣成无异，已属格外体恤。所请熟地亦请三七折扣一节，应无庸议等因，批饬并传集各户面谕批开事理，俾各周知去后。查奏案有酌留庐墓一条，系通指本旗、外旗各户而言，惟应酌留多寡，尚无定限。查现经纂订城基办法，大街系宽四丈，小街各宽二丈五尺，故此次清丈旧户房身，拟仿照办理，均作为酌留余地，概不作荒收价以示定限。除移复蒙旗传饬外，所有拟留旧户房身余地，是否之处，理合备文，呈请宪台核夺，伏乞批示遵行。须至呈者。右呈军督部堂增。光绪二十八年十二月初七日。

批　如呈办理。缴。

注：大院系指理藩院。

呈为变通旧户领地章程拟统照三七扣成无容另留余地等情请示由

全衔　　为呈请事　　窃查职局原拟章程，凡旧户熟地均不扣成，其房基四面各留余地，并从该王之请，各户酌留牧场等情，呈经批准各在案。职等现在到段详细考察，该佃户等原占房垣、井道多寡相悬，或地少房多，或房少地多。且各段奸佃闻有酌留庐墓之说，多有新圈房垣、伪作坟茔希图预占者，争相效尤。而绳起按户照留，其事尤为繁琐。且该佃贫富不齐，熟地当年起科，一岁之内租价并输，民力恐有未逮。兹拟变通办理，每一熟户无论地亩、房垣一切原占之界，均满入绳弓作地论价，仍照生荒例三七折扣，以损有余而补不足。如此办理，厥有三便：房、地停匀不虑向隅，一也；满丈、满扣绳弓直捷，二也；减成轻价民力以纾，三也。且扣成即系留余，旧址毫无所失，于原奏酌留庐墓安插客民之意，实相符合。惟熟地一体扣成，荒价似乎略减。然房垣、井道满入绳弓，免去牧养，则又收回小半。而常年租赋亦且暗增，于官、于民，似属两有裨益。是否之处，职等未敢擅便，应恳宪台核夺，如蒙照准，即乞转饬总局将原订章程改从今议，以便奏咨立案。除移行总局外，理合备文具呈。为此，呈请宪核，批示遵行。须至呈者。右呈军督部堂增。光绪二十九年五月初九日。

批　呈悉。熟地一体扣成，庐墓、房垣满入绳弓，所拟办法尚可准行。仰即督饬清丈各员，认真经理，勿得稍滋弊端。切切。候饬驻省总局知照。缴。

蒙王咨请承领洮河北交流河西闲荒两大段由

札萨克图郡王乌　为咨移贵局以仰施行事　因本旗奉旨出荒条内开列恩恤台吉、壮丁着先承领等情，旋照贵局通饬，仅可领受等语。现敝王府下，亦按现拟压价解交贵局，欲领生荒两处。一处在河北，南至洮河，北至站道，东至色公旗，西至蒙古原垦地界，内有闲荒一段，长约百余里，宽约一二十里不等。一处在卓立根河西岸，东至卓立根河，北至站道一带为界，宽约十里，直至图谢图旗界。将该两处荒地，情愿备价承领。即如丈量该地，不拘日限。见咨就由府派员会晤，挖立封堆，以清界限。仰该两处丈量完毕，扣明实亩若干，遂将荒银、小费一并解交贵局。日后小租等项，亦照定章交纳。本王不能自专，皆由两处官员经办可也。此两处荒地，并不干涉内、外蒙丁之界，于是仰贵员等将该两处荒地，庶可能允，即乞示复，以便安业。为此，须至咨者。右移蒙荒行局。光绪二十九年三月二十日。

所称两段，已将上、中两等荒界全留无余，仍是指留河北不放之意也。又据来差面称，留街基一万丈，否则再放二十里，容心狡展。可复一函，告以街基去冬放尽，王府留荒，奏案所无，碍难照准。况如此留法，则号户安置何地乎。

函复蒙王为前请领荒两大段恐于招徕有碍由

郡王爵前：托庇茅封，时殷葵向，恭维鼎履绵禧，屏藩介福，乔瞻朱邸，罔既纷揄。昨奉大牍，拟由王府自留闲荒两段，计长百余里，宽数十里一节。查其事于公家，于　等原无所损。惟王府主政一旗，备价领荒似与小民争利，而自出自领亦觉矛盾自形。且所指多系向有熟户之处，其中亦多腴荒。若经划留，既使敝局领户难于招徕，又留熟户恐贻后虑，窒碍实非一端。伏乞爵前，计久远之利，不计此锱铢于目前，仍听敝局照章招领，实属两益，尚祈原鉴。特肃奉复，恭叩崇安　张　等谨上。三月二十五日。

呈为熟地将已丈竣拟照章起科开征请发告示由

全衔　为呈请事　窃查开办札萨克图荒务原奏章程，凡熟地照札赍特成案，当年起科。每地一垧征中钱六百六十文，以二百四十文归国家，为筹饷安官各项经费，以四百二十文归作蒙古生计。现查段内各等熟地，年内可以全数丈竣，亟应遵照奏案，于本年起科，民、蒙庶可相安。其收租之法，自应仿照札赉特成案，由地方官会同蒙旗设局经征，官为张贴告示，派役分催。每年冬月十五日开征，来年五月十五日停征，届时结算清楚，各提各款。惟荒地丈竣，官署尚未添安，自应先由职局造录征册会同蒙局照章经征，以符奏案。但开征伊始，应恳宪台先期发给告示晓谕周知，并札饬札萨克图旗遵照，以便即时举办。除拟具告示稿抄呈并移行蒙旗查照外，理合备文具呈。为此，呈请宪台鉴核，伏乞批示遵行。须至呈者。右呈军督部堂增。

计呈告示稿一纸另禀一份。光绪二十九年十月十四日。

为出示晓谕事　照得本军督部堂，兹据札萨克图蒙荒行局呈称"荒界熟地，年内可以全数丈竣，亟应遵照奏案，于本年升科。请先期出示晓谕"等情，据此。查此次开办札萨克图荒务，经钦差大臣裕　会同本军督部堂奏定章程，仿照札赉特办荒成案，凡熟地当年起科，奉旨俞允，钦遵在案。该局所呈，既系遵照奏定章程，自应遵照办理。除批饬并札行札萨克图旗遵照外，合亟出示晓谕。为此，示仰荒界熟户人等一体知悉，凡尔等所垦上、中、下等熟地，统于光绪二十九年一律起科。所有前在札萨克图旗岁纳猪粮，本年概行停止，以免重征而示体恤。其本年应征大租，仰候核定数目与租钱折银数目，以及开征、停征期限，札饬札萨克图旗会同荒务行局照章经征。尔等务须遵章完纳，踊跃输将，毋稍拖欠抗延，致干重咎，其各凛遵，勿违。切切。特示。

敬附禀者，窃职等所拟熟地照奏案本年起科一节，查丈过熟地价银现多未交，年内租、价并征，民力恐有不逮。然今年若不起科，则王旗仍当向户索取猪粮，其值倍于官额。而额外摊派尤属不赀，众户久为所苦，咸望起科以纾其困。故职等拟即起科者，一则遵循奏案，一则欲顺舆情，借免该旗需索。至本年开征，不过为来岁张本，职等自应仍以催交荒价为急务，其本年大租实须光绪三十年上季带征，以免操切，而体宪慈。惟下等荒地，较之上、中地定价虽廉，然土脉硗薄出产较少，若与上、中等地一例征租，则下等户未免吃亏，事关久远，允宜细酌。查前将军崇文勤公，奏请东边流民向化边地普律升科案内，曾有每地二垧并作一垧征租之法。此次蒙荒三等有量予折扣，与东边虽稍有不同，然宽以待民，总不为过。职心田在省曾将大略禀明，并与总局筹商数次，特此事所关甚重，未便率行陈请，拟恳宪台此次出示，但谕照奏案应当年升科，不得托词延缓等语。至三等应否归并，统俟新旧荒地丈放完竣，卑局详计共有升科地若干，归并与否，有无苦累之弊，再行详细核请宪示遵办。合肃附禀，恭叩钧安，伏乞崇鉴。职　　谨再禀。光绪二十九年十月十五日。

批　呈及附禀均悉。该蒙旗熟地既已拨丈，自应遵奉奏定章程一律仿照札赉特成案，于本年起科。该处现尚未设地方官，所有升科事宜，即责成该行局会同该蒙旗悉心经理。告示三十张，随批钤发。并候饬总局暨札萨克图郡王旗知照。缴。示稿存。

呈为蒙境制钱缺乏熟地征租拟暂收银圆请示由

全衔　　为呈请事　　窃职局拟会同蒙旗于本年二月初一日开征，业经具报在案。查此租系照清钱征收，蒙境向使银币缺乏制钱，必须改折于民始便。但此地市银不时涨落，色更低潮。若竟折银，则官中与民必受赔累。然官中安肯认赔，一恐亏累势必巧立名目加毫、找零、补平、补色，被其累者仍此小民，职等未敢擅拟。查荒境银圆定价中钱二吊二百文，计每垧租钱六百六十文，适合银圆三角，拟即照此暂行改收银圆。原征原解似少流弊，而甚便于民。一俟此地农商兴畅，再由地方官酌核，或径行折银，或银钱两便，随时办理。所拟是否有当，职等未敢擅便，理合备文具呈。为此，呈请宪台鉴核，伏乞批示遵行。须至呈者。右呈军督部堂增。光绪三十年正月十一日。

批　据呈已悉。准其照中钱二吊二百文暂行折收银圆。候饬驻省总局知照。缴。

蒙王移复为熟地扣成废弃二万余垧如何封租报效由

札萨克图王旗　　为移复事　　按次接准贵局移开，催收熟地租项。查贵局来咨文内虽有会同收租等语，前后原奏各条会同两造收取租项，并未指明。前本盟之科尔沁左翼后札萨克伯多勒嘎台，如何封租、交价报效国家，并与各台壮等生计有益。恳乞见复，备案施行。须至移者。右移蒙荒行局。光绪三十年二月初四日。

批　熟地原章亦系扣租，但不扣价。耳后改扣价，与此时征租折扣无涉。且已禀奉宪批，并有复奏可按。此次，系钦差奏案，何得外引他旗并理藩院云云，办复。

蒙王移复查各旗定章并无放荒委员会同征租等情由

札萨克图郡王　　为移复事　　于本月十八日接准来咨，查阅系熟地升科之事。此升科等情，于本月初四日业准贵局移咨在案。复查奉理藩院并哲里木盟旗内之定章，并无会同，如何封租、交价报效国家，并与各台壮等生计有益。恳乞见复，备案施行。须至移者。右移蒙荒行局。光绪三十年二月初四日。

批　熟地原章亦系扣租，但不扣价。耳后改扣价，与此时征租折扣无涉。且已禀奉宪批，并有复奏可按。此次，系钦差奏案，何得外引他旗并理藩院云云，办复。

蒙王移复查各旗定章并无放荒委员会同征租等情由

札萨克图郡王　　为移复事　　于本月十八日接准来咨，查阅系熟地升科之事。此升科等情，于本月初四日业准贵局移咨在案。复查奉理藩院并哲里木盟旗内之定章，并无会同放荒之委员开征。虽然如此，今奉贵总办等处之权威再三催追，即将二十九年之租项，暂派员司，由本月十五以前赴贵旗开征，并札饬原民、兵等遵照可也。须至移者。

右移蒙荒行局。光绪三十年二月初八日。

本局会征，系为国家租赋，岂该王所能劳动。且此系宪札，又系奏案，与理藩院何涉、哲里木盟何涉，竟如此狡展，岂该王亦以权威来震本局耶。办复。

蒙王移复为三七折扣之文件未到丢失熟地如何报效由

札萨克图郡王　　为移复事　　于本月十七日准奏贵局来咨，查本旗荒地案情，并无二十七年十一月奏案。又二十九年春季起议妥，奏军督部堂批示，熟地作为三七折扣之文件，至今未到。忽于本年正月间准贵总办处议明价表，丢失熟地。况贵局虽有移改之处，废弃熟地租赋，现如何报效国家，而与台壮等大有裨益，彼此一切俱废。熟地，并押荒银均空等因呈请外，即本盟伯多勒嘎台亲王等旗之租赋，虽无报效国家，此系圣主施恩分给台壮人等，并由会办之处提取公费，亦关国家。即内、外蒙古，均遵圣主之则例数百年矣。一时贵总办等惊奇良策，甚难偏越原章，相应备文移知贵局，请烦查照施行。须至移者。

右移蒙荒行局。光绪三十年二月十八日。

逐节援案严驳。

赵景山等具呈恳领原占之莫勒克图等处荒段由

具呈人赵景山、孙海川等年址不一，为恳恩拨荒以安佃户事。

窃身等系札萨克图郡王于光绪二十六年招来原佃，采占莫勒克图、他拉根等处之荒，虽未开垦，荒银早已交贰千两整，在贵局过存有案可查。今经委员由他连哈达丈过，身等所采之处抛在界外。伏思身等均是王爷自招佃户，既蒙天恩普同安插，缘何抛在界北不给丈放，独漏去身等二户荒地。只得具情叩恳总、帮办大人案下，恩准批示，将身等佃地一律安插，则感大德矣。

局批　既系王旗所招原佃，即与旧户无异。仰候移旗、饬起勘办，勿得遗漏。

光绪二十九年十月初四日。

蒙王发给赵景山等招佃执照由

哲里木盟札萨克图郡王　为发给怀德县属下五甲民人赵景山即赵福承领。当查本盟南果尔罗斯副盟长公旗下十三甲荒务，一切事务办允之功，吉林将军保举五品衔。现今本王会同奉天委员该旗放荒，碍街里置荒民户距数百里之遥，而且路过蒙旗道路难行不敢来者，恐误国家筹饷、便民重差。为此，派尔招垦委员切达尔罕亲王旗行走东公益局五品蓝翎孙海川，帮同办事。该员速赴街里招佃，务将各佃名姓开写清楚，须到本旗荒务行局按名交荒价银，任领地照，以昭信守。为此，发给该员。切切。特札　遵办施行。

光绪二十八年十月初五日发。二十九年八月十二日到。

注：是文与《为准蒙移赵景山等领地一事并抄粘文约等因移复由》文中粘抄单，本系一文，惟由蒙文所译，文辞不尽相同，发文日期亦相差一天。

蒙王移称起员越丈荒段给赵景山承领各情由

札萨克图郡王乌　为移复事　案据敝王为公遵查前赴盟长王旗，于十月二十三日旋旗后，有本旗台吉梅楞爱勒必吉呼、爱民布合等呈称"前次请留各地，业已在案。兹禀职等前所请留官马厂暨碱厂、绰勒木等苇塘，一概经丈，均饬赵、孙二揽头等领讫。职等前蒙请留、移复情由，应如何办理之处"等因，前来请禀。派员询及监绳金委员越丈原报地址情形，金委员云：某之所丈四至，西至交流河封堆、至文诺山西边，东至由诺堤至莫立刻图、塔拉根等处，着赵景山、孙海川承领，均照本局札饬而行，亦非委员主持，且被赵、孙二人呈告处分。似此情节，惟凭总、帮办主持。其孙海川等谓，委员业经丈给绰勒木苇塘，以敷原领六万垧之数，割苇自有孙海川等承当等情禀请前来。查该放地址业已绘图赍交张总办，嗣后陆续据情移复，视犹废纸。贵局不但轻侮敝旗，任由领荒民户贪心展放，已致擅专之极。奈将应报之处，已拟分咨，立候移复前往贵局详查情形，是否理应酌留大凌河饬放官马厂及绰勒木苇塘，向来王府旗属应用出产，能否纳留，惟凭筹办。为此，合移贵局，请烦查照施行。须至移者。右移蒙荒行局。

札萨克图郡王乌　为移复事　兹据办理荒务委员报称，依持贵局文内民人赵景山、孙海川等一面之辞，伊等任意将该旗之地段丈给。今查阅批示，先由赵景山使银八百两，又由景林取银五百两，共银一千三百两，并非许伊莫勒克图、塔尔根等处地方等语。伊等在二十六年间招领之语，因何才丈领地段与其有此情节，应预先随函呈报，以此可知舞弊。赵景山、又景林等，经去年间敝王赴京时，求领二千垧地。由借银有余，恳乞欲交四千八百两，中保人有宾图王旗之二等台吉孟科敖奇尔在此议妥等语。今将合同抄写粘尾，移行贵局查照。而此等贪心设法自行专主之民，以理晓谕，该旗越界丈放之荒地并不给之荒，全然封禁，以观后效。并有益于旗众人等生活，与公事相符可也。为此移行贵局，查照施行。须至移者。

右移蒙荒行局。光绪二十九年十一月初六日。计粘单一纸。

今发给文约事　　札萨克图王旗因洮河南奉旨出荒，以过塔兰西伯南，由大道往南蒙民不领之余荒，又由六家子西北至五家子东南，凡无碍之荒两段，约计二千余垧地。有怀德县属民人赵景山、孙海川等同众议价拨给，其银敝王处收讫。因空口无凭，立印契为证。如有匪人入界，生心霸占等情，由官重办不留等语，谕札。光绪二十八年十月十八日。

札萨克图郡王乌　　为移复事　　案据本月初十日接准贵局移复。查该赵景山、孙海川希图侥幸贿通金委员，等不理饬移各文，且不与蒙员会同，竟行越丈原报一百余里，任意违章强凌均招新佃，显系擅压敝旗已极。查去岁发给赵景山、孙海川等照内，并未指言原报界址以外莫力克图、他拉根、文诺山东西各名处为凭。缘何该员陡起贪心，越丈一百余里，眼睁强丈夺霸旗属，游牧已致荒业，核与原章程难符。兹请贵局详细，前经据情移复各在案。凡有公私以关文信为凭，然屡移文件，盖一视犹废纸，来覆支吾故意推诿，绝不与公事相符。敝蒙旗素以轻财为知，谨遵上谕为重。现该起员重图银钱，并不商酌可否，竟听赵景山一面之词，冒行越丈，擅招新户。贵局能否准领，敝王实系难以因循。现于本月十六日，民户赵景山同贵局委员舒秀前来，当舒委员面前与赵景山将原情言明剀切。其前领照内并无如许多越丈地名，赵景山始知藉意霸领界外，关系牧放大凌河官马甸厂，口称甘愿认非等情，经舒委员目睹为据，恰与敝王前移贵局复文相符。查牧官马常在宽敞平川扎拉克草茂丰区之处来往游牧，使之足膘，实系未知用于何时，以备意外急用。其原报划定界址以北，虽长有数百余里，其如莫力克图等平川宽敞宜于牧马草茂之处，如许无人所居万垧之多宽广片荒，贵总办未经目睹，焉知丰足，界北不放之地，饶有数百余里，山峰之上不可牧马者，其可以不言而喻。况山峰多占七分，平川之地虽有三分，水兼一分，其余所有二分平地。旗属原籍山溪者，各各仅敷其游牧山硗之地，并请指示牧马之策。否则官马无得丰草，渐须怯瘦，贵总办回省交差之后，倘有急备，其咎归于谁焉。是以莫力克图等处一带扎拉克，首关牧放大凌河官马及旗属台壮牧业之产，销封与赵景山永为无干可也。该户来往互相巧造奇言蒙蔽贵局、惑侮敝王，致使冗乱公务。仰将赵景山、孙海川霸领越丈之地，除撤销封禁外，应欠赵景山八百两折作二千两，言明贵局，仍委抵还，敝王一笔自必无庸再还矣。赵景山一债，业已清还，别无短欠然。一面迅速到旗属台壮，酌商请留越丈之地，应如何办理，仍行移复与贵局相会办，以免两相牵掣。为此，合移贵局，请烦查照施行。须至移者。右移蒙荒行局。光绪二十九年十一月十九日

札萨克图郡王乌　　为移复事　　由敝王处将民人赵景山之情形，屡次移行均在案。此等强民赵景山任意丈领莫力克图、塔拉根等处荒地，将原住本旗之台壮传来究讯前情，本年九月间恳恩呈报在案。梅伦章京台吉阿力必吉虎等，又管旗章京托克他虎各壮丁等又恳恩报称：台吉敖云必力克、乌勒吉、伯勒操鲁、巴彦都冷、巴土尔等各台吉等，管旗札兰章京翁古力、色金满达嘎，管旗章京额勒登格、呼楚土霍必土、孟棍绰克土等一体恳恩报称：由该王处业经奉将军并总办谕令，均由雅马图等处为界晓谕，本旗台壮心意皆足。忽然丈地委员金祥等不遵前谕，竟越界丈放，又恳恩呈请前来。并将莫力克图、他拉根等处赵景山任意骑马丈放，有本旗台壮到旗呈报，均无牧地无法生活，恳乞王爷转行，以安台壮生活，仍照先以雅马图山为界。正在呈报间，准贵局来咨，随赵景山之贪心不足之样来文一纸，仿照之来文传谕台壮等，照台吉、壮丁等原呈报王爷并恳乞之情，均不愿出放。查去年间经钦差大臣裕会同盛京将军所拟之十条，今台壮所称之情形均不违奏案。复查莫力克图、他拉根等处，系国家大凌河苏鲁克牧场之处，又系台壮祖遗之牧地。又细查上谕原拟十条内，如本旗出荒先准本旗承领，如无人承领者，方准外旗蒙、民报领，务将界限分清，并将水草丰盛之处作为牧场，各蒙民均不失业。再将坟墓之地，均应让出。若不开之处，设法绕越，系上谕恩施。惟赵景山行贿委员金祥，将本王为首之台壮等强押，乘间丈过界外。赵景山尚贪心不足，并将此处不能出放，希为贵局查照。又本旗发给民人赵景山之执照内有无莫力克图、他拉根等处之名目，今此处与赵景山毫无干涉，系本旗台壮应留之牧场，由此处放给赵景山等，照数究查莫力克图、他拉根等处之地若干，仿照贵局丈放河东头等地，由卓索图格连西北一带地方内，有无碍之处拨补赵景山名下，如莫力克图、他拉根等处之荒价。虽由贵局收价，照数核计，由本旗众台吉名下应得数内扣出，以免牵扯而重公事，即恩施于台壮等语。伏乞贵局始终详细，并与本旗蒙民等免其失业之苦而重原奏，即晓谕民人赵景山等，此处作为本旗台壮之牧场永远为业。恳乞贵局查照，办理施行。须至移者。

右移蒙荒行局。光绪二十九年十二月十四日。

十二起禀为已将莫勒克图等处丈给原占户赵景山等承领由

署十二起监绳委员金祥　　为呈报事　　窃委员遵札接丈蒙王所指之那

金河都鲁吉一带山荒，即按卯酉方向，自九月十五日丈起，至十月二十一日止，所丈那金河都鲁吉一带已到图什业图界，均系东西相平，并无南北越勘。惟莫勒克图、他拉根两处山林尽属子午，以此丈勘，似乎出界。奈蒙王有自招之原佃赵景山等采占在先，奉札之际，概亦竣勘填照。谨将丈过二等生熟荒地坰数、地形，按名造具带图毗连清册，暨发过旧户领地执照七张，及段内照章拨给台壮五十五户，并不可垦等地，另造无租毗连一并汇呈外，理合备文呈报。为此，呈请局宪大人备查施行。须至呈者。右呈办理札萨克图蒙荒行局。光绪二十九年十月二十七日

十二起报蒙丁及蒙王派人阻拦绳弓该起暂不安户由

署十二起监绳委员金祥谨禀局宪大人座前：敬禀者，窃委员于本月初十日移至茂好庙东，正议开绳为领户张茂亭丈拨。忽于十一日接奉谕示，饬往都鲁及等处查明闲荒，斟酌丈放，当即协同领户驰往。查该都鲁及一处闲荒，约有六七千坰。其中苇塘、水泡、碱场、石，盖不可垦虽多，而其丰草之茂密，厥土之温融，实为膏腴之壤，堪以丈放。于十二日率领户由野马图山河南旧佃郇福、河北冈图莫之西界，接界丈勘。是日，即有该旗台壮等阻绳搅展，幸得照章开导，始罢伊等阻绳之举。丈放一日，勘地一千余坰。十三日朝雨，旁午雨止，绳弓至地，又有台吉卜克结勒图领众阻绳，殊属顽梗不堪，百般开导，若罔闻知，并兼匿旗、抢锹，愍不畏法。四思无奈，只可送局法办，以儆效尤。正欲解送间，忽来蒙王差员笔帖式濮凌阿持片至起，祈绳停止，声称野马图山外之荒，原已禀明永久不开，此次必欲强开，前约恐有不符，且于蒙民何。郡王非敢拦绳，愿先商酌而后行，且原指边界时亦丈勘未竣，即使与原议坰数将来不能足觳，亦必丈竣量缺而添，请必无勘，待局商妥而行。并请释台吉之囚，恳勿送局究办，允将旗子如数送还。如再不悛，任凭法办等语云云。伏思该旗累次荒不出者，盖以此荒颇沃故也。如此次任其阻留，置而不理，恐有一于前，即成鉴于后。局中已经收价如许之多，试将何以丈拨。且此段闲荒领户张茂亭等先已验妥，由此作为罢论，亦恐伊等不无异言。所有蒙人匿旗、抢锹、持片请止，一切实在情形，理合肃禀陈明，恭叩崇安，伏乞垂鉴。委员金祥谨禀。光绪二十九年闰五月十四日。

局批　来禀已悉。阻绳台吉卜克结勒图既经蒙王差员濮凌阿请释，仰行查蒙旗办理。至所丈处所，现已面同蒙局商议，差人前赴王府，斟酌先行丈清地数，暂勿按号。俟蒙王见复定妥，再行酌办。此缴。十六日。

蒙王为十二起金委员越界丈放勿庸呈请督帅移请核议由

札萨克图郡王　为移行事　情因于闰五月十二日，据敝旗野马图处

垦户四海伯勒倒等禀称前来，身等原领地界北至乌勒特站、哈巴奇等处，现今丈越界址等情。查前禀钦差等语，敝旗原垦界三棵树、那吉巴罕哈达、野马图等处，均为北界。因越界之情出派梅伦阿民不合、笔帖式福娘阿等请示其情。差员回禀，声称面见金委员越界各情。伊称并非任意丈拨此地，遵札办理。越原垦处丈至都勒及地方，此地已拨八家子屯民人赵姓。塔力棍、塔力彦哈达、讷力彦索格等处均在行丈之数，现未丈放，暂且停绳候示等情。现越界之情，实与奏案不符。原垦地界四至以内，丈量数目不知多少。现丈越此地原系敝旗台吉、壮丁游牧之处，因避胡匪迁移都勒及该处四百余户，以安生业。为此，移行贵局，酌核越丈之处，实为紧要。仍以野马图挖立封堆为界，暂停绳丈。其越丈之情，请勿庸呈请军帅核夺。祈贵局核议，可否退归原界，详查文内，妄为禁止，永免相犯，祈为见复施行。须至移者。

右移蒙行局。光绪二十九年闰五月十八日

蒙王为巴汉山北莫勒克图一带甸厂概不准放知会起员由

局批　办复金委员所丈之界，系野马图迤西都尔吉，是否界内，业于文到之先，饬令暂勿安户在案。今以越界来商，惟界内之荒不敷原奏之数，尚未见复。俟将应由何处拨补，回覆到日，再行商酌。札萨克图郡王　为知会事　案据前将应丈各地，概已绘图咨行督宪查核外，一并绘送行局无异，仰仍将照案纳金山、巴汉山一带作为北址，准向南放，以及纳金河两岸直到纳金山东西两腋，一概出放。除此以外，东西山一带甸厂，概不准出。又自巴汉山以北接连所有沁头、莫勒克图、塔拉根、土雷等甸厂，暨敖闹山东、西甸厂共六处，碱场五所，颠末周围皆系旗属台壮牧畜所及、牧放朝廷大凌河官马要厂，前经咨行军督移行贵局各在案。又于交流、那金两河中间所有绰勒莫等处苇塘，亦须绕留。为此，合给字据文内所有各处，并不准丈放。照前所移，应丈之地妥为丈量，秉公办理。切切。

右给纳金河一带督绳委员。光绪二十九年九月初七日。

禀为葛古什揽头五户均系旧佃占在二龙索口一带可否出界勘丈请示由

十二起监绳委员金祥谨禀总、帮办大人座前：窃委员遵札接丈十起前丈未完之那金河二龙索口有户荒地，并蒙王所指之都尔吉一带山荒，于九月初五日开绳。查该那金河蒙佃陈富升揽头九户，葛古什揽头五户，共十四户。陈富升等九户曾经十起丈拨一户，余剩八户业于初八日挨户丈竣。所有余荒无几，遵已概安曾经交项之赵有年等二等号户。于初九日，正丈葛布什揽头五户间忽接蒙王来文，内开巴汉山以北、东西山一带甸厂，概不准出等情前来。查巴汉山系那金河之北址，二龙索口之前嶂也。蒙王既以巴汉山为北址，而二龙索口并蒙王所指之都尔吉一带山荒，均出北址之外，委员碍难越界勘丈。但该葛古什揽头五户，四户占据巴汉山之前环、那金河之上口，其一户已出巴汉山之西北。据文内所指之北址，相距二十余里，占居二龙索口之正中矣。文内既照案以巴汉山为北址，出此概不准丈放，询据此蒙佃，占二龙索口开荒、结庐六七年矣。试问此佃户系何人所招，此荒段系何人所指，该蒙王岂未闻知。然蒙王既有来文，委员诚难越界，现丈葛古什四户，不日丈竣，其在二龙索口一户，可否出界勘丈，未敢擅便。谨将蒙王来文，一并附陈，理合肃禀总、帮办鉴夺，伏乞批示遵行。

光绪二十九年九月初九日。

局批　呈悉。王府曾移此情，已经驳回，饬知在案。该王兹复在段拦绳，仰候帮办带领荒户孙海川等亲到王府商办，至未丈之户仍须遵照前札勘丈，不得误工。如其再拦，着即连户带至王府面见帮办，一同斟酌。此缴。

禀为所丈段内有树三十余株是否有主请饬砍伐以便开垦由

十二起监绳委员金祥谨禀总、帮办大人座前：窃委员奉派勘丈都鲁及一带山荒，业已勘竣。凡段内所有鄂博、庐墓、蒙人致祭之处，莫不照章留予。惟沿交流河岸有树三十余株，尽是枯榆老柳，均属无材朽木。既非成林，又不连株，此荒业已出放，此树碍难久植。然而朽木虽系无材，凡物亦各有主，应饬该段台吉一体周知。有主者令主剪伐，亟宜辟楚开荒。无主者听佃自便，勿谓出荒留树。事虽微细，关乎交涉，若非及时声明，深恐累及民间。委员忝署此差，职所当执，是以不揣冒昧，恭禀上陈，虔叩崇安，伏祈垂鉴。

光绪二十九年十一月初三日。

批　候移该旗知照，饬伐。如无主时，即归领户管业。

移为交流河岸有树三十余株是否有主请饬该段台吉声复以便砍伐开垦由

局衔　　为移知事　　案据敝局十二起监绳委员金祥禀称"奉派勘丈都鲁及一带山荒"云云，至"凡物亦各有主，请饬该段台吉声复"等情，据此。查该起丈拨段内既有树三十余株，应饬该段台吉于一月内查明。如有树主，即着本主速行砍伐，以便开垦。倘无树主，即应归领户管业，以昭公允。除批饬外，相应移行贵旗，请烦查照，转饬见复施行。须至移者。右移札萨克图王旗。光绪二十九年十一月初六日。

蒙王移复不准伐毁树木由

札萨克图郡王　　为移复事　　案准贵局移开，十二起监绳委员金祥禀称，经伊所丈之地原有树木三十余株，以请销毁等因。查本旗据越丈情节已经呈明应报之处，示复尚未赍到。况有不肖之徒金祥等乘隙徼幸，倘报丈竣杜尔吉一带荒地，局亦忍允移复前来。况其显系欺凌蒙旗已极，且料纪律无论内地、外壤，理无二致，断不可有负。且据此情每移公文争辩，历历盖以视犹废纸，顿然俾令派抑。该杜尔吉一带地方理宜永为销封，以免本旗有失牧业，希即饬禁，并不准伐毁树木，置无庸议。为此，移复贵局，请烦查照施行。须至移者。

右移蒙荒行局。光绪二十九年十一月十九日。

呈为续采白城子城基绘图贴说敬候示遵由

全衔　　为呈报事　　窃查职局，遵照奏案采定荒段适中之双流镇城基一处，并声明如查应有添设城市之处，再行续采，随时请夺，业经呈蒙宪台批准，遵办在案。兹查采距双流镇，东北七八十里白城子地方，为由黑龙江赴双流镇并由图什业图赴新城各处必由之道。兹于该处安设城基，俟荒务报竣各户垦辟后，酌量设官，堪为繁盛之区。卑府心亲往复勘，该处地方多石子，小冈环绕，西多沙峰，北控七十七道岭，南临大仙塔拉一带，平原广野颇饶远势。应请宪台批示，就此立城，以为将来添设分防扩充县治之地。所有办法，容再妥议章程，呈报备考。又查南段并西北一带尚应采市镇街基各一处，亦请俟采有定所，或仍由官办采，或在民段准其私立，随时体查情形，呈明办理。所有续采白城子城基一处缘由，除移行外，理合绘图贴说具文，呈报宪台鉴核，伏乞批示遵行。须至呈者。

右呈军督部堂增。光绪二十九年十一月二十日。

蒙旗移为请由白城子街基中间承领街基二十方由

札萨克图王旗　　为移请事　　于二月初二日接准贵局移开"在洮河北白城子地方采验城基一处，一切章程价值仍照双流镇城基一律办理。拟于本年二月十五日，招领掣票"等因，准此。敕王仓名下承领街基二十方，由中间留宽各一百丈，长各六十丈，希为照办。凡价值均照领户交纳，即掣票照，依二月十五所指日期，派员赴贵局承领施行。须至移者。

右移蒙荒行局。光绪三十年二月初七日。

移复蒙旗为前由

局衔　　为移复事　　案准贵旗移开：白城招领街基，贵王仓报领二十方，由街基中间留各方百丈宽、六十丈长，价值照领户交纳等因，准此。查丈放城基章程，均系挨号丈拨，不许指占，所以示公允而广招徕。来文请于街基中间酌留之处，显属指占，未免有碍招徕。倘敕局违章照办，而以下之户莫肯报领，既于大局有碍，亦于贵郡王声闻有关，是以未便照办。敕局兹采城基，仍属井字大街。惟相度形胜东西宜长，故每方宽仍六十丈，长则一百二十丈。此次丈放拟照原章，由城之一角自城根抵大街，或西南或西北插弓，自西向东挨号推放。贵王仓既系首先报领，即属元号。计全城三分之一为二十一方。贵王仓报领须加领一方足成二十一方，庶可摊大街三面，并占城门四门，甚为整齐。惟须由城之一面安插，以免违章而服众户。至或占北面一分，或占南面一分，均从贵王仓之便。计二十一方，共城基宽六十丈，长二千五百二十丈，合正价、经费、补平共银五千九百六十七两五钱六分一厘六毫，届时希即备价移复，以便照办。相应绘图备文，移复贵王旗。请烦查照，见复施行。须至移者。

右移札萨克图郡王旗。光绪三十年二月十三日。

蒙王移称越丈杜尔吉等处并请留各处碱泡马场均不出放由

札萨克图郡王乌　　为移行事　　案据本旗梅楞章京四等台吉爱力比吉虎、恩赏梅楞好塔拉勿力已等具联名禀请，原拟丈放外垦北址，以至本旗南界等因。绘图咨行军督查核，暨绘送行局在案外，并未转饬丈放各地。不觉忽于交流河垦户界址以北越丈二十余里以外，已到杜尔吉等处，均招新领各户等。谓此地系阿尔必吉虎等十余户邻村原籍之地，恳留由该杜尔吉以南，至垦户以北址等地。倘不得已出放者，职等将该杜尔吉及交流河两岸，以至恳户北至长二十余里、宽十余里，均以遵原奏条款缴价承领外，又由纳晋哈达、巴汗哈达等垦户界址以北，沁图扎拉噶、莫力克图扎拉克、他尔根扎拉克、乌尼山以西英图扎拉克、准苏扎拉克、土雷哈达扎拉克一带五处碱泡，及伯勒合苏台大小碱泡等各处，屡经不识之人来往游行，每言请丈承领等。该数名各处，系本旗台壮每遇夏秋之季常行游牧之所。此地更为本旗孳放大凌河马匹至要马场，仍不可出放。蒙民各户作为孳生大凌河马匹游牧之所等因，恳禀前来。查台壮等禀情，恰与原奏八九条相符。为此，备文合移贵局，烦为查照。有挟财势任意强领者仍饬禁止，宜亦体恤本旗台壮游牧，可符原奏条件。所禀六处甸牧以起颠末周围并七处碱泡等地，均不准招。蒙、民新旧各户，照旧留牧，以重留放大凌河马匹，兼滋本旗台壮养畜有益，不至荒于本业等情。仰为转饬各该起员，以便本业外，前咨行军督部堂公文，并绘送贵局图内各地丈讫，地数如果不敷百万，尔时两相酌商，量为续放以重原奏，是以备文，合移贵局，烦为查照施行。须至移者。

右移蒙荒行局。光绪二十九年九月初二日。

蒙王移称一切禁地庐墓石厂碱厂煤所均应酌留暨荒内不准烧窑烧酒放船等情由

札萨克图郡王乌　　为移复事　　案照前次开明移送贵局文内，因本旗所有应放荒界以内，遇有先辈祖王与瑠彦胡图克图格根原拟所立祭祀山泉十有余所，计开名目于下：虎林布哈冈子那合哈噶、敖宝哈噶、布代哈噶、豪勒宝哈噶、耶合西合力士巴噶、西合力士达垠哈噶、哈坦察干、上心脑尔、萨民罔干、银德尔图、旧庙塔、达沁他拉、乌拉哈陡台、白音套海树林、十家子泡子、绰勒木等处，皆系封禁祭祀之地，及布格吐尔乌达所有关帝庙四面周留一里。现今且按当初转饬蒙户禁留之法，一体当留外，遇有台吉、壮丁等庐墓之地，亦应酌留余地。且使绝不与地段相涉，等因在案。现在应丈地段内，倘遇石灰石厂及凿石所、煤所、碱场、苇塘，凡有山林树木等处，各酌周留。日后由本旗专兑各务之人，其价租备做本旗官差使用，并不准垦户妄为冒认承领转卖渔利。暨在城基远近各处，凡在本旗荒内所有各户，概不准任意烧酒、烧窑、放船等事。柳条树木等处，尤不准冒昧入名，赚卖希图。应由本旗出卖各务，征收款项，入用本旗官差经费外，不准网梁河鱼，一体封禁。原奏条件内，只以垦务面论。今将各节移送，唯恐经丈复有争论等情分移外，相应备文移行贵局，请烦查照，仰转饬各员，以便旗属公差施行。须至移者。

右移蒙荒行局。光绪二十九年九月初二日。

蒙王移为图鲁勒吉等处不准他人报领由

札萨克图郡王乌　　为移请事　　兹据本旗管兵梅楞阿敏布虎并台吉等呈称"卑台吉等恳求与生计有益之图鲁勒吉、塔本扎拉嘎之处，免给他人等语。众等恳乞札萨克移明行局在案。今反五六十民人等前来，将图鲁勒吉地方纷纷丈量。所以具情呈报，希为恩施转行"等情，据此。相应移行，希为贵局派差晓谕众民、他等，停止绳丈。业经呈报，理应听候督宪批示遵行。将此等肆意之民，如贵总办等微庇若不法办，日后民、蒙度日一切繁杂，均不相宜等情。相应移行贵局，请烦查照施行。须至移者。右移蒙荒行局。光绪三十年二月十二日。

批　　查图鲁勒吉在应放界内，已经丈定。如何又启狡展。

蒙王移称补放荒界已经呈报将军俟回文到日再行定夺由

札萨克图郡王　　为移复事　　今准贵局来文移开，补放已定一事。前经移复各事，未能分说已定之节。理应呈报，遵俟回文，何又定界之有。现在敝王，已将边界之情呈请将军。现当回文未到之际，询问要地，台吉等意留多寡等情，再行移复贵局，查照施行。须至移者。

右移蒙荒行局。光绪二十九年七月十二日

蒙旗头等台吉色登并各台壮等恳领荒银由

为移请地价荒银事　　呈禀贵局，有本旗头品台吉色登，并各台吉、壮丁人等齐赴贵局，恳恩总、帮办大人案下，禀请只因连年贼匪猖乱抢夺财物，实以所赶无奈，携老扶幼抛弃房间地亩，远移避难之人等四十一屯，共四百余户。有二千余人并无安居立业，所以度日艰难。该避难人等具以乏食绝粮，伤情发愤，无奈众等匍匐前往，叩恳总、帮办大人案下恩准，请奉旨允准出售荒地得收价银之数，该台吉、壮丁人等应摊多寡，时下所用，以被年景饥馑之情，以济饥苦之难。

右移蒙荒行局。光绪二十九年又五月初三日。

蒙王函请缓发台吉银两俟荒务告竣再行分给由

复启，顷接贵总办瑶函，备称莫名。启者，于月之初六日蒙局差员等呈报，由贵局移文内声称"阖旗台吉壮丁及大、小八座庙之喇嘛等，于又五月二十日齐到本局挂号，即行饬分银两"等因前来。查前由梵通寺、普济寺两寺报领银两，以备重修庙宇经费，照禀饬发，为善事自有裨益非浅，其余不可。无如许多急需，至若分发银两，则众吊台吉从中截取，携带此款无非通融讼端，销化无由，莫若予免阖旗受苦为上策。而今复有本旗八十八名台吉，联名捏控钦差大臣安抚、拟结各节。况其显然，如果属实分发银两，势若烈火倾油，反助生事。恭启总办仁兄，暂缓分发银两，放荒告竣以后，遵旨分给，则庶能贫苦台吉、壮丁可蒙至恩，感德无涯。立待复示，并启安吉。弟郡王乌泰顿首。

蒙旗移为众台吉等禀请台吉暨各庙人等应得荒银清定次序分散由

札萨克图郡王　　为移请事　　于闰五月初六日，据敝局委员等禀称"现今众台吉等禀请应得荒银，等次相查台吉、喇嘛、壮丁等人丁、户口立明清册，每名应得多寡"各等情前来，禀请贵局定章。为此敝旗十甲大台吉等以及梵通寺、广慈寺、福宁寺、又嘎钦庙、茂好庙、白奇庙、奇克台庙、敖赉等大小庙八处，每庙人丁、户口，查明立册，已于本月二十日伊等齐聚敝局听候。查敝旗内奉旨得匾五庙，内有受戒喇嘛与三庙未受戒喇嘛，各有数目。自札萨克以下台吉、壮丁花名册，与奏明台吉、喇嘛应得均有清册，奴仆人等亦有档册。有外旗台吉、壮丁乡屯立庙五处，其庙喇嘛未立名册各等情。为此，禀请贵局遵旨施恩，清定次序，应得分散，祈为见复施行。须至移者。

右移蒙荒行局。光绪二十九年闰五月十五日。

批　奏放蒙荒所得荒银，既未丈竣，尚难核算。至应分台、壮、庙寺喇嘛人数，系按荒银所分。应将台壮、喇嘛人数查清造册，移送查核定夺，碍难含混酌定。

蒙旗协理等员恳请体恤蒙众施给荒银由

派办荒务协理等员　　为知行事　　六月初六日由贵局来文，全看原文不分晰外，敝局协理等员详查，至于札萨克图一旗台吉、壮丁、喇嘛、男妇老幼，上年间因胡匪作乱凌虐甚重，至于原籍产业均被抢尽。现今各户原业不得，衣食不继，贫苦至极。恳恩贵局总、帮办等明鉴，体恤众蒙，急于上行禀明恩施，应如何施给荒银。为此，知行蒙荒行局。　　光绪二十九年六月十九日。

局批　台壮、喇嘛，男妇老幼贫苦。若以荒银而论，曾已移知荒务放竣，核明应分多寡，按名分发。若以体恤而论，乃系王旗所管，本局未免越俎代谋，请由王旗上禀为是。办复。

蒙旗协理台吉移称连年备乱暨应各项差务亏款恳借荒银五万两由

为移请事　　案今有本旗四品协理台吉总办额力恨白音、四品台吉协理巴图吉力噶尔等呈禀"贵局总、帮办大人案下：恳恩荒银事，窃敝旗自数年以来，台吉、壮丁、喇嘛众蒙等，被吐胡莫地方逆匪聚党，有刚保、桑保、王洛虎等为首倡乱，抢掠以空。而弃业逃往不得安业之际，通旗共议攻打吐胡莫地方，乃便卖产业，置买枪药子母等操费银两若干，通旗攻围数月不胜。无奈恳请外国洋兵除逐逆匪，来往路费又若干，此时虽暂得消安，而原业不付。不但自古例定王差不续，乃自己亦不能顾口。更有京都雍和宫、承德府热河、宣华府喇嘛庙等三处大庙，乃常念永冀圣主万寿巩固之经，僧等经费历年各旗应备，其乃本旗之要差。再有例定五十分甲防界、兵驿、马站等历年所用牛马官差杂项等费，亦由本旗台壮应备。以上数种要差，均出于本旗台壮众蒙等已产所备。自数年受乱以来失业弃产，贫苦之极，焉能备其要差之有。此时无奈，敝旗协理、台、壮、庙众等通议，恳乞贵总、帮办大人案下，所收荒价银内，首先借得五万两银之数，以救全旗台壮、喇嘛庙等苦难之极，以便官差之要。俟至荒务放竣之时，再由本旗该台壮、喇嘛等应得荒银多寡之数内，扣还五万两银"之情。相应备文，移行贵局，查照酌夺，急速施恩。惟愿以待分给施复。须至移者。右移蒙荒行局。光绪二十九年七月十三日

局批　现收荒款无多，碍难借给。事关银款，并无王旗印文，尤难以局中关防照办也。

蒙旗台壮人等具情请领荒银并称王爷多方亏累台壮各情由

具情敝旗台吉、壮丁众蒙等叩恳责局总、帮办大人案下，呈请施恩事。

窃敝旗众蒙等，于二十六年外旗游匪倡乱抢掠以空，众蒙等逃难之际，忽然奉钦差大臣暨军督部堂怜恤敝旗众蒙等，实系被屈之情，奏上允准，奉

旨出荒，拣派干员前来安插蒙、民，即出告示分贴各处晓谕以来，各处贼匪平靖。暨放荒一事，无论蒙、民人等以公安插，至今敝旗台壮等感恩戴德。今请者，应得上恩地价银两按份发给外，又有头等、中等地之加价八钱、四钱，理应分发敝旗迁移穷苦之户。王爷既有城基加价，何又争此银两。再者，王爷分银，只王爷一人算一份，其余家人、壮丁均随旗众分劈。上等加价，蒙将军恩准，王爷又使七十户银二千两，出给执照，准七十户照一两四钱，明处送情，暗中受贿，专为亏累台壮是何居心。此加价不能归王再有，王爷赏给外户之八十两、五十两，敝旗台壮等，从前未使过押租银二十两。赏五十两、八十两时，敝旗亦不知是因何故，闻王爷有向众户暗中使回。荒系祖宗之荒，款是总办放来，王爷能送外户，却令台壮分摊，决然不从。再有本旗他拉根、莫勒克图地方，王爷勒逼台壮画押，说台壮不愿出放。户系王爷所招发给执照，台壮并无狡展争论，无荒何能放钱，众台壮不能无理。再有价银，并历年所征之租，合数交给协理额尔科恩伯牙里、协理巴图吉尔格力、章京色布加卜、记名协理那孙得克吉尔虎等经理，按份公分。倘若交给王爷，以威吓众，以致不欲分发者，岂敢争论。此次，先请支银贰万两，亦交四人经手，分给众户各情，呈禀贵局总帮办鉴查，转呈军督部堂处。即将敝旗台壮等呈请数情查照，格外施恩。为此，呈禀。光绪三十年二月十四日。

移蒙局为众台壮等联名具呈请支荒银二万两各情由

局衔　　为移知事　　案照光绪三十年二月十四日，据贵旗台吉、壮丁众蒙等呈称"窃敝旗众蒙等，于光绪二十六年外旗游匪倡乱抢掠一空，众蒙等逃难之际"云云，至"即将敝旗台壮等呈请数情查照，格外施恩"等情，据此。当经敝局批以据呈各情均悉，卷查该郡王日前来文，除城基归该王外，其正价加价，请照二股分劈。该王自为一股，喇嘛、台壮共为一股。并据文称，赏给外户之五十两、八十两，喇嘛、台壮亦应均摊等情。今尔等不惟五十两、八十两不认分摊，且以加价不应归王。查核两造所争，为数悬殊，事关旗众，应候转呈军督宪裁夺，饬遵。至公举额尔克恩巴牙里等四员，日后经手分劈价银事尚可行。此次请支银贰万两，姑准照办，以恤贫苦。除批示外，相应备文移知贵局，请烦查照施行。须至移者。右移荒务蒙局。

移知蒙旗同前由

局衔　　为移知事　　案准贵旗台吉色登等二百五十八名联名呈称"今者应得地价银两，按份发给外，又有上、中等地之加价银四钱、八钱，理应分于敝旗穷苦之户。王爷既有城基价，何又争此银两。再者，王爷分银只王爷一人算一份，其余家人、壮丁均应随旗众分劈。再王爷赏给外户之五十两、八十两，台壮等从前并未使过。闻王爷暗中使回，却令台壮分摊，决然不从。此次，台壮等先请支银贰万两，交于本旗协理额尔克恩伯牙里、协理巴图吉尔格力、章京色布加卜、记名协理那孙得克吉尔虎等四人经理，按份公分旗［众］等情，据此，又据面恳，"放荒二年闻王爷用过银二十余万两，台壮等，一文未发，今请领二万两，为数不多，务求照准"等语，面呈前来。查原奏章程第四条内载，荒价以一半归蒙旗，自王府以至台吉、壮丁、喇嘛人等分别等差，各有应得数目，无所偏倚等语。计现在已经放得荒银，除去兵饷报效，并上、中等加价银另款不计外，约归合旗公分正价银三十四万余两。原奏虽未订明如何分别等差，总之三二万两核与应得之数，尚不至于过支。且所举四人，既系众人信服，自应照准。已由敝局发交贵蒙局转付，以符原奏，体恤蒙艰，各安生业之至意。惟原呈所称加价银四钱、八钱应归旗众分劈，并五十两、八十两之押荒银，台壮决不分摊等语，经敝局再四开导，继以申斥，终不改其争论。事关贵王与贵旗旗众，应如何摊认之处，敝局未便轻拟。应嗣据情转呈将军核夺，饬复遵办。除呈报外，相应备文移行贵郡王，请烦查照施行。须至移者。右移札萨克图郡王旗。光绪三十年二月十八日。

呈为蒙旗众台壮等联名恳发荒银二万两照准给领报请鉴核由

全衔　为呈报事　窃于光绪三十年二月十四日，据札萨克图旗台吉、壮丁色登等二百五十八名到局呈称"敝旗众蒙等，于光绪二十六年外旗游匪倡乱抢掠以空，众蒙等逃难之际"云云，至"即将敝旗台壮等呈请数情查照，格外施恩"等情，据此。卷查光绪二十九年五月，奉到宪台札饬内开"查所收荒价，该郡王暨台吉、壮丁、喇嘛等各有应得之款，曾经奏明在案。本应俟荒务办竣后，将款核算清楚，分别等次，再行饬领。惟该蒙旗素称贫乏，各台吉、壮丁、喇嘛等大抵贫者多而富者少，自应变通办理，以示体恤。况该郡王上年年班晋京，业已在荒价内酌量借支，而各台吉、壮丁、喇嘛等亦有应得之项，若使一概拒绝，未免向隅。此次普济、梵通等寺支借荒银，即由该总、帮办等悉心酌核，分别应得多寡，量予借给。日后台吉、壮丁如有借支，亦应比照办理"等因，奉此。当时因已将荒银于二十八年冬季及二十九年四月扫数解省，局无存项，故未及支借。兹据前情，又见所来台壮等均系鹑衣鹄面，贫乏实堪怜悯，自应遵饬酌发，以体仁施。惟将来分款，应如何分等，尚未定议，未便漫无限制，致令过支。统计现经出放荒银，除去报效及开支兵饷暨上、中等加价银暂行另款存储外，所有应归旗众公分之银，约有三十余万两。而王府实支及抵债支借之款，已二十万两。该台吉等请领二万两，为数不多，将来即如何分劈，谅于应得之数，不至过支。所有该台壮等公举之额尔克恩巴牙里等四员，职等访察，均系素行公正，向为旗众推服之人。且查该台壮等原呈所称，既不信服该旗郡王，自未便拘泥交该王分给，以致反启争端。兹由职等照准由局拨银二万两整，眼同蒙局交额尔克恩伯牙里等四人承领，并取具蒙局承领印文在案。其原呈所称上、中加价之四钱、八钱，应归旗众公分，及王府曾还每户押荒银五十两、八十两，原系该王向各户借使，台壮等决不应摊还等语，经职等再四开导，继以申斥，该台吉等金口不改其争辞。查此事关系阖旗，实非职等口舌所能调剂，应俟报竣时，职等妥为计议，呈请宪台核夺。应如何分等、拨款及摊认押荒之处，出自宪裁，庶昭郑重而期允服。除移行札萨克图郡王旗暨蒙荒总局查照外，理合备文呈报。为此，呈请宪台鉴核，伏乞照呈施行。须至呈者。

右呈军督部堂增。光绪三十年三月十六日。

蒙王移为众台壮分银系何月日奉札各情即请移知备案由

札萨克图郡王　　为移请事　　于二月初一日后，有本旗台吉、壮丁等每日会同向贵局请示分银等情。又访闻数百台壮，会同分银一份各散。以此详查，由贵局处取荒银到否，理应由贵总办处移商前来。又去冬间奉到将军札文内开"俟荒务放竣以后，核算数目多少，由王府以下至台壮、喇嘛人等，均照应得之数，不偏不倚按公分给。仍准奏明分放，断不致误"等语在案。忽然，此等暗中聚众，会同要银各散，反以众利催呼，谣言唆众，暗定法约，以致日后有关何等之情不为定准。因将此数百台壮等有无暗中传问之情，并分给荒银有无，如若分给荒银，按照前奉批奏明，系何月日奉札各情，即请移知备案。此后贵局处，兹经收得如山之利，若分赏贫苦台吉等情，该敝王俯伏礼拜，而非误分给该旗台壮等应得之款。但前后公文不符，而王府未奉公文。惟慎查数百人暗聚，得银各散等情。为此，移请贵局，请烦查照施行。须至移者。右移蒙荒行局。光绪三十年二月二十五日。

蒙王为众台壮领银二万两不应交协理额尔克恩巴牙里等经管移复由

札克萨克图郡王　　为移复事　　于本年二月二十八日，准贵局来文移开，详查此次台吉、壮丁等前请领银二万两，因倚本旗协理额尔克恩巴牙里、巴图吉尔嘎勒、总管章京色伯克加卜、记名协理那孙得克及勒虎等四人经理。旗众得倚，径行发交蒙局，自应遵行。又协理额尔克恩巴牙里等三人均各有家，但那孙得克吉勒虎一名，交给有所干犯，而与礼不合。此四人等依名推诿，此内想有私心。反称台吉色登等前再三刁登控案，奉谕旨所有安插办理本旗事件未完，今又任意冒渎，该敝王受冤已极。即札萨克一旗忠正，台壮被一切邪言唆使，虽数名台吉等，独以色登为首。访查以奸计之利相商，具情呈请。

贵总办等不查呈词始终夸奖，一面隐匿为首，犹依冤仇私意作准，显系偏倚，而与原奏定章全然不符外，即将各台壮哄诱，以利分给以堵口面，并将越丈之地意见取合，似将地利暗侵入己。贵总办等甚属明智，虽碍难比较，敝王照督宪拟奏所指，谨遵谕旨各件。再有巧言变法，分份不能照准。相应移复贵局，查照各案，按件移复。须至移者。

右移蒙荒行局。光绪三十年二月二十九日。

蒙王移称台壮依仗数百人众任意违悖札萨克贪取荒银由

札萨克图郡王　　为移复事　　本年二月三十日，准贵局移开。查本旗台壮等二百余人，一时贪取荒银，已随贵总办等本意。因此，敝王前呈地图外，将莫勒克图、塔拉根等处除俟强取，仍不能给。再原定札萨克责任，系奉旨管理旗众。现今旗内几名不正台吉不顾定章，各生疑惑，一切邪言唆众。此等依仗数百人众，并将谕旨所定札萨克责任，任意违悖而行。贵总办等，奉上宪奏派意甚明澈，始终情形不能不知。相应移复贵局，请烦查照，并候督宪札饬遵行。须至移者。

右移蒙荒行局。光绪三十年三月初一日。

呈为蒙旗达喇嘛拉巴珠理等恳领荒银已由局酌拨八千两请核由

全衔　　为呈报事　　窃于光绪二十九年五月，接奉宪札内开：查所收荒价，该郡王暨台吉、壮丁、喇嘛等各有应得之款，曾经奏明在案。本应俟荒务办竣，将款核算清楚，分别等次，再行饬领。惟该蒙旗素称贫乏，自应变通办理，以示体恤。况该王上年年班晋京，业已在荒价内酌量借给，而台吉、壮丁、喇嘛等亦有应得之项，若使一概拒绝，未免向隅。此次，普济、梵通等寺支借荒款，即由该总、帮办等悉心酌核分别应得多寡，量予借给"等因，奉此。当因荒银前后解省，局无存款，以故未即照发。旋于十月间，准札萨克图荒务蒙局移行，"梵通寺喇嘛等请借荒银六千两"。十一月间，又准该局移称，"普善寺喇嘛等请借荒银五百两"。三十年二月间，又准该局移称，"普慈寺喇嘛等请借荒银五百两"各等因，先后转移前来。职等查核各该寺请借荒银为数不多，均经随时照准，借给去后，并接准该蒙局承领印文各在案。兹于四月初七日，据阖旗大小庙仓十三处达喇嘛拉巴珠理等来局禀称"今秋奉请佛喇嘛归庙，费用缺乏，请借荒银数千两，以备费用"等情。并准该蒙局、该旗协理额尔克恩伯牙里、巴图吉尔嘎勒、记名协理那孙得克吉尔虎、章京色布加卜等，一并赴局会商前来。查该达喇嘛等以请佛入庙乏款，来局请借荒银数千两，此时虽未议定该喇嘛等应得若干，然计现有荒银，核与该喇嘛等应得之数，无论如何分劈，尚不至于过支。兹由职局照准，酌量借拨荒银八千两，眼同该蒙局、该旗协理额克恩巴牙里等给领，并接准该局暨该旗协理等承领印文存卷。除分移札萨克图旗暨总局外，理合备文呈报。为此，呈请宪台鉴核，伏乞照呈施行。须至呈者。

右呈军督部堂增。光绪三十年四月初七日。

呈为台壮等欲领荒银恳请转呈伏乞指示由

全衔　　为呈报事　　窃职局前据札萨克图旗台吉、壮丁等恳发荒银贰万两，由局照发各情，业经呈报在案。兹于光绪三十年四月初五日，据该旗台吉、壮丁、喇嘛等四千余人来局，禀称旗众贫苦难以度日，欲分应得荒银，恳请转呈宪台恩施，按章赏发等语。复准蒙局移会，事同前因，一并前来。查原奏十条内载"荒银自王府以下，至于台吉、壮丁、喇嘛等分别等差，皆有一定应得数目，无所偏倚"等语。现在应如何分等，尚未定有数目，事关阖旗，未便由职局拟议，应请出自宪裁，酌核定数，饬下遵办，方足以昭大信而免争竞。前次该台壮等请领荒银，意愿甚奢，职等以分款既无定数，仅准照领贰万两，免其过支。故此次该台吉、壮丁等请领荒银男女四千余人，复行来局哀恳转呈。又准蒙局移会，事关阖旗生计，自未便壅于上闻。除由职等开导，令该旗众暂回本处听候宪示外，理合备文呈报。为此，呈请宪台鉴核，伏乞照呈分饬施行。须至呈者。

右呈军督部堂增。光绪三十年四月初七日。

批　　呈悉。该局所收荒价究有若干，尚未报明总数。该旗台壮究竟应得之数，亦难预定。前既由该局呈报酌给二万金，兹复据该台壮等禀称，旗众贫苦难以度日，恳请给发荒银等语。现在该局总办已另派双道纶接充。俟该道到差后，酌量情形，或再先给若干，以示体恤。统俟荒务丈竣，再行分别奏明办理。候饬驻省总局知照。缴。

黎生公司为兑留福安堂荒段恳乞备案由

黎生公司谨禀总、帮办大人钧前：敬禀者，窃卑公司续领福安堂荒段，坐落哈拉乌苏，自南至北四十六里二绳，横阔十里。此段系职商预先余领，实因垦户众多，不意荒价未能照数交齐。业经照款拨地，官绳丈放福安堂名下，理宜遵办，何得冒渎，奈集来款项，无荒可报，以致垦户无所安插。查此荒与职商南界毗连，屡向该堂商议，慨然允服，情原分给安插各户，实为便民起见。伏思福安堂报领此荒，往来川资需用甚繁，必须酌量筹补不负和睦交邻，是以情甘将此方地界，留出毛荒五十方，以酬靡费。所有荒价，如数归职商一面交纳，毫无异说。但事关荒务，未便擅办。为此，具禀恳请宪核，恩准立案，俾得垦户相安，以免胶葛。只候批示遵行，恭请勋安，伏乞垂鉴。昶武、万宾谨禀。光绪二十九年十二月初三日。

禀悉，着即照准备案。所有该段荒价，即责成该职商等如期交纳，无稍稽延，切切。此缴。

公司禀为段内揽头等冒领好荒盗卖并称折扣太小等情由

黎生公司刘昶武等谨禀总、帮办大人：敬禀者，窃职商前已自筹经费，禀请招垦集股商办，先后报公款银十一万余两。仰蒙宪谕给拨洮河南地段准自安插各户，并蒙定限户地每户两方。商妥旧户，由公司依房丈拨各等因。足见宪恩顾全垦政，保护商民之至意。随派妥人安插各户，不意该揽头等趁职商赴南城催款之际，突起贪心，勾串民户数人，顶名冒领大段，盗卖渔利。不令公司丈拨，自请委员拣放，得逞其奸。至领地不靠庐舍，任意零星侵挪，横插片段，公司是以受累，竟致亏赔。伏思原领北段计十余万垧，挑可垦者不过六成，而户地挑三万四五千垧，约三成之多，剩可垦不足三成，其余四成尽系沙碱。若统照二成多量予折扣，实有不敷可垦地数，至垦户不易安插，是必有累宪聪。职商随遍历附近大段，凡沙碱觉多者皆以四、五、六成，量予折扣。而职商所领被户地挑拣，比较尤次，但能从权竣事，万不敢自外生成，有负宪恩。事出无奈，唯有仍恳总、帮办大人逾格鸿施，派员查验，秉公酌加，量予折扣，以昭平允而恤商艰，仰祈钧裁示遵，曷胜感祷。肃渤芜禀，祇请勋安，伏乞垂鉴。光绪三十年二月初十日。

该公司包领大段至十余万垧，加价转卖，闻每方八十六两有余。而于旧佃留地辄控其多，殊非恕道。且绳丈旧户系归本局派员，所称不令公司丈拨，自请委员亦属非是。至量予折扣一节，除黑顶山、黄羊圈、白城西之黄沙坨并图古木等处著名石沙之地，此外亦无多折。该公司所领系属自挑，由王府文移指领之段，自与他处不同。况接界大有玉务本公司均系一律扣法，并未苛待该公司也。其平情自思无渎。缴。

禀为所领北段荒地剩有沙包碱片拟请退还由

黎生公司谨禀总、帮办大人：敬禀者，窃职商等承领垦务节次受累情形，叠已禀陈，计邀钧鉴。兹查北段界内，共蒙谕划荒地十三四万垧，蒙、民任意留兑，又复零星挑拣高好之地被占较多。卑公司自开绳丈办起，约计拨出一千方上下。现在周历履勘，勉力挑拣，尚可挤拨二三百方。此外，悉系沙包、碱片，万难承领拨垦。再四思维，职商等已经领拨之地，情愿不邀折扣。惟所剩沙包、碱片难垦地段，可否仰乞恩施，赏准缴还。除俟图册造齐详细计数呈报外，所有北段荒地所剩沙包、碱片，拟请缴还情形，理合禀明宪核示遵。肃此寸禀，祇请勋安，伏乞垂鉴。光绪三十年正月二十七日。

该公司所领北段，去冬业已丈明，领有多票。惟欠款一万二千余金未缴。因届年终姑准展缓，今何忽来退地。且据该职商面禀，不能凑款，如不准退还，即请均作折扣，天下宁有是理。查该公司前缴之款，若但领北段尚属有余，而去冬竟于别户已领之段，多方狡展，必请拨归公司，情愿续缴款项。是前于不可者而强买，后又于不能退者而强退，视公事为儿戏，岂官款可自由耶。仰即函达该同事刘万宾作速缴价，无得抗延干追。缴。

禀为荒地亏数恳请派员复丈由

黎生公司谨禀总、帮办大人：敬禀者，窃职商自筹经费商办荒务，去春蒙谕拨三段地，节次将揽头勾串民户冒领盗卖及沙碱四万垧，垦户不领，无法安插各情，禀请查办在案。于去岁冬月，南段经福、谢两委员送图注明，量予详细核数，均属持平。腊月初，张委员始将北段户地丈完，仅送零图十四张，并不接连亦无户名，方知户地横插片段，侵占冒领盗卖。因年终未能详查，职商回省安插交价不领沙碱百余户，应其今春兑买户地抵补。现已兑妥数十户，尚未过价。于今正二十四日，来局领照，并查亏地各节。现查明北线照去腊委员图注三十六里，职商查仅二十九里余，多算六里余，不知何因，恳乞派员复丈并查实不可垦沙碱地数。其余各节，职商亦即派人查实，再行禀请核办，理合肃具芜禀，虔请勋安，伏乞垂鉴。光绪三十年三月初三日。

该商前请退地，否则均作为折扣，其为有意刁狡，业经逐节批明，饬令缴价，今何又称亏地。查此段系经田、陈、荣、张四委员先后勘丈，何至横绳竟短六里有余。现在绳起已裁，岂能轻易派员往丈。如果该商仍欲坚执，仰即出具切结，再行派员履勘，亏则追委员之咎，不亏则惩该商之罪，此系持平办理，勿轻视为具文也。至不可垦之数，已经委员查明具报。且有连界之大有玉等比较，何庸屡渎。

为垦户不领沙碱恳乞安插并请复丈所亏地数由

黎生公司谨禀总、帮办大人：敬禀者，窃以自筹经费商办垦务，蒙谕拨全段。惟节次受累各情，屡经禀请在案。至退不可垦地一节，非职商欲退，乃北段户地冒领拣放三万余垧。职商尽搜挑放实地四万五千垧，尚有百余户交价缺实地五千垧。所剩之沙碱毛荒四万垧，实不可垦。职商亦欲丈给垦方，垦户再三不领，有要原占地者、有要退价者，终日哓哓劝之不领，强逼仍不领，均以日后起租恐受有租无地之累，众情汹汹，是难竣事。唯有沥陈苦衷，仰求恩恤，俯念农民血汗资本，往来跋涉，早为安插，俾职商刻期造报册图，用副大人培植始终保全之惠。及众户得地，亦必刻铭戴德。再亏地一节，更非职商有意刁狡，若不实在亏短，岂敢禀请复丈。伏查去春原丈委员，先由西地哈歌泡子西沿起，至卯酉线六里拉子午中线一条，又西二十里拉子午西边线一条，谕发全图核数相符。去冬张委员分色公边时，传附近陈揽头、旧户韩景书指领界限，由南往北，至泡子东沿离原堆三里半，核亏地六里余，有春天封堆领边原人可考。职商碍难狡赖，推原亏地之故，实非委员有心刁难，想因年终匆匆误核所至。所有垦户不领沙碱恳乞安插，并亏地数请派员复丈更正各缘由，理合禀陈，虔请勋安，伏乞垂鉴。光绪三十年三月初六日。

原户挨地留荒，系属奏案，虽本局不能过为限制，何得屡以冒领为言。该商既自称将好地挑放，其余自系多剩沙碱，以之退还，天下有是理乎。况即北段而论，已量予折扣二万二千五百余垧，再扣尤为无名。至领户有要原占地者，乃该商未领荒以前即任意指段，以哄愚民自贻伊戚，岂能向本局饶舌。若所称亏地六里有余，原丈委员均有责成。但论亏地与否，不能论有心、无心。无论实否，本局均可复丈。惟须派亲信人随勘，该商即留此听候可也。

为复丈十六起原丈黎生公司荒段亏地呈复由

蒙荒行局委员金祥、迟熙盛　为呈报事　窃委员等于三月初九日奉札文内开"照得黎生公司禀称，前丈荒段地数不符，恳请复丈等因，据此。可即派金委员祥、迟委员熙盛带同贴书王先祚，前往勘丈。合亟札饬该员，即便遵照。务须秉公勘丈，禀复核夺，无负拣派"等因，奉此。遵即于十二日请带原册，协同蒙员、书差、绳夫暨黎生公司执事人刘万宾前往该公司所称荒段北首绳弓核错之处，眼同指领，就卯酉线自西头旧有封堆起，至十六起原丈二十里旧有封堆止。详细勘丈，计丈得七千八百三十弓，较原丈之数复多六百三十弓。又挨次向东，而丈至十六起原丈十六里东首旧有封堆止，计丈得三千七百零八弓，较原丈之数复亏二千零五十二弓。查十六起原册，该两段共计地八万七千七百五十九垧。按覆丈之数绝长补短，应亏毛荒一千一百八十四垧六亩二分五厘。仍照原均二成一分不可垦，并七成核扣，净亏实荒六百五十五垧零九分七厘六毫二丝五忽。除其余各处公司禀称，并无错额无庸复丈外，所有勘丈十六起原丈荒段互有盈亏之处，理应绘具图册备文声明。为此，呈报宪台鉴核。须至呈者。右呈蒙荒行局。光绪三十年三月十九日。

呈悉。十六起原丈各段竟致互有赢亏，其办理草率已可概见，自应呈请予以严惩。至该公司荒段，除以多补少，仍系欠款万余两，再由局严追可也。缴。图册存。

札为奏放札萨克图蒙荒更定章程一折饬照部指各节逐款声明由

军督部堂增　为札饬事　案准户部咨开"山东司案呈内阁抄出盛京将军增　奏丈放札萨克图蒙荒地亩更定章程，缮单具奏一折，光绪二十九年十一月十九日，奉朱批：'户部知道。单并发。钦此。'钦遵到部，相应恭录朱批，咨行盛京将军遵照。惟查清单内称，街基每丈见方，征收地价银三分三厘，系按照何处放荒章程征收。又常年征收基租，每丈见方作京钱三十文，京钱是否即制钱。其与海龙城街基，每宽一丈长三十丈，征钱三千文，以十二千折市平银一两，两相比较，孰盈孰绌。又该旗原有垦户，每户纳银二十两。查札萨克图放荒开垦，据钦差大臣裕　等奏称，行之二十余年，根株数千余户。现在开垦之处，核计该旗地址，已逾其半等语，究竟原领各户，曾在该旗交过押租银若干。又此次丈放旧日垦户，仍按所定上、中、下荒价，按坰补交承领，究竟各户补缴荒价银若干。以上各节，应令该将军逐一查明声复。至所称加收之四钱、八钱地价，全行拨给该王旗公共项下，城基价银归该郡王办公之用等语。现在部帑支绌，该将军虽为轸念蒙艰起见，要当兼筹并顾，不得全行拨给。并一面查明扣收四钱、八钱地价及街基价银各若干，先行开单报部核办。其旧日垦交过该旗押租银两，令即在该旗此次应分一半荒价内如数扣除，以清款目。又所称街基限六年升科。查街基与生荒不同，应令自报领之日起，限一年升科。又所称毛荒每坰扣作七亩收价。查毛荒系属肥、硗并计，包举不堪耕种者而言。其现在垦熟之地，据称已逾该旗地址之半，此等熟地不得概以毛荒扣作七亩计算。以上各节，应令该将军查照办理。至所收价银，据称已逾三十余万两，究竟全荒放竣约共可收银若干。其已收之三十余万两，已动若干、尚存若干，应令先行分晰开单报部。一面迅即饬员赶紧丈竣，以节经费"等因，准此。除饬蒙荒总局知照外，合行札仰该局遵即查照部指各节，逐款声明，以凭奏咨。切切。勿延。特札。

右札札萨克图蒙行局准此。光绪三十年四月十五日。

呈为遵饬查明部指各节逐款声明呈复由

全衔　　为呈复事　　窃于光绪三十年四月二十七日，奉宪台札开，除原文省繁邀免全录外，所有接准户部咨开：盛京将军增奏丈放札萨克图蒙荒地亩更定章程一折。钦奉朱批，钦遵恭录咨行，并令查明声复暨应查照办理各节，饬局遵即查照部指逐款声明，以凭奏咨等因，奉此。覆查部咨首开，街基每丈见方征价银三分三厘，系按照何章一节。查职局办荒，系遵原奏仿照札赍特办荒成案。惟该荒自开办至今尚未放有城基，无可仿照。且此荒距省甚远，而周围数百里又皆他旗未垦之荒，招徕殊属不易。故酌中拟价，定为每见方一丈价银三分三厘，系属中地制宜所定价。又部咨内开，常年征收基租，每丈见方征京钱三十文，京钱是否制钱。与海龙城街基，每宽一丈长三十丈，征钱三千文，以十二千折市平银一两比较，孰盈孰绌一节。查京钱即荒境所用之市钱，俗名中钱，每中钱二千合制钱一千。计每丈京钱三十文，三十丈共九百文。按现在荒境市价，约京钱三千六百折市平银一两。海龙城系俗用小钱，每三十丈征钱三千，以该处小钱十二千一两计之，三千应合银二钱五分。此荒基租，计三十丈征京钱九百，亦合银二钱五分。是与海龙城比较，无甚盈绌矣。又开，该旗原有垦户，每户纳银二十两，究竟原领各户曾在该旗交过押租银若干。又按所定上、中、下荒价，按垧补缴银若干一节。查该旗所送旧户册籍花名，多有注其祖父之名，而承领系其子孙之名者。故旧户交价时，必须带同该揽头达拉嘎等到局核对原册，数目相符始准将押租拨抵，现在旧户到局交价未齐，故扣拨押租现时尚无准数。押租既无准数，则补缴价银亦未便预先核准。应俟补缴已齐，再行综核具报。又开，加收之四钱、八钱地价全拨该旗公共项下，城基价银归该王办公之用等语，现在部款支绌，虽为轸念蒙艰起见，要当兼筹并顾，不得全行拨给，并一面查明加收之四钱、八钱地价及街基价银若干，开单报部核办一节。查各处蒙荒成案，如博多里嘎台王、果尔罗斯公等旗，所收荒价均不提充报效。惟札赉特开荒，始有报效之款，此荒仿照办理，以正价之一半作为报效，即系为兼筹并顾起见，现在部款支绌，固未便拘泥。惟查此荒开办之由，实因该王将旗地招户开垦，于蒙丁生计有碍，以致讦控不休，而全旗匮乏，故奏请官为办理，代筹生计。查该王前支押租，并陆续支用抵拨银已及二十余万两。将该王此次应分之正价银抵补，尤过支数万余两，无款扣还。夫该王所支既多，则旗众之所得逾少，而全旗台吉、壮丁、喇嘛一万余人，仅分此一半正价荒银，除去该王应得之一份，益以该王之过支，旗众所得有限，旗众之生理不裕，则该旗之争讼难销，势必又兴大狱，将无了期，殊失朝廷抚恤蒙藩之意。故议以正价一半报效者，上裕国帑；以城基及加价归该旗者，下恤蒙艰，实为兼筹大局起见。查现在该旗，尚因分款上下交争，迄无一定，拟仍依原议办理，俾稍宽裕，免致上烦国家之顾虑。至加收之四钱、八钱及街基价银，因上中等荒尚有未经拨定，街基前拟续采一二处，所有数目故难悬拟，恳容办竣，一并造报。又开，押租银两，应在该旗应得一半项下扣除一节。查职局每收一户价银，照原奏扣还押租，注明册籍，作为该王旗已支应分一半项下银两，正与部示办法相符。又开，街基应自报领之日起，限一年升科一节。查此项街基系属创设，与因繁改设者不同。且全荒并无树木，兴造甚难。其初职等到荒，是处仅有人家二户。现在职局设法提创两年有余，其已草创房屋者，仅只一百余户。计非五、六年间，不能甚见稠密。若一年起科，则空基纳赋商民被累，而逃户逋租亦必相因而至，反于兴创有碍。现在酌核情形，似应仍依原议办理，庶于创设不易之中，仍予以限年齐修之意。又开，毛荒每垧扣作七亩收价，系属肥硗并计，包举不堪耕种而言。现在垦熟之地，不得概以毛荒扣作七亩计算一节。查毛荒一垧扣作七亩，系包举房场、井道而言，至肥硗之别已经分为三等价各不同。其不可垦种，如河泡、水洼、沙碱、石田另由丈放时量予扣除，均不在七扣之列。盖扣成，指是地者而言，若河泡、水洼、沙碱、石田不可谓地，且不能家家皆遇此等。至此次所丈熟地，原系该旗从前仅以户计不以地计，以致开垦多寡不一。熟地若不扣成，则房场、墓道仍当一一扣除。地数既无定限，多寡又不齐一，其中难免偏倚。且如其地同列一等熟地，既不扣成，则纳租者自当年至六年后均系十成纳租；生荒扣成，六年后即系七成纳租，同列一等而租则两歧，似非平允之道。故变通办理，无论生熟荒地、房场、墓道满入绳弓，一体七扣，以免偏倚。现在酌核情形，似应仍依原议办理，庶归划一。又开，所收价银，据称已逾三十余万两，究竟全荒放竣约共收银若干。其已收之三十余万两已动若干，尚存若干，应先开单报部，一面赶紧丈竣，以节糜费。查现在生熟荒地将次丈竣，惟因旧户多属贫民，应补荒价，尚未交齐。职局已将余荒赶丈，并加紧催缴旧户价银，不久谅能竣事。所有荒价动用，尚存各数目，既系报竣在即，恳容竣事时一并分别具报，以省繁牍。职局嗣此自当迅速办理，期早竣事，而免虚糜。所有遵查部指各节，据实声复之处，理合备文呈复。为此，呈请宪台鉴核，奏咨施行。须至呈者。

右呈军督部堂增。光绪三十年五月初二日。

札为双道遵札接办蒙荒禀请加派委员以资襄助饬局知照由

军督部堂增　　为札饬事　　案据办理札萨克图蒙荒行局总办双道纶禀称："窃职道于光绪三十年四月二十四日奉到宪札：札萨克图蒙荒总办理张心田撤省，所遗总办一差，以职道前往接充。督同员司人等，将一切应办事宜，妥为经理，秉公清厘，勿得瞻徇，用副委任"等因，蒙此。窃查札萨克图蒙古荒务，此时虽已丈竣，而棘手之事甚多，如安插蒙户、清厘界址、拨分款项、退还越丈以及侵占之街基、苇塘、碱场、树林诸要件，无一事非紧要之端，即无一事非待人而理。前次查办事件，禀调之留奉补用知州忠林随同办事，襄理文案，综核稿件；蒙文翻译官、笔帖式明哲，接收呈词，翻译蒙文；候选府经历委员郭景汾、候选县丞司事徐景星，缮写禀单，经理案卷，均属得力之人。职道留心体察，均属妥实可靠。此次接办荒务，仍需随带前往，以资熟手，藉可早为蒇事，以仰宪台委任之意。至以前荒务局之督绳、监绳、管册差遣各委员间有撤差。此次荒务事关勘丈，必须加派数员接充。查有职委员候选直隶州州判何永智、候选府经历张鹏鹭、郭景芬，均堪派为委员之差。其委员补用知府林长植，东边税局现无差使，应如何发给薪水之处，仍请宪台酌量批示。再查有试用县丞许鸣皋、候选府经历润文，拟请派为效力委员，均开清单恭呈宪阅，可否按单加札饬派之处，出自钧裁。至各该员，现在东边税局均有差使，现值荒务经费不足之时，仍拟支领税局原有薪水。翻译官明哲，现在文案处有差，仍领文案处薪水，以节靡费。如有办事勤能不辞劳瘁之员，再由职道择优禀请，加给津贴，以示鼓励而免冒滥。其川资车价，均照例发给。至职道此次接办荒务系属短差，为日无多，数目当可报竣。现在时局，东边税局事尚简少，收项亦甚寥寥。职道虽暂行出差，而分任有人，自无贻误。俟时荒务办有头绪，仍当速回局当差，藉图报称。兹恳饬知东边税知照。所有遵札接办蒙荒，禀请加札派员襄办，暨加派委员，饬局查照各缘由，是否有当，理合禀请，批示"等情，据此。除批示并分札外，合行抄单并批札，仰该局即便知照。切切。特札。右札蒙荒行局准此。光绪三十年正月初四日。

谨拟接办札萨克图蒙古荒务紧要章程八条，开列于后，恭呈宪阅。

计开：

一、界址，宜划清也。现在越界至野马图山以北之地拉根墨里克图，数十里之多。查此地皆系孙、赵二揽头承领，当量为退出，另行择地安插。并在界限处挖立封堆，永昭信守，而免侵越。

一、失业蒙民，宜妥为绥抚也。查丈夺原佃之户，多因失业，呈控不休。若能将扣出不可垦之地，及再丈出浮多之地，妥为分拨，不至再有纷更。

一、苇塘，宜全行退出也。查苇塘一带地方甚广，局中作折扣卖出收款无多，且系张住石一人认领，无难退出。

一、地价，宜速为收齐也。查行局所放之地，未收地价者甚多。当责令地户即速归价，以免另生枝节。至巨款无着，其抗延不交价者，将地撤出另佃。

一、张廷奎所领街基，宜量退出，归蒙户分领也。双流镇报领街基之户，以张廷奎为最。乌王原禀内，亦指有此节。如此时该领户尚未转卖，似可少为退出，而蒙王亦不至再为借口。

一、荒界内扣除不可垦者二十余万垧，如安插失业蒙民尚有余地，宜仍归蒙王作为牧养，抑或如数提出编列号头，另招新佃。

一、地之等差，宜分别也。查以前丈放河夹心及河北之地，上等作为中等，暨河南之中等作为下等者，均应认真履丈，如果前定等次大相悬殊，固当仍令补价。其价与地相符者仍宜照旧，以免纷更。

一、分款，宜均也。查王旗当日压荒之银计一十一万有余，照中地、上地加价之四钱、八钱，大约荒数在十二万之谱。以之弥还压荒之款，自应有赢无绌。

以上所拟接办札萨克图蒙荒最要之章程八条，其未尽事宜，一俟职道到局后查看情形，再行随时禀请宪台核夺办理。

谨将拟派委员差使缮具清单恭呈宪阅

计开：

东边税局委员留奉补用知州忠林，拟请派为主稿委员。

文案处蒙文翻译官笔帖式明哲，派为翻译委员。

东边税局司事候选县丞徐景星，派为经理案件委员。

东边税局委员府经历郭景芬，派为监绳委员。

东边税局委员候选州判何永智，派为监绳委员。

东边税局委员候选府经历张鹏矗，派为监绳委员。

候选府经历润文，派为监绳委员。

试用县丞许鸣皋，派为监绳委员。

批　禀悉。所拟八条尚妥，仰即认真秉公清理，以期克日指竣。惟末条押荒一款，须查明此项系当日何人所得，今日所得之人名下扣还，始为平允，查明后即令该王暨台壮、喇嘛等出具切结，以免日后哓渎。至请派各员，候分别札饬遵照。许鸣皋、润文二员，禀中系请派为效力委员，与单开不符。除效力二员不给薪水、车价外，其余各员，凡支东边税局暨文案处薪水者，只给车价。原无薪水者，照章给薪水、车价。并候饬文案处、东边税局暨蒙荒总、行两局知照。缴。单存。

蒙荒案卷

办理札萨克镇国公旗
蒙荒案卷

本卷前言

是编为继《办理札萨克图蒙荒案卷》之后，办理札萨克镇国公旗（即哲里木盟科尔沁右翼后旗）的荒务档案资料。记载光绪三十年（1904）至三十一年，镇国公旗放垦洮儿河以南蒙荒和安广县（今属大安市）建置的具体过程。内含办理札萨克镇国公旗蒙荒行局与奉天将军增祺（光绪三十一年四月免职）、赵尔巽（同年六月赴任）之间的呈报、札饬、批示、密函等卷；行局与奉省财政局、驻省总局、洮南府、镇国公旗、郭尔罗斯辅国公前旗、铁岭县、辽源州总巡吴俊升之间的往来咨移文等；行局与属员、绳起、领户间的札饬、文告或呈请等文。内容记述白城地区大安北部开发、设治、历史沿革、政治形势、人物、经济、地貌、土壤、文化、民俗，与邻旗和洮南府的关系等项。其中反映日俄战争对东北特别是对白城地区的影响，俄国对哲里木盟的疯狂入侵，以及陶克陶胡事件等史料，记载尤为翔实。是研究民族史、东北史和吉林省白城地区历史的重要文献。

办理镇国公旗荒务，正值日俄战争和战后不久，两强加紧对东北的侵略和争夺。科尔沁部地处其争夺的要冲地带，形势岌岌可危。清廷为"抚绥藩服""固圉实边"，解决面临崩溃的财政困窘，十分重视并力图加速该地荒务进程。札萨克镇国公喇喜敏珠尔是一位比较开明的蒙古贵族，察觉到放荒势在必行。加之其中年无子，信喇嘛言，欲将府第迁往洮儿河北之北山，然建造新宅不善经理，匠氏、商人从中渔利，宫室尚未竣工已糜款巨万，财力日蹙，亦欲走放荒收银之路，故其放荒态度积极。此外日俄战乱中，南部避难流民逃往此地者甚多，急欲觅地栖身。所有这些使蒙荒行局办理荒务颇为顺利。但胡匪蜂起，行局、绳起往往抓住某地暂时稍靖之机，日夜兼程行绳。领户中大宗领地者亦多，铁岭籍庶吉士张成栋（即张銮堂）一人名下领荒十余万垧。故此荒务近一年时间即告放竣，其速度居诸蒙荒之冠。镇国公旗河南荒务，于三十一年八月基本结束，遗留问题较多，由奏办图什业图王旗蒙荒行局总办张心田署理兼办（原任镇国公旗蒙荒行局总办），故本档收有与镇国公旗蒙荒有关的图旗蒙荒行局文稿。光绪三十四年道员毛祖模、洮南知府孙葆瑨主持河北荒务，后建置镇东县、赉北县，两县合并为今镇赉县。

安广县地处我国古代东北肃慎、东胡两大族系及其后裔的分界线上，是历代两族间争战或警戒对方的前沿地带，且为以游牧为主的东胡族之东边，遗留村落稀少，城址亦多属军事性质，历代留存有关该地专门文献无多。

是编与《办理札萨克图蒙荒案卷》均属白城地区第一手重要文献。本档据存于大安、洮南市档案馆和辽宁大连图书馆，参照东北师范大学图书馆古籍部所藏手抄本《镇国公蒙荒案卷》编列。原件为手写，字迹潦草，亦有笔误。师大手抄本舛误较多，然亦有更正原误者。是编参照两本，于衍夺错讹字径改之，不作校记。属同一人名或地名，用同音和近音者，除现在常用且较统一者，本编划一外，余者均保持原貌，但目录新加校订。镇国公旗蒙荒行局因事向奉天将军呈文，又要向驻省总局、财政局、洮南府等咨移文。同一内容，只是称呼、行文惯例所用个别词句有异，为搏节篇幅，故并入一文。其不同之词句，以呈文为主，而咨移等文不同词句，用（　）括起，以示区别。

编　者

奏为派员勘办镇国公旗荒地情形由

奏为派员勘办札萨克公旗荒地情形恭折，仰祈圣鉴事。

窃前以哲里木盟科尔沁札萨克镇国公旗荒地情愿招垦，请派员收价丈放，并先借给银一万两以济急需，俟收有地价，如数归还各等情，于光绪三十年五月二十五日具奏。奉到朱批："着照所请，该衙门知道。钦此。"自应钦遵办理。查该旗荒地坐落在奉天新设辽源州东北，距辽源州尚有数百余里，中隔达尔罕王、郭尔罗斯公两旗界。东与札赉特接壤，西与现放之札萨克图荒地毗连。地方荒僻，又官府管辖，素无盗贼往来之所。举凡疏通道路、安插旧佃、招来新户与夫一切清丈、收款各事宜，在在均关紧要，非有熟悉情形之员前往办理，难期得力。兹查有花翎分省试用知府张心田，前派办理札萨克图蒙荒，现在调省。此次荒务原系该员前往商允，即派该员为行局总办，以资熟手。现已饬先令赴该旗，将界址划定，一面派员分设局所，仿照札萨克图荒务章程办理。如有应行变通，因时制宜之处，再行妥拟章程，随时奏闻。除分咨查照外，理合恭折具奏。伏乞皇太后、皇上圣鉴训示。谨奏。光绪三十年七月十一日具奏。八月初九日奉到朱批："该衙门知道。钦此。"

禀请颁发行局关防由

总办张衔名　　谨禀督帅将军麾下：敬禀者，窃卑府于本月二十五日，奉到宪台札委总办札萨克镇国公旗荒务，自应即时驰往该荒商订一切，禀明设局办理。惟查创办伊始，应即请领关防，以昭信守。拟恳宪台迅饬撰拟刊刻颁发，俾卑局得以祗领，及早开办，实为公便。所有请发行局木质关防缘由，理合恭禀具陈。虔请钧安，伏乞慈鉴。卑府谨禀。光绪三十年七月二十五日。

军督部堂增　　为札发事　　案据该守禀以蒙委办理札萨克公旗荒务，请发关防，以昭信守等情，禀请前来。当经批示，候饬刊刻，另行札发在案。兹刊就木质关防一颗，文曰："奏办科尔沁札萨克镇国公旗蒙荒行局关防。"合行札发。为此，札仰该守，遵即查收，仍将启用日期具报，特札。计发木质关防一颗。右札总办札萨克蒙荒行局张守，准此。光绪三十年八月初十日。

呈报开用关防日期由

全、局衔　　为呈报、移行事　　窃卑府（案照敝局）于光绪三十年八月初十日，奉到宪台（督宪）札发奏办科尔沁札萨克镇国公旗蒙荒行局木质关防一颗，饬将开用日期呈报等因，奉此。卑府（敝局）遵即祗领，即于八月十一日择吉敬谨启用。除分移（呈报）外，所有接到行局关防并开用日期，理合（相应）备文呈报（移行）。为此，呈请宪台鉴核（合移贵局、处查照）施行。须至呈、移者。

右呈军督部堂增、札萨克图蒙荒省局、督辕文案处、督辕粮饷处、督辕营务处、交涉局、昌图府、辽源州、怀德县、奉化县、康平县、恒统巡、吴总巡、镇国公旗。光绪三十年八月十一日。

批　据呈已悉。缴。

禀为恳请借拨银款伏乞批示由

全衔　　谨禀　　督宪将军钧座：敬禀者，窃卑府现奉宪委开办札萨克镇国公旗，业已面禀宪台，酌带局中员司，先赴荒段查勘一切，再行禀订章程，设局开办。查此次所带人员并开办时各员司等，均不能不先为酌发薪水，以资办公。而此荒尚未收有价银，旧局之款卑府已不经手，应请先仿照开办萨克图蒙荒章程，或由粮饷处与省局，抑或即在札萨克图蒙荒行局未交款内，先行借银八千两，庶足敷用，俟收有荒价，即时归还。所有恳请借拨银款缘由，合肃禀陈。可否之处，伏乞批示遵行。虔请钧安，伏乞垂鉴。卑府心谨禀。光绪三十年七月二十五日。

批　据禀已悉。仰即向札萨克图蒙荒行局借银八千两，以资应用。一俟收款，即行归还。候饬该局暨驻省总局知照，缴。

呈为收讫借发开办经费银八千两呈报备案由

全、局衔　　为呈报移复事　　窃卑府（案查敝局）于光绪三十年七月二十六日禀为恳请借拨银款，借资办公。嗣于七月二十九日，奉到宪批"据禀已悉。仰即向札萨克图蒙荒行局借款银八千两，以资应用。一俟收款，即行归还。候饬该局暨驻省总局知照。缴"等因，蒙此。遵由该（贵）局存储荒价号商，拨取沈平银八千两。经卑府（敝局）饬员如数兑收，遵即撙节开支。俟卑（敝）局收有款项，赶紧归还，以清款目。除移复札萨克图行局查照（呈报督宪备案）外，理合（相应）具文呈报（移复）。为此呈请宪台鉴核，备案（合移贵局，请烦查照）施行。须至呈、移者。

右呈、移军督部堂增、札萨克图蒙荒行局。光绪三十年八月十二日。

批　据呈已悉。候饬萨克图蒙荒行局知照。缴。

呈为交还前借札萨克图蒙荒行局银八千两伏乞宪鉴由

全衔　　为呈报事　　窃查卑局前因开办蒙荒，需款垫办，禀奉宪台批饬，由札萨克图蒙荒行局储存款内借拨沈平银八千两，当经卑局遵照具领呈报在案。兹由卑局经收荒价经费项下，提沈平银八千两整，备文移交总办札萨克图蒙荒行局、试办洮南府设治事宜田守芗谷，照数弹收，清还前款。除俟该局收讫，接准移复，再行汇总分项册报处，理合备文呈报。为此，呈请宪台鉴核，俯赐备案施行。须至呈者。　　右呈军督部堂增。光绪三十一年正月十二日。

批　据呈已悉。候饬洮南府田守核收具报，并候饬驻省总局、粮饷处知照。缴。

呈为镇国公旗前借札萨克图蒙荒行局银一万两如数交还由

全衔　　为呈报事　窃查卑府前在札萨克图蒙荒行局差内，奉派商妥出放札萨克镇国公旗荒务时，比因该旗需款紧急，曾经卑府禀蒙宪台批准，饬由札萨克图蒙荒行局存储款内，先行借拨银一万两。俟荒务开办，该旗收有荒价，饬由卑局即行遵照扣还，当经该旗出具印领，派员如数领讫，由卑府呈报各在案。兹由卑局经收该公旗应得荒价项下，划拨沈平银一万两，备文移交总办札萨克图蒙荒行局、试办洮南府设治事宜田守芗谷，照数弹收，清还该旗借款。除俟该局收讫，接准移复，再行汇总分项册报，并一面分移省局暨该公旗查照外，理合备文呈报。为此，呈请宪台鉴核，俯赐备案施行。须至呈者。　　　右呈军督部堂增。光绪三十一年正月十二日。

批　据呈已悉。候饬洮南府田守核收具报，并候饬驻省总局、粮饷处知照。缴。

呈请赏给译员白音福五品翎札由

全衔　　为呈请事　窃卑府前在札萨克图荒次奉宪札赴札萨克公旗，与该公商劝放地一切事宜。言语不通，需带翻译，藉通隔阂。查前带帮同译员白音福，蒙语娴熟，该荒有成，颇资其力。前劳既不可泯，况后此尚有驱遣之处。拟恳宪台格外恩施，赏给五品翎札，以昭激劝。是否有当，为此，具文呈请宪台鉴核，伏乞批示遵行。须至呈者。

右呈军督部堂增。光绪三十年八月十三日。

批　呈悉。白音福准如所请，赏给蓝翎五品功牌一张，随批钤发，以昭激劝。缴。

呈为拟订员司书差额缺并薪水车价数目请示由

全衔　　为呈请事　窃卑府仰蒙宪恩，派充总办镇国公旗荒务行局，开办伊始，所有局起各员司书差，自应援照札萨克图成案稍事变通，先行订拟，呈请宪裁。查札萨克图行局原设主稿、收支、清讼各一员，帮稿、解运各一员，绘图二员，蒙文、蒙语各一员，稽查、抽查、督绳共五员，办事官二员，司事六员，贴书十名，局差十名。原设绳弓八起，每起监绳一员、司事一员、贴书一名、绳夫四名、木匠一名。后添绳起，均系照此办理。此次通盘筹画，除局中各员有应行变通者，另文声叙，其无庸变通，与绳起各员、司、书、夫均仍照章拟订。惟每起木匠一名，月支工食八两，应即裁撤，改添局中贴书五名，以资缮写。且并未溢支款项，如此一转移间，与旧案较为核实有济。所有拟订卑府局员司、书差额缺，并薪水、车价数目，是否有当，理合缮单呈请宪台鉴核，伏乞批示遵行。须至呈者。

计呈清单一份。

右呈军督部堂增。光绪三十年八月十三日。

谨将卑局拟订局起员司、书差额缺，并薪水、车价数目，缮具清单，恭请宪鉴。

计开：主稿委员一员，薪水三十两，车价三十六两。收支委员一员，薪水三十两，车价三十六两。清讼委员一员，薪水三十两，车价三十六两。帮稿委员一员，薪水二十四两，车价三十六两。解运委员一员，薪水二十四两，车价三十六两。绘图委员二员，薪水各二十两，车价各三十六两。蒙文翻译一员，薪水二十两，车价三十六两。蒙语翻译一员，薪水二十两，车价三十六两。办事官二员，薪水各十五两，车价各二十四两。司事六员，薪水各十三两，车价各十二两。贴书十五名，薪水各八两，车价各九两。局差十名，薪水各四两，津贴各四两。监绳委员八员，薪水各二十四两，车价三十六两。司事八名，薪水各十三两，车价各十二两。书手八名，薪水各八两，车价各九两。绳夫每起四名，每夫月支工食银七两。心红银，每起每月四两。

批　呈悉。此次该行局所派人员应支薪水、车价，宜比照札萨克图王旗咨部章程办理。除提调准如所请支给外，所有主稿委员，每月准支薪水银二十三两。收支、清讼、帮稿、解运、绘图、蒙文、蒙语、管票、差遣、监绳各委员名目，核与前次名目，虽有不同，而开支未便歧异，致干部驳。以上各项委员，每月均准支薪水银二十两。至车价照报部章程，仅止三十两。惟现在车价昂贵异常，准照三十六两开支，以示体恤。其余办事官、司书、局差、绳夫、办公等项，所差无多，一并如请照支。候饬省局知照。缴。单存。

呈拟另设提调管票并变通额缺应支薪水车价请示由

全衔　　为呈请事　窃卑局开办镇国公旗荒务，所有局起各员司、书差额缺，并薪水车价数目，业经拟请宪订。惟查札萨克图旧书局，原未设有提调，后经卑局禀蒙宪准，以主稿改充提调，帮稿改充主稿，皆支原订薪水、车价，不另加添。此次，荒段虽较札萨克图稍狭，然开办伊始，事仍繁剧，且该处又较札萨克图道里稍远，需员分理，拟恳宪裁，另设提调一员，支薪水四十两，车价三十六两。至稽查、抽查、督绳五员，拟改为管票委员一员，以昭慎重，改为差遣四员，以便呼应。查原设稽查、抽查三员，每员月支薪水车价五十六两。督绳二员，每员月支薪水、车价六十两。此次，拟改之管票、差遣，即令均各一律月支薪水二十两，车价三十六两。如此变通，于公事似不无裨益，是否有当，理合缮单呈请宪台鉴核，伏乞批示遵行。须至呈者。

计呈清单一份。

右呈军督部堂增。

谨将卑局拟请提调、管票并变通差遣额缺暨薪水、车价数目，缮具清单，呈请宪鉴。

计开：

提调一员，薪水四十两，车价三十六两。管票委员一员，薪水二十两，车价三十六两。差遣委员四员，薪水各二十两，车价各三十六两。光绪三十年八月十三日。

批　呈悉。准如所拟办理，候饬省局知照。缴。单存。

呈为请委各员仰恳迅赐札派由

全衔　　为呈请事　窃卑局恭奉钧札派办札萨克镇国公旗荒务，业将员司等额缺、薪水、车价分缮清单，禀邀宪鉴在案。现当勘办在迩，局务纷繁，所需各员，仰恳宪恩，迅赐札委，以资办公。除办事官及司书等，容由卑局札委再行呈请立案外，理合将请委各员衔名缮单，呈请宪台鉴核施行。须至呈者。　　右呈军督部堂增。谨将卑局拟请札派局起各员职衔、姓名，缮具清单，恭呈宪鉴。

计开局中各员：候选通判钟祺，拟请仍派提调。尽先选用府经历刘作璧，拟请仍派主稿。候选府经历迟熙盛，前监绳委员，拟请改派收支。候选府经历锡寿，前解运委员，拟请提派清讼。候选县丞林丰，拟请派帮稿。分省补用知县谢汉章，前办事官，拟请提派解运。府经历衔熊赞尧，拟请仍派绘图。候选训导孟松桥，拟请派绘图。委用笔帖式文亨，拟请仍派蒙文翻译。府经历衔靖兆凤，拟请仍派蒙语翻译。候选府经历郭桂五，前局司事，拟请提派管票。候补骁骑校荣斌，前局督绳，拟请改派差遣。委前锋校舒秀，前局监绳，拟请改派差遣。分省补用知县郑尔纯，前局稽查，拟请改派差遣。县丞职衔高凌奎，前局司事，拟请提派差遣。

计开绳弓各员：补用防御成友直，拟请派头起监绳。候选通判路启新，拟请派二起监绳。候补骁骑校盛文，拟请仍派三起监绳。候选府经历张全祺，拟请派四起监绳。候选府经历查富举，拟请派五起监绳。候选知县王圻镇，拟请派六起监绳。前密云县驻防防御连魁，拟请派七起监绳。分省试用府经历赵韫璞，拟请派八起监绳。

以上局起共二十三员。光绪三十年八月二十七日。

批　据呈已悉。候分别札饬各委员遵照。缴。单存。

为严禁关防告示

总办衔　　为剀切晓谕事　　照得本总办现奉军督宪奏派总办科尔沁札萨克镇国公旗蒙荒事务，先在洮南府本街设立行局，定期招垦，一切悉秉大公。惟事关重要，开办伊始，首宜严紧关防。所有本总办随带员司人等，俱系由官派定，仍由本总办时加约束，严密关防，决不敢出外与人交通。此外，并无随从亲友及一切私人在外招摇撞骗，欺弄乡愚。如有不肖之徒，假托本总办至戚、厚友、跟随家丁，或冒充本局员司，并捏称与本局暨公旗素有交往，托其关说代办，可以随便采占、指领膏腴、格外扣成、多得坰数，甚或假称由本局包段，借以骗财，谬说与起员通融，贿行绳弓种种恶端，殊堪痛恨。除由本局派员严密查拿外，合亟出示晓谕。为此，示仰蒙、民人等一体知悉。如遇有以上各等奸徒，准其扭送来局，或赴局禀报，以便立即指拿，按法重惩，倘尔蒙、民人等，希图取巧，私行贿嘱，甘心受其愚蒙，一经查出，亦定照予受同科之例，严行惩办。本总办渥受宪恩，总司全局，誓欲弊绝风清，以抒素志。此次言出法随，决无迁就。尔蒙、民人等，其各凛遵。勿违。特示。

右仰通知。光绪三十年十月十五日。

移请出示保护商号存款由

局衔　　为移请事　　案照敝局前奉督宪奏派总办科尔沁札萨克镇国公旗蒙荒事务，业将在贵治洮南府设局，开办收价、招垦各情形，呈奉督宪批准在案。查敝局经收荒价银两，成色既有高低真假，尤须切办。特约豫顺亨银号商人，代为验看银色，汇兑商票，且不时寄存款项。现因敝局房间狭仄，暂寓于本街天宝德院内。惟本街蒙、民杂处，良莠不齐，公款关系紧要，自当先事防维。应请贵府出示晓谕，一应商民与闲杂人等，无故不得任意出入及有借端滋扰情事，并请传饬贵属巡队暨差役人等一体妥为保护，以昭慎重而免疏虞，实为公便。相应备文，移请贵府，敬烦查照施行。须至移者。

右移试办洮南府设治事宜候补府正堂。光绪三十年十二月二十三日。

呈为卑府到洮南府设局并赴荒商办日期伏乞宪鉴由

全衔　　为呈报事　　窃卑府前在辽源州，业将起程赴荒日期呈报在案。现于十月初九日，业经带同局起各员司等，行抵洮南府。旋据田守芟谷以该处苦无堪作公所之处，再四相商，卑府随将前荒务局房让给居住。另在该处租赁平房二十间，设立行局。拟于十五日，带领员司等数人，驰赴札萨克公旗，妥商办理一切。并周履巡视荒段，划分边界，采勘城基。一俟商办妥协，再行详订章程，呈请宪核。所有卑府抵局赴荒日期，除移行省局查照外，理合备文，呈请宪台鉴核，伏乞批示施行。须至呈者。右呈军督部堂增。光绪三十年十月十七日。

批　据呈已悉。

仰即迅速履勘克日开办，勿再迟延。候饬省局知照。缴。

呈为差遣委员郑尔纯恳将异常保举改为留奉由

全衔　　为呈请事　　窃据卑局差遣委员，在任升用直隶州知州、分省补用知县郑尔纯禀称"窃委员前奉派充札萨克图蒙荒行局稽查委员，供差以来，仰承鞭策，勉效驽钝，两年于兹，幸得蒇事。乃蒙微劳毕录，准附异常案内，请列荐章，循省滋惭，复曷希冀。惟念委员十余年来，历在军机处会典馆供差，荐保今职，尚无一定省分。而亲老家贫、禄养弗逮，内省每为多疚。是以不揣冒昧，拟请将异常保案，改为留奉，恳恩转详督宪。倘蒙仰邀批准，则此后服官之日，即戴德之年"等情，据此，理合据情转请。为此，呈请宪台鉴核，伏乞批示施行。须至呈者。

右呈军督部堂增。光绪三十年十月十九日。

批　呈悉。仰候奏留人员时，酌核办理。并候饬省局知照。缴。

呈为恳销委员查办字样并请免销保案改委司事以策后效由

全衔　　为呈请事　　窃查卑府前在札萨克图荒务差内，所有九起监绳委员佐东都、十起监绳委员萧齐贤，丈放荒段颇能劳怨不辞，甚资得力。嗣因藩情刁悍，故肆鼓簧，以扑风捉影之谈，竟致禀请撤差查办，销去保案。现在札萨克公旗荒务又将开办，在在需员，拟恳宪台格外恩施，准予销去查办字样，并请免销保案。由卑府改委局中司事，以资熟手而策后效。卑府系为得人起见，是否有当，为此，具文呈请宪台鉴核，伏乞批示遵行。须至呈者。

右呈军督部堂增。光绪三十年八月十九日。

呈为拟派额外委员恳请宪札由

全衔　　为呈请事　　窃卑局开办札萨克公旗蒙荒，开办伊始，头绪纷繁。虽有额委各员，尚觉不敷应用。查有拣选知县邵建中，前在札萨克图行局充当办事官，颇资得力；补用防御成山，算法娴熟，当差年久。二员均随卑局已到荒所充差，系由卑局在原订贴书额内，饬领贴书薪水、车价。拟恳宪台俯念荒务需人，可否就原支薪水，赏派额外委员。如蒙允准，并求迅赐札委，以专责成。是否有当，理合备文，呈请宪台鉴核，伏乞批示遵行。须至呈者。

右呈军督部堂增。光绪三十年十一月初九日。

批　呈悉。准如所请，候札委该员等遵照。并候饬驻省总局知照。缴。

呈为拟将司事丁梦武派为行局驻郑委员请札由

全衔　　为呈请事　　窃卑局此次开办公旗荒务局所，仍经设在洮南府街，与省垣相距有千余里，一切往来公牍，由拨递郑、由郑递省，非驻郑有人承转，难期妥速。且各起应用丈地绳弓等物，亦须由郑采买，转运到荒，俾资应用。查有卑局司事、府经历衔丁梦武，前在札萨克图行局随同提调钟祺办理此差，毫无遗误。今卑局又经开办，现拟仍派该司事在辽源州承转公文、采买丈地物件，以资熟手。恳祈宪台格外恩施，可否将该司事丁梦武，赏派卑扦局驻郑委员，藉昭慎重，而期呼应灵通。至应领薪水、车价，仍照司事原定数目开支，以节经费。如蒙俯允，并请迅赐札委，以专责成。是否可行，理合备文，呈请宪台鉴核，伏乞批示遵行。须至呈者。

右呈军督部堂增。光绪三十年十一月初九日。

批　呈悉。准如所请，候札委该员遵照。并候饬驻省总局知照。缴。

呈为行局所赁各房租价银两数目恳请备案由

全衔　　为呈报事　　窃卑局开办公旗荒务，系租赁民房设立局所，业经另文呈报在案。查行局赁房二十间，每月租价银三十两整。奉拨巡捕队一哨，赁房七间，每月租价银十两零五钱。谨查札萨克图房租成案，系按月支销，汇总册报。卑局此次所赁房间，自应援照办理。除请续募之蒙、民两项兵勇八十名，如蒙宪恩允准，仍应另赁民房居住，再行呈报外，理合具文呈报。为此，呈请宪台鉴核，伏乞照呈俯赐备案施行。须至呈者。

右呈军督部堂增。光绪三十年十一月初十日。

批　如呈备案，候饬省局知照。缴。

呈为修补房间添置器具支用银两册报请核由

全衔　　为呈报事　　窃卑局于光绪三十年八月奉札勘办公旗蒙荒，本拟借居札萨克图行局，藉期节省经费。嗣经试办洮南府设治事宜田守芗谷面商，作为设治办公之所，前经呈报在案。卑局遂于该府街内，另赁民房二十间，设立行局，并租平房七间，住巡捕队。惟所赁之房，修筑甫竣，粗具规模，门窗户壁，皆须添补。所有此次收拾房间及开局添置铺垫、各起置买丈地器具，除旧局原有铺垫、木器等物不计外，一切支用过银两实在数目，除移行总局查照外，理合造具详细清册，呈请宪台鉴核，伏乞俯赐备案施行。须至呈者。

右呈军督部堂增。光绪三十年十一月初九日。

批　如呈备案，候饬省局知照。缴。

呈为续添绳弓四起置买器具支用银两造册请核由

全衔　　为呈报事　　窃卑局前经禀请续添绳弓四起，以及购备丈地器具，前后呈蒙宪台允准在案。其所需丈地器具四份，已于赴段时一律购齐，以资应用。今将买置该四起丈地器具，支用过银两数目，造具详晰清册，除移总局查照外，理合备文呈报。为此，呈请宪台鉴核，备案施行。须至呈者。计清册一份。

右呈军督部堂增。光绪三十一年四月二十日。

局衔　　为造报事。　　谨将卑局续添绳弓四起，置备丈地器具，支用银两数目，造具清册，呈请宪核备案。须至册者。

计开：

一、步弓四个，每个价银四钱四分，共合银一两七钱六分。

一、血麻绳八条，每条价银三两，共合银二十四两。

一、尺杆四个，每个价银二钱一分，共合银八钱四分。

一、旗七四十八根，每根价银九钱，共合计银四十三两二钱。

一、旗杆四十八根，每根价银三钱，共合银十四两四钱。

一、作标桩橼子五十根，每根价银八钱，共合银四十两。

一、铁锹八把，每把价银六钱二分，共合银四两九钱六分。

一、铁镐四把，每把价银二两七钱，共合银十两零八钱。

一、铁斧四把，每把价银六钱八分，共合银二两七钱二分。

一、铁锯四条，每条价银三两九钱，共合银十五两六钱。

一、铁锤四个，每个价银三两八钱，共合银十五两二钱。

一、铁八个，每个价银二两三钱，共合银十八两四钱。

一、旗子红布八十八尺，每尺价银九分一厘，共合银八两零零八厘。

一、算盘四架，每架价银八钱，共合银三两二钱。

一、印色盒四个，每个价银四钱，共合银一两六钱。

一、写公事桌四张，每张价银三两二钱，共合银十二两八钱。

一、日晷四个，每个价银二钱，共合银八钱。以上共支银二百一十八两二钱八分八厘。

为现勘荒界并筹商展放情形先行陈请宪鉴由

全衔　　谨禀督宪将军钧座前：敬禀者，窃卑府前于十月十五日前往札萨克公旗履勘荒段，商订出放章程，业经呈报在案。即于十六日驰抵该旗，适值该镇国公有疾，遂与该旗印军等商议应放界址，并设法劝谕展放沿河南北荒地。经该印军等代述该公之意，请先勘订南段等次。卑府当于十七日派员分赴东、西、南三路勘验，卑府亲往河北并东界周历巡视，勘得南段地多沙碱，与札萨克图之三等荒无异。拟仿札萨克图章程，普订每价银一两四钱，商之该旗，当经慨允照办。至沿河之地展放一节，叠经卑府反复磋商，该旗终以公府庙宇、园寝在内，纵然留界，究多窒碍，以此迟疑不决，仅于应放界限以外，在东北隅宽长约二三十里，应许展放一段。卑府素悉蒙人情形，不便急于相就。当告以暂且先行丈放南段，其北段容俟再议。盖预留地步，徐俟其自相转环。卑府遂于二十八日返局，正在酌拟章程并饬各起赶紧赴荒勘丈大段间，旋有札萨克图王旗台吉绷苏克巴勒珠尔谒见，具道其因感激卑府相待恩义，故闻此次在公旗商展沿河地段，特至公旗面见该印军等，述说卑府之为人行事若何，前在本旗放荒之公正若何，力陈沿河之荒不能不开之故，切实开导、撺掇。该印军等俱已醒悟，拟即禀商该公请卑府重往该旗，再行商办等语。卑府查沿河南、北可放之地，据该旗称，约计东西七八十里，南北二三十里，土性膏腴，前与该旗曾经议拟，较之札萨克图上等之荒，可得倍价，即每垧作价银四两四钱亦易出售。统计北段大约荒价，可以收银三十余万两。若请照二成随收经费，则经费亦可收银六万余两。当此帑项支绌之际，得此□款，实于公家不无小补。卑府忝司荒务，仰体时艰，但有可集之款，自当竭力图维，多方设法，使之入我彀中。今经卑府商之于前，绷台吉怂恿于后，该旗意念已动，既有欲展放此段之机。卑府再四筹思，与其遽然相就，莫若使其自来，俾期坚其信心，再乘机利导。一经着手，则迎刃而解，事期有成。现拟饬派差遣委员荣斌，督同各起先行赴该公府聚齐，藉请派领界蒙员之际，卑府稍候数日，待其派员来请，即当迅速前往。如果商议妥协，即派各起将沿河南、北应放之荒段界限，丈清圈出。倘北段展放无成，便饬绳弓仍丈南界大段。此卑府现勘荒界，筹商展放北段之实在情形也。惟是刻间，既有展放北段之望，则一切出放章程，均须暂且稍候。俟将荒地局势定准，再行订拟，方为稳妥。是以恳乞宪台，垂鉴前情，暂缓时日，俾得从容展布放手办事。卑府渥荷宪台特达之知，迭蒙委以垦务重任，卑府具有天良，凡力所能为者，自当殚竭血诚，尽心图报，以期多集款项，聊酬宪台高厚恩遇于万一。所有卑府现勘荒界，筹商展放北段缘由，理合先行陈明，仰慰慈廑。一俟商订，如能妥协，当即赶紧呈报，肃禀恭请钧安，伏乞垂鉴。卑府心谨禀。光绪三十年十一月初三日。

批　据禀已悉。查镇国公应放荒地南段宽长各百里，业经奏明在案。兹据禀称：查勘南段地多沙碱，与札萨克图之三等荒无异。拟仿札萨克图章程，普定每垧价银一两四钱，该旗业经应允等语。惟此段荒地，究竟宽、长若干里，未据声明，无从查核。续添东北隅，宽长二三十里，按图应即东至札赉特，西至两家子，南至嘎申屯、太平窝棚，北至洮儿河一段。该地土脉若何，应列几等，亦未声叙。至洮儿河沿河南、北可放之地，据称东西七八十里，南北二三十里，自系原奏南段以外之地，现既勘明土多膏腴，较之札萨克图上等之荒可得倍价，每垧作价四两四钱亦易出售。既经该守商之于前，绷台吉怂恿于后，该旗意念已动，自应迎其机而导之，以期就我范围。现在已否商妥，一切出放章程曾否议定，仰即分别具复，以凭核夺。当此时艰、饷绌，尚望该守等勤奋图功，早日集事，以济急需。切切。仍候省局知照。缴。图存。

呈为续商展放沿河南岸荒地恳乞奏请招垦由

全衔　为呈请事　窃卑府前赴札萨克公旗，复商展放沿河腴地一切情形，曾经禀报在案。旋于十一月十二日驰抵该旗，与该公晤面。经卑府以方今时势艰难，该旗生计困苦各情，反复切商，该公亦颇开悟。惟以众台、壮等，陈请本旗地段本狭，若展放河北，恐于旗众游牧有碍。且河南尚留公府附近一带，亦嫌夹杂，莫若接连展拓，尽洮河以南之荒全数出放，较为两便。卑府查河北既难出放，若添至河南岸，异日安官尚属整齐，遂与该旗议明，就河定界，该公明岁情愿迁移，现计所添之段，东西长约百里，南北宽三十里，可以订为上、中两等，约计可多收荒价二十余万两。且与该公商允，此项荒价亦照下等对半均分，似于筹款，不无小补。兹经该公出具印文，请即代为呈恳宪台核奏前来。除移行省局查照外，理合备文具呈。为此，呈请宪台鉴核，伏乞照呈施行。须至呈者。

右呈军督部堂增。光绪三十年十二月初八日。

批　据呈已悉。仰候奏咨立案。缴。

附禀续商展放情形由

敬再密禀者，窃卑府前在省垣，呈递节略，内有该公旗治沿河两岸之荒，亦有临时酌量拨放之议一节。蒙宪台批示，有总须切商之谕。卑府回局后，即遵赴该旗详加开导，该旗仅允添东北一隅。卑府当时，辞以为数过少，不便复奏。且告以现有部文来问，百里宽长，提地若干，应先报部，拟调绳弓先丈量大界。卑府之意，盖以原指百里，此外荒务局并不定欲多放，复蹈札萨克图争界之嫌。然帑项奇绌，又不能不格外生方，念可多集款项。故又告以如沙碱太多，虽有四十五万毛荒，恐升科地数无多，于国与该旗均无补益，不能不以部文相要，以便令其补地。卑府回局后，即饬绳弓前往丈界，该旗因有朋印军劝谕各节，复将绳弓迟延，派人迎请卑府往议，业经前次禀明在案。兹于十一月十一日，重赴该旗。十二日与该公会面，察其人虽忠厚，不能自理事权。经卑府再四导以出放好地，多有报效，既于颜面有光，且贵旗亦可丰富，并非荒务局执意相争等语。该公似有领悟，允为详商。讵有梅勒苏克得从中播弄，请先用银二万两，荒地仍添东北一隅，当经严驳未允。该公不得已，又迟三四日，始拟传集台、壮询问愿否尽出河北，当时纷如聚讼，迄无成议。该公愈无主宰，其两印军虽有相成之意，亦未敢太形显露。惟时卑府即催令派人会勘大界，不能再候，且亲赴南界采订城基。濒行时，告以南界如丈不足百里，或沙碱太大，回时即呈省请示沿河私佃尽多，应否一并丈量出放等语。二十四日卑府自南段回至公府时，丈界委员前后呈报大致里数，四面核计仅足四十二三万坰，而沙碱居半。当催该旗应如何定议，立待报省。该旗因闻卑府欲将私佃和盘托出，且用银又甚紧急，始变为改添沿河以南全数出放，明年迁移公府北去。并请先借银八千两，卑府当时慨允，事已就绪矣。忽于二十八日夜，该旗乌印军到寓面言，该公福晋不欲迁移，非予现银四十锭，决不挪动。卑府且晒且骇，以为此系公事，如何竟办成私事，衷怀踌躇，委难决断。然不如此，竟不能成。且分款一节，尚未定议，其公与印军等均请照札萨克图成案。国家每等止分七钱，余者尽归该旗，立论甚坚。卑府屡加驳斥，并未少变，遂答以分款一节，贵福晋与两印军如能相助，裨国家借此多得，此事可允千金。乌印军往返密商，始定为各荒价无论所加多寡，均系对分。惟于国家应得之中，提银一万五千两，作为该印军等办公之用。其福晋一节，以宝银二十五锭酬之，约近一千三百两。卑府通盘核计，此举既成，约多进正款银二十余万两，经费又四五万两，国家对分荒价所得亦十余万两，去提拨该印军外，为数尚巨。当此需款万紧之时，宪虑焦劳，苟有可筹之地，卑府受恩深重，自应百计图维。惟此等办法，如何形诸公牍，应请宪台准于经费项下动用，并作应酬该公开除。再卑府由省驰赴该旗，曾送该公礼物。其水礼等件，均可按月酬酢款内摊报。惟内有貂褂一身，价银四百两，为数较多，无处筹补。可否准由经费项下，一并开销，伏候宪裁。至该印军之一万五千金，业经另禀请示。并为该夹杆尺等，请将该旗所得库平，均均分劈，亦请钧示。卑府办理蒙荒，虽札萨克图王之狡展异常，从无惮其艰苦，此次刚柔互用，真属舌敝唇焦，一困再困。幸濒行时，合旗上下均又彼此慰藉，毫无隔膜，仰托宪荫，事尚得成。今冬虽为时势所牵，未丈多地，然买户尚不甚少。苟有可解之款，尚拟竭力措解，以纾宪廑。谨肃密禀，再叩钧安，伏乞垂鉴。谨密禀。光绪三十年十二月初九日。

呈为绳起月支心红等项恳请备案由

全衔　　为呈请事　　窃卑局奉饬开办公旗荒务，除行局心红局费等项，已援案另文呈请宪鉴外，至绳起每月红银四两，绳夫每名辛工银七两，前经缮单呈核，旋奉批准在案。现在各起已饬赴段，自应遵照饬领。查札萨克图成案，此二项均于起员赴段时起支，停绳回局即行截止。此次亦应援照办理，以节靡费。除移总局查照外，理合备文，呈请宪台鉴核，备案施行。须至呈者。

右呈军督部堂增。光绪三十年十一月十六日。

批　呈悉。准其照案支领，遇停绳时，即行停止，以节靡费。候饬省局知照。缴。

呈为援案分别停止局起各员司等薪水车价请示由

全衔　　为呈请事　窃查札萨克图蒙荒章程，停绳之际，由封印至开印一个月，各起系薪水、车价并停，行局内各员司等，系照常仍发薪水，仅停支车价，历经该局遵办在案。兹局于十二月初五日，业经一律停绳。所有停绳期内，八起绳委员暨随绳书等，自应援照成案办理。拟请由封印至开印，停发薪水、车价一个月。局内各委员、司书等依然在局照常办公，拟请由封印至开印一个月，仅停发车价，仍支领薪水。是否之处出自鸿施。理合备文，呈请宪台鉴核，伏乞批示遵行。须至呈者。

右呈军督部堂增。光绪三十年十二月初十日。

批　据呈已悉。候饬省局知照。缴。

禀为请提调赏加会办名目伏乞示遵由

全衔　　谨禀督宪将军钧座前：敬禀者，窃卑府现定于二月二十八日督率各起赴段开绳，所有卑局之事，亦不可无人主持。查卑局提调钟祺，稳慎细密，于荒务颇有历练，情形均甚熟悉。拟将该员留在卑局经理一切。惟人员众多，公事紧要，且时有与洮南府交涉事件，其提调一差虽可办理一切，究属稍差分寸，呼应恐有不灵。可否仰恳宪恩，请将该员赏加会办名目，以昭郑重而裨全局，其薪水仍照提调原数开支，以节公款。如蒙俯允并请赏发委札，俾专责成。是否有当，理合肃禀陈请，伏乞宪鉴批示遵行。卑府心谨禀。光绪三十一年二月二十七日。

批　据禀请将提调钟祺加派会办名目，应即照准。候札委该员遵照，并饬省局知照，缴。

移为提调加派会办由

局衔　　为移行事　案照敝局兹奉督宪札饬内开"查有科尔沁札萨克镇国公旗蒙荒行局提调、候选通判钟倅祺，堪以派为行局会办"等因，蒙此。相应备文，移行贵州（府、县），请烦查照施行。须至呈者。

右移辽源州正堂蒋、洮南府正堂田、开通县正堂王、靖安县正堂张。光绪三十一年四月初六日。

札为部咨公旗借银应由杂款动拨暨宽长百里得地若干查复由

军督部堂增　为札饬事　案准户部咨开"山东司案呈内阁抄出盛京将军增　奏蒙旗荒地，情愿招垦派员收价丈放一折，光绪三十年六月初五日，奉朱批：'着照所请。该衙门知道。钦此。'钦遵到部，相应恭录、咨行盛京将军遵照。惟据奏内称，哲里木盟科尔沁札萨克镇国公旗地段，颇堪招垦。拟将本旗南段一带荒地，宽、长百里，收价招垦，并以该旗现有办公急需，恳先借银一万两，俟收有地价，即在该旗应得正款项下扣还。派员设局，妥拟章程，前往开办等语。查该旗恳借办公银两，应令在杂款项下暂行拨借，不得擅动正款。其所放荒地，仅称宽、长百里，虽不能指其确数，而大略得地若干垧，应令先行查明声复。至按垧收价，设局派员，如何妥拟章程，并令详细报阅"等因，准此。除分札外，合行札仰该局，遵照办理。特札。

右札蒙荒行局准此。光绪三十年十月初三日。

呈为遵饬声明部指各节伏乞鉴核咨复由

全衔　为呈复事　窃于光绪三十年十月二十六日奉宪台札开，除原文省繁邀免全录外，所有接准户部咨开：盛京将军增奏勘办札萨克镇国公旗荒地一折。钦奉朱批。钦遵恭录咨行，并令查明声复各节，饬局遵照办理等因，奉此。谨按部首开，该旗恳借办公银两，应由杂款项下暂行借拨，不得擅动正款一节。查该公旗前借办公银壹万两，虽系由札萨克图蒙荒行局荒价项下借拨，已于本年正月由卑局经收该公旗应得荒价项下，如数扣还归款，前已呈报在案矣。又部咨内开，该公旗所放荒地，仅称宽、长百里，虽不能指其确数，而大略得地若干垧一节。查该旗原许宽、长百里，以二八八行弓计之，即系毛荒四十五万垧。现经该旗派员指领应放荒段边界，周履勘验，共计宽、长尚不足百里。其确数虽难遽定，然沙碱并计大约可得毛荒四十万垧之外。至设局派员妥拟章程各节，业经先后禀奉宪台批准各在案。自应恭候奏咨办理，无须再事复陈，以省繁牍。所有遵查部指各节，理合据实声复。为此，呈请宪台鉴核，咨复施行。须至呈者。

右呈军督部堂增。光绪三十一年二月十九日。

为会禀股匪碍难招抚情形由

会衔蒋、田、张　敬禀者，窃卑府等前在省垣，九月初一日奉到宪台札开"据蒙荒总办双道纶禀称，盗首纯字、双如意等悔罪乞降，代为请命。因该匪等法虽难贷，情实堪怜，如果真能痛改前非，未始不可网开一面。饬由卑府心招抚百名，卑府芗谷并两县招抚一百五十名"等因，奉此。遵即分颁告示，派弁先行出省招抚去后。卑府等亦即陆续束装就道，因道路泥泞，于九月十八日、九日先后行抵辽源州。据卑府心前派差弁李广才、司事丁梦武，以奉派前往双如意等一股，于九月十一日在哈把山东小孤子家地方，与匪首大如意即王殿元两次会面，据称，双如意因随　往攻铁路，被炸药伤损胫骨，现未医痊，不能会面，伊与双如意既系同伙，自能主张百人投降之事该去。弁等当即与约在哈把山静候区示等情，禀复前来。卑府芎谷前派往招大洛疙疸等之哨官徐海亭，尚未回归，正在飞催候商间，卑府等同卑职文熙，均奉宪台札开：据营务处呈，准恒统巡玉转据怀德总巡王兆桐密报，双如意等啸聚多人，假言投降日本，心怀叵测，据卑职文熙禀称，各匪聚党三百余人投降日本，欲进州街等情。今即查明，究竟是否属实，抑系假以降日为名，以及现在情形如何，飞速具报等因。复经会同确查，适有日本将弁米得俊带同兵丁六人，至州街住宿，面见总巡吴俊升，声称前次日官松得禄、高如龙等已将双如意、纯字等招妥，何以官兵又往剿捕，致该匪等被兵击散无处寻觅等语。经吴总巡告以该匪等既系投降，仍然捐抢，是以不得不加剿捕以靖地方。该日弁亦无他辞，仍往东路寻觅众匪去讫。卑府等查得双如意一股，虽经允有百人来降，然既攻毁铁道，则俄人之恨愈深，日人索之益切，事关两国交涉，已难率行招收。况双如意伤痕闻系甚重，未知能否痊愈。当丁梦武等往见时，大如意问告示无伊名，即扬言双如意原系伊马夫，此刻出头在伊之上，不能甘心。并闻该匪首仍有抢拉马匹情事，即勉强同收，终难相下。此则双如意、大如意二股之难招也。至大洛疙疸等股，因徐哨官迄未回归，迭经卑府芎谷派差查催。旋据去勇谢玉等回禀大洛疙疸等股约有一百五、六十人，已至辽源州东十五里之严家葳子。请卑府发给号衣穿用，再往东路一带将为匪时所捐穿之银钱逐一取出，始可到官来降。并称该匪股，于二十四日在榛柴冈被俄兵痛击，伤亡数名，俄人亦阵亡二名，尚在尾追。该匪等尚带绑票数人，现已逼近州街等语。卑府等查该匪等本非被击无路、穷蹙乞降者比，种种情形非悔过投诚，已可概见。加以日人招抚，每月给银一三两，虽后此之真得与否尚不可知，然该匪等却为所愚。况大如意一股，要挟枪械之作价，大洛疙疸等股，头目繁多，人人欲为营哨等官，昏愚万分，无理取闹，竟不知投降为何事，而俄兵欲觅之甚急。与其敷衍收抚，至贻伊戚，何如认真剿捕，以免后患。除商令吴总巡俊升督队进剿，一面迅由卑职文熙调集民会防堵署街，并会函飞告恒统巡玉出队兜拿外，所有股匪碍难招抚暨现在情形，理合会禀督宪查核，再领发告示，仅止卑府芎谷发交徐海亭张贴三张，余俱封存。合并声明。专此肃禀，虔请勋安。伏乞慈鉴。卑府心、芎谷，卑职文熙谨禀。光绪三十年九月二十六日。

禀为进剿股匪情形并请领子母由

全衔　　　敬禀者，窃因匪首大洛疙疸等逼近州街，势难招抚，亟应整队进剿，业将各情会禀在案。兹准吴总巡俊升文称"本月二十五日酉刻，总巡队带迎剿，即晚至蒿力宝河沿遇贼，冲击一时许，贼向东北逃窜，连夜追剿五十余里，至白音保头，贼匪闯入固窑，凭险不出。总巡督队，露宿环围。黎明，竭力攻击，贼即一拥而出，奔窜至赶九地方，进街死拒，枪弹如雨。总巡右耳后项脖，迭被枪子击透两处，骑马亦被击毙。马兵刘秉顺左手、张振邦右臂均被击透出，另毙战马四匹。击毙贼匪三名，并击伤多人。计自辰刻至午，鏖战两时之久，贼始不支溃窜。总巡裹创追击二十余里，得获洋炮一杆，贼马三匹、骡两头，被绑人票三名。奈因各哨子母告尽，未便徒手穷追，只有撤队，已于二十六日戌刻旋防，理合咨请转报"等情，准此。卑府等立即会同诣营亲视。该总巡虽受重伤，尚能行动酬应，伤痕可保无虞。声称日间如有子母，势能一气剿灭。各兵照章领用，实不足以逞其技，深虑将来临敌，徒蹈偾事之咎。卑府等告以子母一节，业经具文，禀请饬发，并请准于随用随报。该总巡听闻之下，痛楚顿忘，倡言果蒙荒宽予军火，何虑鼠辈猖獗，定当扫尽丑类，以尽厥职。并据各官弁同声唱喏，如子母应用，誓不与此贼并立斯土。卑府等查该总巡仓卒闻警，黑夜出队，仅一夜一早之间，迭与鏖战，虽身受重伤，犹复进剿至百数十里，伤毙贼匪多人，得获枪马等件，是其能制贼之命已属显然。惟询据同称，每战皆因限于公令，不敢多费军火，往往致贼幸逃，诚为可惜。合再据情沥陈，专弁飞禀宪台查核，迅将前请子母，如数随批，发交去弁领回，以济急击。卑局等荒务地方，均须邻境安谧，道路无阻，始能畅办。系为大局起见，故敢合辞禀请。再，现因贼匪尚未北路，未能即日前进，稍迟设法启行。合并声明，肃此具禀。敬请勋安，伏乞垂鉴。卑府、卑职谨禀。

右会禀将军增、抚尹廷。光绪三十年九月二十六日。

敬再密禀者，查股匪大洛疙疸等悔罪输诚，系出该弁徐海亭一面之词，究竟现在有无挟抢要挟，能否就范不得而知。倘该股匪等果能倾心投降，诚如宪批，何可不宽其既往，即予点验收伍，分派驻札，责令立功自赎，以清地面，岂非甚善。但卑府体查情形，细心筹酌，其中实有为难之处，不得不密为宪台披沥陈之。查该股匪等此次投诚，本非被击无路、穷蹙乞降者可比，不过其财已足，冀脱贼名耳。前次种种要挟，实非悔过投降，已可概见。其狼子野心，反复无常，设或稍不如意，仍旧出而为匪，双如意即殷鉴也。此难抚者一也。此间蒙户，前被该股匪等扰害甚深，卑府到差之初，曾有蒙人郝立海等三十余名，呈请甘愿自备枪马当兵击贼。接见蒙团之时，亦有与贼誓不两立之言。以是而论，则蒙户受恨已深，畏贼如虎，断非片言可解。即或勉强开导，招匪入境，彼此各不相安，积怨一深，酿祸即烈，有失朝廷绥靖边荒之至意。此难抚者二也。此项股匪，平日捐抢营生得财甚易，将来受抚，归伍之后去财亦易，一旦其财用尽，此后饷银无几，何足供其挥霍，难保不为冯妇。且聚一百六七十人罔命之徒，无伍队以制服之，亦实在可虑。此难抚者三也。有此三难，与其敷衍收抚，致贻伊戚，何如认真剿捕，以免后患。虽然难抚之中，尚有可抚之道。如经卑府访查明确，该股匪等现在实无捐抢，真心悔过乞降，即准自新。但须谕以尔等投降者，系为保全首领，既已准降，则枪械子弹无所用矣，即令如数交出，为兵为民，惟我所欲，听候零星安插，不致聚而为患。该股匪等果能俯首受命，岂不幸甚。倘敢抗违，则恃枪械为护符，其非悔罪输诚，不待言而后知。应请饬令各处巡队，合力兜剿，一洗丑类，以儆效尤。卑府愚昧之见，是否有当，伏候采择施行。肃此密禀，敬请勋安，伏乞垂鉴。卑府芗谷谨再禀。

批　　禀悉。查此项降队，前据刘令福升来省面察，谓其实系真心就抚，当经批准招抚马队二百名，即交刘令管带，并归北路统巡节制，驻扎巴彦昭以南作为洮南辽源驿路一带巡警队，责令拿贼自效，以赎前愆。盖自古无终弃之人，既已悔罪输诚，又何不准予自新，网开一面。况当战国军事逼近。各属捕务，每多掣肘。无论迁延日久，地方被扰日甚，万一事出意外，有碍中立。届时滋生枝节，咎将谁归。兹据禀称：既准投降，应谕令投缴枪械，听候零星安插。倘敢抗违，请饬合力兜剿等语。所论非不甚壮，第未审该守有无把握。如该守能以收枪剿洗，即责成该守妥为办理，以净根株。但不得徒托空言，贻害地方。仰再随时详细访查，现在该队自从收抚以后，究竟有无不法情事，果应如何办法。迅即禀复，以凭核夺。并仍候抚尹堂批示。缴。

禀为拟定赴荒日期并置买枪药等情由

全衔　　谨禀　　督宪将军座前：敬禀者，窃卑府前奉札饬查明双如意等股匪现在情形，并将招抚未就，一意主剿等情，业已会同试办洮南府田守芗谷禀复在案。兹据探悉，匪首大洛疙疸等股众，昨经吴总巡俊升一鼓剿退，近复啸聚在哈巴山一带，拥阻赴洮道路。田守芗谷闻警，预备即在郑街定造大洋抬枪十五杆，借资捍卫。并会同卑府并起赴荒，当即拟定十月初三、四两日，陆续启行。查郑屯距洮南五六百里，卑局局起员、司书、役人不下百余名，行李辎重约须大车十余辆，若无所备，亦实甚虞。当亦定造洋抬枪四杆，即以绳工充当炮手，有警则环辕御击，无警则裁赴行局，以备守卫。至所须枪价，并药弹等项若干，先由局款拨垫。嗣后或由办公撙节，或另行筹款归补之处，再行开单具报。所有拟定赴荒日期，并置买枪药等情，理合具禀声明，虔请钧安，伏乞慈鉴。卑府心谨禀。光绪三十年十月初三日。

呈为请发札萨克图荒务局哨队归卑局调遣由

全衔　　　为呈请事　　　窃卑府奉委办理札萨克公荒务，业将在洮南府设局开办情形另文呈报在案。应即赶紧驰赴该公旗，商办一切。惟该旗地段荒僻空阔，贼匪不时出没，亟须兵队保护。查卑府前办札萨克图蒙荒，曾经奉拨辽源州巡捕队吴总巡俊升营内哨官胜贵所带马队一哨，驻荒一年有余，深资得力。现在该局荒务业经报竣，拟请宪台恩准，饬令北路恒统巡玉转饬吴总巡俊升，仍将哨官胜贵所带马队一哨，就近拨归卑局调遣。所有该哨官兵薪饷，及开革募补等事，仍由该营官处主政，卑局概不与闻。卑府立待赴荒，拟即先行携带该哨马队前往，以期迅速而资保卫。除分移查照外，理合备文，呈请宪台鉴核，伏乞批示施行。须至呈者

右呈军督部堂增。光绪三十年十月十七日。

批　　准如所请办理，候饬营务处暨恒统巡玉转饬该哨官遵照。并候饬省局知照。缴。

禀为办荒亟须兵力保护恳招马队两哨由

全衔　　　谨禀督宪将军钧座前：敬禀者，窃卑府前因急待赴荒，需队保护，曾经请留辽源州巡捕队吴总巡俊升马队一哨，业已呈报在案。嗣于会陈招降禀内，恭奉宪批内开"蒙荒行局既拟暂留前次荒局所借吴总巡马队一哨，亦即毋庸再招募，以免多费饷项"等因，奉此。际此时艰款绌，宪台夙夜筹劳，凡在属吏，均当仰体我宪之心以为心，况卑府渥荷殊恩，更宜力从撙节，何敢稍有虚糜。情因该荒孤悬沙漠，兵力不及，向为藏奸伏莽，著名盗贼出没之区。近更数百成群，不时窜扰。查卑府前请招募二百队者，不过聊资镇慑。旋因拟收降队改为一百，比时未再渎请者，以添兵即系潜消贼匪也。乃降队既未招成，始请截留吴总巡营哨官胜贵所带马队一哨，原系八成队伍，复经调回九名，现仅有兵三十一名。八起绳弓下段，姑无论护卫，即每起随绳递文仅派二名，已去十六名矣。所有护局、解款、保护各起随从差员，及由双流镇往来递送公文等事，在在均须保卫，无往而不借资兵力。若仅恃此现留之巡捕队三十一名，不但公款重要，时时皆虞漫藏，各起散处，处处胥蹈危机。即领户亦恐，皆裹足不前，则荒务即无法办矣。卑府前在镇国公旗已与商妥分摊兵饷，允为代招有枪蒙民大户子弟四十名，并拟再由卑局自募自带枪马妥实民勇四十名，亦经商明由公旗分出半饷。拟请仿照札萨克图护兵前案，

由正款项下开销，合之胜贵一哨共一百一十一名，庶几借此可以稍供分布差遣，暂且将就敷衍。此系再四踌躇，无可再省，实系非此万万不可者，是以恳乞宪台格外垂鉴，俯赐恩准饬交文案、营务、粮饷、蒙荒省局备案，则荒务幸甚、卑局幸甚。所有办理荒务，亟须兵力，恳请准招马队两哨缘由，理合具禀陈明，恭候宪鉴批示遵行，虔请钧安，伏乞垂鉴。卑府心谨禀。光绪三十年十一月初三日。

批　禀悉。所陈招队情形，未始不可姑准，惟该公旗荒地现尚未放，应支饷项，由何发放，未据声明。当兹款项奇绌，若先行垫发，日后不能归补，殊非慎重之道。仰再切实妥筹，禀候核夺。缴。

禀为声复饷项无须借垫情形恭候示遵由

全衔　　谨禀　　督宪将军麾下：敬禀者，窃卑府前因荒段需兵保护，曾经禀请招募蒙、汉马队兵勇八十名分为两哨。饷项仿照札萨克图成案，由国家与该公旗所得荒价项下对半分摊，作正开销等情在案。旋于十二月十二日，奉到宪批"所陈招队情形，未始不可姑准，惟该公旗荒地现尚未放，应支饷项，由何发放，未据声明。当兹款项奇绌，若先行垫发，日后不能归补，殊非慎重之道。饬令妥筹禀夺"等因，奉此。详绎宪批，语意已深体荒段用队之急。所有招募勇队，分摊饷项皆详，似无难允准。所难者，惟荒尚未放，自然价尚未收，刻下之饷项，势须借垫。恐无专支的款，日后有不能归补之虞。宪虑周详，莫名钦感。遵查卑局虽属甫经开办，荒尚未放，然自卑府到荒以来，虽未经张贴招领及章程、告示，窃幸各领户相信有素，现计所收城镇两基与各等荒价已约有五六万金之谱。现拟将前代公旗所借之万金暨卑局在省垫办借用旧局之八千金，先行一概清还。此外，刻又应付蒙旗借用八千金。兹复派员赴省催收城基价银，如能收齐，饬即解呈宪辕现银一万两。并拟拨交省局银一二千两，加以卑局今冬一切开支，皆可敷用。是卑局旧欠，尚拟还清，则新需兵饷，更可以通融发放，更无须借垫矣。且此项兵饷，既与蒙旗商明，由该旗与国家分摊均出，计养兵八十名，每月国家仅用饷三百余两，自应如札萨克图成案，按月先由正款内动拨，俟荒务竣时，再将兵饷共用若干，一律开除清楚，汇总造报，呈请核销。祇求宪台核准，奏明立案，则既有作正开销专款自无庸归补矣。兹既遵奉妥筹钧谕，谨将实在情形，据实沥陈。伏恳宪台垂念荒微孤悬，盗贼环伺，兵单地旷，款重差烦，将前请招队两哨俯赐照准，俾卑局得以稍敷保护，则荒务亦得以借资讫事，则感戴鸿慈，实无既极。俟荒地一经丈竣，款项一律分清，即当赶紧裁撤。当此帑项奇绌之际，万不敢稍事虚糜，多耗公款。再此项兵队，前托该公由蒙旗大户代招之四十名，虽经募齐，仍在该旗听候，尚未编列成队。拟由卑局自招之汉勇四十名，因需用紧急，已于十月十五日募齐入伍，业经开差，统候奉准之日，即行查照成哨先后日期，分别造报，合并声明。所有遵饬据实声复缘由，合肃禀陈，伏乞宪台鉴核，恭候批示遵行。虔请钧安，惟冀垂鉴。卑府心谨禀。光绪三十年十二月十五日。

批　禀悉。该局既收有地价，所募队兵八十名，自应仍照札萨克图行局章程，由正款内开支薪饷。仰候奏咨立案，一面即将花名清册，及成哨日期报查。并候饬省局知照。缴。

呈为遵募护局马队一哨官弁什勇员名薪饷数目册报由

全衔　　为呈报事　窃照卑局前请招募汉、蒙护局马队各一哨，以资保卫，曾经先后禀报在案。比因立待勘丈，需队孔亟，当将汉队一哨，先由卑局招齐，即于光绪三十年十月十五日起饷，开差赴荒，禀奉宪台批准亦在案。兹将遵募护局马勇汉队一哨，官弁、什勇员名及薪饷数目等项，详晰造具清册。除分移查照外，理合备文，呈请宪台鉴核，伏乞照呈备案施行。再此项马队什勇，均系拣募良民，与降队有间。故皆有马无枪，现值军械无多之际，只得从权办理。查荒境大户多有看家枪械，前经卑局与各户婉商借得数十支，分给什勇使用，并饬不得损坏遗失，一俟下年荒务竣工，即行按户发还，合并声明。须至呈者。　　右呈军督部堂廷

附禀为招募蒙队拟练乡团办理棘手各情由

敬附禀者。窃卑局原拟分募汉、蒙马队两哨，其汉队早经募齐，尚称得力。本拟募成蒙队时，一并造报。兹因蒙队迄未募成，故迟至现今，始将汉队一哨造册具报。查原议招募蒙队，原系遵示商请公旗代募，屡经卑局催询，该旗虽经招募日久，迄未成伍。且闻所招蒙人，枪马亦不齐备。日前贼匪恣扰，需队甚急，碍难坐待，只得将该旗辞退作罢。由卑局在蒙佃内挑募应用，并一面传饬界内起练乡团，以补兵力之不足，一切拟办情形，业经前后禀明在案。惟自本年三月以后，南段新到外人，多至数千，少亦数百，搜索米面，来往无常。而旧佃蒙户，多在南段，适当其冲。不惟此项马队无法招募，即前次起练乡团亦被阻挠。伏思现当贼踪四伏之际，绳弓难缓之时，旧佃蒙人既未全行安堵，远来领户咫尺不能抵荒。经卑局一面绥徕，一面防剿，始稍有着手之处，乃匪势稍平，而外人踵至。托招蒙队既延误于公旗，起练乡团复见挠于非族，跋前疐后，实属棘手万分。卑局荒逾百里，境外孤悬，举凡防守地面，押运随绳，在在均须兵力，仅恃此数十名之马队，实属难资敷用。卑府际此艰虞，只得审时度势，于万难之中，设法防守。遇有解运等事，即商拨洮南府队，权为

借用。一俟外扰稍纾，即行补募，及续练乡团，以靖荒境而保丈务。所有招募蒙队拟练乡团办理棘手各因由，理合附禀声明，恭叩钧安，伏乞崇鉴。卑府谨附禀。

光绪三十一年四月初六日。

禀陈办理荒务棘手情形由

敬再禀者，窃卑府等于光绪三十年九月间，奉委办理札萨克公旗荒务，于十月到荒开办。今年开绳以来，始因蒙员迟到，稍致稽延，继因外族往来诸多滞碍。而胡匪之乘机窜扰，出没不常，实与荒务相终始。经卑府等后先设法分别剿抚，并躬亲督率绳起，择于全荒之中，有一段稍形安靖者，即就该段乘间行绳。如此展转办理，加紧赶丈。幸于六月下旬，将生、熟荒地，一律丈竣。即将十二起全行裁撤，并酌裁局员，以节糜费，历经呈报在案。现因各起册报，尚未全行汇总，荒地多少，不敢定其准数。大约全荒生、熟荒地，除不可垦并照章三七折扣外，可得升科实地十七八万垧。其荒地暨城基价银，可得四十余万两。除一切经费、兵饷及蒙旗应得之正价银一半外，国家可得报效银十四五万，核与卑府前办札萨克图王旗蒙荒，地数不及三分之一，而公家所得，将及其半。惟此荒地属远边，土尤硗薄，实属不易招徕。故前定章程，于三七折扣之外，如遇沙碱不可垦者，准其量予折扣并略为变通，弛包领大段之禁，宽各户交价之期。凡愿领者，准其指领段落先交半价，拨荒后再将余价交清。故现在丈务虽完，犹须补收余价。但值此争端未息，盗贼四起，职局远居偏僻，道途备阻，运汇不通，各户拟交现银不能来荒。卑局原收汇票不能往兑，实属焦急万分。唯有仰恳宪台，俯念荒僻艰难，稍宽时日。一俟道路稍通，卑府即当宛转设法赶紧归结，务期早日竣事，以免虚糜，此卑府等办理荒务之大概情形也。合肃附禀，驰慰宪廑，载请钧安，伏乞崇鉴。
卑府　　卑职　　谨再禀。

光绪三十一年八月初三日。

批　禀悉。该总办前已派往图什业图王旗，劝办开垦事宜。此时谅已奉到札饬，仰即迅速驰往该王旗，婉转开导，以期有成。该行局丈务已竣，即责成会办钟倅迅速将图册绘造齐全，并严限该各垦户将荒价如数措缴，庶克日报竣，以免虚糜经费。候饬蒙荒省局知照。缴。初八日。

札饬会办钟未便遽赴江省由

军督部堂赵　　为札饬事　　案准署黑龙江将军程咨开"案照江省举办善后事务股繁，所有奏调及投效人员不敷差遣。兹查有奉天所属科尔沁札萨克镇国公旗蒙荒行局会办，尽先即选同知钟丞祺，老成稳练，办事勤能。前在江省充差多年，于地方情形尚为熟悉。拟将该丞调江差遣委用，以资臂助。除札饬该丞遵照外，相应备文咨请。为此，合咨贵军督部堂，请烦查照，希饬该丞迅速来江，望即施行。须至咨者"等因，准此，查该现在办理科尔沁札萨克镇国公旗蒙荒，一切收价事宜，正赖清理，未便遽易生手。除咨复外，合行札饬。札到该局，即便知照。特札。

右札札萨克公旗蒙荒行局准此。光绪三十一年九月十一日。

呈为各起于停绳期内赶丈余荒已将七月份薪工支给具报由

全、局衔　　为呈报、移行事　　窃（案照）卑敝局各起于六月初一日，照章停绳，并停支薪水、车价，业经具报在案。查自开绳以来，始而匪类，继而外人，此往彼来，全荒疲于奔命。卑府等（敝局）一面设法分别剿抚，一面亲督绳起，全荒之中如有一段稍靖，即就该段行绳，乘间办理，展转丈拨。至五月月底，幸将全荒丈出十之八九。惟时届六月，照章停。窃维荒内，目前尚称安靖，余荒又属无多。若俟七月开绳，诚恐贼氛又肆，则等候稽延，竣事无日。卑府等（敝局）当因传饬各起，有愿于停绳期内冒暑赶丈者，准将该起七月份薪工支给。传饬去后，各该起奋勉图功，咸愿及时赶丈，于停绳期内照常办事，直至六月二十日以后，将全荒一律丈毕，先后收绳。当此草深虻起溽暑逼人之际，各该起四出绳丈，早作夜归，实属异常辛苦。既已先期藏事，即先期开支，于局费毫无所捐。而早日竣事，早日裁起，其免大局之糜费者，所省尤多。卑（敝）局因将七月份，各起员司、书役应支薪工、车价银两，一体支给，以示体恤而励勤劳。除丈务已竣，将各起裁撤暨酌裁随局员司，另文具报并分行（呈报督宪鉴核）外，理合（相应）备文呈报（移行）。为此，呈报宪台鉴核，伏乞（合移贵局，请烦查照）照呈指示施行。须至呈、移者。

右呈、移军督部堂廷、蒙荒总局。光绪三十一年六月二十五日。

批　　呈悉。该局于照章停内督饬各起员司、书役将全荒一律丈毕，先后收绳。办理深中窍要。所请将七月份各起员司、书役应领薪水、车价银两，一律支给，以示体恤而励勤劳，应即照准。候饬粮饷处暨蒙荒省局知照。缴。

为具报续募马队六十名所赁房租价银数目呈请备案由

全、局衔　　为呈报、移行事　　窃卑（案照敝）局到荒具报租赁局房，并另租房屋以作巡捕队一哨住处，以及嗣后续募护局马队亦须租房居住。应请援照札萨克图行局成案，按月支销汇报等情，业经呈蒙宪台（督宪）批准在案。所有护局马队，于三十年十月十五日募成一哨起饷，于三十一年五月初一日募成半哨起饷，均经先后呈报（宪台）督宪鉴核，亦在案。查该队一哨有半，常川驻荒，自应援照办理租房居住，以免借居民房，致有滋扰。前经租赁平房七间，以住续募之一哨，于三十年十月十五日起租，计每月租价银十二两六钱。复租平房四间，以住后募之半哨，于三十一年五月十五日起租，计每月租价银六两四钱。除遵照按月支销汇总册报外，理合（相应）备文呈报（移行）。为此，呈请宪台鉴核，伏乞照呈备案（合移贵局，请烦查照）施行。须至呈、移者。

右呈、移军督部堂廷、蒙荒总局。光绪三十一年七月初十日。

批　如呈备案。迅将花名清册造报。候饬蒙荒总局知照。缴。

右哨哨长贾占一为禀报获解盗犯二名并拿获情形由

具禀。右哨哨长贾占一为获解盗犯事　窃职在色公旗界刘家窝堡屯住札，于本月十四日忽闻隐隐炮声，即与队兵带军装出屯观望。遥见有骑马二人，背枪一杆，外跨一马，由高家窝堡道跑来，相离渐近，该盗瞥见官兵，将枪抛在高粮地内。职等看见，疑为盗匪，持枪奔打。该盗不敢遽逃，充作好人，诡言行路者。职见其形迹诡异，仔细盘诘，该盗等词穷，尽吐实情。自言系盗首大德字匪党：一绰号长要，年三十九岁，骑全鞍红骟马；一绰号日红，年十九岁，骑全鞍黑骒马。又言盗首共五名，一名大德字、一名海龙、一名天下好、一名打五城、一名海胜，率盗党一百三十余名，适被外队用炮打散。职问明后，由高粮地找出开斯枪一杆，遂将该盗枪、马、衣物等件，开列赃单，一齐解案。计抄堂批一份。

批　讯、据供认，均系盗首大德字匪，屡次强抢、绑人、捐银，并拒敌官兵不讳。应即取详供，备文移送洮南府法办。随获马匹、枪械、零星赃物等件，留营变价，充赏可也。

移为拿获盗犯二名解交洮南府讯办由

局衔　　为移送事　案据敝局右哨哨长贾占一禀称"八月初八日抱马吐蒙人报称，盗首海字、打五城等率大股匪党在辛家窝屯抢掳。职即带全队与蒙兵十五名，同赴该屯剿捕贼匪"等情，具禀去后。旋据该哨长禀称"本月十四日，忽听北方隐隐炮声，即与队兵携带军装出屯观望。遥见有骑马二人，背枪一杆，外跨一马，由高家窝堡道跑来。相离渐近，该匪瞥见官兵，将枪抛在高粮地内。职等看见，疑为盗匪，持枪奔打。该匪不敢遽逃，声言行路。职等见其形迹诡异，即带防所盘诘，委系大德字匪党，被洋兵打散。一名焦万荣，绰号长要；一名张子英，绰号日红。开列赃单，随将该二犯一并解案"等情，将人犯、枪、马等项禀送前来。敝局即时提讯，据该二犯等供认，均系盗首大德字伙匪，屡次强抢，并拒敌官兵不讳，案无遁饰。除禀报督宪鉴核，并将该犯枪械留营备用，以及马匹、零星赃物等项，留营变价充赏外，合将盗犯长耍即焦万荣、日红即张子英二名，并抄录原禀暨全案、赃单、供招，备文移送。为此，合移贵府，请烦查照验收，讯办见复施行。须至移者。

计移送盗犯焦万荣绰号长耍、张子英绰号日红。

右移洮南府正堂田。光绪三十一年八月十八日。

呈为拿获胡匪二名移交洮南府讯办具报请核由

全、局衔　　为呈报、移行事　　窃职（案照敝）局右哨马队，在抱马屯与匪首海字、大德字、打五城等股匪接仗情形，业经呈报（移行）在案。兹于八月十七日，据右哨哨长贾占一回局禀称"职在色公旗界"云云，至"一齐解案"等情，并盗犯二名，枪、马、杂物开单，解送到局。职道等当将犯张子英即日红，焦万荣即长耍提讯，供认均系匪首大德字伙匪，屡次强抢，并拒敌官兵不讳，案无遁饰。除将所获枪支留营备用，将所获赃马赏还前次剿匪打伤马匹之护勇，以及零星物件变卖充赏外，当将该犯张子英即日红、焦万荣即长耍二名，备文移交洮南府验收讯办去讫。除移行总局查照（呈报督宪鉴核）外，理合（相应）备文呈报（移行）。为此，呈请宪台鉴核，伏乞照呈备案（合移贵局请烦查照）施行。须至呈、移者。

右呈、移军督部堂赵、蒙荒总局。光绪三十一年八月二十五日。

批　　获盗张子英、焦万荣二名，既据移送洮南府收讯，候饬该府审拟详办。缴。

督宪札为已丈公荒设立安广县并抄原奏饬知由

札饬事　　照得本军督部堂于光绪三十一年八月十六日，具奏为札萨克镇国公旗荒地将次丈竣，亟宜添设地方官以资治理一折。除俟奉到朱批，再行恭录、饬知外，合行抄奏，札仰该局，即便知照。特札。

计抄奏一件。

右札札萨克镇国公旗蒙荒行局准此。

奏为札萨克镇国公旗荒地将次放竣亟宜添设地方官以资治理恭折仰祈圣鉴事　　窃哲里木盟科尔沁札萨克镇国公旗荒务，经前任将军增祺，派员设局，收价招垦，业将办理情形暨章程各条，先后奏明在案。兹据该局总办、花翎分省遇缺即补道张心田禀称"目下该旗熟地、生荒将次拨丈完竣，民、蒙垦户聚成村落。近来虽属相安，恐垦务告藏，荒局裁撤，其地无官镇摄，难保不滋生事端"等情，禀请核办前来。查该旗荒段南北约长三十里，东西宽约百里。南通吉林之长春府，东连黑龙江新设之大赉厅，西接洮南府，北达公营子，地连三省，四达通衢。自两邻宣战以来，各处避难之民麇聚其间，而盗贼亦因之窃发，亟宜添设正佐地方官，遇有词讼命盗及应办案件，均责成该员经理，庶可裕生聚而兴教育，弭隐患而资拊循。兹拟于该荒段适中之徐家窝堡地方，建为县治。考其地旧为辽之安广军，即名曰安广县。设知县一名，巡检兼管典史事一员，隶洮南府知府管辖。该县民、蒙杂处，政务殷繁。且地当孔道，责成尤重，应请定为冲疲难边要调缺，由外拣补，并请加理事同知衔。巡检兼典史一员，请加六品衔。该正佐等官，均系边地要缺，三年俸满，应请保升。其养廉津贴、俸工役食以及修建衙署、监狱等项，均仿照开通、靖安两县数目，一律发给实银，以资办公。未升科以前，暂由荒价项下动支，统俟起科后，再由地租款内支给。惟该处草莱乍辟，各垦户良莠不齐，加以边地匪徒往来出没，保护弹压须资兵力，即以该局放荒时奏明招募之马队八十名，拨给该县作为捕盗巡警之用，归该县节制、调遣。其薪水、兵饷，均照奉省马队章程开支。如蒙俞允，即由先行派员前往试办。并恳饬部颁铸印信，以昭信守。除分咨查照外，所有蒙荒丈竣，应设正佐各官缘由，理合恭折具奏。伏乞皇太后、皇上圣鉴，训示。谨奏。

督宪札为公荒派员设治已奉朱批饬遵由

恭录札饬事　照得本军督堂于光绪三十一年八月十六日，具奏为札萨克镇国公旗荒地将次放竣，亟宜添设地方官以资治理一折，当经抄奏饬知在案。兹于八月二十九日，奉到朱批："着照所请。该部知道。钦此。"除钦遵并分行外，合行恭录，札仰该局，即便钦遵。特札。

右札镇国公旗蒙荒行局准此。光绪三十一年九月初三日。

禀为代陈会办拟请销差给假实在情形候示祗遵由

总办全衔　谨禀督帅将军钧座前：敬禀者，窃职局会办钟丞，前蒙黑龙江将军程咨调赴江差遣等因。经宪台以荒务收款之际，未便遽易生手，咨复江省，并札职局遵照等因，奉此。查该员请假赴江等情，业自专禀具陈矣。职道与该员既共事一局，其不得不往江省，以免失信于人，情形亦系实在。盖程帅往在江省，职道等亦属同舟。此次程帅到任，百度维新，需人孔急，由去年迄今，屡欲在职局调用多人，公牍私函不下十余次，职道未敢擅允。惟该员早蒙招致，故允于差竣前往。前接来函云，将该会办作为到江人员，咨部立案等语。在该员既已有言在先，程帅又为咨部，亦属势难中止。且为大局起见，奉省、江省彼此何分，江省乏员亦宪怀之所注系。现在荒务，业经归结，报竣有期，该会办尚无经手未完事件，合无仰恳宪台，俯准该员所请，销差给假之处，出自宪裁。所有会办钟丞请假各缘由，合肃禀陈。须至禀者。光绪三十一年十月二十二日。

会禀股匪碍难招抚情形由

批　呈及禀单，均悉。招抚一层，已于会禀内批示矣。仰即知照。缴。

呈为遵募护局马队一哨册报请核由

批　呈及另禀，均悉。查该局所募马队，现既不敷差遣，尽可不拘汉、蒙，设法续行募练，以期荒务早竣，仰即遵照，候饬省局知照。缴。册存。七月初七日。

禀为练长王占元力战身亡恳恩奖恤由

批　禀悉。该处草莱乍辟，教育未兴，竟有深明大义之会长王占元，率众助官兵剿贼，奋勇捐躯，既堪嘉尚，尤为悯恻。王占元及死事之会勇三名，均照章给予恤银。并俟汇案奏恤其子王宪廷，能继父志，准如所请，赏给五品蓝翎，以示鼓励。阵亡会勇，系何姓名，王占元有无功名，均着造册报查。候饬财政局、营务处、蒙荒行局知照。缴。奖札随发。十月二十三日。

呈为领户自放镇基并报效银两由

批　呈悉。各段采放镇基，修筑土圩，既可防盗御侮，而于生聚、教养大有关系，最为经邦定邑之要。该道等能见及此，殊属可喜。所请报效银两，另款存储，弥经费不足，尚属以公济公，准如所请办理。候饬蒙荒省局知照。缴。十月二十三日。

呈为王鸿逵逾限不缴荒价移送洮南府看管由

批　如呈办理。缴。十月二十三日。

呈为拿获胡匪王振山移交洮南府讯办由

批　据呈已悉。仰候札饬洮南府提犯严审确情，录供详办。缴。十月二十三日。

管票委员郭桂五、司事李树梅谨禀总、会办大人钧座前：敬禀者，窃职等均系吉林赫尔苏门边台人。俱由附生投效奉省，于光绪二十八年蒙札萨克图蒙荒行局司书差使。嗣因垦务出力，职桂五蒙保不论双单月尽先选用府经历；职树梅蒙保不论双单月尽先选用县丞。经部核准具奏，奉旨："依议，钦此。"均奉到行知各在案。职等拟俟此次差竣，赴部候选，或捐分发省分，暨将来诣部验看，必须取具本旗图片。奈籍隶边台，向无旗佐。本省既无旗佐，更何从而得京旗图片。查吉林台站之人，向亦因无旗佐送考，仅得与本省汉军旗人一同考取生员，未能恭应乡试。自光绪十五年间，经前任吉林将军侯希奏准，台站贡、监生员，由汉军鸟枪营八旗掣签送考，一经中式即将该举人本身一支，拨归送考之旗，编入档册，一体当差应试。职桂五胞兄举人郭星五，即于辛卯科中式，当经拨入鸟枪营镶黄旗，有案可查。伏思科名与保举虽有正途、劳绩之分，至于服官从政与国家宣力则一，且同属台人中举既准入旗，则奖叙之员当同一体。是以吁恳转为禀恳督宪，逾格恩施，俯准咨行吉林将军衙门，可否援照边台中举入旗之例，将职等拨入鸟枪营旗下，则永戴生成大德无极矣。理合据实禀恳，伏乞宪鉴，恩准施行。职桂五、树梅谨禀。

光绪三十一年十月十五日。

批　禀悉。仰候据情转呈，请咨可也。

禀为府经历郭桂五等请拨入鸟枪营据情转禀由

总、会办全衔　谨禀督宪将军麾下：敬禀者，窃职道等现据职局管票委员、选用府经历郭桂五，司事、选用县丞李树梅禀称："窃职等均系吉林赫尔苏门边台人。俱由附生投效奉省，于光绪二十八年蒙派札萨克图蒙荒行局司书差使。嗣因垦务出力，职桂五蒙保不论双单月尽先选用府经历；职树梅蒙保不论双单月尽先选用县丞。经部核准具奏，奉旨：依议，钦此。均奉到行知各在案。职等拟俟此次差竣，赴部候选，必须取具本旗图片。奈籍隶边台，向无旗佐。本省既无旗佐，更何从而得京旗图片。查吉林台站之人，向亦因无旗佐送考，仅得与本省汉军旗人，一同考取生员，未能恭应乡试。自光绪十五年间，经前任吉林将军希　奏准，台站贡、监生员，由汉军鸟枪营八旗掣签送考，一经中式即将该举人本身一支拨归送考之旗，编入档册，一体当差应试。职桂五胞兄举人郭星五，即于辛卯科中式，当经拨入鸟枪营镶黄旗，有案可查。伏思科名与保举虽有正途、劳绩之分，至于服官从政与国家宣力则一，且同属台人中举既准入旗，则奖叙之员当同一体。是以吁恳转为禀恳督宪，逾格恩施，俯准咨行吉林将军衙门，可否援照边台中举入旗之例，将职等拨入鸟枪营旗下，俾蒙保人员得有出身自效之路"等情，据此。职道等伏查本年九月间署吉林将军富　片奏，因伊通边门所属候选教谕、恩贡生何械朴等，于庚子变乱倡办乡团出力，援照前宁夏将军穆图善将台站领催张恒在军营立功，注入汉军册档成案，请将恩贡生何械朴等拨入鸟枪营。钦奉朱批：该部知道。钦此。钦遵在案。该员等荒徼从公，不无微劳足录，而籍隶边台，竟至旗、民两无所归，永无出仕之日，未免向隅。所请拨旗一节，既有成案可援，可否仰邀宪恩，俯赐咨行吉林将军衙门，查核具奏，请将选用府经历郭桂五、选用县丞李树梅，援案拨入吉林鸟枪营汉军旗档充差，以昭激劝之处，出自宪裁。理合据情转禀，伏候批示遵行。须至禀者。

光绪三十一年十一月初一日。

批　禀悉。仰候据情咨明吉林将军查核办理。缴。初二日。

禀为革员连奎恳乞声叙被参原案据情转请恳恩代奏由

全衔　谨禀督宪将军座前：敬禀者，窃据职局七起监绳委员、已革防御连奎声称："前于丈放东流围荒地亩在事出力案内，蒙前军督宪增　奏请开复原官，于光绪三十一年三月二十八日奉旨'交部议奏,钦此'。是年六月十六日，经兵部议奏。本日奉旨:依议。钦此。八月二十七日接奉督宪札开:准兵部咨开:丈放东流围荒地亩在事出力，请奖各员单内，计开已革防御连奎，请开复原官。查该员系获咎人员，应令该将军声叙被参原案，奏明请旨，再行核议等因，奉此。遵将被参缘由，并经刑部讯结各原案，恭录呈请转详前来。"查核革员被参案内，系与该胞叔分争家产启衅，并非因公获咎。经刑部讯结案内，该革员仅只随同争论，亦非实有殴伤胞叔情事，情罪似属较轻，可否声叙奏明，以示体恤之处，出自宪裁。理合据情转禀，并附呈原案，恳乞俯赐鉴核，伏候批示遵行。须至禀者。

光绪三十一年十二月十三日。

批　据禀已悉。仰候咨明兵部查照。缴。原案清单存送。十八日。

二起委员吉芳呈请回旗当差候选由

二起监绳委员吉芳谨禀总办大人阁下：　敬禀者，窃委员于光绪二十七年投效奉天，迭蒙前督宪增　札派蒙荒监绳委员差使。现在差竣，拟回旗当差候选。仰恳宪台恩准，转请督宪咨回都京正蓝旗满洲都统衙门斌启佐领下，俾委员在旗当差候选，实为德便。理合具禀，伏乞宪台鉴核，批示遵行。须至禀者。

光绪三十一年十二月二十日。

批　禀悉。仰候据情转详。缴。二十二日。

呈为二起委员吉芳恳请咨回本旗候选由

全衔　为呈请事　案照职局二起监绳委员、升用主事、即选笔帖式吉芳呈称"窃委员于光绪二十七年投效奉天，迭蒙前军督宪增　札派蒙荒监绳委员差使。现在差竣，拟回旗当差候选。仰恳转请督宪咨回都京正蓝旗满洲都统衙门，俾得归斌启佐领下，当差候选"等情，据此。查该员所禀委系实在情形，且经手亦无未完事件。理合据情，备文转呈。为此，呈请宪台鉴核，伏乞照呈给咨施行。须至呈者。

右呈军督部堂赵。光绪三十一年十二月二十二日。

批　据呈已悉。仰候给咨。缴。十二日。

全衔　谨禀督宪将军座前:敬禀者，窃职道前据七起监绳委员、已革防御连奎声称:前于丈放东流围荒报竣案内，在事出力，蒙前宪增　奏保开复原官。嗣准兵部议覆，行令声叙被参原案。于八月二十七日接奉宪台札饬，恳请转详声叙前来。当由职道据情禀恳宪恩，代为奏明声叙。嗣奉宪批"据禀已悉。仰候咨明兵部查照。缴。原案清单存送"等因,奉此。饬知该员已自莫名钦感。兹复据该员声请,前奉行知内开,准部议计开:"该员系获咎人员,应由该将军声叙被参原案,奏明请旨再行核议。"既系行令请旨核议之件,恐非具奏声明该部不为核议。查该员前于东流围荒,在事出力,已有微劳。此次充当职局七起监绳差使,于外队、胡匪扰攘之间,督率司书冒险行丈,不辞劳瘁,洁己奉公,比于各起中异常出力者,实不多让。只以未经开复,不获邀恩奖励,未免向隅。查该员被参原案虽重,而刑部讯结情节较轻。是以不揣冒昧,再恳宪恩俯念该员数年辛苦、两次劳绩,可否准为附奏声叙被参原案,俾得开复原官之处,出自恩施。职道为策励人才起见,是否有当,理合据情禀恳。伏候批示施行。须至禀者。光绪三十二年正月十三日。

批 该革员连奎,系因兄弟谋夺祖产,殴伤胞叔。经密云副都统奉请革职,交刑部讯办,旋经刑部讯明,实系无心误伤,奏请革职免议。嗣因在东流案内出力,经前军督部堂增 奏请开复原官。准部议行令声叙原案,并据该道禀恳,已十二月据情咨复在案。所请附奏开复之处,碍难准行。此缴。十七日。

札为郭桂五等呈请入旗已准吉林将军咨复照准饬知由

军督部堂赵 为札饬事 案准吉林将军衙门咨开:兵司案呈,案准盛京军督部堂赵 咨开:案据总办科尔沁札萨克镇国公旗蒙荒行局留奉补用道张心田等禀称窃职道等现据职局管票委员、选用府经历郭桂五,司事、选用县丞李树梅禀称:窃职等均系吉林赫尔苏门边台人,俱由附生投效奉省,于光绪二十八年蒙派札萨克图蒙荒行局司书差使。嗣因垦务出力,职桂五蒙保不论双单月尽先选用府经历;职树梅蒙保不论双单月尽先选用县丞。经部核准具奏,奉旨:"依议。钦此。"均奉到行知各在案。职等拟俟此次差竣,赴部候选,必须取具本旗图片。奈籍隶边台,向无旗佐。本省既无旗佐,更何从而得京旗图片。查吉林台站之人,向亦因无旗佐送考,仅(得)与本省汉军旗人一同考取生员,未能恭应乡试。自光绪十五年间,经前任吉林将军希 奏准,台站贡、监生员,由汉军鸟枪营八旗掣签送考,一经中式,即将该举人本身一支拨归送考之旗,编入档册,一体当差应试。职桂五胞兄举人郭星五,即于辛卯科中式,当经拨入鸟枪营镶黄旗,有案可查。伏思科名与保举虽有正途、劳绩之分,至于服官从政与国家宣力则一,且同属台人中举既准入旗,则奖叙之员当同一体。是以吁恳转为禀恳督宪逾格恩施,俯准咨行吉林将军衙门,可否援照边台中举入旗之例,将职等拨入鸟枪营旗下,俾蒙保人员得有出身自效之路'等情,据此。职道等伏查本年九月间,署吉林将军富 片奏,因伊通边门所属候选教谕恩贡生何械朴等,于庚子变乱,倡办乡团出力,援照前宁夏将军穆图善将台站领催张恒在军营立功，注入汉军册档成案，请将恩贡生何械朴等，拨入鸟枪营。钦奉朱批：'该部知道。钦此。'钦遵在案。该员等荒徼从公，不无微劳足录，而籍隶边台，竟至旗、民两无所归，永无出仕之日，未免向隅。所请拨旗一节，既有成案可援，可否仰邀宪恩，俯赐咨行吉林将军衙门，查核具奏，请将选用府经历郭桂五、选用县丞李树梅，援案拨入吉林鸟枪营汉军旗档充差，以昭激劝之处，出自宪裁。理合据情转禀，伏候批示遵行"等情，据此。除禀批示外，相应抄批咨明。为此，合咨贵将军，请烦查照核办，见复施行等因，准此。除札饬鸟枪营参领遵照，即将郭桂五、李树梅等支身户口拨入该营充差外，相应呈请咨复。为此，合资军督部堂查照可也，等因，准此。合行札饬，札到该局，即便分饬该员郭桂五、李树梅一体知照。此札。右札图什业图蒙荒行局，准此。

注：是文为张心田于光绪三十一年十一月一日任镇国公旗蒙荒行局总办时禀请之案，三十二年七月四日经吉林将军等周转才批复下来，张心田已调任图什业图蒙荒行局总办，故此札下达至图什业图蒙荒行局。

札为郭桂五等呈恳入旗已奉札照准转饬知照由

前公旗局衔　　为札饬事　　照得本局前经据情呈请，将管票委员郭桂五等咨行吉林，拨入旗籍一案。于光绪三十二年七月初四日，接奉军督宪札开"案准吉林将军衙门咨开"云云，特札，等因，奉此。合亟札仰各该员，即便遵照。为此，特札。

右札仰管票委员选用府经历郭桂五、司事选用县丞李树梅遵此。光绪三十二年七月初七日。

禀为蒙荒报竣恳将该镇国公及蒙员等奏请奖叙由

全衔　　谨禀督帅将军钧座前：敬禀者，窃查札萨克图蒙荒成案，除荒地正价以一半提充报效外，所有上、中两等加价银两，则全数拨归蒙旗。至此次开办公旗蒙荒，职道等首与该公商订办法，拟无论正价、加价，统以一半提充报效。该公深明大义，慨允输将。其急公奉上之忱，实出札萨克图郡王之上。查札萨克图报竣时，蒙前任督宪增　奏将该郡王革职留任处分，开复在案。且各处蒙荒尚拟续办，正资观感，合无仰恳宪台援案将该镇国公附片，请旨如何加恩，以示优异而励将来。以及该旗协理台吉吉克吉特加卜、图们吉尔嘎勒二员，夹干尺布彦托克他虎一员，与职道等商办一切，均能合衷及帮督绳弓，亦均不辞劳怨。所有在事人员既拟仰邀保奖，该三员事同一律。职道等未敢没其微劳，但该协理等均系蒙员，实无可保衔职。可否仰恳宪台，将该协理台吉二员、夹干尺一员，附案奏请赏戴花翎，以资鼓舞之处，出自宪裁。须至禀者。职道、卑职谨禀。光绪三十一年十一月初六日。

批　禀悉。候报竣时，查核办理。缴。十二月初三日。

札为奏奖镇国公协理台吉等一折奉朱批由

军督部堂赵　为恭录札饬事　照得本军督部堂，于光绪三十二年正月二十日，附片"奏为札萨克镇国公拉什敏珠尔，暨协理台吉等，于此次放荒劝办之初，慨然允许由官招垦，并报效所得地价之半，实属深明大义。自应仰恳天恩给予奖叙，以示鼓励"等因一片。兹于二月初八日，奉到朱批："该衙门议奏，钦此。"除钦遵并分行外，合行抄粘原片、恭录札饬。为此，札仰该局，即便钦遵。特札。　　　右抄片一件。

右札办理札萨克镇国公旗蒙荒行局准此。光绪三十二年二月十二日。

再查此次公旗放荒，该札萨克镇国公拉什敏珠尔暨协理台吉土门吉尔噶勒、吉克济特札卜等，于劝办之初，慨然允许由官招垦，实属深明大义，迥非故步自封者可比。旋以地多沙碛，续请展放地段，计广百里、袤百有三十里。迄今设立安广县治，农商安集乐利可期，足以仰副朝廷固圉实边之至意。县以时事艰难，需款孔亟，愿将所得地价之半报效国家，迹其好义急公，输忱效顺，尤足为各蒙旗之观感。此次荒务，并由该公暨台吉等恪守章程，与局员和衷商办，故能迅速竣事，自应仰恳天恩，给予奖叙，以示鼓励。惟查御前行走哲里木盟科尔沁札萨克镇国公拉什敏珠尔，爵分较崇，应如何奖励，出自圣裁，非所敢擅拟。其协理台吉土门吉尔噶勒、吉克济特札卜二员，管旗章京卜彦托克他虎一员，系属蒙官，无升阶可保，拟请赏戴花翎，以昭激劝。除咨理藩院查照外，理合附片具陈。伏乞圣鉴，训示。谨奏。

札派佐委员赴铁岭传饬领户鸣銮堂执事人等来省缴款由

局衔　为札饬事　照得本局现经报竣，所有各户欠款，均须一律补交清结，以便汇齐报解。查鸣銮堂包领荒地应交价款，除已交不计外，下欠银叁万捌千捌百捌十捌两三钱捌分一厘二毫，为款甚巨。现当督辕暨财政局屡催缴解，何容稍事延迟。合亟札派佐委员东都，飞速前往铁岭守候，传饬该执事人刘振英、彭福造，迅即来省清缴欠款，勿得再容支吾。为此，札饬。札到该员，即便遵照，飞速前往传饬。切须平心抑气，勿得办理不善。切切。特札。

右札仰佐委员东都准此。光绪三十一年十二月九日。

札饬谢委员赴铁岭督催鸣銮堂清缴欠价由

局衔　为札饬事　照得局务告竣，所有各户欠款应即归结。屡奉军督宪并财政总局催饬本局，不得不将领户鸣銮堂所欠款项，缮单呈报督辕，声明开印,并二月初间两次缴清。事关官款,自应严饬该领户速即备款,随同去员来省,照本局所报限期清结。合亟札派谢令汉章,前往督催。为此,札仰该委员,即便遵照。迅将鸣銮堂欠户催饬来省,以清款目,毋任延宕,致干送究。切切。特札。

右札谢委员汉章准此。光绪三十二年正月初八日。

谕局队传鸣銮堂执事人来局缴价由

前局衔　　为谕传事　　照得领户鸣銮堂欠缴本局荒价,为款甚巨,屡催未缴,实系玩延。应即派差至安广县境内荒段,务将该领户荒内执事人彭福造、张姓饬传来局,以凭严追,不准抗延。该差亦不得稍有勒索,致干未便。切切。特谕。

右谕什长贾维翰、队兵周耀武遵此。光绪三十二年三月二十七日。

札铁岭县就近催令领户鸣銮堂来荒缴款由

总办全衔　　为札饬事　　照得本总办去岁出放镇国公旗荒时,领户鸣銮堂即铁岭县在籍庶吉士张成栋,报领荒地尚欠价银贰万陆千余两,屡催未缴。现在回籍葬亲,据称在籍存有现款,约定准于闰四月初十日来局清缴。查该户欠款甚巨,本局立待清结,万难再缓。兹派本局委员候选府经历佐东都,前往守候催提。如欠款不能交清,即饬佐委员携同该领户来局,以便赶紧催追。倘该户临时交款不齐,或有意图避匿,不肯一同来局情事,诚恐委员呼应不灵,应请该县就近设法催令该户随同去员来荒。事关公款,不可任令支吾远去,致再拖延。除札饬佐委员遵照外,合亟札仰该县查照办理。为此,特札。

右札仰铁岭县准此。光绪三十二年四月二十五日。

札派佐委员赴铁岭守催鸣銮堂缴款由

前局衔　　为札派催提事　　照得领户鸣銮堂即铁岭在籍庶吉士张成栋,共计欠缴荒价银贰万陆千肆百零陆两伍钱伍分壹厘贰毫,欠交票费中钱柒百捌十捌吊叁百陆拾文。前准据该户到局面称,请容回籍营葬,并在籍存有现款,准于闰四月初十日来局清缴。当即札派佐委员东都,前往守候催提,以便届时清缴。倘该户措缴不齐,务即携同来局,以凭严追。如该户不任携同来荒,或察其有意借端远避,应亟会同铁岭县就近拦阻,务使来荒,是为切要。倘有徇纵,致令人款均不能到,定为该员是问。除札饬铁岭县遵照外,合行札派。札到,该员仰即遵照,迅速前往,认真办理。切切。特札。

右札仰选用府经历佐委员东都准此。光绪三十二年四月二十五日。

呈为拿获胡匪一名移交洮南府讯办具报请核由

全衔　　为呈报、移行事　　窃职(案照敞)局现据荒段练总王占元禀称"六月间，闻有匪首海字率众入境绑掠，当即带队前往剿捕，该匪闻风西遁。是日有匪党胜字，骑病红马来会，声言讨饭。练总见其形迹可疑，遂致盘诘，委系海字党羽，来会侦探。当经录记该犯草供，将该犯一并解案请办"等情，具禀解送前来。职（敝）局即时提讯，据该犯胜字即王振山供认，投入海字股内强抢不讳，并曾看守王永才等绑票十人等语。当将前次被绑赎出之王永才及曾往赎票之董喜燕等二名传案，当堂认明，该犯看票属实，该犯亦无狡展。查盗犯胜字即王振山，以海字匪伙，在股看票。现因打探被拿，复经被绑赎出之王永才等认明属实，该匪亦供认不讳，案无遁饰。除将该犯骑马一匹充赏拿匪之会总，并饬被绑人王永才、赎票人董燕喜，到洮南府候传外，当将盗犯胜字即王振山一名，备文移交洮南府验收讯办去讫。除移行总局查照（呈报督宪鉴核）外，理合备文移行（呈报）。为此，呈请宪台鉴核，伏乞照呈，备案（合移贵总局，请烦查照）施行。须至呈、移者。

右呈、移军督部堂赵、蒙荒总局。光绪三十一年七月十一日。

批　据呈已悉。仰候札饬洮南府提犯研审确情，录供详办。缴。二十一日。

呈报领户报失信票查实补发取保存案由

全、局衔　为呈报、移行事　窃（案）据领户邹连才、刘宽、王德林、吕振祥等前后呈称"在公旗领买生、熟荒地，业已赴局交价领取信票。不意于八月间，忽有胡匪一百余人，来住处肆行搜掠，遂将小的信票抢去。实出无奈，是以来局，呈恳续发"等情，据此。职道等（敝局）查核所呈属实，当即取具各该户切实图书、铺保存局备案。准其续领，并将原票牌示作废，补行掣发信票去讫。除将该领户失落信票及职（敝）局补发信票花名、号头、垧数开单外，理合（相应）备文呈报（移文）。为此，呈请宪台鉴核（合移贵局，请烦查照）施行，须至呈、移者。

右呈军督部堂赵。光绪三十一年十月三十日。

批　呈悉。领户邹连才等丢失信票，既据查明取具保结补发，准予备案。候饬洮南府知照。缴。单抄发。初二日。

商务局移行开用关防日期由

商务总局　为移知事　光绪三十一年九月二十九日奉军督部堂札开"照得商务为富强之基础。现经朝廷特设商部联络各省，振兴考究商情，日有起色。奉省地大物博，值此和议告成之际，商埠未辟之先，亟宜遇事考求，广为劝导。应于省城设立商务总局，以开风气，而资联络"等因，并刊发关防，札交前来。兹遵于十月初十日设局，开用关防，以昭信守。除呈报分饬外，相应移知贵局，请烦查照。须至移者。

右移札萨克公旗蒙荒总行局。光绪三十一年十月十三日。

呈、移为丈放城基方数号户花名册报请核由

总、会办全衔　　为呈报、移行事　　窃卑（案照敝）局开办公旗荒务，在界内徐家窝棚地方采定城基一处，已将圈丈基址，于订拟办理蒙荒章程第五条内，业经绘图贴说，呈报督宪在案。兹该城基业已丈放完竣，所有官留大小街巷、垣壕、庙地、衙署占用地基一十二万六千零九十丈方。五十七号占用地基六十七万二千一百二十丈方。地基七十九万八千二百一十丈方，合地一千一百零八百坰六亩二分五厘。除移行总局查照（呈报）外，理合（相应）将花户姓名、号次、宽长丈数，以及官留街巷、庙地、衙署、垣壕各项丈数，绘图造册，备文呈报（移行）。为此，呈报宪台鉴核，伏乞备案（合移贵总局，请烦查照）施行。须至呈、移者。

计呈、移清册一本、图一份、附禀一份。

右呈、移将军廷、蒙荒省局。光绪三十一年六月二十日。

敬附禀者，窃查此项城基所留小街，均宽三丈。卑局去年呈拟章程，附呈城基图说，误以三丈为四丈，理合声明更正，以免歧异。须至附禀者。

批　呈及另禀，均悉。缴。图册存。初一日。

呈为丈放镇基方数号户花名册报请核由

总、会办全衔　　为呈报、移行事　　窃卑（案照敝）局开办公旗荒务，在公府附近六家子地方，采定镇基一处，已将圈基址，于订拟办理蒙荒章程第五条内，声叙绘图、贴说，呈报督宪在案。兹该镇基业已丈放完竣，所有官留大小街巷、庙基、垣壕、衙署，占用地基九万一千七百八十二丈方。花户三百二十一号，占用地基四十八万二千四百丈方。通共占用地基五十七万四千一百八十二丈方，合地七百九十七坰四亩七分五厘。除移行总局查照（呈报）外，理合（相应）将花户姓名、号次、宽长丈数以及官留街巷、庙基、衙署、垣壕各项丈数，绘图造册，备文呈报（移行）。为此，呈请宪台鉴核，伏乞备案（合移贵总局，请烦查照）施行。须至呈、移者。计呈清册一本、图一份。

右呈军督部堂赵、荒总局。光绪三十一年六月二十日。

批　据呈已悉。缴。图册存。初一日。

禀为成案基租过重拟请核减奏明立案由

总、会办全衔　　谨禀督宪将军麾下：敬禀者，窃职道等出放札萨克公旗城、镇街基各一处，业经另文呈报在案。查职道前放札萨克图荒段时丈放洮南一府两县街基三处，未及拟定街基租赋即因公晋省，后经署总办福龄，拟订基租，无论大小街巷，每一方丈按年交纳中钱三十文，系略仿黑龙江省东城壕定租章程办理。职道等现经承办公旗荒务，又采定徐家窝堡城基一处，公营子镇基一处，亦应援案拟订基租。惟查初辟草莱兴通匪易，大街巷若统照每一方丈收中钱三十文，计七百二十方丈为一垧，则每垧合收中钱二十一吊六百文，较之地租每垧多至三十二倍有余，未免过重。若出之富商大贾，尚易完纳。至于僻巷小户，实属力有不逮。并访证洮南、靖安、开通三处街内商民，亦均以基租过重为虑。前奉部咨，以此项基租每方丈征中钱三十文，比较海龙城每三十丈征东钱三千文孰盈孰绌等因。由札萨克图行局呈复，照市价以钱合银计算，核与海龙城无甚盈绌等语，呈蒙前督宪增　复在案。查此处地属边荒，较之海龙城人烟稠密之处，迥不相侔。则基租亦应照海龙城量为核减，方为持平。所有此次丈放公旗城、镇各基，尚未兴修，深恐铺商望而裹足。似应稍事变通，以纾民力。应征基租拟分三等，头等砖瓦房，二等砖墙草房，三等土平房，照等递减，核收租赋。如此酌盈剂虚，庶足以昭平允而广招徕。至应如何更正，核减定价，应请宪台鉴夺，或先行奏明立案，或札饬该地方官，俟六年升科以前，酌度情形，妥拟详细章程，禀请核办。再洮南一府两县，街基各一处，均未及升科年份，且与公旗紧相毗连，事同一律，可否并案变通核减，统候宪台鉴裁施行，理合具禀。须至禀者。光绪三十一年十月三十日。

敬再禀者，窃前禀内称中钱，系洮南行使之市钱，俗称京钱。每中钱一千，合足数制钱五百文。中钱三十文，即制钱十五文也，合并声明。须至禀者。

批　禀已悉。查街基每一方丈收租三十文，既系京钱，并不为多，且经奏咨有案，未便再事更张，所请应毋庸议。缴。初一日。

呈为护局马队移交安广县并截止薪饷日期由

局衔　为移交事　案奉督宪札行，奏为公旗荒地报竣亟宜设官一折内开"该局放荒时，奏明招募马队，拨给该县作为捕盗巡警之用，归该县节制、调遣"等因，奉此。现在贵县业经抵荒，敝局亦拟刻期回省。所有马队除由敝局将薪饷发放至冬月底截止外，兹于光绪三十一年十一月遵将该队原募一哨、续募半哨，共六十名，全数拨交贵县。所有该哨自十二月以后，薪饷应由贵县发放，以清界限。除呈报督宪鉴核暨分移外，相应造册，备文移交。为此，合移贵县，请烦点验照收，见复施行。再此项马队，除续募半哨枪马俱全外，所有原募一哨，均系有马无枪，由敝局商借荒境大户看家枪械，权为使用，准于报竣时发还，前经声报督辕有案。现在敝局荒竣回省，均经发还各户去讫。合行叙明。须至移者。计清册二本。

右移安广县正堂。光绪三十一年十一月十一日。

呈为具报职局护勇马队移交安广县并截止薪饷日期由

全衔　　为呈报、移行事　　窃（案）奉宪台督宪札行,奏为公旗荒地报竣,亟宜设官一折内开"该局放荒时,奏明招募马队,拨给该县作为捕盗巡警之用,归该县节制、调遣"等因,奉此。现在安广县设治委员孙丞自镕,业经抵荒,职（敝）局亦拟撤回。所有职（敝）局护勇马队,原募一哨,续募半哨,除由职（敝）局将薪饷发放至十一月底截止外,兹于光绪三十一年十一月十六日将该队全数拨交该县点验照收讫。所有该队十二月以后薪饷,应由该县发放,以清界限。除分移总局查照（呈报督宪鉴核暨分移）外,理合（相应）备文呈报（移行）。为此,呈请宪台鉴核,伏乞照呈备案（合移贵局请烦查照）施行。再此项马队,除续募半哨枪马俱全外,所有原募一哨,均系有马无枪。由职（敝）局商借荒境大户看家枪械,权为使用。准于报竣时发还,前经声报宪辕（督宪）有案。现在职（敝）局荒竣回省,均经发还各户去讫。合并（行）声明（叙）。须至呈、移者。

右呈、移军督部堂赵、蒙荒省局。光绪三十一年十一月十一日。

批　　呈已悉。仰候分行知照。缴。初二日。

移复事　　十一月十六日,准贵局移文内开"案奉督宪札行,奏为公旗荒地报竣亟宜设官一折内开:该局放荒时,奏明招募马队,拨给该县作为捕盗巡警之用,归该县节制、调遣等因,奉此。现在贵县业经抵荒,敝局亦拟刻期回省。所有马队除由敝局将薪饷发放至冬月底截止外,兹于光绪三十一年十一月,遵将该队原募一哨,续募半哨,共六十名,全数拨交贵县。所有该哨自十二月以后薪饷应由贵县发放,以清界限。除呈报督宪鉴核暨分移行,相应造册备文移交。为此,合移贵县。请烦点验照收,见复施行。再此项马队,除续募半哨枪马俱全外,所有原募一哨,均系有马无枪。由敝局商借荒境大户看家枪械,权为使用,准于放竣时发还,前经声报督辕有案。现在敝局荒竣回省,均经发还各户去讫。合行叙明"等因,准此。敝县当于十七日按册点验照收讫。除另文呈报军督宪鉴核暨分呈外,相应备文移复。为此,合移贵局,请烦查照施行。须至移者。

右移札萨克镇国公旗蒙荒行局。光绪三十一年十一月二十一日。

呈为具报将局存抬枪移交安广县并筹还原款由

全、（局）衔　　为呈报、移付事　　窃（案）查职（敝）局于光绪三十年十月,由省赴荒抵辽源,探闻匪警,定造洋抬枪四杆,续造二杆,先由职（敝）局局款垫银发价,拟嗣后另行筹补等情,先后禀报宪台（督宪）在案。

查此项抬枪由局款垫付，价银计九十二两一钱二分，如何归补，现尚无款可筹。且职（敝）局荒竣回省，枪归无用。现在既将马队遵饬安广县（饬贵县）接管去讫，兹由职局（敝局）与该（贵）县商酌，将此项抬枪一并移交该（贵）县接收备用。其由局垫价银九十二两一钱二分，应由该（贵）县如数拨交职（敝）局，以便归补原款。除将抬枪六杆专队赍交该（贵）县，俟收到价银，再行具报并移行总局查照（呈报督宪鉴核）外，理合（相应）备文呈报（移行、移付）。为此，呈请宪台鉴核，伏乞照呈备案（合移贵县，请烦验收、补价、见复）施行。须至呈、移者。

右呈、移军督部堂赵、蒙荒总局、安广县正堂。光绪三十一年十一月十一日。

批　呈已悉。候饬安广县如数拨补，并饬军火处知照。缴。初二日。

移复事　十一月十六日准贵局移文内开"案查敝局于光绪三十年十月，由省赴荒行抵辽源，探闻匪警，定造洋抬枪四杆，续造二杆。先由敝局局款垫银发价，拟嗣后另行筹补等情，先后禀报宪在案。查此项抬枪由局款垫付价银计九十二两一钱二分，如何归补，现尚无款可筹。且敝局荒竣回省，枪归无用。现在既将马队遵饬拨交贵县接管去讫，兹由敝局与贵县商酌，将此项抬枪一并移交贵县接收备用。其由局垫价银九十二两一钱二分，应由贵县如数拨交敝局，以便归补原款。除将抬枪六杆专队赍交贵县，俟收到价银，再行具报并呈报督宪鉴核外，相应备文移付，验收、补价、见复施行"等因，准此。兹于二十一日据该马队巡长等，送到抬枪六杆，如数验收讫。惟价银须呈请军督宪批，由何项拨交，再行移拨，相应备文移复。为此，合移贵局，请烦查照施行。须至移者。

右移札萨克镇国公旗蒙荒行局。光绪三十一年十一月二十一日。

札饬事　案奉军督宪批：据安广县呈，准蒙荒行局移交抬枪六杆，枪价无款可筹，请饬蒙荒局作正开销一案。奉批"呈悉。仰财政总局核饬遵照。缴"等因，奉此。本总查安广县治初设，地面不靖，所交抬枪六杆，应准留用，以资防缉。原置枪价银九十二两一钱二分，即由该局于征起荒价内动支，作正开销。除札饬该县遵照外，合亟札饬。札到，该局即便遵照。此札。

右札札萨克镇国公旗蒙荒行局准此。光绪三十一年十二月二十八日。

为咨会事　案奉军督宪批：据安广县呈，准蒙荒局移交马队十二月份薪饷银两，无款可垫，请查核指拨一案。奉批"呈折均悉。此项马队前经本军督部堂奏明，俟蒙荒放竣，行局裁撤，即归该县节制、调遣。薪饷照奉省向章开支，已奉谕旨允准在案。现在蒙荒行局虽拟撤回，尚未将裁撤日期报部。所有该队十二月份应领饷银，应仍归该行局就近发放。自明年正月起，按月赴省请领，以清界限，仰财政总局分行遵照。缴"等因，奉此，除分行外，相应咨会贵局，烦将十二月份薪饷，照数拨发施行。须至咨者。

右咨札萨克蒙荒行局。光绪三十二年正月十一日。

呈为奉拨安广县十二月份马队薪饷照数划拨请归财政总局核销由

全、局衔　为呈报、咨、移行事　窃职局准财政总局咨（案照、案查敝局准贵局咨、财政总局咨）开"案奉军督宪批，据安广县呈，准蒙荒局移交马队，十二月份薪饷银两无款可垫，请查核指拨一案。奉批'呈折均悉。此项马队前经本军督部堂奏明，俟蒙荒放竣行局裁撤，即归该县节制、调遣。薪饷照奉省向章开支，已奉谕旨允准在案。现在蒙荒行局虽拟撤回，尚未将裁撤日期报部。所有该队十二月份应领饷银，应仍归该行局就近发放。自明年正月起，按月赴省请领，以清界限。仰财政总局分行遵照。缴'等因，奉此。除分行外，相应咨会贵局，烦将十二月份薪饷照数拨发"等因，准此。查职（敝）局支销各款，业于光绪三十一年十一月底禀明截止，汇造清册，呈送宪（督）辕在案。今又奉拨安广县十二月份薪饷，计马队一哨半，每月需银四百八十两正，自应遵照由职（敝）局所储应交正价项下照数划拨，作为职（敝）局解款。缘职（敝）局马队销册业已造齐，至十一月底一律截止，呈请报部，未便改造。将来核销此款，既作职（敝）局已解之项，应请由财政总局（归贵局、归财政总局）照例办理，俾免牵混。除咨行财政总局查照并移安广县具领外，理合（呈报督辕鉴核并咨行财政总局查照外，相应）备文呈报（咨、移行）。为此，呈请宪台鉴核，伏乞照呈批示（合咨、移贵总局、县，请烦查照、具领）施行。须至呈、咨、移者。

右呈、咨、移将军赵、财政总局、安广县。光绪三十二年正月十九日。

咨行事　案奉军督宪批：据贵局呈，奉拨安广县十二月份马队薪饷银四百八十两，已由收存正价项下，照数发讫。惟局内支销各款，业已禀明截止。应将此项银两作为解款，以免牵混，应饬财政总局核办一案。奉批"仰财政总局，查核办理行知。缴"等因，奉此。并准贵局咨同前因，准此。敝局覆查无异，应即照办。除由局划收清款，并饬安广县补送印领备案外，相应咨行贵局，请烦查照可也。须至咨者。

右咨札萨克公旗蒙荒行局。光绪三十二年二月二十一日。

移领事　案奉财政总局札开"为札饬事，案奉军督宪批，据该县呈，准蒙荒局移交马队十二月份薪饷银两无款可垫，请查核指拨一案。奉批'呈折均悉。此项马队，前经本军督部堂奏明，俟蒙荒行竣，行局裁撤，即归该县节制、调遣。薪饷照奉省向章开支，已奉谕旨允准在案。现在蒙荒行局虽拟撤回，尚未将裁撤日期报部。所有该队十二月份应领饷银，应仍归该行局就近发放。自明年正月起，按月赴省请领，以清界限。仰财政总局分行遵照。缴'等因，奉此。除咨行外，合亟札饬。札到，该县即便遵照，将十二月份薪饷，均数赴蒙荒局领回散放具报。此札"等因，奉此。刻搁饷过久，弁兵悬望孔殷，相应遵将三十一年十二月大建一月饷项数目，抄粘原折，缮具印领。派帮带兼右哨正巡长吴把总文魁，前往承领回县，以便散放具报。为此，备文移请贵总局，希即查照，迅赐核发施行。须至移者。

计抄粘饷折乙件，附印领乙纸。

右移札萨克镇国公旗蒙荒行局。光绪三十二年正月二十六日。

移复事　案准贵局移开"为移行事，案查敝局准财政总局咨开，案'奉军督宪批：据安广县呈，准蒙荒局移交马队十二月份薪饷银两无款可垫，请查核指拨一案。奉批：呈折均悉。此项马队，前经本军督部堂奏明，俟蒙荒放竣，行局裁撤，即归该县节制、调遣。薪饷照奉省向章开支，已奉谕旨允准在案。现在蒙荒行局虽拟撤回，尚未将裁撤日期报部。所有该队十二月份应领饷银，应仍归该行局就近发放。自明年正月起，按月赴省请领，以清界限。仰财政总局分行遵照。缴'等因，奉此。除分行外，相应咨会贵局，烦将十二月份薪饷照数拨发"等因，准此。查敝局支销各款，业于光绪三十一年十一月底禀明截止，汇造清册，呈送督辕在案。今又奉拨安广县十二月份大建薪饷，计马队一哨半每月需银四百八十两正，自应遵照由敝局所储应交正价项下照数划拨，作为敝局解款。缘敝局马队销册，业已造齐，至十一月底一律截止，呈请报部，未便改造。将来核销此款，统作敝局已解之项。应请归财政总局照例办理，俾免牵混。除呈报督宪鉴核并咨行财政总局查照外，相应备文移行。为此，合移贵局，请烦查收见复施行，计交沈平银四百八十两整等因，准此。兹已缮具印领，如数收到。除呈报财政总局鉴核外，相应备文移复。为此，合移贵局，请烦查照施行。　须至移者。

右移札萨克镇国公旗蒙荒行局。光绪三十二年三月初九日。

为据安广县呈请饬发荒地图册咨会查照饬送由

咨会事　据试办安广县设治委员孙自镕呈称"窃卑县于二月初五日，奉到正月十三日札发誊黄二十道，并饬迅将应豁光绪三十年及以前节年民欠各项粮租，查明某年实欠在民者若干，分年、分项造具豁免册结各三份，限文到五日内径送来局，以便汇核办理。如无民欠，亦即依限具复，切勿迟延。仍先将收到誊黄日期及贴过处所，呈报查核"等因，奉此。查卑县于三十一年九月十七日，始奉军督宪札委，试办设治事宜。卑职于十月二十八日始行抵县境任事，生、熟地亩图册，至今尚未准蒙荒行局移交到县，并未开征，亦无民欠。理合依限具复，并将收到誊黄日期及贴过处所，备文呈报，伏乞查核施行"等情，据此。相应咨会贵局，烦即查照，希将丈放生、熟地亩图册，饬发该县，以便届时启征，一面仍移知敝局查照，望速施行。须至咨者。

右（咨）札萨克镇国公蒙荒行局。光绪三十二年三月十四日。

公旗局衔　　为咨复事　　案准贵总局咨开：据试办安广县设治委员孙自镕呈，奉到誊黄，饬将应豁光绪三十年并节年民欠粮租，分晰造具豁免册结，送局汇核。经该县呈于十月二十八日抵县任事，生、熟地亩图册至今尚未准蒙荒行局移交到县，并未开征，亦无民欠等情，具复贵局转咨敝局，将丈放生、熟地亩图册，饬发该县，以便届时启征，准此。查该县于三十一年十月二十八日抵县任事，敝局系于十一月十六日始行报竣，晋省办理核销。十二月二十九日，将造齐全荒图册四份，呈送督辕请核。三十二年二月初一日，准督辕文案处发交盖印图册，并咨、札各文，属烦转发。当由敝局检查咨送公旗图册暨札交安广县图册各一份，携带回荒，业经饬差分投。所有代交安广县图册各一份，业已交讫，相应备文咨复。为此，合咨贵总局，请烦查照施行。须至咨者。　　右咨奏办奉天财政总局。光绪三十二年四月初七日。

咨请将洮南一府两县划拨兵饷成案咨复由

咨行事　　案奉军督宪札开"案据科尔沁札萨克公旗蒙荒行局总办张道心田呈称：'窃职局现当竣事，所有应行造报图册各件，均经先后呈报在案。兹查国家与蒙旗应得各款，除已经解拨册报外，计现存未解、未拨各款，均应缮单注明，陆续清厘。除应拨交蒙旗正价、余款两项，由职道商允该印军等，以年前道路戒严，领户不得携交现款，均经交到怀德、农安等处号商，银条须展至今春，由洮街号商变通兑使，再行拨交该旗下。余欠解国家应分正价经费、杂款各项银两，因有铁岭领户张鸣銮欠价未交，约于开印后，并二月初间两次交清。查职道此次带同员司、书役等，在省办理核销，均已停支薪水，应需办公伙食一切，当经禀蒙宪台照准，在于余款项下开支。现在局务清结，员司等各无所事，办公伙食未便久糜。第职局尚有移交地方官案卷、图册，并拨蒙旗款时，应取具该旗印文，呈报均须钤用关防，未便即时清缴。查前札萨克图成案，于报竣后，所有未尽事宜，并催缴各户尾欠，曾经请将行局关防移交设治地方官接理。职局现当竣事，应请仿照前案，所有行局关防，并催缴尾欠各事，可否移交地方官。抑或待图什业图蒙荒委有专局，即归并该局兼理。倘蒙宪台核准，俟奉批到日，即行移交关防，并截止办公伙食等项。至于尾欠催缴，无论何时，倘有舛错，仍系职道之责，断不敢以交卸关防，因循推诿。所有行局事竣，应请移交关防缘由，理合备文呈报。为此，呈请宪台鉴核，伏乞批示施行'等情，据此。除批示呈悉，现查图什业图荒地，仍拟奏派该道接续丈放。所有镇国公旗放荒关防，既有款目未清，及移交册籍等事，仍着该道收掌。俟一切清理就绪，再行呈缴。另单，洮南一府二县，应拨兵饷多少，并如何办法，候饬财政总局酌夺办理。缴印发外，合行抄单，札仰该局，遵即酌夺办理。特札。计抄附禀清单"等因，奉此。敝局查洮南府捕盗营兵饷，自光绪三十年十一月初一日起，至三十一年十二月底止，共应领银一万五千五百五十七两零四分六厘六毫七丝三忽五微。靖安县自三十年十月二十三日起，至三十一年十二月底止，共应领银五千四百五十四两七钱六分。开通县自三十年十月二十三日起，至三十一年十二月底止，共应领银五千四百五十四两七钱六分。以上一府两县，共应领捕盗营兵饷银二万六千四百六十六两五钱六分六厘六毫七丝三忽五微。惟是否均由札萨克镇国公旗荒价项下拨给，贵局必有案据。应请查明拨过成案，就近划拨清款，并咨复敝局备查。相应咨行贵局，请烦查照办理可也。须至咨者。

右咨札萨克公旗蒙荒行局总办张。光绪三十二年闰四月初七日。

为洮南一府两县并无由局拨过兵饷成案咨复财政局知照由

公旗局衔　为咨复事　案准贵局咨开"洮南一府两县捕盗营兵饷，是否均由札萨克镇国公旗荒价项下拨给，贵局必有案据。应请查明拨过成案，就近划拨清款"等因，准此。查洮南一府，靖、开两县，兵饷向未由敝局公旗荒价项下划拨。只上年十一月二十七日，敝局因奉到督宪专札，该府、县兵饷一时不敷支放，饬由敝局公旗荒价项下就近指拨。当经具禀请示数目，嗣奉宪批，候饬财政总局酌夺办理。因未准贵局咨复，随将报效国家正款陆续解清，故未及候拨此饷。所以，敝局自荒务开办以来，并无拨过洮南一府、靖、开两县兵饷成案，相应备文咨复。为此，合咨贵总局，请烦查照施行。须至咨者。

右咨奏办奉天财政总局。光绪三十二年闰四月二十三日。

札为准户部咨行令将地租基租升科年份仍酌中定拟声复由

札饬事　案准户部咨开"山东司案呈，本部会议复盛京将军赵　奏镇国公蒙旗垦务告竣，每年应得地租基租归该公等各半均分等因一折。光绪三十二年三月二十四日具奏，本日奉旨：'依议。钦此。'相应抄录原奏，恭录谕旨，飞咨遵照可也"等因，准此。除分行外，合行抄单札仰该局，遵照部指各节，迅速查明声复，以凭核咨。毋延。特札。

计抄单一件。

右札仰札萨克镇国公旗蒙荒行局准此。光绪三十二年四月十五日。

恭录札饬事　　照得本军督部堂于光绪三十二年正月二十日，附奏：为留奉补用道张心田，熟悉蒙情，历办各蒙旗荒地，劳绩卓著。仰恳天恩，俯准赏加二品衔，以示鼓励等因一片。兹于二月初八日，奉到朱批："着照所请。该部知道。钦此。"除钦遵并分行外，合行抄粘原片，恭录札饬。为此，札仰该局，即便钦遵。特札。

计抄片一件。

右札办理札萨克镇国公旗蒙荒行局准此。光绪三十二年二月十二日。

奏为遵旨筹办蒙荒现将图什业图地方劝办就绪请援案派员收价丈放恭折仰祈圣鉴事　　窃承准军机大臣字寄，光绪三十一年十一月二十五日奉上谕"程德全奏'时机危迫，亟宜开通各蒙一折'据称：'蒙古各盟世为北边屏蔽，承平日久习于便安。比年时局变迁，亟宜设法经营，以资控制。'所陈垦务各节，不为无见，着该亲王、理藩院及各将军、都统、督抚等，各就地方情形，妥筹办理，详晰具奏等因，钦此"。遵旨寄信前来。伏查内外蒙古延袤数千余里，臣服二百余年，实为边陲屏蔽。惟以地居瘠苦，民习愚顽，逼近强邻，势取利诱，诚属岌岌可危。该将军所陈深中肯綮，于护山西巡抚时，虑及于此。故于所陈统筹本计条内，即以开垦东三省、内外蒙古、西藏、青海闲荒各地为请。到奉后，汲汲图办，惟日不遑。惟是奉北各蒙，如札萨克图王旗、镇国公旗各荒，业已先后开放，设官分治，渐著成效。当复逐加谘访，尽力图维。查悉图什业图王旗地段尚可开放，当即备具札谕，饬派办理科尔沁札萨克镇国公旗蒙荒行局总办、留奉补用道张心田，就近亲往劝办。兹据呈称"自委员到旗后，该图什业图亲王，当与协理印务台吉官员及旗众人等，商议妥协。愿将该旗东界闲荒一段，北至茂土等山，南至得力四台、巴冷西拉等处，南北长三百六十里，东西宽四十里，划作出放荒界，约计毛荒六十四万八千垧。其中有台壮庐墓、垣寝等项留界，仍在该旗南段闲荒添补足数。遵照历办成案，将所收荒价，以一半报效国家"等情，并据札萨克和硕图什业图亲王业喜海顺，出具印文呈请前来。查实边固圉，利用厚生，以出放蒙荒为上策。况泰西各国富强之图，亦莫不以辟土、殖民为第一要务。该亲王业喜海顺并旗众人等深明大义。该旗坐落奉天省北，东与札萨克图王旗接界，西南与达尔罕王旗接界，北与乌主穆沁王旗接界。地方荒僻，亟应遴员丈放，以实边徼。留奉补用道张心田，前办札萨克图王旗、镇国公旗蒙荒，办理颇称得力，应即派为该行局总办。饬令先赴该旗，划定界址，一面派员分设局所择期开办，一切章程按照前办札萨克图成案办理。如有应行变通之处，再行查酌情形，随时奏请立案。此外，如查有可以开放之处，亦即陆续派员分别劝办。除合咨

蒙荒案卷

查照外，所有筹开蒙旗荒地，援案派员收价丈放缘由，理合恭折具陈。伏乞皇太后、皇上圣鉴，训示。谨奏。

再查蒙古各旗，自庚子以来，列强环伺。现筹未雨绸缪之策，惟有将各旗荒地次第开垦，增设民官，藉图补救。留奉补用道张心田，于蒙地情形最为熟悉，历办札萨克图王旗、镇国公旗各荒，颇称得力。此次，劝开图什业图荒地，该旗人等始甚疑阻，经该道感以国恩，晓以大义，惕以时势，开诚布公，剀切劝导，方能就范。现在奏请饬派该员，前往丈放。惟蒙旗风气未开，识见狭隘，台吉人等，自以品位崇高，于外来人员常多藐视，办理一切诸形棘手。该员本系卓著劳绩，合无仰恳天恩，将留奉补用道张心田赏加二品衔，俾蒙旗人等知所尊重，于筹办垦务殊有裨益。是否有当，理合附片具陈。伏乞圣鉴训示。谨奏。

恭录札饬事　　照得本军督部堂于光绪三十二年正月二十日具奏，为遵旨筹办蒙荒现将图什业图地方劝办就绪，请援案派员收价丈放等因一折，当经抄奏，饬知在案。兹于二月初八日，奉到朱批："着照所请。该衙门知道。钦此"。除钦遵并分行外，合行恭录。札仰该局，即便钦遵。特札。

右札札萨克镇国公旗蒙荒行局准此。光绪三十二年二月十二日。

札饬事　　照得本军督部堂前以筹办蒙荒，现将图什业图地方劝办就绪，请派员收价丈放等情，当经奏奉朱批照准在案，自应派员前往办理。查有花翎留奉补用道张道心田，熟悉情形，堪以派为该行局总办。并刊就木质关防一颗，文曰"奏办图什业图王旗蒙荒行局关防"，随文饬发，以昭信守。其一切应办事宜，即仿照札萨克图蒙荒章程办理。如有应行变通之处，亦即酌量拟定，呈候核夺。务期尽善无弊，是为至要。除分行外，合行札饬，札到该局，即便遵照。特札。

右札办理科尔沁札萨克镇国公旗蒙荒行局准此。光绪三十二年二月十二日。

札饬事　　照得本军督部堂于光绪三十一年十二月十四日具奏，为奉天筹办善后事宜渐有成效数端大概情形一折。于十二月三十日奉到朱批："着即认真筹办，切实经理，务收成效。钦此。"除分行外，合行粘刷原奏，恭录朱批札饬。札到该局，即便知照。此札。

计粘刷印原奏一纸。

右札蒙荒垦务行局准此。

奏为筹办奉天善后事宜谨将可冀成效者数端、渐有端绪者数端、正在筹议整顿扩充者数端大概情形，恭折具陈，仰祈圣鉴事。　　窃查奉省自甲午多事以来，官诎于交涉而内政不修，民苦于兵戎而本业坐废。旗蒙瘵，盗贼杂糅，受病之深，既危且迫。渥蒙恩遇，畀以事权，受任数月以来，忧惧辄废寝食。伏思以积弱难为之地，为两雄争胜之场，若束手待时，则振兴无日。若任情施设，则牵掣横生。不得不审度重轻，分别先后，择其不骇民听，无碍邦交者，逐渐举办。现幸日俄和议告成，事局渐臻安定。兹就已办各事，为我皇太后、皇上试约略陈之。一曰税务，奉省厘抽数甚轻，而名目极杂，如牛、马、土药、盐、酒等等，向例视为优差。任意侵蚀，考核极疏，甚至不缴联票，莫可根究。自夏间整顿，首重得人，次改章法，宗旨在不加商民剔除中饱。行之数月，统核通省收数盈绌牵计，几于加往年一倍。一曰荒政，奉省土厚民良，每遇偏灾，向系格外蠲恤。惟近年战地左近，受害较深。前曾奏明广办冬赈，近日筹计各属放给棉衣、粮石及粥厂，资遣各务均已完备。现已筹及明年正、二、三月各路春赈及散放牛只、籽种，酌筹毁屋价值各款，均已备齐。一曰学务，省城近年虽设有学堂，终以民智未开，学费难集，未能收效。此次抵奉，以广立小学为宗旨。现计省城已立警务学、陆军小学、师范学、普通学、中小学、蒙学、旗学、女学、半夜半日学堂十处。省外各属，如奉、锦、新、昌各府所属所立学堂，多略具规模，尚称合格。此外，各属报立学堂者亦复不少。已分派委员，前往各属有学堂者详加考验；无者，分别催办、劝办。新任东三省学臣李家驹，现已到任，熟谙学务，考究精勤，将来必可庠序日增，启迪日广。一曰警务，卫民之政首重警察。惟创办之初，求效颇苦。盖民智未开难于约束，地面未交难于扩充，商贾不盛难于筹费。于是不惜巨款，于警务学堂内多挑学生，坚定举办。由城而乡，推行各属。并饬卫生所筹备医药，购制各种车辆、马、骡，以清街道。近幸省城商民咸知受益，四乡各镇一律风从。昨又饬购枪械，以后警丁军容当益壮盛。一曰缉捕，奉省胡匪糅于农民，剿之则似无大股，稍懈则触处扰民。更值和议未定之际，既不便旦暮练兵，又岂望朝夕尽贼。不得已，于现有之队，授以方略，奖以重资，探其已聚集之处，迅即扫灭。其余零星，则责成州、县巡警，随时捕捉。现于北路昌、洮一带，无外兵驻扎之所，节次痛剿，总不使贼有大股联络。商路已渐通畅，仍饬管队刻刻警备。以上数端，皆可冀成效者也。奉省吏治，近年外牵交涉之难，内苦摊捐支应之巨，积渐成习。为牧令者，谨慎自持，已称罕觏，尽心民事，更属难求。窃维参劾，所以治标，裁摊捐、加津贴、省供支者，所以治本。奉治顽弊，必须合本末兼治。前次严劾之后，僚吏风尚已渐转移。刻又赶办裁摊捐各事，以苏官累。其他禁门丁、禁私押、禁积案，皆不时明查暗访，以祛积习。察看情形，各地方官迫于稽考之严，仍已渐趋整饬，仍当严加绳督。

如查有败检不职者，即应随时严参，不敢稍涉宽纵。直隶所办法政学堂，所以造就通达吏才，亦饬仿照开办。营务积弊，亦深几致难于收拾。数月以来，先将旧有防勇设法归并，划分八路。每路五营，慎选营员，筹加饷项。如朱庆澜、吴俊升等所统营队，尚称竭力剿贼。此外各营，亦渐知军律，不致如前之扰民庇匪，肆无忌惮。以上数端，皆办理略有端绪者也。至整理诸务，首在更定官制。现已参酌中外办法，并饬议曾广铨条陈，拟设二、三、四品次官数员，分判诸局，而汇总于军督公署。地方官，则令尽心裁判。其巡警、粮税，则别设专员。外商诸事，则分立诸曹。寓乡社于巡警，选士商而讲议。总期使民职以分而举，民治以渐而修。开导士绅使知新政，培护商富使知德意。庶可破从前之窠臼，新以后之规模。惟肇端宏大，条目繁多，容当详酌妥筹，再行具奏。保商之政，现筹办者，如开设官银号以维圜法，考求渔业以固海权，修筑省城马路、电灯，以便商旅。又如轮船，亦输运之大端，奉省以外海言，则有营口、大东沟诸商埠；以内河言，则有辽河、嫩江诸巨川。拟合官商之力，设立轮船公司，驶行外海、内河，以兴航业。现已博加考察，广劝商富，一俟议有端倪，即当迅速开办。农垦为本利大端，业将清理内地垦务，勘放蒙荒，振兴农政办法，另行奏报。征兵一事，最关重要。奉省民风强劲，不患无可征之兵。现虽未便即时征练，业饬于各属举办，乡镇巡警，多挑本籍壮丁，约以练兵新格，届时举办，即可按籍征选，成军不难。又奉省旗丁均属土著，将来亦须按格编练，以振戎备。以上数端，皆正在筹议、整顿扩充者也。奉省款项过绌，局势过艰，唯有因时因地，黾勉以图。其立有基础者固当克竟前功，其稍涉烦难者亦必坚忍求济，冀以仰纾朝廷东顾之虑。所有筹办善后各事宜大概情形，理合恭折具陈。伏乞皇太后、皇上圣鉴，训示。谨奏。

咨督宪具奏筹办奉省垦务奉到朱批由

咨行事　光绪三十一年十二月二十六日，奉军督宪札开"为恭录札饬事，照得本军督部堂于光绪三十一年十二月初七日具奏，为筹办奉省垦务敬陈办理大概并勘放蒙荒振兴农政情形等因一折，当经抄奏，饬知在案。兹于十二月二十三日，奉到朱批：'着即认真办理，以期渐收实效。钦此。'除钦遵并分行外，合行恭录，札仰该局，即便钦遵。特札"等因，奉此。查此案前蒙督宪抄奏饬知，业经敝局分别咨行，遵照在案。兹奉前因，除钦遵并分别咨行外，相应咨会贵局，烦即查照，分饬所属，一体钦遵施行。须至咨者。

右咨科尔沁札萨克图镇国公旗蒙荒行局。光绪三十二年正月十一日。

奏为筹办奉省垦务敬陈办理大概并勘放蒙荒振兴农政情形恭折，仰祈圣鉴事。　本年十一月二十日，钦奉电传谕旨："奉天垦务事宜，着赵尔巽妥筹办理等因，钦此。"遵将接管垦务日期，电奏在案。查振兴本利，必以农垦为大端。奉省近年内，则办大凌河，东、西流水诸荒外，则办科尔沁札萨克图、镇国公两蒙荒，非特荒租等项，供救匮之急需；且殖民实边，尤固圉之长策。前垦务大臣廷杰，拟办清理地亩，及丈放锦州河淤等地二十二处，均经先后会同奏邀圣鉴。现将奉省垦务通筹办法：一曰先办锦属官庄。奉省现垦各项地亩，有隶围牧者、有系王公勋旧庄厂者、有系八旗官地及民人产业者。国初拨放多崇宽大，后来占辟胶葛日多。现欲一律清厘，断非急切所能竣事。且官中文册，经廷杰前调查京外各署者，尚未齐全。民间契据、文凭，更多散失迷幻。惟廷杰前奏户部、内务府庄头等地，积弊日深，自应及早清厘，以裕经赋。现清厘各项地亩，即先从此入手，一切办法，如有应按原奏酌量变通者，随时奏咨办理。俟该处管粮庄头等地办清，再推及他处。一曰丈放锦属海退、河淤及各处滋生地亩。前已会同廷杰将该二十二处奏请全数丈放，以杜侵欺而恤兵艰。数月以来，各委员绳丈所报，尚不及十分之一。拟饬赶于明年春耕以前，逐一丈清，以正经界而浚饷源。此外，如查有各处滋生荒熟之地，亦饬一律丈办。一曰勘办蒙荒。奉天蒙荒，除已放各旗外，未放之以科尔沁右翼图什业图旗为最巨。于九月间，即饬前办札萨克图等旗蒙荒之道员张心田，驰往该旗，妥为劝办。现据报，该旗亲王业喜海顺、协理印务台吉德里克尼玛率同全旗官员等，愿将东界闲荒出放，北自茂改吐等山，南至德勒四台、巴冷西拉等处。南北长三百六十里，东西宽一百四十里，计得毛荒六十四万八千垧。现议富强蒙部，自必以放荒为先。而各旗台壮，向食其利者又多摇惑，各王公以阻挠放荒为得计。该蒙旗经劝谕开导，即肯呈报大段闲荒，为各旗提倡，允称忠于为国。已札行嘉勉，拟另行具奏请旨奖励，并将丈放该荒详细章程，分别奏咨。其由辽源州至新设洮南府界，中更科尔沁左翼达尔罕王旗地二百余里，皆系荒地，并无旅店、民户，于接递文报，查缉盗贼、惠恤商旅，均多阻碍。拟饬该旗将此段荒地报放，或酌放道旁站地，期以联昌、洮之形势，收戢匪安民之效。札萨克图旗，亦查有可续放荒段。他若傅多勒噶台各王旗，并饬查明，如有闲荒，分别劝办，以浚利源。一曰振兴农政。奉省天府上腴，内地北省多有不及，而治田无法，穰歉听天。坐拥东西辽河、大凌河诸川，竟无涓滴水利。窃谓如采用各国机器治田，及内地引渠灌地诸法，相度土宜，加意经理，总可使收获加丰，旱荒有备。现已派委妥员，随同出洋考察政治大臣，于赴欧美之便，询访农功，考查机器，以资试验。并饬各属，先就小河支水试办凿渠诸法，统俟办理有效，再行上陈。现在时局日艰，民生重困，图富之计，切于图强。就奉事论农垦诸端，尤为当务之急。唯有详加体察，殚力经营，冀获得尺得寸之功，上副朝廷重农利民之本意。所有筹办大概情形，理合恭折具陈。伏乞皇太后、皇上圣鉴，示训。谨奏。

禀为遵札议复郭尔罗斯台吉通匪等情妥拟办法由

军督部堂赵　　　为札饬事　　　案据试办安广县设治委员孙守自镕禀称"敬禀者，天德、达五城等股贼，虽经击散，遗尸沿途，而大小头目十八名，除大青衣、青林二名击毙外，未知有无在遗尸之内者，莫由辨认。现又据报，有绰号单闯、穿地龙者，分帮窜扰，来去飘忽游击。俄兵暨卑县巡查之队，每闻贼耗驰至，即不见踪影。往往兵来贼去，兵去贼来，积贼伎俩狡猾已极。然远不出西至达尔罕，近不出南之鄂尔罗斯、东之札赉特，为奔匿渊薮。此三蒙荒，如达尔罕、鄂尔罗斯未放者若不速放，札赉特已放未竣者若不及时报竣，微特卑县无安堵之一日，恐洮南一府三县，将长同域外之乡。前马贼、客军交相为患，比客军之患稍减而马贼之患转深。凡大小车往还辽源州、新城、卜魁，非结伴数十，护兵数十，无敢首途。垦户居者既有戒心，行者益形裹足。千里间上下公文，亦动阅数旬不能达。办理农务、商务，移种运货，一切兴利要政，诸多窒碍，皆该荒集盗，有以阻之。夫止沸必先抽薪，救汛必急决壅。该三蒙荒，皆群贼之薪与壅也。辟其土而实以良善，分其疆而治以官司，并认真查户口编保甲，使贼无可隐藏、无可捐抢之地，是即抽薪、决壅之法。无论贼如何狡猾，久当不戢自清矣。上月卑职在洮郡与张道心田尝晤谈及此，张道云：业经恳切具禀，伏乞宪台亟商吉林、黑龙江两省将军早为之谋，居民幸甚，商旅幸甚。又查鄂尔罗斯台吉图们图、胎木太等通贼图肥，外匪、土匪均倚该台吉等为奥援，平日专接济匪党子弹，诸匪见仗即奔彼处携取，匪语谓之'上材料'。附近蒙人众口一词，必有确据。且该台吉等，初八夜带通事向俄弁为贼缓颊，阻兵追击，其通匪无疑。胎木太复带蒙兵领俄兵至卑县班家高窝棚团练会，搜括练勇枪弹，指为土匪。经卑职与俄弁拉地少夫力争，始将练勇枪弹交还。当查尚短快枪、洋炮四杆，子弹二千余颗，并抢去该练长王占东及屯民宝银一大锭，银洋钱帖二百余吊，首饰衣物八十余件。询之俄弁云：有蒙兵在内，俄兵均未见各物，则俄兵所为，亦该台吉嗾使无疑。该台吉等逼处南邻，实为地方巨害，一日不除，地方即一日不获安静。惟事属蒙藩，又系隔省究办，似非容易。拟设法相机捕治，以祛民患而快众心。合并禀明，伏乞核示遵行"等情，据此。除批示另禀所陈台吉情形，实属穷凶极恶。惟事属蒙藩，且系隔省剿办，诚非容易。究应如何办理，仰候札饬张道心田妥议办法，详复核夺，再行饬遵外，合行札仰该道，即便遵照。

特札。

右札蒙荒行局总办张道心田准此。光绪三十二年正月十五日。

全衔　　谨禀督宪将军麾下：敬禀者，窃职道接奉宪札内开"试办安广县设治委员孙丞自镕禀称'郭尔罗斯台吉图们图、胎木太等通贼，接济子弹，并入安广界内搜括财物'情事。业饬职道妥议办法，详复核夺"等因，奉此。查郭尔罗斯蒙旗台吉图们图、胎木太等假托立会暗通盗匪，遇有行人被劫，而往求该台吉关说，即能将原物掷还。职道向在公旗荒界，即闻其事。此次，该丞复禀报，该台吉等如此行为，其为通匪谅无疑义。向来官军在蒙地拿贼，如经供扳某蒙丁系伙、系窝，或在某蒙人院内缉获真盗，并起有赃物情形确实者，皆由原拿官兵，将牵涉之蒙人，一径严拿解究。此三省办盗通例，毋庸关会该旗。设该蒙实有冤抑，自可由该旗备咨声叙，候讯明或办或释，再覆饬知照。奉省管辖哲里木盟十旗，尤非他处可比，虽事涉蒙藩，又系隔省办理，亦无窒碍。惟查此案接济军火通匪、嗾俄等事，仅属得之传闻；而搜括班家窝堡枪弹与抢王占东及屯民宝银、洋元、衣饰各物，又未抄送事主控呈失单与有真盗供扳，并起有赃物情形确实者有间，自未便派队径行拿办。然既有抢掠之事，而被事者又可指其主名，关系民生安危，亦断难稍事姑容。该旗既署盟长，拟请宪台，一面咨行该盟长公，请其迅提该台吉图们图、胎木太等到府；一面饬下洮南府转饬安广县，取具被扰地方乡民切结，并事主被抢控呈申，由该府备文赴公府关提该犯等到署，秉公详讯，不得稍有偏倚，致令该旗有所借口。如此办理，庶足以服蒙情而安地面。所有职道遵拟办法缘由，是否有当，理合肃禀具陈。须至禀者。光绪三十二年正月二十日。

批　　呈悉。所拟办法，尚属可行。仰候咨行该盟长，迅提该台吉送交洮南府，转饬安广县传集被害事主，亲提研讯，秉公详办。并候饬洮南府遵照。缴。二十二日。

札为准户部咨行令将地租基租升科年份仍酌中定拟声复由

札饬事　　案准户部咨开"山东司案呈，本部会议覆盛京将军赵　奏镇国公蒙旗垦务告竣每年应得地租基租归该公等各半均分等因一折。光绪三十二年三月二十四日具奏，本日奉旨：'依议。钦此。'相应抄录原奏，恭录谕旨，飞咨遵照可也"等因，准此。除分行外，合行抄单札仰该局，遵照部指各节，迅速查明声复，以凭核咨。毋延。特札。

计抄单一件。　　右札札萨克镇国公旗蒙荒行局准此。光绪三十二年四月十五日。

户部等衙门谨奏为遵旨议奏事　　内阁抄出盛京将军赵　奏镇国公蒙旗

垦务告竣该旗每年应得地租基租归该公及台吉等各半自均分等因附片一件，光绪三十二年二月初二日奉朱批："该衙门议奏。钦此。"钦遵到部。据原奏内称：镇国公蒙旗垦务业经告竣，已奏设安广县，以资制理。所有该县地亩岁征租赋，每垧收中钱六百六十文，以二百四十文归公，以四百二十文归蒙旗，统照札萨克图王旗成案办理，均经奏明在案。该县城、镇基各一处，共收基价银五万七千七百二十六两。此项前已奏明，全数拨给该镇国公办公之用。其基租，每年每丈方征租中钱三十文，以十五文为设官经费，十五文为该旗应得之款。至该旗每年每垧应得之地租中钱四百二十文，基租每丈方中钱十五文，亦请援照札萨克图王旗成案，均以一半归该镇国公，以一半归该台吉、壮丁、庙仓人等，按户口数目均均分给，庶可永免争端。应请旨饬下理藩院迅速核议咨复，以便转饬遵守。该县城、镇基各地，本系生荒，仍请六年升科，以示体恤等语。户部查前项地亩每垧收租钱六百六十文。城、镇基每方收租钱三十文，核与办过成案相符。惟该蒙荒生、熟各地，先后升科年份，原奏未据声叙，应令查明，开单报部备核。又城、镇基各地升科年限，前盛京将军增 于丈放札萨克图王旗街基、地亩，奏请六年升科。经臣部查以限期太宽，行令另行酌中定拟，报部核办在案。今镇国公旗城、镇基地与该王旗街基、地亩，事同一律。该将军奏请六年升科，臣部未便议准。应仍令酌中定拟，报部核办，以昭画一。其所称基租征款内以十五文为设官经费，现在设官伊始，暂准照办。所需设官经费若干，应并令迅即查明报部。此后，仍照海龙城等处办法，将基租按年造报存储，以示区别。至称该旗每年应得地租、基租钱文，请照札萨克图王旗成案，均以一半归镇国公，以一半归该台吉等均均分给一节，理藩院查臣院则例内开，科尔沁左翼后札萨克郡王旗昌图额尔克地方所开地亩，每年征收租息，赏给该郡王一半，其余一半照依郭尔罗斯旗种地之例，合计该旗台吉、官员、兵丁、户口数目，均匀赏给。该札萨克及该通判各出具，并无侵蚀，甘结报院。查核其已开四至之外，不准多开一亩，久居之民外，不准增居一民，责成该将军、盟长等一体遵办等语。今该将军奏称："科尔沁镇国公旗荒段放竣，援照札萨克图王旗成案，均分租息数目。"臣等详核，与例相符，自应准如所请。所有臣等遵议缘由，理合恭折具陈。伏乞皇太后、皇上圣鉴。再此系户部主稿，会同理藩院办理，合并声明。谨奏。

为户部令将地基各租升科年份仍酌中定拟奉批咨请咨行由

奏办奉天财政总局　　为咨行事　　光绪三十二年四月十五日，奉军督宪札开"为札饬事。案准户部咨开，山东司案呈，本部会议复盛京将军赵 奏镇国公蒙旗垦务告竣每年应得地租基租归该公等各半均分等因一折，光绪三十二年三月二十四日具奏，本日奉旨：'依议。钦此。'相应抄录原奏，恭录谕旨，飞咨遵照可也，等因，准此。除分行外，合行抄单，札仰该局，即便知照。特札。计抄单一件"等因，奉此。查丈放该公旗地亩升科年份及设官所需经费，敝局并无底案可稽，自应咨行查复，再行核办。除分行外，相应抄单，咨行贵局，烦即查照单开事理，逐一查明，分咨敝局，以便呈请咨复。须至咨者。

右咨札萨克镇国公旗蒙荒行局。光绪三十二年闰四月初二日。

呈为遵札查明部指各节据实声复恭请鉴核由

前局衔　　为呈、咨复事　　窃（案查敝局）于光绪三十二年闰四月初六日，奉宪台札开"案准户部咨开，山东司案呈，本部会议复盛京将军赵　奏镇国公蒙旗垦务告竣每年应得地租基租归该公等各半均分等因一折，光绪三十二年三月二十四日具奏，本日奉旨：'依议。钦此'。相应抄录原奏，恭录谕旨，飞咨遵照可也。等因，准此。除分行外，合行抄单，札仰该局，遵照部指各节，迅速查明声复，以凭核咨"等因，奉此。并准贵总局咨，同前因。遵查部咨原奏内开"该蒙荒生、熟各地，先后升科年份，原奏未据声叙"一节。查职局出放镇国公旗蒙荒，系仿照札萨克图王旗放荒成案办理，熟地于丈放报竣之年起，当年升科；生荒由报竣之年起，六年升科。原定办荒章程列在第一条内，曾于光绪三十年二月二十八日，经前任军督部堂增　奏请饬部立案。查熟地、生荒，均于光绪三十一年冬季报竣，则熟地即于三十一年升科，生荒应于光绪三十六年升科。现除生荒尚未届升科年限，无庸计及，其熟地应于本年即三十一年升科一节，曾由职（敝）局因荒价租赋并征，民力恐有未逮，禀请缓至三十二年夏秋带征，业蒙转饬洮南府，札行安广县遵照在案，此查明声复升科年限之实在情形也。部咨原奏又开：城、镇基各地升科年限，应仍令酌中定拟一节。查蒙荒距省千有余里，荒凉沙漠，夐鲜人烟，放荒之始，所以先行采立城、镇基者，原拟安官设治，逐渐招徕，为将来地方繁盛地步，不但与旧有集镇之处因繁改设者大相悬殊，即与内地所有闲荒，地近通衢，烟户环聚，一经开辟设治，商民立即凑集者，情形亦不相同。即今洮南一府，开通、靖安两县，安官已经年余，仅府城为地方总汇，现有商民、住户，约占全城三分之一。开、靖两县，商户半属初来，转瞬三十四年即应届升科之限，修建固不易齐。至镇国公旗荒段，所采城、镇基各一处，安广县设治甫经半载不过仅有数户，公营子镇基未经建官，仍系一片旷土，至三十六年为升科之限，恐亦未易一律修建也。夫租从户出，户尚未集，租从何征。职（敝）局但司荒务，目前遵奉部示，不难酌中订拟。惟租赋攸关，使订以二三年、三四年，届时仍未能全行征收，地方官将何所措手。此基租升科年限，难再酌中定拟之实在情形也。至如部指基租征款内以十五文为设官经费，所需设官经费若干，并此后仍照海龙城等处办法，将基租按年造报存储一节，职（敝）局无案可查，应请宪台（督宪）饬查核办。所有遵查部指各节，据实声（登）覆之处，理合（相应）备文呈（咨）复。为此，呈请宪台鉴核，咨部（合咨贵总局，请烦查照）施行。须至呈、咨者。

右呈、咨军督部堂赵、奏办奉天财政总局。光绪三十二年闰四月二十二日。

禀为职局司书、弁兵等在次出力恳恩准给咨奖外奖由

全衔　　谨禀督宪将军座前:敬禀者,窃职局荒务报竣,所有在事出力各员,业经择优缮单,呈请保奖在案。查其次出力司书、弁兵等,或在局书算,或随起绳丈,以及护局马队,原借辽源巡队并随时调拨洮南府巡队屡经饬赴荒段,与荒内团练会勇四出剿贼,均能勤奋当差,不无微劳足录。今择其堪列咨奖者十一名,堪列外奖者三十六名,分别缮列清单,合无仰恳恩施,俯赐照准,以示鼓励之处,出自钧裁。所有职局其次出力司书、弁兵等请奖缘由,理合肃禀具陈。伏乞鉴核,批示施行。须至禀者。光绪三十二年正月二十日。

计开:候选府经历司事钟永芳,五品顶戴司事周东杰,尽先选用府经历贴书刘百龄,六品军功司事张春田,六品军功司事王仪清,六品军功贴书庞荫桢,六品军功贴书恩铭,六品军功什长罗钟麟,以上八名,均请赏给五品蓝翎。府经历职衔贴书于桂荣,六品军功什长周喜,什长蒋向阳,蓝旗徐维好,以上四名,均请赏给六品蓝翎。府经历衔司事李怀珍,尽先选用县丞司事董起业,尽先即选巡检贴书李景芳,六品军功贴书刘人浩,六品军功贴书恩荫,什长刘振元,什长姚德全,六品军功正兵佟德祥、王凤林、于受才,什长毛德太,什长贾维翰,以上十二名,均请赏给五品功牌。府经历职衔贴书高凌乔,七品军功俌生、贴书李杏宴,七品军功贴书赵传贤,七品军功贴书于庆澜,七品军功贴书田树春,正兵张德,正兵王海山,正兵花连升,正兵李鸿才,正兵钟琨,正兵田治臣,正兵姜伦,以上十二名,均请赏给六品功牌。

计开:蓝翎五品顶戴李广才,六品军功贾占一,蓝翎五品顶戴方云升,蓝翎五品顶戴姜显昌,蓝翎五品军功舒永胜,蓝翎五品军功董廷汉,五品顶戴姜永德,五品军功高景堂,六品军功孙景海,五品军功赵桂芝,蓝翎五品顶戴魏德元,以上十一名,拟请咨奖以外委尽先拨补。

批　仰候分别咨部,并发给功牌,以示鼓励。缴。单存。二十二日。

禀为洮南府田守帮同照料局所请附案核奖由

敬禀者，窃职局设在洮南府街，边陲远寄，地旷兵单，自春徂秋，马贼肆行窜扰，不徒荒段难于绳丈，即局所亦时切悬心。春、夏间，职道驻荒半载，经试办洮南府设治事宜田守，顾全大局，于保护局所等事，无不竭力图维，帮同照料。每闻荒段告急，立刻派兵会剿，颇壮声援。即职局所拿胡匪暨追比欠价各事，移交该府，悉能和衷共济，畛域无分。查职道等前办札萨克图荒事竣，署理辽源州知州蒋丞文熙，因帮同保护局所，禀蒙前任督宪增　予以奖叙在案。今田守事同一律，职道等不敢没其勤劳，可否附入公旗荒务案内，仰邀恩施，从优奖励之处，出自宪裁。除附呈该守履历一份外，理合具禀，伏候核示遵行。须至禀者。光绪三十一年十一月初四日。

批　仰候汇核办理。缴。十六日。

呈报领户刘振起等报失信票取保补发由

公旗局衔　　为呈报、咨行事　　窃（案）据领户刘振起、刘成举等呈称"前于公旗局内领得上等生荒、熟地，业已照章交价领票在案。兹于光绪三十二年二月初十日，突有胡匪闯入民宅，抢去箱物等件，内有原领信票，一并失落。是以来局呈恳补领"等情，据此。查职敝局剩存信票数目，业经呈报在案。传讯该领户等被抢情形属实，当即取具商户切实图书、保条，准其续领，并将原票牌示作废。即由剩存票内补发正字信票两张、德字信票两张，饬领去讫。兹将该领户等失落信票，并补发信票号次、垧数，缮单恭呈宪鉴（开单咨请查核）。除咨财政总局查照（呈报督宪鉴核）外，理合（相应）备文呈报（咨行）。为此，呈报宪台鉴核（合咨贵总局请烦查照）施行。须至呈、咨者。

附呈清单一份、粘清单一纸。

右呈、咨军督部堂赵、奏办奉天财政总局。

咨为领户刘振起等失落信票取保补发奉批转咨由

奏办奉天财政总局　　为咨行事　　光绪三十年五月初八日，奉军督宪批，贵局呈报领户刘振起等，被盗失落信票，取保补发，开单请查核缘由。奉批"据呈，已悉。仰财政总局移行知照。缴。清单存"等因，奉此。并准贵局咨同前因，相应咨行贵局，烦即查照，须至咨者。右咨科尔沁札萨克镇国公旗蒙荒行局。光绪三十二年五月二十一日。

呈为续解经费银一百六十三两五钱七分恳请饬收由

全、局衔　　为呈报咨行事　　窃职（案照敝）局现将经收经费，续解沈平银一百六十三两五钱七分，随文呈送宪（督）辕。应请宪台（督宪）饬员照数弹收，理合备文具呈。为此，呈请宪台鉴核，伏乞照呈批饬施行（除呈督宪鉴核外，相应备文咨行。为此，合咨贵总局，请烦查照施行）。须至呈、咨者。右呈、咨军督部堂赵、蒙荒行局、财政总局。光绪三十一年十二月十三日。

呈为续解荒价正款银二万零六百四十两恳请饬收由

全、局衔　　为呈报、咨行事　　窃职（案照敝）局现将经收荒价正款，续解沈平银二万零六百四十两整，随文呈送宪（督）辕。应请宪台（督宪）饬员照数弹收。除咨行财政总局暨蒙荒总局查照（呈报督宪鉴核）外，理合（相应）备文具呈（咨行）。为此，呈请宪台鉴核。伏乞照呈批饬（合咨贵总局，请烦查照，见复）施行。须至呈、咨者。右呈、咨将军赵、蒙荒行局、财政总局。光绪三十一年十二月十四日。

奏办奉天财政总局　　为咨复事　　光绪三十一年十二月十七日，准贵局咨开"案照敝局现将经收经费，续解沈平银一百六十三两五钱七分，随文呈送督辕，应请督宪饬员照数弹收。除呈请督宪外，相应备文咨行。为此，合咨贵总局，请烦查照施行"等因，准此。查贵局解送经费市平银一百六十三两五钱七分，业经敝局于本月十六日照数收讫。除呈报外，相应咨复贵局，烦即查照。须至咨者。

右咨科尔沁札萨克蒙荒行局。光绪三十一年十二月二十四日。

奏办奉天财政总局　　为咨复事　　光绪三十一年十二月十七日，准贵局咨开"案照敝局现将经收荒价正款，续解省平银二万零六百四十两整，随文呈送督辕，应请督宪饬员照数弹收。除呈报督宪鉴核外，相应备文咨行。为此，合咨贵总局，请烦查照，见复施行"等因，准此。查贵局解送荒价正款市平银二万零六百四十两，业经敝局于本月十六日照数收讫。除呈报外，相应咨复贵局，烦即查照。须至咨者。

右咨科尔沁札萨克蒙荒行局。光绪三十一年十二月二十五日。

呈为续支正价经费各款恳请备案由

全、局衔　　为呈报、咨行事　　案照职（查敝）局前将收支各款银两数目，造册呈报在案。现又由正价项下，续支马队薪饷、长夫、伙夫，并旗帜号衣等项共计市平银四千六百七十五两零八分零四毫。又由经费项下续支局起转运薪水、车价，共计市平银四千七百六十三两四钱二分二厘四毫八丝零六微二纤。除造册另报外，理合备文呈报（具报督宪鉴核外，相应备文咨行）。为此，呈请宪台鉴核，伏乞（合咨贵总局，请烦查照）施行。须至呈、咨者。

右呈、咨军督部堂赵、财政总局。光绪三十一年十二月二十七日。

呈为造具收支各项银两清册恭请鉴核由

全衔　　为呈报、咨行事　　窃职（案照敝）局自光绪三十年七月奉委之日起，至三十一年十一月底止，所有支放全荒上中下生、熟荒地，暨城基、镇基，经收过正价、经费、库平银两，并职（敝）局由正价开支过护局马队薪饷，由经费项下开支过薪水、车价、办公、心红、款酢、犒赏各项银两，分晰造具收支清册，并四柱总册，理合备文呈报（业经呈送督辕，除呈报外，相应咨行）。为此，呈请宪台鉴核。伏乞照呈（合咨贵总局，请烦查照）施行。须至呈（咨）者。附呈清册四本，总册一本。

右呈、咨军督部堂赵、财政总局。光绪三十一年十二月二十七日。

批　呈悉。仰候奏咨核销，并候饬财政总局知照。缴。册存送。十二日。

呈为册报十二月份解支款目恳请备案由

全、局衔　　为呈报、咨行事　　窃职（案照敝）局前将自光绪三十年七月开办起，至三十一年十一月底止，所有经收支销各款，业已分晰造具清册，呈报督宪在案。今将十二月份解交正价银两，并由正价经费项下续支银两各数目，除分晰造具四柱清册，咨行财政总局查照（督宪鉴核）外，理合（相应）备文呈报（咨行）。为此，呈请宪台鉴核，伏乞照呈备案（合咨贵总局，请烦查照）施行。须至呈、咨者。计附呈清册一本。

右呈、咨军督部堂赵、财政总局。光绪三十一年十二月二十八日。

全衔　　为造送事　　谨将职局光绪三十一年十二月份开除正价、经费两项下银与实存银两各数目，缮造四柱总册。恭呈宪核。须至册者。

计开　　旧管：一、存正价库平银一十万零一百七十九两一钱一分六厘五毫二丝七忽一微九纤三沙。

一、存经费库平银六千二百五十五两六钱七分三厘四毫九丝零一微一纤九沙七尘。

新收：无项。

开除：一、除解省正价库平银二万零六百四十两整。

一、除护局马队薪饷，长、伙夫，旗帜，号衣等项，由正价项下补支过市平银四千六百七十五两零八分零四毫。

以上正价市平银二万五千三百一十五两零八分零四毫，按一零三二折合库平银二万四千五百三十两零一钱一分六厘六毫六丝六忽七微一纤一沙。

一、除局起转运薪水、车价，由经费项下补支过市平银四千七百六十三两四钱二分二厘四毫八丝零六微二纤。以上经费市平银四千七百六十三两四钱二分二厘四毫八丝零六微二纤，按一零三二折合库平银四千六百一十五两七钱一分九厘四毫五丝七忽九微六纤八沙五尘。

实在：一、存正价库平银七万五千六百四十八两九钱九分九厘八毫六丝零四微八纤二沙。

一、存经费库平银一千六百三十九两九钱五分四厘零三丝二忽一微五纤一沙二尘。

呈为册报各项余款恳请备案由

全、局衔 为呈报、咨行事 窃职（案照敝）局曾将正价、经费各款，分晰造具四柱清册，先后呈报（督宪）在案。现值清厘款目之际，所有局中各项余款暨蒙旗应分余款，亦应分晰造具四柱清册，呈请鉴核（送督辕）。除此来省报竣，当蒙宪台（督宪）准给津贴、办公、伙食等费，请俟竣事后，再由此项余款内核实开销，并咨行财政总局查照（呈报）外，理合（相应）备文呈报（咨行）。为此，呈请宪台鉴核，伏乞照呈（合咨贵总局，请烦查照）施行。须至呈、咨者。附呈清册一本。

右呈、咨军督部堂赵、财政总局。光绪三十一年十二月二十八日。

全衔 为造送事 谨将职局各项余款与蒙旗应得余款，分晰造具四柱清册。恭呈宪核。须至册者。

计开

旧管：无项。

新收：一、蒙旗应存城、镇街基正价八厘平余市平银四百六十一两八钱零八厘。

一、蒙旗应分荒地正价八厘平余市平银一千二百六十九两一钱零五厘零八丝七忽八微六纤。

一、局存城、镇街基经费八厘平余市平银六十九两二钱七分一厘二毫。

一、局存生、熟荒正价八厘平余市平银一千三百零八两一钱四分九厘五毫八丝四忽。

一、局存生、熟荒经费八厘平余市平银三百九十二两四钱四分四厘八毫七丝五忽二微。

一、局存领户报效镇基三处，共市平银一千五百两整。

一、局存解款运费除支剩存市平银一千二百零九两三钱三分三厘二毫。

一、局存核销局起并转运薪水、车价计共长销市平银四千七百六十三两四钱二分二厘四毫八丝零六微二纤。

一、局存核销马队薪饷并长、伙夫，旗帜，号衣等项计共长销市平银四千六百七十五两零八分零四毫。

一、局存马队薪饷八厘平余市平银二十两零九钱二分四厘零二丝九忽四微八纤。

一、局存核销马队薪饷八厘平余市平银一十八两一钱二分零四毫六丝六忽六微六纤六沙。

一、局存截留行局总、帮办薪水旷银二千九百五十两整。

以上共市平银一万八千六百三十七两六钱五分九厘三毫二丝三忽八微二纤六沙。

一、局存城镇街基票费中钱一千九百二十四吊二百文。

一、局存生、熟荒票费中钱五千零七十吊零六百三十二文。

以上共中钱六千九百九十四吊八百三十二文。

开除：一、除拨补公旗前支过市平银一千三百三十七两五钱。

一、除拨补行局办公实亏市平银一千二百两整。

一、除补发行局来帮办薪水银一百五十两整。

以上共除市平银二千六百八十七两五钱。

一、除两次派员赴省承领信票、川资车脚中钱三百七十四吊。

一、除买装信票大皮箱二支共中钱五十二吊六百文。

以上共除中钱四百二十六吊六百文。

实在：一、蒙旗实存市平银一千七百三十两零九钱一分三厘零八丝七忽八微六纤。

一、局存市平银一万四千二百一十九两二钱四分六厘二毫三丝五忽九微六纤六沙。

一、局存中钱六千五百六十八吊二百三十二文。

呈为国家与蒙旗应分荒款造册请核由

局衔　　为呈报、咨行事　　窃查职（案照敝）局经收各等荒款，当将开除与实存各款数目汇造四柱清册，前后呈报（督宪）在案。惟查此项荒款有报效国家者，有蒙旗应得者。值此归结之际，自应遵照划清，以便各归各款，并将开除与实存数目，分晰造具清册，俾免胶葛（呈送督辕）。除咨行财政总局查照外，理合（呈报，相应）备文呈报（咨行）。为此，呈请宪台鉴核，伏乞照呈（合咨贵总局，请烦查照）施行。须至呈、咨者。

附呈清册二本。

右呈、咨军督部堂赵、财政总局。光绪三十一年十二月二十八日。

全衔　　为造送事。谨将职局经收报效国家荒款数目，并开除与实存银两各数目，缮造四柱清册，恭呈鉴核。须至册者。

计开

旧管：无项。

新收：一、收生、熟荒正价库平银三十二万七千零三十七两三钱九分六厘内，除马队薪饷银九千七百六十一两一钱二分四厘零三丝一忽，剩银三十一万七千二百七十六两二钱七分一厘九毫六丝九忽。应报效国家一半银一十五万八千六百三十八两一钱三分五厘九毫八丝四忽五微。

一、收城镇基经费库平银八千六百五十八两九钱。

一、收生、熟荒经费库平银四万九千零五十五两六钱零九厘四毫。以上共正价库平银一十五万八千六百三十八两一钱三分五厘九毫八丝四忽五微，共经费库平银五万七千七百一十四两五钱零九厘四毫。

开除：一、除解省正价市平银七万二千一百八十一两六钱六分。

一、除拨洮南府城工，由正价项下支过市平银二万两。

一、除拨洮南府办公，由正价项下支过市平银二万两。

一、除拨公旗印军二员，由正价项下支过市平银一万五千两整。

一、除十二月份解省正价市平银二万零六百四十两。

以上正价市平银一十四万七千八百二十一两六钱六分，按一零三二折合库平银一十四万三千二百三十八两零四分二厘六毫三丝五忽六微九纤五沙。

一、除解省经费市平银六千六百六十三两五钱七分。

一、除行局会办、总办、帮办、员司、书差、薪水、车价、办公、心红、房租、马拨、津贴、运费、子母、铺垫、款酢、恤赏等项由经费项下支过市平银四万六千四百四拾一两九钱四分八厘六毫五丝九忽。

一、除局起员司转运、薪水、车价等项由经费项下补支过市平银四千七百六十三两四钱二分二厘四毫八丝零六微二纤。

以上经费市平银五万七千八百六拾八两九钱四分一厘一毫三丝九忽六微二纤，按一零三二折合库平银五万六千零七拾四两五钱五分五厘三毫六丝七忽八微四纤八沙八尘。

实在：一、存正价库平银一万五千四百两零九分三厘三毫四丝八忽八微五纤。

一、存经费库平银一千六百三十九两九钱五分四厘零三丝二忽一微五纤一沙二尘。

全衔　　为造送事　　谨将蒙旗应分荒款各数目并开除与实存各数目，缮造四柱清册，恭呈鉴核。须至册者。

旧管：无项。

新收：一、收生、熟荒正价库平银三十二万七千零三十七两三钱九分六厘内，除马队薪饷银九千七百六十一两一钱二分四厘零三丝一忽，剩银三十一万七千二百七十六两二钱七分一厘九毫六丝九忽。蒙旗应分一半银一十五万八千六百三十八两一钱三分五厘九毫八丝四忽五微。

一、收城镇基正价库平银五万七千七百二十六两整。

以上共正价库平银二十一万六千三百六十四两一钱三分五厘九毫八丝四忽五微。

开除：一、除蒙公支用过市平银一十五万五千一百一十两零九钱一分六厘八毫一丝六忽。

一、除蒙旗架杆尺二员支用过市平银二千两整。

一、除蒙旗梅伦三员支用过市平银三千两整。

一、除蒙旗印房、书手等支用过市平银一千两整。

以上共市平银一十六万一千一百一十两零九钱一分六厘八毫一丝六忽，按一零三二折合库平银一十五万六千一百一十五两二钱二分九厘四毫七丝二忽八微六纤八沙。

实在：一、存库平银六万零二百四十八两九钱零六厘五毫一丝一忽六微三纤二沙。

批　呈悉。仰候奏咨并饬财政总局知照。缴。册存送。十二日。

呈为续解荒价正款银一万二千三百八十四两恳请饬收由

全、局衔　为呈报、咨行事　窃职（案照敝）局前于呈请移交关防文内，拟将欠解国家应分正、杂各款，分开印后并二月初间两次交清，当蒙宪台（经呈报督宪）批饬在案。兹届开印后，正应解交之期。遂于经收正款项下，拨解省平银一万二千三百八十四两，随文呈送。应请宪台（督宪）饬员，照数弹收，除咨行财政总局查照（呈报督宪鉴核）外，理合备文呈报（相应备文咨行）。为此，呈请宪台鉴核，伏乞批饬（合咨贵总局，请烦查照见复）施行。须至呈、咨者。附呈银条六纸。

右呈、咨军督部堂赵、财政总局。光绪三十二年正月二十五日。

奏办奉天财政总局咨请将自开办起至三十一年年底止收过正价经费及动支各款造册移知由

奏办奉天财政总局　为咨行事　光绪三十二年正月十五日，奉军督宪批，贵局呈报在正价经费银内，续支马队薪饷、旗帜、号衣并转运、薪水、车价等项，请查核缘由。奉批"如呈备案。仰财政总局知照。缴"等因，奉此。查贵局马队薪饷，并局起薪水，每月额支若干。所云转运、车价，系因何项转运动支。本局开办伊始，无卷可查，应请自开办起，至三十一年年底止，所有收过正价经费及动支各款，逐一造册移知。并将原定章程，照录同送，以备查核。相应咨行贵局，烦即查照办理，幸勿迟延，切速施行。须至咨者。

右咨科尔沁札萨克镇国公旗蒙荒行局。光绪三十二年正月二十一日。

奏办奉天财政总局咨请将每月呈报清册照录一份移交由

奏办奉天财政总局　　为咨行事　　光绪三十二年正月十四日，奉军督宪批，贵局呈报光绪三十一年十二月份解交正价并续支银两，造具四柱清册，请查核缘由。奉批"如呈备案。仰财政总局知照。缴"等因，奉此。并准贵局咨同前因。查贵局自开办起，至三十一年十一月底止，经收支销各款，敝局无案可稽。应请查明底案，将每月呈报清册照录一份补送敝局，以备查核。相应咨行贵局，烦即查照办理，幸勿稍延。须至咨者。

右咨科尔沁札萨克镇国公旗蒙荒行局。光绪三十二年正月二十二日。

奏办奉天财政总局咨为将局中各项余款等清册照录一份移送由

奏办奉天财政总局　　为咨行事　　光绪三十二年正月初三日，奉军督宪批，贵局呈报清厘局中各项余款并蒙旗应分余款，造具清册，请查核缘由。奉批"据呈已悉。仰财政总局知照。缴。册存"等因，奉此。并准贵局咨同前因。查前项清册，贵局并未随文移送。应请查照底案，照录一份补送敝局，以备查核。相应咨行贵局，烦即查照办理。须至咨者。

右咨科尔沁札萨克镇国公蒙荒行局。光绪三十二年正月二十二日。

奏办奉天财政总局收讫呈解荒价正款银一万二千三百八十四两咨复由

奏办奉天财政总局　　为咨行事　　光绪三十二年正月二十六日，奉军督宪批，贵局呈解经收荒价正款沈市平银一万二千三百八十四两，请查收缘由。奉批"仰财政总局核收汇报，银条六纸并发。缴"等因，奉此。并准贵局咨同前因。查前项银两，业于正月二十五日蒙军督宪于贵局投文时，饬发敝局照数收讫在案。除申覆外，相应咨复贵局，烦即查照。须至咨者。

右咨科尔沁札萨克蒙荒行局。光绪三十二年二月十六日。

奏办奉天财政总局咨索经收荒价并动支与实存各数目清册移送由

奏办奉天财政总局　　为咨行事　　光绪三十二年正月初三日，准贵局咨开："为咨行事，案照敝局经收各等荒款，当将开除与实存各款数目，汇造四柱清册，前后呈报督宪在案。惟查此项荒款，有报效国家者，有蒙旗应得者，值此归结之际，自应遵照划清，以便各归各款。并将开除与实存数目，分晰造具清册呈送督辕。除呈报外，相应备文咨行。为此，合咨贵总局，请烦查照"等因，准此。查贵局经收荒价并动支与实存各数目，并未造册移送，敝局无凭查核，相应咨行贵局，烦即查照，将前项清册，克日补造送局，以凭核办。须至咨者。

右咨科尔沁札萨克镇国公旗蒙荒行局。光绪三十二年二月二十五日。

奏办奉天财政总局咨为经收全荒并城镇地基正价经费及开支薪饷等分项造册移送由

奏办奉天财政总局　　为咨行事　　光绪三十二年正月初三日，准贵局咨开"为咨行事，案照敝局自光绪三十年七月奉委之日起，至三十一年十一月底止，所有丈放全荒上中下生熟荒地暨城基、镇基，经收过正价经费库平银两，并敝局由正价项下开支过护局马队薪饷，由经费项下开支过薪水、车价、办公、心红、款酢、犒赏各项银两，均已分晰造具收支清册并四柱总册，业经呈送督辕。除呈报外，相应咨行。为此，合咨贵总局，请烦查照"等因，准此。查贵局经收全荒并城镇地基正价经费以及开支薪饷等项各计若干，未准分项造册移送，敝局无凭查核。相应咨行贵局，烦即查照，将前项清册，克日补造送局，以凭核办。须至咨者。

右咨科尔沁札萨克镇国公旗蒙荒行局。光绪三十二年二月二十五日。

呈为全荒丈竣具报荒地街基垧亩丈数暨经收正价经费银两数目由

全衔　　为呈送事　　窃职道等勘放札萨克镇国公旗全荒，现已一律绳丈完竣。计共丈放各项荒地四十六万一千八百六十九垧一亩二分，内除公旗暨台壮各项留界、官留义地、土坑，量予扣除沙碱、水洼不可垦等项毛荒二十二万零四百一十垧零四亩二分，净放毛荒二十四万一千四百五十八垧七亩，计七成实荒十六万九千零二十一垧零九分。按每上等实荒一垧收库平银四两四钱，中等实荒一垧收库平银二两四钱，下等实荒一垧收库平银一两四钱，共收库平银三十二万七千零三十七两三钱九分六厘。又丈放城、镇基两处，计一百一十五万四千五百二十丈方。按每丈见方收库平银五分，共收库平银五万七千七百二十六两。二项并随收一五经费库平银五万七千七百一十四两五钱零九厘二毫。统共全荒收库平银四十四万二千四百七十七两九钱零五厘四毫，除开销款项另文具报外，所有全荒放竣，挨号造录关防毗连清册七本、空白毗连清册本、鱼鳞细图　份、荒地银款表一份、荒地银款清折一扣，理合备文呈送。为此，呈请宪台察核，伏乞照呈施行。须至呈者。右呈军督部堂赵。

计送：关防毗连清册七本、空白毗连清册　本、荒地银款表一份、荒地银款清折　扣、鱼鳞细图　份。光绪三十一年十月三十日。

谨将放过札萨克镇国公旗界上中下三等生熟荒地及城镇各基，并收过价值银两各数目，分晰缮具清单恭呈宪鉴。

计开

生荒项下：

一、放过上等实荒二万零八百九十六垧五亩四分，每垧收价银四两四钱，共收库平银九万一千九百四十四两七钱七分六厘。

一、放过中等实荒一万七千零三垧五亩六分，每垧收价银二两四钱，共收库平银四万零八百零八两五钱四分四厘。

一、放过下等实荒十一万八千一百九十三垧七亩四分，每垧收价银一两四钱，共收库平银十六万五千四百七十一两二钱三分六厘。

以上上、中、下三等共实荒十五万六千零九十三垧八亩四分，计共收库平银二十九万八千二百二十四两五钱五分六厘。

熟地项下：

一、放过上等实地二千七百六十五垧九亩一分，每垧收价银四两四钱，共收库平银一万二千一百七十两零四厘。

一、放过中等实地二千四百一十六垧九亩六分，每垧收价银二两四钱，共收库平银五千八百两零七钱零四厘。

一、放过下等实地七千七百四十四垧三亩八分，每垧收价银一两四钱，共收库平银一万零八百四十二两一钱三分二厘。

以上上、中、下三等实地一万二千九百二十七垧二亩五分，计共收库平银二万八千八百一十二两八钱四分。

街基项下：

一、放过城基六十七万二千一百二十丈方，每丈见方收价银五分，共收库平银三万三千六百零六两。

一、放过镇基四十八万二千四百丈方，每丈见方收价银五分，共收库平银二万四千一百二十两。

以上二处共放城、镇基一百一十五万四千五百二十丈方，共收库平银五万七千七百二十六两。

无租项下：

一、上、中、下三等段内公旗暨台吉、壮丁各项留界毛荒四万二千六百八十垧零一分。

一、城镇基附近官留义地、土坑、毛荒二百四十五垧零六分。

一、上中下三等各领户段内，量予扣除沙碱、水洼不可垦毛荒十七万七千四百八十五垧三亩五分。

以上三项计共无租毛荒二十二万零四百一十垧零四亩二分。

一、城镇基内官留街道、衙署、庙宇、垣壕基地，计二十一万七千八百七十二丈方。全荒除各项无租地不计外，共放有租生熟实地十六万九千零二十一垧零九分，收库平价银三十二万七千零三十七两三钱九分六厘。共放有租街基一百一十五万四千五百二十丈方，收库平价银五万七千七百二十六两。二项并随收一五经费库平银五万七千七百一十四两五钱零九厘四毫。统共收库平银四十四万二千四百七十七两九钱零五厘四毫。光绪三十一年十月□日。

批　禀折、图表，均悉。全荒放竣大功告成，蒙藩乐利之谋、国家安边之策，胥于是乎在自今矞始，亟须推广相助，为理端资。豪杰若徒以加价报效，变通章程，归美该道等，恐非该道等所乐受矣。仰即将用过款项，迅速造册呈报，以备奏咨立案。并候饬省局知照。缴。册折、图表均存。初十日。

呈为具报撤局回省及停支薪费日期并酌留办事员书由

全、局衔　　为呈报、移行事　　窃职（案照敝）局前将护局马队移交安广县接收各情，业经具报（移行）在案。现在荒务以次清结，仅尾欠及信票尚未发讫。前经酌留收支、管票二员，贴书一名，商由卑职钟（敝会办）驻荒督同经理。一面由职道心（敝总办）携带关防、卷宗、账目、图册并酌带办事员书十三员名，于十一月十五日一同启程回省。其余员司、书役，一概裁撤。惟职（敝）局远在边荒，百物昂贵，在事人等实属清苦异常，其暂留各员书，既仍责以办公，未便任其枵腹。其裁减销差者，亦应稍予余资，俾得回省。故将局费薪工略为展放，以及马队薪饷统于十一月底截止。于体恤之中，仍示撙节之意。至十一月以后，所有留荒、带省办事各员书，拟再随时裁减。如有应行津贴、伙食以及办销支用心红、杂费，拟于竣事时，禀由宪台（督宪）核示，在于职（敝）局另筹余款项下支给，以省经费。除将留荒、带省办事各员书开列清单，并移行总局查照（呈报督宪鉴核）外，理合（相应）备文呈报（移行）。为此，呈请宪台鉴核，伏乞照呈（合移贵局，请烦查照）施行。须至呈（移）者。计呈清单一份（粘清单一纸）。右呈、移军督部堂赵、总局。

谨（今）将职（敝）局撤局后，留荒、带省各员书衔姓、员名开具清单，呈请（请烦）鉴核查照。

计开：

一、带省办事员书：帮稿委员林丰一员、解运委员谢汉章一员、绘图委员熊赞尧一员、差遣委员王英敏一员，办收支办事官荣森一员、司事张毓华一员、司事梁国栋一员、司事王仁慧一员、贴书三名。

一、留荒办事员书：收支委员迟熙盛一员、管票委员郭桂五一员、贴书一名。光绪三十一年十一月十一日。

批　呈悉。仰将应办各事，迅速清理完结，以凭奏咨。缴。单存。初二日。

督宪具奏为丈放镇国公蒙旗全荒告竣动支经费银数造册报销并将余银拨归正款另行存储等因一片抄粘原奏札饬由

军督部堂赵　　为札饬事　　照得本军督部堂，于光绪三十二年正月二十日，附奏"为丈放镇国公蒙旗全荒告竣动支经费银数随案造册报销并将余银拨归正款另行存储等因"一片，除俟奉到朱批，再行恭录饬知外，合行抄粘原片，札仰该局，即便知照。特札。计抄片一件。

右札办理札萨克镇国公旗蒙荒行局准此。光绪三十二年二月初一日。

再丈放镇国公蒙旗全荒告竣，通计收过一五经费库平银五万七千七百一十四两五钱零九厘四毫。内除开支总、行各局一切经费外，尚余库平银一千六百三十九两九钱五分四厘零三丝二忽一微五纤一沙二尘另行存储，除将动支经费数目造册咨部核销外，谨附片陈明，伏乞圣鉴。谨奏。

督宪具奏为丈放镇国公蒙旗全荒告竣动支经费银数造册报销并将余银拨归正款另行存储等因一片奉到朱批恭录札饬由

军督部堂赵　　为恭录札饬事　　照得本军督部堂于光绪三十二年正月二十日，附奏"为丈放镇国公蒙旗全荒告竣动支经费银数随案造册报销并将余银拨归正款另行存储等因"一片，当经抄粘原片饬知在案。兹于二月初八日，奉到朱批："览。钦此。"除钦遵并分行外，合行恭录，札仰该局，即便钦遵。特札。

右札办理札萨克镇国公旗蒙荒行局准此。光绪三十二年二月十二日。

督宪具奏为科尔沁镇国公蒙旗荒务一律丈放完竣将放过地亩收银数目分缮清单暨荒段界址应征租赋一并绘列简明图表恭呈御览等因一折抄粘原奏清单札饬由

军督部堂赵　　为札饬事　　照得本军督部堂于光绪三十二年正月二十日，具奏"为科尔沁镇国公蒙旗垦务一律丈放完竣谨将放过地亩收银数目分缮清单暨荒段界址应征租赋一并绘列简明图表，恭呈御览等因"一折，除俟奉到朱批，再行恭录行知外，合行抄粘原奏清单，札仰该局，即便知照。特札。计抄原奏并单。

右札办理札萨克镇国公旗蒙荒行局准此。光绪三十二年二月初一日。

奏为科尔沁镇国公蒙旗垦务一律丈放完竣恭折仰祈圣鉴事。

窃查勘放镇国公旗蒙垦一切章程，均由前任将军增　先后奏明在案。抵任复叠次饬催，从速认真拨丈，以期早日藏事，俾得节省经费。兹据该局总办、花翎留奉补用道张心田呈报，自光绪三十年七月开办，至三十一年十月止，业已一律丈放完竣。共放地二十四万一千四百五十八垧七亩，城镇基地一百一十五万四千五百二十丈方。统共收过正价库平银三十二万七千零三十七两三钱九分六厘，城镇基价库平银五万七千七百二十六两，经费库平银五万七千七百一十四两五钱零九厘四毫，分别造册、绘图、列表呈请具奏前来。复加查核此次勘丈公旗垦务，正在两强宣战之时，大股匪徒乘间肆扰，各委员等行绳拨丈，时虞抢劫，办理颇形掣肘。乃自开办以至告竣，扣除停绳之日，计期仅阅十四月，自来丈放蒙荒，无有速于此者。所放之地新设安广一县，早已派员前往设治，商民亦逐渐聚集。迄西图什业图蒙旗荒地，亦经商允收价丈放，当另案奏请开办。日后边围可实，藩封可固，商务可兴，民生可厚，于慎固陪都，振兴治理之道，不无裨益。谨将放过地亩、收银数目分缮清单，暨荒段界址、应征租赋，一并绘列简明图表，恭呈御览。除造册咨部查核外，理合恭折具奏。伏乞皇太后、皇上圣鉴。谨奏。

谨将科尔沁札萨克镇国公蒙旗放过上中下生熟各荒，及城镇基、无租荒地，并收过荒价银两各数目，分缮清单，恭呈御览。

计开：

熟地项下：

一、放过上等熟地三千九百五十一垧三亩，按照札萨克图放荒章程，以七成折扣，实应交价纳租地二千七百六十五垧九亩一分。每垧收价银四两四钱，共收库平银一万二千一百七十两零四厘。

一、放过中等熟地三千四百五十二垧八亩，按七成折扣，实应交价纳租地二千四百一十六垧九亩六分。每垧收价银二两四钱，共收库平银五千八百两零七钱零四厘。

一、放过下等熟地一万一千零六十三垧四亩，按七成折扣，实应交价纳租地七千七百四十四垧三亩八分。每垧收价银一两四钱，共收库平银一万零八百四十二两一钱三分二厘。

以上共放上、中、下三等熟地一万八千四百六十七垧五亩，按七成折扣，实应交价纳租地一万二千九百二十七垧二亩五分。计共收库平银二万八千八百一十二两八钱四分。

生荒项下：

一、放过上等生荒四万四千九百零九垧零九分，内除去不堪耕种地一万五千零五十六垧八亩九分，实丈得毛荒二万九千八百五十二垧二亩，按七成折扣，实应交价纳租地二万零八百九十六垧五亩四分。每垧收价银四两四钱，共收库平银九万一千九百四十四两七钱七分六厘。

一、放过中等生荒五万四千九百九十八垧二亩，内除去不堪耕种地三万零七百零七垧四亩，实丈得毛荒二万四千二百九十垧零八亩，按七成折扣，实应交价纳租地一万七千零零三垧五亩六分。每垧收价银二两四钱，共收库平银四万零八百零八两五钱四分四厘。

一、放过下等生荒三十万零零五百六十九垧二亩六分，内除去不堪耕种地十三万一千七百二十一垧零六分，实丈得毛荒十六万八千八百四十八垧二亩，按七成折扣，实应交价纳租地十一万八千一百九十三垧七亩四分。每垧收价银一两四钱，共收库平银十六万五千四百七十一两二钱三分六厘。

以上共放上中下三等生荒四十万零四百七十六垧五亩五分，内除去不堪耕种地十七万七千四百八十五垧三亩五分，实丈得毛荒二十二万二千九百九十一垧二亩，按七成折扣，实应交价纳租地十五万六千零九十三垧八亩四分。计共收库平银二十九万八千二百二十四两五钱五分六厘。

城基项下：

一、放过安广县城基占地一千一百零八垧六亩二分五厘，合七十九万八千二百一十丈方，除去衙署、庙宇、城壕、街道各项无租地一百七十五垧一亩二分五厘，合十二万六千零九十丈方外，净地九百三十三垧五亩，合六十七万二千一百二十丈方。按每丈见方收价银五分，共收库平银三万三千六百零六两。

一、放过公营子镇基占地七百九十七垧四亩七分五厘，合五十七万四千一百八十二丈方，除去衙署、庙宇、城壕、街道各项无租地一百二十七垧四亩七分五厘，合九万一千七百八十二丈方外，净地六百七十垧，合四十八万二千四百丈方。按每丈见方收价银五分，共收库平银二万四千一百二十两。

以上二处共放过城镇基占地一千九百零六垧一亩，合一百三十七万二千三百九十二丈方，除去衙署、庙宇、城壕、街道各项无租地三百零二垧六亩，合二十一万七千八百七十二丈方外，净地一千六百零三晌五亩，合一百一十五万四千五百二十丈方，计共收库平银五万七千七百二十六两。以上共收熟地、生荒、城镇基价库平银三十八万四千七百六十三两三钱九分六厘，并随收一五经费库平银五万七千七百一十四两五钱零九厘四毫。统共征收库平银四十四万二千四百七十七两九钱零五厘四毫。

无租项下：

一、上、中、下三等荒地内丈得台吉、壮丁住界、庐墓并蒙旗酌留祭地、佛寺、鄂博各项留界地四万二千六百八十垧零零一分。

一、上、下二等荒地内丈得官留义地、土坑二百四十五垧零六分。

以上二项共计荒地四万二千九百二十五垧零七分。查札萨克图成案，加价系全归蒙旗，单内因将加价、正价分晰开列。此次，正价、加价，国家与公旗均分，故未分列数目。合并声明。

督宪具奏为科尔沁镇国公蒙旗荒段现已告竣共收荒地正款银两开支护局马步队薪饷等项并提一半归公其余正价一半归该蒙旗自公以下暨台壮庙仓人等均分给等因一片抄粘原片札饬由

军督部堂赵　　为恭录札饬事　　照得本军督部堂于光绪三十二年正月二十日具奏"为科尔沁镇国公蒙旗垦务一律丈放完竣，谨将放过地亩收银数目分缮清单暨荒段界址应征租赋一并绘列简明图表，恭呈御览等因"一折，当经抄粘原奏清单饬知在案。兹于二月初八日，奉到朱批："户部知道。单片、图表并发。钦此。"除钦遵并分行外，合行恭录，札仰该局，即便钦遵。特札。

右札办理札萨克镇国公旗蒙荒行局准此。光绪三十二年二月十二日。

督宪具奏为科尔沁镇国公蒙旗荒段现已告竣共收荒地正价开支护局马步队薪饷等项并提一半归公其余正价一半归该蒙旗自王公以下暨台壮庙仓人等均分给等因一片奉到朱批札饬由

军督部堂赵　　为恭录札饬事　　照得本军督部堂于光绪三十二年正月二十日附奏"为科尔沁镇国公蒙旗荒段现已告竣，共收荒地正价银两，开支护局马步队薪饷等项，并提一半归公，其余正价一半归该蒙旗自公以下暨台壮、庙仓人等均均分给等因"一片，当经抄粘原片饬知在案。兹于二月初八日奉到朱批："览。钦此。"除钦遵并分行外，合行恭录，札仰该局，即便钦遵。特札。

右札办理镇国公旗蒙荒行局准此。光绪三十二年二月十二日。

督宪具奏为镇国公蒙旗垦务业经告竣岁征租赋分别归公及均给该镇国公台壮庙仓人等永免争端等因一片抄粘原片札饬由

军督部堂赵　　为札饬事　　照得本军督部堂于光绪三十二年正月二十日附奏"为科尔沁镇国公蒙荒段现已告竣，共收荒地正价银两，开支护局马步队薪饷等项，并提一半归公，其余正价一半归该蒙旗自公以下暨台壮、庙仓人等均均分给等因"一片。除俟奉到朱批，再行恭录饬知外，合行抄粘原片，札仰该局，即便知照。特札。计抄片一件。

右札办理镇国公旗蒙荒行局准此。光绪三十二年二月初一日。

再科尔沁镇国公蒙旗荒段现已告竣，共收荒地正价库平银三十二万七千零三十七两三钱九分六厘。内除护局马队薪饷暨旗帜、号衣等项，动支库平银九千七百六十一两一钱二分四厘零三丝一忽外，实存库平银三十一万七千二百七十六两二钱七分一厘九毫六丝九忽。应以库平银一十五万八千六百三十八两一钱三分五厘九毫八丝四忽五微，作为该蒙旗报效国家之款。遵照原奏，由此项内提出市平银一万五千两，按一零三二折合库平银一万四千五百三十四两八钱八分三厘七毫二丝一忽，赏给该旗协理台吉，净剩库平银一十四万四千一百零三两二钱五分二厘二毫六丝三忽五微，业已陆续解交财政局核收，先后拨充薪饷，将来由该局另案核销，以清款目。其余正价一半，归该蒙旗自公以下暨台吉、壮丁、庙仓人等按数均均分给。除分咨查照外，理合附片具陈。伏乞圣鉴。谨奏。

督宪具奏为镇国公蒙旗垦务业经告竣岁征租赋分别归公及均给该镇国公台壮庙仓人等永免争端等因一片抄粘原片札饬由

军督部堂赵　　为札饬事　　照得本军督部堂于光绪三十二年正月二十日附奏"为镇国公蒙旗垦务业经告竣，岁征租赋分别归公及均给该镇国公、台壮、庙仓人等永免争端等因"一片，除俟奉到朱批，再行恭录饬知外，合行抄粘原片，札仰该局，即便知照。特札。计抄片一件。

右札札萨克镇国公旗蒙荒行局准此。光绪三十二年二月初一日。

再镇国公蒙旗垦务业经告竣，已奏设安广县，以资治理。所有该县地亩、岁征、租赋，每垧收中钱六百六十文，以二百四十文归公，以四百二十文归蒙旗。统照札萨克图王旗成案办理，均经奏明在案。该县城、镇基各一处，共收差价银五万七千七百二十六两。此项前已奏明，全数拨给该镇国公办公之用。其基租每年每丈方征租中钱三十文，以十五文为设官经费，十五文为该旗应得之款。至该旗每年每垧应得之地租中钱四百二十文、基租每丈方中钱十五文，亦请援照札萨克图王旗成案，均以一半归该镇国公，以一半归该台吉、壮丁、庙仓人等按户口数目均均分给，庶可永免争端。相应请旨饬下理藩院，迅速核议咨复，以便转饬遵守。该县城镇基各地，本系生荒，仍请六年升科，以示体恤。除分咨外，理合附片陈明。伏乞圣鉴。谨奏。

呈为报解实存票费中钱数目恳请饬收备案由

全、局衔　　为呈报、咨行事　　窃职（案照敝）局前经掣放城镇街基、生熟荒地各信票，计共收票费中钱六千九百九十四吊八百三十二文，除开支承领信票、川资车脚，使过中钱四百二十六吊六百文，计实在现存中钱六千五百六十八吊二百三十二文，当经归入余款项下册报在案。兹当归结款项之时，合将此款存钱六千五百六十八吊二百三十二文，合作小数钱一万九千七百零四吊七百文，随文呈送宪（督）辕，应请宪台（督宪）饬员照数弹收，除咨行财政总局查照（呈报督宪鉴核）外，理合备文具呈（相应备文咨行）。为此，呈请宪台鉴核，备案（合咨贵总局，请烦查照，见复）施行。须至呈、咨者。

右呈咨军督部堂赵、财政总局。光绪三十二年二月二十八日。

咨行事　案准财政总局咨开："为咨行事，案奉军督宪批，据贵局禀开办图什业图王旗荒务，请由镇国公旗旧局正款项下借拨沈平银八千两，以资发给员司等薪水。俟收有荒款，即行归还，请核示一案。奉批'准其借拨，仰财政总局转行知照。缴'等因，因此，咨行前来，合行转咨贵行局，请烦遵照宪批提拨沈平银八千两，兑交来差收讫，以资办公。"除俟兑收清楚，再行呈报分咨外，相应备文咨行。为此，合资贵行局，请烦查照施行。须至咨者。

右咨奏办科尔沁札萨克镇国公旗蒙荒行局。光绪三十二年二月二十九日。

呈据图什业图蒙荒行局咨奉宪批拨借银八千两如数交讫请备案由

全局衔　为呈报、咨行事　窃职（案照敝）局于光绪三十二年二月二十九日，接准图什业图蒙荒行局（贵局）咨开"为咨行事，案准财政总局咨开，案奉宪台（督宪）批，据图什业图荒务开办，请由镇国公旗旧局借拨沈平银八千两，以资发给员司等薪水，俟收有荒款，即行归还，请核示一案。奉批'准其借拨，仰财政总局，转行知照。缴'等因，奉此。咨行前来，相应转咨贵行局，请即遵照宪批提拨沈平银八千两，兑交来差，以资办公"等情，准此。遵即由职（敝）局现存正款项下拨银八千两，如数兑交来差领讫，除咨行财政总局暨图什业图蒙荒行局查照见复（呈报督宪备案暨咨图什业图蒙荒行局查照见复、呈报督宪备案暨咨财政总局查照）外，理合（相应）备文呈报（咨行）。为此，呈请宪台鉴核，备案（合咨贵总局请烦查照、合咨贵行局请烦查照见复）施行。须至呈、咨者。

右呈、咨军督部堂赵、奏办奉天财政总局、图什业图蒙荒行局。光绪三十二年二月二十九日。

咨行事　案查敝局前以开办伊始需款办公，当经禀请督宪，由贵局借拨沈平银八千两，俟收有荒款，即行归还。兹于二月二十八日，接准财政总局，案奉督宪批"据前情，准其借拨，仰财政总局转行知照。缴"等因，奉此，咨行前来。遵即由贵行局存储荒款项下提取沈平银八千两，当经派员照数弹收讫，以备开支员司等薪价银两。俟敝局收有荒价，即行归还，以清款目。除呈报督宪备案暨咨财政总局查照外，相应备文咨行。为此，合咨贵行局，请烦查照施行。须至咨者。右咨奏办镇国公旗蒙荒行局。光绪三十二年二月三十日。

呈为续解国家应分正款银两恳请饬收备案由

全、局衔　　为呈报、咨行事　　窃职（案查敝）局现存国家应分正款项下，除已经报解不计外，计欠解沈平银三千五百零八两九钱一分。现当归结款项之际，合将欠解正款银三千五百零八两九钱一分，具条呈送宪（督）辕，即请宪台（督宪）鉴核，饬员照数弹收。除呈报督宪饬收（咨行财政总局查照）外，理合（相应）备文呈报（咨行）。为此，呈请宪台鉴核，备案（合咨贵总局，请烦查照）施行。须至呈、咨者。附呈银条一纸。

右呈、咨军督部堂赵、财政总局。光绪三十二年三月初一日。

为奉批将局解实存票费照数收讫咨复由

咨行事　　光绪三十二年三月初三日，奉军督宪批，贵局呈解实存票费中钱核交小数钱文，请饬收缘由。奉批："呈悉。仰财政总局核收具报。缴。钱飞发。"计发钱飞一纸，东钱一万九千七百零四千七百文等因，奉此，并准贵局咨报前因，敝局当将奉发前项票费钱文，照数收讫。除呈请外，相应咨行贵局，烦即查照。须至咨者。

右咨科尔沁札萨克镇国公旗蒙荒行局。光绪三十二年三月十三日。

为图荒行局由局借拨银八千两俟拨还时即烦咨报由

咨复事　　光绪三十二年三月初一日，准图什业图蒙荒行局咨开"以现由贵局借拨沈平银八千两，业已照数收讫，作为开办经费，烦即查照"等因，准此。并准贵局咨同前因，除分咨外，相应咨行贵局，烦即查照。俟图什业图荒局拨还，即行移报查核。须至咨者。

右咨札萨克镇国公旗蒙荒行局，光绪三十二年三月十七日。

咨为奉批核收局解票费小数钱收讫咨复由

咨行事　　光绪三十二年三月十七日奉军督宪批，敝局呈复遵批，核收贵局解送票费小数钱文，请查核缘由。奉批"据呈已悉。缴"等因，奉此。查此项钱文，前经敝局收讫，咨行在案。兹奉前因，相应咨行贵局，烦即查照。须至咨者。

右咨科尔沁札萨克镇国公旗蒙荒行局。光绪三十二年三月二十六日。

咨请俟图旗荒务行局将前拨银八千两拨还时咨复由

咨行事　　光绪三十二年三月初六日奉军督宪批，图什业图蒙荒行局具呈：现由贵局借拨沈平银八千两，业已照数收交请备案缘由。奉批"仰财政总局查照。缴"等因，奉此。查此案前准贵局咨会到局，业经敝局咨复在案。兹奉前因，相应咨行贵局，烦即查照前咨办理，一俟款项拨还之日，仍希咨复敝局查核。须至咨者。

右咨科尔沁札萨克镇国公旗蒙荒行局。光绪三十二年四月初十日。

咨为将报销案卷各项清册造送备案由

咨行事　　光绪三十二年二月初一日奉军督宪札开"为札饬事，照得本军督部堂于光绪三十二年正月二十日，附奏'为丈放镇国公蒙旗全荒告竣，动支经费银数随案造册报销，并将余银拨归正款另行存储等因'一片，除俟奉到朱批，再行恭录饬知外，合行抄粘原片，札仰该局，即便知照。特札。计抄片一件"等因，奉此。相应抄奏咨行贵局，烦即查照，希将报销案卷、饬抄片一件，咨行敝局备案。须至咨者。计抄片一件。右咨镇国公蒙荒总局。光绪三十二年四月初七日。

再丈放镇国公蒙旗全荒告竣，通计收过一五经费库平银五万七千七百一十四两五钱零九厘四毫。内除开支总、行各局一切经费外，尚余库平银一千六百三十九两九钱五分四厘零三丝二忽一微五纤一沙二尘另行存储。除将动支经费数目造册，咨部核销外，谨附片陈明。伏乞圣鉴。谨奏。

咨复事　　案查敝局先后接准贵局咨开，所有敝局前经呈报过经收支销各款数目清册，请由敝局逐一补造，咨送备查等情。准此，查敝局自光绪三十年七月开办起，至光绪三十一年十一月底止，计经收上中下荒地暨城镇基正价经费、库平银两，国家与蒙旗应分正杂各款，并敝局由正价项下开支局队薪饷，由经费项下开支薪水、车价、办公、心红、款酢、房租、马拨、津贴等项，暨续报十二月份开支各款。查照呈报所造清总各册，逐件补造一份，并公旗奏定勘放荒地章程一份，相应备文咨送。为此，合咨贵总局，请烦查照施行。须至咨者。计咨送清册九本、章程一份。

右咨奏办奉天财政总局。光绪三十二年闰四月二十四日。

呈为派员解交经费银两恭请饬收由

公旗局会办单衔　　为呈报、咨呈事　　窃查职局尚有应缴经费银两，兹派解运委员谢令汉章，解去经费市平银一千一百二十两零三钱一分三厘五毫六丝，赴省呈缴。除咨呈财政总局备查，并俟汇总册报（呈报督宪鉴核）外，理合备文呈报宪台（咨呈宪局）鉴核，饬收（鉴查、备案）施行。须至呈、咨呈者。右呈、咨呈军督部堂赵、奏办奉天财政总局。光绪三十二年六月十三日。

图局移为拨还垫款八千两请查收见复由

移行事　　案照敝局前以开办伊始需款办公，请由贵局正款项下拨借银八千两。俟收有荒款，即行拨还。当经禀蒙督宪批准，并咨行贵局在案。兹将前借贵局正款银八千两，由敝局收存荒款项下划拨归还，解交贵局，希即兑收。除呈报督宪并咨财政局外，相应备文移行。为此，合移贵局查照兑收，见复施行。须至移者。

右移奏办镇国公旗蒙荒行局。光绪三十二年六月十三日。

公旗局衔　为移复事　案照光绪三十二年六月初十日，接准贵局移开：前以开办事始需款办公，请由贵局正款项下拨借银八千两。候收有荒款，即行拨还，当经禀蒙督宪批并咨行贵局在案。兹将前借贵局正款银八千两，由敝局收存荒款项下划拨归还，解交贵局，希即兑收，见复施行等情。准此，当经敝局照数弹兑收讫。相应备文，移复贵局，请烦查照施行。须至移者。

右移奏办图什业图蒙荒行局。光绪三十二年六月十四日。

图局移为拨还前赴图旗商办川资银两请查收见复由

移行事　案照敝局总办张道心田，前赴图什业图商办荒务时往返川资暨备送礼物等项，计共需银三百九十一两五钱六分，均由镇国公旗蒙荒行局经费项下借垫，当经缮单呈报督宪在案。现在敝局收有荒款，当将前借银三百九十一两五钱六分，划拨归还。除呈报督宪并咨财政总局外，相应备文移行贵局，查照兑收，见复施行。须至移者。

右移镇国公旗蒙荒行局。光绪三十二年六月十三日。

公旗局衔　为移复事　案照光绪三十二年六月十四日，接准贵局移开"为移行事，案照敝局总办张道心田，前赴图什业图商办荒务时往返川资暨备送礼物等项，计共需银三百九十一两五钱六分，均由镇国公旗蒙荒行局经费项下借垫，当经缮单呈报督宪在案。现在敝局收有荒款，当将前借银三百九十一两五钱六分，划拨归还，希即兑收，见复施行"等情，准此，当经敝局照数弹兑收讫。相应备文，移复贵局，请烦查照施行。须至移者。

右移奏办图什业图蒙荒行局。光绪三十二年六月十四日。

札为准工部咨请将总行局置备铺垫等项开单送部由

军督部堂赵　为札饬事　案准工部咨开"虞衡司案呈，光绪三十二年三月初三日，准营缮司付称奉天总督赵咨片'奏丈放科尔沁札萨克图镇国公蒙旗全荒告竣，动支经费银数随案造册报销，其余银即拨归正款另行存储'等因一片，抄录原奏，并将洮南府、行局置备铺垫、桌椅、器具等项，开具册单，咨部核办前来。查单开奉天办理札萨克蒙荒总局，置备天平砝码、算盘、桌椅、铺垫、烛台等项共用银四百二十九两三钱七分八厘四毫一丝九忽九微三纤。按单查核，所开各款价值，虽与上届办过成案稍有不同，而比较总数，尚属有减无增。惟详查上案，均比较总、行局清单核销，至此案并无总局清单，仅按照原册银两数目登除，尚属相符，应准开销。以后仍须将总、行局置备铺垫等项，一律开具清单，送部核办，毋致两歧。相应咨行贵督查照，并知照户部可也”等因，准此。合行札仰该局，即便知照。特札。

右札札萨克镇国公旗蒙荒行局准此。光绪三十二年五月十七日。

财政局咨为局解国家应分正款银两奉批查收咨复由

咨复事　　光绪三十二年三月初六日奉军督宪批，贵局呈解经收荒价正款沈市平银三千五百零八两九钱一分，请查收缘由。奉批“仰财政总局核收具报，缴。银条三纸发”等因，奉此，并准贵局咨同前因。查前项银两，业于三月初一日，蒙军督宪于贵局投文时，饬发敝局，照数收讫在案。兹奉前因，除申复外，相应咨复贵局，烦即查照。须至咨者。右咨科尔沁札萨克蒙荒行局。光绪三十二年六月初三日。

呈为拟限解交各款并请移交关防伏候批示由

全衔　　为呈请事　　窃职局现当竣事，所有应行造报图册各件，均经先后呈报在案。兹查国家与蒙旗应得各款，除已经解拨册报外，计现存未解、未拨各款，均应缮单注明，陆续清厘。除应拨交蒙旗正价、余款两项，由职道商允该印军等，以年前道路戒严，领户不得携交现款，均经交到怀德、农安等处号商，银条须展至今春，由洮街号商变通兑使，再行拨交该旗。下余欠解国家应分正价、经费、杂款各项银两，因有铁岭领户张鸣銮欠价未交，约于开印后并于二月初间，两次交清。查职道此次带同员司、书役等在省办理核销，均已停支薪水。应需办公、伙食一切，当经禀蒙宪台照准，在于余款项下开支。现在局务清结，员司等各无所事，办公、伙食未便久靡。第职局尚有移交地方官全荒图册案卷，并拨蒙旗款时应取具该旗印文呈报，均须钤用关防，未便即时请缴。查前札萨克图成案，于报竣后，所有未尽事宜，并催缴各户尾欠，曾经请将行局关防移交设治地方官接理。职局现当竣事，应请仿照前案，所有行局关防，并催缴尾欠各事，可否移交地方官，抑或待图什业图蒙荒委有专局，即归并该局兼理。倘蒙宪台核准，俟奉批到日，即行移交关防，并截止办公、伙食等项。至于尾欠催缴，无论何时，倘有舛错，仍系职道之责，断不敢以交卸关防，因循推诿。所有行局事竣，应请移交关防缘由，理合备文呈报。为此，呈请宪台鉴核，伏乞批示施行。须至呈者。附呈清单一纸。

右呈军督部堂赵。光绪三十二年正月初九日。

谨将职局应行解拨国家与蒙旗正杂各项银两数目，缮具清单，恭呈宪鉴。

计开：

一、存国家正价库平银一万五千四百两零九分三厘三毫四丝八忽八微五纤。

一、存经费库平银一千六百三十九两九钱五分四厘零三丝二忽一微五纤一沙二尘。

一、存余款市平银一万四千二百一十九两二钱四分六厘二毫三丝五忽九微六纤六沙。

一、存余款中钱六千五百六十八吊二百三十二文。

一、存蒙旗正价库平银六万零二百四十八两九钱零六厘五毫一丝一忽六微三纤二沙。

一、存蒙旗余款市平银一千七百三十两零九钱一分三厘零八丝七忽八微六纤。

再职局于光绪三十一年十一月二十七日，奉到宪札内开"洮南一府两县捕盗营马步各队弁兵薪饷，不敷支发，饬由镇国公旗荒价项下就近指拨"等因，蒙此。查职局现在告竣，所有款项均须划清，奉拨洮南一府两县兵饷，共需银若干两，应请宪台鉴核，指示数目，以便遵照划拨。须至再禀者。

批　呈悉。现查图什业图荒地，仍拟奏派该道接续丈放，所有镇国公旗放荒关防，既有款目未清及移交册籍等事，仍着该道收掌。俟一切清理就绪，再行呈缴。另单，洮南一府、二县应拨兵饷多少，并如何办法，候饬财政局酌夺办理。缴。

谕局队拘传领户于巨川来局缴款由

局衔　　为谕传事　　照得领户于巨川，尚欠荒价银一万五千余两，屡催未缴，殊属玩延。本局立待结报，岂容再事推缓。合亟谕仰护局马队右哨什长贾维翰带兵三名，前往吉林长春府农安县所属以西十五里冈子四合盛北迷子厂南地方，拘传欠户于巨川，立刻随从来局，以凭严催。事关公款，不准稍有抗延。该去差亦不得借端勒索，致干未便。切切。特谕。右传欠户于巨川一名。右谕右哨什长贾维翰等遵此。限回日缴销。光绪三十二年五月十九日。

局衔　　为发给护照事　　照得本局现派护局右哨马队什长贾维翰带兵三名，各携枪械子母，前赴吉林长春府农安县所属以西十五里冈子四合盛北迷子厂南地方，往传欠户于巨川。所有经过沿途关津、营汛，务须验照放行，勿得阻拦。该什长等亦不得借端滋事，致干究办。须至护照者。

右照给右哨什长贾维翰等收执。限回日缴销。光绪三十二年五月十九日。

局衔　　为移请事　　案照敝局领户于巨川，除已交荒价外，尚欠价银一万五千余两，屡催未缴。事关公款，敝局立待结报，岂容再事推延。兹派哨长姜显昌，将欠户于巨川送至贵府，请即饬交班差看管，俾免潜逃。俟该欠户将官款交清，再行移请开释。相应备文，移请贵府，请烦查照施行。须至移者。计送欠户于巨川一名。

右移花翎盐运使衔特授洮南府正堂孙。光绪三十二年六月初七日。

公旗局衔　为移行事　案查敝局前以领户于巨川欠缴荒价，移送贵府，以便押追。现在该户欠款，业经敝局催有着落，请将该户释放可也。为此，合移贵府，请烦查照施行。须至移者。

右移特授洮南府正堂孙。光绪三十二年六月初九日。

札为准理藩院咨请将公旗报效荒价数目咨复以凭议叙由

军督部堂赵　为札饬事　案准理藩院咨开"旗籍司案呈，本院具奏阁抄赵片'奏科尔沁公旗垦务所得地价报效请奖等因，请饬查明应得地价银两若干，报院再行核议等因'一折，于光绪三十二年二月二十五日具奏。本日奉旨："依议。钦此。"钦遵相应抄录原奏，咨行遵照办理可也。抄奏内开"查臣院则例内并无首先报垦，及报效地价银两议叙专条。且该将军原奏内称，该公愿将所得地价之半报效国家，亦未声明此次应收一半地价银若干两，臣院无从核议。相应请旨饬下盛京将军，查明该公旗应得地价之半银两数目，详细报院，再行议"等因，准此。查该公旗告竣，共收荒地正价库平银三十二万七千零三十七两三钱九分六厘，内除护局马队薪饷暨旗帜、号衣等项，动支库平银九千七百六十一两一钱二分四厘零三丝一忽外，实存库平银三十一万七千二百七十六两二钱七分一厘九毫六丝九忽。应以库平银一十五万八千六百三十八两一钱三分五厘九毫八丝四忽五微，作为该蒙旗报效国家之款。前于附奏荒务告竣分款折内，曾经声明咨行理藩院查照在案。兹准前因，除咨复外，合行札仰该局，即便知照。特札。右札札萨克镇国公旗蒙荒行局准此。光绪三十二年四月初一日。

札为准理藩院咨复议准蒙员等赏戴花翎饬知由

军督部堂赵　为札饬事　案准理藩院咨开"旗籍司案呈，本院具奏前由内阁抄出盛京将军赵片奏'此次公旗放荒，该札萨克镇国公喇什敏珠尔暨协理台吉土门吉尔噶勒、吉克济特札布等，于劝办垦务之初，慨然允许由官报垦，实属深明大义。且以时事艰难，需款孔亟，愿将所得地价之半报效国家。惟科尔沁镇国公喇什敏珠尔爵分较崇，应如何奖励，出自圣裁。其协理台吉土门吉尔噶勒、吉克济特札布等二员，管旗章京卜彦托克他虎一员，系属蒙员，无升阶可保，拟请赏戴花翎'等因一片。钦奉朱批：'该衙门议奏。钦此。'钦遵抄出到院，当经本院以则例并无首先报垦及报效地价银两议叙专条。且该公报效地价一半若干两亦未声明，请旨饬查详细报院，再行核议"等因。于光绪三十二年二月二十五日具奏。本日奉旨："依议。钦此。"钦遵咨行盛京将军在案。今准该将军覆称"该公旗共收荒价银三十二万七千余两，内除护局马队薪饷等项动支银九千七百六十余两外，实存银三十一万七千二百七十六两二钱七分一厘九毫六丝九忽。应以库平银一十五万八千六百三十八两一钱三分五厘九毫八丝四忽五微，作为该蒙旗报效国家之款"等因，咨复前来。查该协理台吉土门吉尔噶勒、吉克济特札布等二员，管旗章京卜彦托克他虎一员，该将军拟请赏戴花翎。伏查本院于光绪二十二年奏定蒙古捐输章程内开，台吉、塔布囊等应行戴用花翎者，即各以一千二百两为断，准以四成实银上兑等语。今科尔沁镇国公旗协理台吉土门吉尔噶勒、吉克济特札布等二员，管旗章京卜彦托克他虎一员，按捐输花翎应用实银一千四百四十两。该公旗报效一半地价，实银一十五万八千六百三十八两一钱三分五厘九毫八丝四忽五微，内应划出银一千四百四十两核给该协理台吉土门吉尔噶勒、吉克济特札布二员，管旗章京卜彦托克他虎一员，赏戴花翎。余银一十五万七千一百九十八两一钱三分五厘九毫八丝四忽五微，为数尚巨。至该镇国公喇什敏珠尔，从先得过何项加恩，应由本院札行哲里木盟长、郭尔罗斯辅国公齐莫特散帔勒转饬查明详细报院，再行核议等因一折。于光绪三十二年闰四月二十一日，奉旨："依议。钦此。"钦遵相应咨行查照等因，准此，除咨哲里木盟长转饬遵照外，合行札仰该局，即便查照。特札。

右札札萨克镇国公旗蒙荒行局准此。光绪三十二年五月十四日。

禀为领户张成栋抗欠赴京请咨翰林院饬其回籍清款伏候鉴核由

衔名　　谨禀督宪将军钧座前：敬禀者，窃卑局总办张道心田，前以翰林院庶吉士张成栋即领户张鸣銮欠有荒款，当于请交公旗荒务关防文内呈明在案。彼时，该领户当允赶紧赴荒卖地交款。嗣其来荒月余，仅交银五千六百余两，其余声称原籍存有卖荒现款，回到铁岭即能缴齐。当以其屡经推延，言语支吾，遂派佐委员东都与其同行，以便随时勒追去后。旋据该员禀称，该领户到铁后，只交银一千八百余两、银圆一千八百圆。方拟催其续缴，不意该户竟于闰四月二十六日乘隙潜赴京师去讫，无从追比等情，禀复前来。查该领户张鸣銮应交之款，除已缴不计外，尚欠银两万三千余两。似此巨款，胆敢推托不缴，潜避赴京，殊属抗延。且公旗荒务报竣，计今已逾数月，只以该户欠款未齐，致公旗应分之项，未能解清。是该户一日不到，即荒款一日不结。惟其既膺馆选，系有本管衙门，卑局碍难传案。兹谨仰恳宪台，俯鉴前情，咨行翰林院衙门饬其迅速回籍，由卑局勒限严追，俾得早清款目。为此，禀请宪台鉴，转咨施行。须至禀者。光绪三十二年五月十五日。

批　查镇国公旗蒙荒早经放竣，独该绅张成栋短欠荒价至二万余两之多，迄未清交。迨经勒催，该绅竟支吾赴京，以致未能速清款目，未免任意迟延。候咨翰林院衙门转饬速回清款，以结垦案。并候饬财政总局知照。缴。二十九日。

敬附禀者，窃据张道函称，现在虽请终制，前局尾欠荒户倘有舛错，仍系该道之责等语。查公旗旧欠各户，均经催有着落，只张成栋一户欠款二万三千余两，潜避赴京。前次业经卑职禀请宪台，咨行翰林院饬催该员回籍交款在案。该户所领之荒，大半未经卖出，应领信票现仍扣留在局。将来或由该户自行卖荒归款，或询明某段尚未安户，经官为之撤地，另行出售。欠款虽巨，有项可抵办理，似不至甚难。然非该户到荒，职局徒深焦急，无从追比。仍恳宪台格外主持，俯催该户迅即来荒，俾欠款速为催齐，而职局亦得以早日报结也。须至附禀者。光绪三十二年六月二十日。

呈为汇报信票掣发剩存数目恳请备案由

全、局衔　为呈报、咨行事　窃查职（案查敝）局先后领到宪台（督宪）颁发各等信票五千二百张。现在荒地丈竣，所有掣发上中下生熟三项信票，并城镇两基信票，及剩存各等信票张数，汇总具报，以备（便）稽核。除咨行财政总局查照（呈报督宪鉴核）外，理合缮折（相应缮单）备文呈报（咨行）。为此，呈请宪台鉴核，伏乞照呈备案（合咨贵总局，请烦查照）施行。须至呈、咨者。计呈清折一扣（粘单一纸）。

右呈、咨军督部堂赵、财政总局。光绪三十一年十一月十三日。

咨为催缴所剩信票以便查销由

奏办奉天财政总局　为咨行事　光绪三十二年三月初二日奉军督宪批，贵局具呈先后领到信票掣发剩存数目，请查核并送清单缘由。奉批"据呈已悉。仰财政总局查照。缴。折存"等因，奉此，并准贵局开单，咨同前因。查札萨克镇国公旗蒙荒，现既丈放完竣，所剩信票应即截数缴回查销。相应咨行贵局，烦即查照。须至咨者。

右咨科尔沁札萨克镇国公旗蒙荒行局。光绪三十二年三月十三日。

呈为派员赴省呈缴剩存信票恭请饬收注销由

前局衔　为呈送、咨行事　窃查职（案查敝）局前将掣发剩存信票，汇总开单，呈请宪台（督宪）鉴核，并咨财政局（贵局）查照在案。兹于三月十三日，准财政局（贵局）咨开"奉军督宪批，据呈先后领到信票掣发剩存数目，开单请核缘由，仰财政总局查照。缴。折存"等因，奉此，并准咨同前因。查镇国公旗现已丈放完竣，所剩信票应即截数缴销等情。准此，查职（敝）局除补发刘振起等信票四张，业经另文呈报外，所有职（敝）局剩存各等信票谨缮清折（开具清单），派差遣委员舒秀赍省呈缴。理合（相应）备文，呈请宪台鉴核，饬销（咨行贵总局，请烦查照）施行。再职（敝）局掣发过各等信票，俱有存根，请仿照札萨克图成案，俟职（敝）局呈缴关防时，即将各等信票存根并卷宗、册籍，移交安广县存查，以备六年升科时核换大照，合并声（发）明。须至呈（咨）者。附呈清折一份（粘清单一纸）。

右呈、咨军督部堂赵、奏办奉天财政总局。光绪三十二年闰四月二十四日。

咨为局缴剩存信票奉批注销转咨由

奏办奉天财政总局　　为咨行事　　光绪三十二年五月初八日奉军督宪批，贵局送销余剩信票，并请仿照成案，俟缴关防时，即将存根、卷宗、册籍移交安广县存查，以备起科换照，请查核缘由。奉批"呈悉。余剩信票二千六百六十八张，准缴销。所有票根、卷宗、册籍，俟该局事竣，均交该管安广县存查，俾便届期换照。仰财政总局查照转移。缴。单存"等因，奉此，并准贵局咨同前因。相应咨行贵局，烦即查照，并俟事竣，将移交存根、卷宗、册籍数目，开单分咨敝局备案。须至咨者。

右咨科尔沁札萨克镇国公旗蒙荒行局。光绪三十二年五月二十七日。

呈为遵复部指荒数薪价两节恭请核咨由

总办钟全衔　　为呈复事　　窃卑局于本年八月十七日，奉到财政总局咨开："为咨会事，光绪三十二年七月初六日奉军督宪札开：'为札饬事，案准户部咨开：山东司案呈，内阁抄出盛京将军赵　奏，镇国公蒙旗垦务丈放完竣，征收荒价经费银两动存数目各折片。'光绪三十二年二月初二日奉朱批：'户部知道。单片、图表并发。钦此。'"钦遵到部，并据该将军造册咨部前来。除将原册存查外，相应恭录朱批，咨行盛京将军遵照。查前盛京将军增　奏接展放镇国公旗蒙荒一折内称"该旗原指出放荒界宽长各百里，现已丈清，得毛荒四十余万垧。添放河南一带，宽约百余里，长约三十里"等语，并未声明垧数。今单开丈放生熟、城基各项地共四十六万余垧，核与前奏地数不相吻合，难免该委员有放多报少情弊。应令确切查明原放荒界内放地若干，展放荒界内放地若干，分别开单声复，再行核办。至片称全荒告竣，通计收过经费银五万七千七百一十四两零内，除开支总、行各局一切经费外，实余银一千六百三十九两零一节。查前将军增　奏，该公旗蒙荒设局派员丈放，应支薪水、车价，照札萨克图王旗成案办理等因在案。该王旗蒙荒共丈地一百七万余垧，开支各局薪工等银六万五千一百余两。今该公旗蒙荒共丈地四十六万余垧，开支各局薪工等银五万四千五百余两，实属浮多。应令比照放地垧数，从实核减报部，再行核办，可也，等因，准此，合行札仰该局，遵即转行查明声复，以凭核咨，毋延。特札等因。奉此，相应咨会贵局，请烦查照文内事理，望速查明见复，以凭呈请核咨"等因，奉此。查荒地宽、长百里，应得地四十五万垧，此系确数。惟卑局原拟章程第三条内已声明，原指应放荒界宽、长均不足百里，所以全界丈竣，连蒙古留界及不可垦地在内，仅得三十一万四千九百余垧，外有城基一处，占地一千一百余垧不在此内。其添放河南一段，原订宽约百里，长约三十里，应得地一十三万五千垧之谱。后照原订之数由宽处展出，所以丈得上中两等荒地，致有十四万六千九百余垧。此外有镇基一处，占地七百九十余垧，不在此内。是原放界内，不足四十五万垧者，以宽、长不足百里也。添放界内，照应得地数计多一万一千余垧者，以由宽处展出也。且公旗原许之数，均以里数见方而言，按里开方，若开正方，得地能符定数，若开斜方，则地数必少，此不易之定理也。此荒四面均有锐狭之形不能划开正方，地数之少在所必然。委员等均系随形丈地，按地核垧，图册具在，可按而稽，并无丈多报少情弊。至谓多糜经费一节，查办过札萨克图原案，共丈地一百二十五万余垧，开支薪工银十万零二千余两，非仅开支六万五千一百余两，此次丈地四十六万余垧，开支薪工银五万六千零七十余两，即比照札萨克图丈地垧数与开支薪工银数，亦无甚悬殊，且均系照章支销，并无浮冒，实系无从核减。所有遵饬声复部指各节缘由，除呈报财政总局外，理合备文呈请宪台鉴核，转咨施行。再部指公旗蒙荒开支薪工银五万四千五百余两，查卑局开支薪工共系五万六千零七十余两之数，当蒙宪台咨部在案，故文内即照此数声复，合并声明。须至呈、咨者。右呈、咨军督部堂赵、财政总局。光绪三十二年九月十一日画行。

办理图什业图蒙荒案卷

本卷前言

是编为办理札萨克镇国公旗蒙荒之后，开办图什业图（即哲里木盟科尔沁右翼中旗）蒙荒档案资料。收录光绪三十二年（1906）奏办图什业图蒙荒行局与奉天将军赵尔巽间的呈报、札饬、批示文，与驻省总局、财政局、洮南府、镇国公旗间的咨移文，与属员、绳起、领户间的札示、禀请文等。记载了内蒙古自治区兴安盟突泉县和吉林省瞻榆县（今并入通榆县）开发、建置过程。图什业图旗原属奉天将军管辖，其蒙荒行局总办张心田，原是镇国公旗蒙荒行局总办，仍兼理原行局遗留工作，故是编亦间有镇国公荒务资料。此荒后由道员毛祖模、洮南知府孙葆瑨总办或兼署，放荒时间持续多年，本书只搜集前段较为集中的档案。

图什业图王旗，自清初封疆以来，地位显赫，至蒙王色旺诺尔布桑保仍任哲里木盟长之职。由于色王"淫奢恣虐，戾起园亭楼榭，远购珍玩、服饰、花木、竹石之属以万计，自京师输之藩邸千数百里，役属其民。又尝以小过鞭笞人至死，或缚羁暗室瘐死以为快"。台吉王府官员争权，内宠福晋，民怨沸腾，刚保、桑保、王洛虎匪徒嚣张，俄国侵略势力插足，矛盾十分复杂激烈，"由是内外离心""全旗内哄起"，该王被击毙（《东三省政略·荒务篇》）。乱后操持权柄之台吉，以该王自缢上报，加之新立王业海喜顺系故王之远支，台吉丹赞呢玛与之争位，由是呈控不已，清廷派兵部尚书裕德、肃亲王、奉天将军等查办数次，全旗形势益形混乱。日俄战争之后，两强加紧了对东北的争夺，哲里木盟是俄国侵略的重要目标，于是便乘机以借款等形式从中挑拨，以逞其进而军事占领之企图。洮南至郑家屯一带是北捍俄国南向侵略，南阻日本向北深入的军事要地和门户。放荒不仅是"抚绥藩服""固圉实边"，乃是保障满洲之根本大计。故清廷加速对该区的开发、建制，乃至筹建武装。图旗南部一带地质硗瘠，荒务起色颇微。然地处要地，虽行局经费紧张，亦坚持三年之久，后由洮南府主持续放。

图什业图王旗地处洮南府、开通县西南。是档除记载突泉县和瞻榆县开发建置、历史沿革、政治形势、人物、经济、地貌、土壤、民俗、文化等外，亦记述了镇国公旗洮儿河以北、札萨克图郡王旗北部续放荒务，诸蒙旗的关系等项，是研究今内蒙兴安盟和吉林白城地区的重要文献资料。

　　本书根据洮南市档案馆和大连、辽宁图书馆所藏原档，参照东北师范大学图书馆古籍部所藏手抄本《镇国公蒙荒案卷》次序，以纪年编排，并以手抄本增补原档案所未搜集到的有关篇章，并新编目录。原件手写，字迹潦草，亦有舛误，参照师大手抄本，对衍夺错讹径改之，不出校记。对人名、地名同音或音近字异者，均保持原貌。图什业图蒙荒行局因事向奉天将军呈文，又向驻省总局、财政局、洮南府、镇国公旗等咨移文，内容同一，只是称呼、行文习惯所用个别词句有异，为撙节篇章，故并入一文。其词名不同，以呈文为主，而将咨移文中不同词名，用（）括起，以示区别。

编　者

督宪札委总办张道心田并饬发木质关防由

军督部堂赵　　为札委事　　照得本军督部堂前以筹办蒙荒，现将图什业图地方劝办就绪。请派员收价丈放等情，当经奏奉朱批照准在案，自应派员前往办理。查有花翎留奉补用道张道心田，熟悉情形，堪以派为该行局总办，并刊就木质关防一颗，文曰"奏办图什业图王旗蒙荒行局关防"，随文饬发，以昭信守。其一切应办事宜，即仿照札萨克图蒙荒章程办理。如有应行变通之处，亦即酌量拟定，呈候核夺。务期尽善无弊，是为至要。除分行外，合行札委，札到该道即便遵照，妥为办理，勿延。切切。仍将启用关防日期具报。特札。　　计发木质关防一颗。

右札总办图什业图王旗垦务行局事宜花翎留奉补用道张道心田准此。光绪三十二年二月十三日。

咨请图什业图王旗派员领段指界会同勘分界址订荒地等则由

局衔　　为咨行事　　案查敝局前于二月十四日接奉军督宪札，奏派勘放图什业图王旗蒙荒行局事务，祗领关防，遂即在省启用。兹于三月二十三日，由省抵洮南府行局，拟即赶紧开办，先派各起绳弓，赴荒勘丈边界，并分订上、中、下荒地等则，以便定价招领。然必须贵王旗妥派蒙员，领段指界，会同勘分界址，挖立封堆，并宜同订荒地等则，以昭平允。兹先派敝局四起委员、知县俞令汝钦，蒙文翻译委员、补用骁骑校文委员亨，前赴贵王旗。约请速派蒙员，订期会勘。并原许印文之外，曾与贵旗拟商，尚有添放之段，如能多放，即可一并勘界订价，相应备文咨行。为此，合咨贵王旗，请烦查照，迅即施行。须至咨者。右咨：图什业图王旗。光绪三十二年三月二十七日。

禀请委纪牧应澜等提调一差拣派由

敬再禀者，窃查职局提调一差所关至要，非有才望兼优、老成持重之员，难期领袖员司，提挈庶务。查有办理辽源斗秤牛马税、分省知州纪牧应澜，办理复州盐厘、候选知县李令钟山，升用知府、候补同知蒋丞文熙，此三员中，惟纪牧应澜，前在札萨克图荒务充当收支委员，深悉其心性正大，办事结实。若准将该员调委职局提调，实于局务大有裨益。倘以税务现资整理，实难更调，即请于李令钟山、蒋丞文熙二员内拣派一员，调委职局提调，用资襄助。查该二员心正才明，均有历练。职道等知之有素，是以冒昧禀请，是否有当，伏候宪裁，拣派施行。须至再禀者。

禀为提调刘令作璧请收回原饬另派妥员接充其职据情转禀由

双衔　　谨禀督宪将军钧座：敬禀者，窃据职局提调、尽先选知县刘令作璧禀称"窃卑职前在东公行局销差住荒，本拟再求差使，续图报效，奈接到家信，老母因去年两国有事，邮信不通，望子倚闾，吉凶莫卜，嘱令差竣作速言旋等语。窃思卑职家无次丁，老母年逾七十。卑职荒陬于役，久抱不安，乃当闲居望云之际，得衰亲啮指之音。正拟肃丹叩辞就道遄返间，奉到督宪札委西王荒局提调差使，仰荷恩培，莫名感刻。惟卑职趋公之念虽切于乘时，而问寝之私实悬于爱日。仍恳俯察下忱，据情核转另派妥员，实为公德两便"等情，据此。当由职道批饬，该员久任荒差，颇资得力。现又禀请升委提调，所请给假本难为之转恳。惟据称母老、丁单、望云念切，亦属实在情形。饬候宪台核示，并另委妥员接充等语，行知遵照在案。伏查职道前为该员请升提调，蒙准札委，沐宪恩之优渥，在该员宜如何感激图报，冀效涓埃。乃因啮指关怀，遂决归计，一再开导莫可挽回，仰念鸿施不禁，为呼负负也。第据情迫切，不容遏其乌私，合极恳请。

尽先用知县刘令作璧请收回原饬别派提调回籍省亲由

尽先选用知县刘作璧　谨禀总、会办大人钧座前：敬禀者，窃卑职前在东公行局销差住荒，本拟再求差使续图报效。奈接到家信，老母因去年两国有事，邮信不通，望子倚闾，吉凶莫卜，嘱令差竣作速言旋等语。窃思卑职家无次丁，老母年逾七十。卑职荒陬于役，久抱不安，乃当闲居望云之际，得衰亲啮指之音。正拟肃丹叩辞就道遄返间，奉到督宪札饬，知蒙我宪禀委西王荒局提调差使，仰荷恩培，莫名感刻。卑职趋公之念虽切于乘时，而问寝之私实悬于爱日。除当将委札敬谨呈缴外，仍恳我宪俯察下忱，据情核转收回原饬，另派妥员，实为公德两便。所有恭缴委札、回籍省亲各因由，理合禀明。须至禀者。卑职作璧谨禀。

［批］该员久任荒差，深资得力。现又禀请升委提调，率难率行准假为之转请。惟据称亲老丁单，倚闾念切，应即准其所请。禀候军督宪核示，另委妥员接充。缴。光绪三十二年三月二十八日。

札饬四起监绳委员俞经历汝钦等前往王旗约会派蒙员十起并详商展放荒段由

双衔　为札饬事　照得本行局出放图旗蒙荒开办在即，自应饬起先将蒙旗原许边界里数查明，以清界址。一面查验土性，分订上、中、下等则。合亟札派四起监绳委员俞经历汝钦、蒙文翻译补用骁骑校文委员亨会同前往该王旗，约会该旗协理印军等，速派蒙员十起听候，各起绳弓到荒会同勘丈，并将印文以外曾经拟商之荒段能否展放，一并详商。札到该员，即便遵照办理。切切。特札。

右札仰四起监绳俞委员汝钦、蒙文翻译文委员亨准此。光绪三十二年三月廿七日。

呈报到局日期及拟赶紧开办情形恭请鉴核由

全衔　　为呈报事　　窃职道于三月初七日禀辞，当即带同局起员司等起程。十三日行经辽源州，副北路统巡吴俊升剿贼回防，遵拨马队一哨，步队三十名。十八日由辽源带领开拔，二十三日行抵洮南府。行局各员司等，亦均陆续到齐。当商同卑职钟祺，一面料理开办，并督饬赶造绳弓丈地物件，即一面移文派员前往图什业图，先行咨会该王旗，迅即派妥蒙局起员，克期聚齐，以备会勘荒段。拟将局事部署妥协，兵队点验安置，并将前局尾欠，上紧严催，暨支应镇国公旗应领价银一切应办事宜布置就绪。俟王旗蒙员派齐，职道赶即督带各起绳号，驰赴荒段，会同蒙员划清出放界址，勘分上、中、下荒地等则，采立城基，即行详拟章程，呈请宪台核夺奏咨立案，出示招领。至该旗印文以外，前议出放南北两段，拟此次一并切实劝办。如果商妥，随即取具印文，备文呈报。除俟分清界址订明等价再行随时呈报外，所有职道到局日期及拟赶紧开办情形，合先具文呈报。为此，呈请宪台鉴核施行。须至呈者。

右呈军督部堂赵。光绪三十二年三月二十九日。

禀为拟由钱号豫顺亨代收荒价酌加汇水谨筹化私为公办法恳请示遵由

全衔　　谨禀督宪将军座前：敬禀者，窃查奉省向来各处办荒于收荒价一节，多有随带省垣钱号代为经理者，原以银色低潮难于解缴，而道路不靖运送又须戒严，故带有钱号，以为验看银色、汇兑解款之便。然其中实有难处，如现银纹色不足，势必照成扣色兑使，各处汇票又必照行加水，领户致多亏折，深恐喷有烦言。然不如此办理，则商号赔累，又不肯往收。职局前办札萨克图时，曾经请示前宪批饬，妥为筹办，亦未明定章法。职局只得谕令商号，非足银不收，不准扣色，其汇票汇至省垣者，方准酌加汇水。历办两次荒务，皆系钱号豫顺亨代收。比年食物昂贵，道路险阻，该号实无剩利，此番颇有越趄之势。查该号此次拟在省之辽源、吉林之长春设立分号，以为汇兑之便。若待此荒放竣，须越一二年之久，该各分号常年食用，应亦不赀。若为该商筹计，亦不得不为官民一并筹计。兹拟筹官商民三面交益之道，定为划一之规。唯有将酌加汇水一事，化私为公。仍令该号代收，所有荒户交款，无论现银、汇票在省、在荒，统按每百两加汇水银二两，约计全荒收价可得六七十万之谱，其汇费亦可得一万数千金左右。俟全荒收竣，令该号酌缴二成报效，解交督辕，以为办公之用。如此事归一律，该号既有利益之得，领户又无亏折之苦。职局亦可得通融汇解之便。职道为官商民交相受益起见，是否有当，合肃禀陈。

伏乞鉴核，批示遵行。须至禀者。

双衔　　为札委署理事　　照得本行局现在事务殷繁，请委提调，尚未奉准，应先拣员署理，以资臂助。查有四起监绳委员俞令汝钦，人极精明，颇能办事，堪以委署提调。递遗四起监绳委员一差，查有差遣委员荣防御斌，熟习丈务，堪以调署，以便赶紧操办绳弓一切事宜。为此札委，札到各该员，仰即遵照任差，勿得以暂时署理，稍涉因循。切切。特札。

右札仰署理提调俞委员汝钦、四起监绳荣委员斌准此。光绪三十二年四月十九日。

双衔　　为札委事　　照得各起丈务，须书算辅相而行，庶以资考核而免疏漏。查有十起随绳司事李绍庚，算法娴熟，堪以调委五起随绳司事。其递遗十起司事一差，查有五起司事张同昆，长于书写，堪以调补。如此变通办理，庶两起均资得力。除呈报暨分札外，合行札委，札到该司事，即便遵照任差。切切。特札。

右札仰五起随绳司事李绍庚、十起随绳司事张同昆准此。光绪三十二年四月初七日。

双衔　　为谕派事　　照得本行局甫经开办，事务繁繁，自应分派局差，以供任使。查有蓝翎五品顶戴李德盛、李顺、徐殿卿、罗仲麟，蓝翎六品顶戴周喜，五品顶戴吴焕香、曲国栋、常占玉、许鸿声均堪派为局差，每名月支工食银十两，合行给谕。谕到该局差，即便遵照任差。切切。特谕。

右谕局差李德盛、李顺、徐殿卿、周喜、罗仲麟、吴焕香、曲国栋、常占玉、许鸿声遵此。光绪三十年三月三十日。

双衔　　为谕派事　　照得本行局开办图什业图蒙荒局务殷繁，所派额内贴书不敷分缮。查有附生孙佐廷、岁贡生王敬敷堪以派为效力贴书，以资缮写，为此谕派。谕到该贴书，遵即任差。切切。特谕。

右谕效力贴书孙佐廷、王敬敷准此。光绪三十二年四月初七日。

局衔　　为札委事　　照得本行局开办图什业图蒙荒局务繁繁，自应酌派差官，以资差遣。查有蓝翎五品顶戴尽先把总吴亮孚，蓝翎五品顶戴李广才，五品顶戴赵瑞增均堪派为差官，月各支给津贴银十两。除分札外，合行札委。札到该差官，仰即遵照任差，勿负遴委。切切。特札。

右札仰差官吴亮孚、李广才、赵瑞增遵此。光绪三十二年三月三十日。

双衔　　为札委事　　照得本行局开办图什业图蒙荒局务殷繁，所委额内委员不敷差遣，亟应添派额外委员，以襄庶务。查有五品顶戴尽先即补骁骑校连玉，堪以派为额外委员，以供差遣。除俟汇册呈报并分行外，合亟札委。

札到该员，即便遵照任差，勿负遴委。切切。特札。

右札仰额外差遣委员连玉遵此。光绪三十二年四月初一日。

军督部堂赵　　札饬事　　案据财政总局呈称"窃查各处垦局丈放地亩，从前均系随丈随放，遂致承办员司挪移等则、溢放绳弓弊窦丛生，几至不可究诘。现值札萨克图并图什业图两处荒局开办伊始，必须筹定办法，以矫积弊。职局悉心酌核，拟请饬令各该局，先将应放各地统盘绳丈，并核明等则造册具报，然后再行按段拨放。如是办理，庶亩数之多寡，土性之肥瘠，均有册籍可稽。拨段之时，承办各员，无从高下其手。不独事较核实，即总司局事者，亦复便于稽查，似觉一举两得。至荒局需用信票，早年旧式未能完善。现经职局酌定三联丈单，每联各绘所拨地段图说，注明四至及边界。绳弓末联曰'丈单'，发给领户，将来换照，即予粘连照后，加盖骑缝印信。中联曰'存查'，汇交经征衙门备查。首联曰'存根'，事竣缴回职局存案。若照丈单所载之图，挨号另绘图册，并以散图若干，再绘总图一纸，则垄亩之数朗若列眉，与鱼鳞号册尤可互相表里。现在彰武清丈局并盘蛇驿、牛庄、苇塘各垦局，均已遵照办理。该处荒务事同一律，亦应仿办，期臻美备。此项丈单，统由职局钤印给发。各该局需用若干张数，并应预行请领，以备临时填用。除分别咨行外，理合呈明查核，分饬遵照"等情，据此。除批示"据呈，已悉。所议甚为周妥，应准照办。候札饬札萨克图并图什业图两蒙荒总、行各局遵照。缴"等因印发外，合行札仰该局，即便遵照。特札。

右札图什业图蒙荒行局准此。光绪三十二年闰四月初三日。

奉天财政总局　　为咨行事　　光绪三十二年闰四月十四日奉军督宪批，敝局呈明各处荒局丈放地亩，应令先丈后放，并领用绘图三联丈单，请分饬各荒局遵照办理缘由。奉批"据呈，已悉。所议甚为周妥，应准照办。候札饬札萨克图并图什业图两蒙荒总、行各局遵照。缴"等因，奉此。查此案前经敝局筹定办法，业经咨行查照在案。兹奉前因，相应咨行贵局，烦即查照前咨办理。须至咨者。

右咨图什业图蒙荒行局。光绪三十二年闰四月二十七日。

军督部堂赵　　札饬事　　案据财政总局呈称"光绪三十二年闰四月十五日奉宪台批，据续放札萨克图蒙荒行局呈报，定期赴蒙旗商办一切，并顺道查勘荒段，即行开绳清丈，请将丈单先行刊刷印发，以便应用缘由。奉批'呈悉。所请丈单，仰财政总局查照刷发。缴'等因，奉此。遵查各处垦局，所放地段情形各不相同，需用丈单词句宜有区别。是以某处所用之单，必须俟某处章程议定后，方能妥拟刷印。现在，该局续放札萨克图荒段所有办法章程，尚未筹议具报，据请丈单，殊难平空悬拟。且职局前发彰武庄等处垦局所用丈单，均载明给单之后，限二十日交清地价，呈请粘发大照。逾限不交，即将原单作废，撤地另放。立法之意，盖因从前办理垦务，久不换照，枝节丛生，流弊百出。是以欲将换照事宜随时了给，使民间执业概以大照为凭。而检查蒙荒成案，各领户承领信票之后，应俟升科之年，再由蒙旗换给蒙照。此次办理札萨克图荒务，若照旧章办理，势不得不仍以丈单为据，其价已交清，及逾限作废之丈单，均散在领户之手，最易蒙混滋弊，尤须先筹妥善之法，方能推行无阻。查从前蒙荒换照年份远远，领户于未经换照之先，往往互相买卖，遂致纠葛纷纭，无从清厘，本非办法。欲祛其弊，必须克期换照，乃能直截了当。惟需用大照，如由蒙旗给发，势必仍致清结无期；若由荒局给发，又恐蒙旗另生疑阻。职局悉心酌核，拟请将此次蒙荒地照，改用蒙汉合璧文字，由宪台会同蒙王例衔会印，再交荒局按照丈单，逐户给领。所收照费，酌定数目，悉归蒙旗作为津贴。如是办理，庶蒙旗不致觖望，易就范围，而荒局见单给照，亦可速于竣事。第事属改章，应由该局先向蒙旗将从换照窒碍情形，推诚布公剀切开导。俟商定后，即同办法章程，一并详细呈复，以便核明呈请，奏咨立案。所请发给丈单之处，应请暂缓，是否有当，理合呈请鉴核，饬遵"等情，据此。除批示"呈悉。查从前办理蒙荒先发信票，缓俟四年升科以后，始由蒙旗换给蒙照，遂致领户乘间渔利，辗转取巧，纠葛滋多。实非所以清本源而昭核实。今该局议将此次蒙荒地照，改用蒙汉合璧文字，由本督部堂会衔会印，交由荒局于放地后，先发丈单，勒限交价，俟价交清，即发大照。酌定照费，悉归蒙旗。在该旗乃无觖望，而垦务旧弊借以祛除，所议甚为妥善，候札饬该行局，即向蒙旗剀切开导，妥速商定，即同开办章程详细呈复，以凭核奏。该行局所请丈单，应缓再发。至图什业图蒙荒情事相同，亦应照办，并候分饬遵照。缴"等因印发外，合行札仰该局，即便遵照。特札。

右札图什业图蒙荒行局准此。光绪三十二年五月　日。

财政总局　咨行事　卷查各处垦局丈放地亩，从前均系随丈随放，遂致承办员司挪移等则、溢放绳弓弊窦丛生，几至不可究诘。现值札萨克图并图什业图两处荒局开办伊始，必须筹定办法，以矫积弊。敝局悉心酌核，拟请贵局先将应放各地统盘绳丈并核明等则，造册具报，然后再行按段拨放。如是办理，庶亩数之多寡，土性之肥瘠，均有册籍可稽。拨段之时，承办各员，无从高下其手。不独事较核实，即总司局事者，亦复便于稽查，似觉一举两得。至荒局需用信票，早年旧式未能完善。现经敝局酌定三联丈单，每联各绘所拨地段图说，注明四至及边界。绳弓末联曰'丈单'，发给领户，将来换照，即予粘连照后，加盖骑缝印信。中联曰'存查'，汇交经征衙门备查。首联曰'存根'，事竣缴回，敝局存案。若照丈单所载之图，挨号另绘图册，并以散图若干，再绘总图一纸，则陇亩之数朗若列眉，与鱼鳞号册尤可互相表里。现在彰武清丈局并盘蛇驿、牛庄、苇塘各垦局，均已遵照办理。贵局荒务事同一律，亦应仿办，期臻美备。此项丈单，统由弊局钤印给发。贵局需用若干张数，并应预行咨领，以备临时填用。除呈明并分别咨行外，相应咨行贵局，烦即查照办理，并希见复施行，须至咨者。

右咨图什业图蒙荒行局。光绪三十二年闰四月初九日。

禀为恳请借拨银两伏乞宪鉴由

全衔　　谨禀　　督帅将军麾下：敬禀者，窃职道现奉宪委开办图什业图王旗荒务，业已面禀宪台，酌带员司先赴荒段查勘一切，再行禀订章程，设局开办。查此次所带员司，均不能不先为酌发薪水，以资办公。惟此荒现未收款，应请仿照开办镇国公旗荒务章程，先行借款垫发。兹拟请由旧局存储公旗正款项下，借拨沈平银八千两。俟收有荒款，即时归还。所有恳请借拨银款缘由，理合禀请宪台核示遵行。须至禀者。光绪三十二年二月十六日。

奏办奉天财政总局　　咨行事　　案奉军督宪批，据贵局禀开办图什业图王旗荒务，请由镇国公旗旧局正款项下借拨沈平银捌千两，以资发给员司等薪水。俟收有荒款，即行归还，请核示一案。奉批"准借拨，仰财政总局转行知照。缴"等因，奉此。相应咨行贵局，请烦查照可也。须至咨者。

右咨图什业图王旗蒙荒行局。光绪三十二年二月二十八日。

局衔　　为咨行事　　案准财政总局咨开："为咨行事，案奉军督宪批，据贵局禀开办图什业图王旗荒务，请由镇国公旗旧局正款项下借拨沈平银捌千两，以资发给员司等薪水，俟收有荒款，即行归还，请核示一案。奉批'准其借拨，仰财政总局转行知照。缴'等因，奉此。咨行前来，合行转咨贵行局，请烦遵照宪批，提拨沈平银捌千两，兑交来差收讫，以资办公。"除俟兑清楚再行呈报分咨外，相应备文咨行。为此，合咨贵行局，请烦查照施行。须至咨者。

右咨镇国公旗蒙荒行局。光绪三十二年二月二十九日。

镇国公旗蒙荒行局

咨行事　　案查敝局于光绪三十二年二月二十九日，接准贵局咨开"为咨行事，案准财政总局咨开：'案奉督宪批，据图什业图荒务开办，请由镇国公旗旧局借拨沈平银捌千两，以资发给员司等薪水。俟收有荒价，即行归还，请核示一案。奉批：准其借拨，仰财政总局转行知照。缴。等因，奉此，咨行前来，相应转咨贵行局，请即遵照宪批，提拨沈平银捌千两，兑交来差，以资办公"等情，准此。遵即由敝局现存正款项下，拨银捌千两，如数兑交来差领讫。除呈报督宪备案暨咨财政总局查照外，相应备文咨行。为此，合咨贵行局，请烦查照，见复施行。须至咨者。

右咨奏办图什业图蒙荒行局。光绪三十二年二月二十九日。

呈为遵由前局借拨沈平银八千两照数收讫请备案由

全、局衔　为呈报、咨行事　窃职（案查敝）局前以开办肇始需款办公，当经禀请宪台（督宪），由前局（镇国公旗蒙荒行局、贵局）借拨沈平银捌千两。俟收有荒款，即行归还。兹于二月二十八日接准财政总局（贵总局）咨行，案奉宪台（督宪）批"据前情准其借拨，仰财政总局转行知照。缴"等因，奉此。咨行前来，遵即由该行局（贵行局）存储荒款下，提取沈平银捌千两。当经派员照数弹兑收讫，以备开支员司等薪价银两。俟职（敝）局收有荒价，即行归还，以清款目。除咨行财政总局暨复公旗蒙荒行局（呈报督宪备案暨复公旗蒙荒行局、呈报督宪备案暨咨财政总局）查照外，理合（相应）备文具呈（咨行）。为此，呈请宪台鉴核备案（合咨贵总局请烦查照）（贵行局请烦查照施行）。须至呈者、咨者。

右呈、咨军督部堂赵、奏办奉天财政总局、镇国公旗蒙荒行局。光绪三十二年二月二十九日。

财政总局　为咨复事　光绪三十二年三月初一日，准贵局咨开"以现由札萨克镇国公旗蒙荒行局，借拨沈平银捌千两，业已照数收讫，作为开办经费，烦即查照"等因，准此。并准札萨克镇国公旗荒局咨同前因。除分咨外，相应咨行贵局，烦即查照，俟收有的款照数拨还，即行移报查核。须至咨者。

右咨图什业图蒙荒行局。光绪三十二年三月十六日。

财政总局　为咨行事　光绪三十二年三月初六日，奉军督宪批，贵局具呈，现由札萨克镇国公旗蒙荒行局，借拨沈平银捌千两，业已照数收交请备案缘由。奉批"仰财政总局查照。缴"等因，奉此。查此案前准札萨克镇国公旗荒局咨会到局，业经敝局咨复在案。兹奉前因，相应咨行贵局，烦即查照前咨办理，一俟款项拨还之日，仍希咨复敝局查核。须至咨者。

右咨图什业图王旗蒙荒行局。光绪三十二年四月初十日。

镇国公旗蒙荒行局　为移复事　案照光绪三十二年六月初十日，接准贵局移开"前以开办肇始，需款办公，请由贵局正款项下，拨借银捌千两。俟收有荒款，即行拨还。当经禀蒙督宪批准。并咨行贵局在案。兹将前借贵局正款银捌千两，由敝局收存荒款项下划拨归还，解交贵局，希即兑收见复施行"等情，准此。当经敝局照数弹兑收讫。相应备文移复贵局，请烦查照施行。须至移者。

右移图什业图蒙荒行局。光绪三十二年六月十五日。

呈为前借札萨克公旗蒙荒行局银八千两现已如数归还伏乞鉴核由

衔名、局衔　　为呈报、咨呈移行事　　窃查职（案照敝）局前以开办伊始需款办公，请由镇国公旗蒙荒行局（贵局）正款项下拨借银捌千两。俟收有荒款，即行拨还。当经禀蒙宪台（督宪）批准（并咨行贵局）在案。兹将前借镇国公旗蒙荒行局（贵局）正款银捌千两，由职（敝）局收存荒项下划拨归还，业经该行局照数（解交贵局，希即）兑收。除咨呈财政总局并移镇国公旗行局（呈报督宪并财政总局）外，理合（相应）备文呈报（移行）。为此，呈报宪台鉴核（宪台鉴察）、（合移贵局请烦查照）、合移贵局查照兑收见复施行。须至呈、咨呈、移者。

右呈、咨呈、移军督部堂赵、财政总局、图什业图王旗蒙荒驻省局、镇国公旗蒙荒行局。光绪三十二年六月初九日。

呈为恭报启用行局关防日期伏乞宪鉴由

全、局衔　　为呈、咨行、移行事　　窃查职道（案照敝局）于本年二月十四日，奉到宪台（督宪）札委总办图什业图王旗蒙荒行局，并颁发木质关防一颗，饬将开用日期呈报等因，奉此。职道（敝局）遵即祗领，即日择吉敬谨启用。除分行移咨（呈报）外，所有接到行局关防，并开用日期，理合（相应）备文呈报（咨行、移行）。为此，呈请宪台鉴核（合咨贵局、处请烦查照；合移贵道、府、县、州、旗、总巡、统巡，请烦查照）施行。须至呈、咨、移者。　　右呈、咨移军督部堂赵、财政总局、督辕文案处、督辕营务处、垦务总局、交涉总局、驻省总局、商务总局、学务处、矿务总局、驿巡道、奉天府、昌图府、怀德县、奉化县、康平县、辽源州、图什业图王旗、吴统巡、王总巡、洮南府、靖安县、开通县、安广县、瑞统巡、警察总局。光绪三十二年二月十四日。

批　　据呈已悉。缴。

财政总局　　为咨行事　　光绪三十二年二月初四日奉军督宪札开"为札饬事，照得本军督部堂，于光绪三十二年正月二十日具奏，为遵旨筹办蒙荒现将图什业图地方劝办就绪，请援案派员收价丈放等因一折。除俟奉到朱批，再行恭录饬知外，合行抄奏，札仰该局，即便知照。特札。计抄奏一件"等因，奉此。相应抄奏咨行贵道，烦即查照。希将办理情形，随时咨会敝局备查施行。须至咨者。

计粘抄奏一件。

右咨图什业图垦务行局总办补用道张。光绪三十二年二月初十日。

奏为遵旨筹办蒙荒现将图什业图地方劝办就绪，请援案派员收价丈放恭折，仰祈圣鉴事。　　窃承准军机大臣寄光绪三十一年十一月二十五日奉上谕："程德全奏'时机危迫亟宜开通各蒙一折'。据称，蒙古各盟世为北边屏蔽，承平日久，习于偷安。比年时局变迁，亟宜设法经营，以资控制。所陈垦务各节，不为无见，着该亲王、理藩院及各将军、都统、督抚等各就地方情形，妥筹办理，详晰具奏等因，钦此。"遵旨寄信前来，伏查内外蒙古延袤数千余里，臣服二百余年，实为边陲屏蔽。惟以地居瘠苦，民习愚顽，逼近强邻，势取利诱，诚属岌岌可危。该将军所陈，深中肯綮，于护山西巡抚时，虑及于此，故于所陈统筹本计条内，即以开垦东三省、内外蒙古、西藏、青海闲荒各地为请。到奉后汲汲图办，惟日不遑。惟是奉北各蒙，如札萨克图王旗、镇国公旗各荒，业已先后开放，设官分治，渐著成效。当复遂加谘访，尽力图维。查悉图什业图王旗地段尚可开放，当即备具札谕，饬派办理科尔沁札萨克镇国公旗蒙荒行局总办、留奉补用道张心田，就近亲往劝办。兹据呈称：自委员到旗后，该图什业图亲王，当与协理印务台吉、官员及旗众人等商议妥协，愿将该旗东界闲荒一段，北至茂土等山，南至得力四台、巴冷西拉等处，南北长三百六十里，东西宽四十里，划作出放荒界，约计毛荒六十四万八千垧。其中有台壮庐墓、垣寝等项留界，仍在该旗南段闲荒添补足数。遵照历办成案，将所收荒以半报效国家等情，并据札萨克和硕图什业图亲王业喜海顺出具印文，呈请前来。查实边固圉，利用厚生，以出放蒙荒为上策。况泰西各国富强之图，亦莫不以辟地殖民为第一要务。该亲王业喜海顺并旗众人等，愿将本旗东段闲荒，由官派员丈放，收价招垦，实属深明大义。该旗坐落奉天省北，东与札萨克图王旗接界，西南与达尔罕王旗接界，北与乌主穆沁王旗接界。地方荒僻，亟应遴员丈放，以实边缴。留奉补用道张心田，前办札萨克图王旗、镇国公旗蒙荒，办理颇称得力，即应派为该行局总办，饬令先赴该旗，划定界址，一面派员分设局所，择期开办。一切章程，按照前办札萨克图成案办理。如有应行变通之处，再行查酌情形，随时奏请立案。此外，如查有可以开放之处，亦即陆续派员，分别劝办。除分咨查照外，所有筹开蒙旗荒地，援案派员、收价、丈放缘由，理合恭折具陈。伏乞皇太后、皇上圣鉴、训示。谨奏。

禀为职局所请护局巡队拟俟定妥营章恳准仿照一律加添薪饷由

全衔　　谨禀督帅将军麾下：敬禀者，窃职道恭奉钧札开办图什业图蒙荒，现将拟设护局马步巡队等情，呈请宪台在案。恭闻宪台现经改订营伍章程，各路巡捕队马步弁兵薪饷，均拟加添。职道此次所请马步巡队带赴荒段，该处粮食匮乏，虽附近洮南新辟城市，介在边隅，诸物昂贵。队兵月支饷银本自无几，日用不敷，其艰苦情形，久拟吁恳。以前局奏有定章，队兵薪饷仿照营务一律，未便率请加添。兹逢我宪台体恤兵艰，将欲加添薪饷，合无仰恳恩施，俟拟有定章，马步队准其加添若干，职道仿照营务章程，即将护局马步各兵薪饷，亦一律加添。惟事关另案核销，拟俟恩准后，再由职局声请报部，以免日后比例前荒成案，致来驳诘。是否有当，理合具禀，恭请鉴核，批示施行。须至禀者。光绪三十二年二月二十五日。

批　应俟营务处章程拟定通行之后，再行酌量办理。缴。二十七日。

呈为职局拟请拨设护局马步巡队恳乞照准由

全、局衔　为呈请、咨行事　窃职道（案查敝局）前放公旗荒地，屡经胡匪窜扰，半事丈地，半事击贼，以地阔兵单，动调洮南巡队助剿，保护起员，弹压地面，捍卫领户，无非借资兵力。此次开放图什业图王旗荒地，面积计长三百余里。其北山川纠纷，其南亦人烟稀少，倘胡匪不时出没，兵少难以巡防，警备之设，不得不先事图维。前局所招马队一哨半，现已拨归安广县，只有原借辽源马队三十名现在护局。查洮南府续放札萨克图余荒，亦须巡队差遣，此次断难再事借拨。职道（敝局）正拟请募护局马步巡队，顷经北路统巡吴俊升到省会见。据言，奉札归并营伍，即有应行裁遣之兵，若可拨归职局作为护局巡兵，免致散队流而为匪。且其兵久经防剿，其得力定可胜于新募。当经会商营务处总办张道锡銮（营务处总办、贵总办）公同酌议，职（敝）局需用马队八十名、步队四十名，拟就原借辽源马队三十名，合以统巡吴俊升应遣队内简选精壮者，补足八十名之数，归成马队两哨。职（敝）局现有步兵十名，由统巡吴俊升处再选三十名，归成步队半哨。统作为护局巡队，归职道（敝局）节制。以马队下段巡防，以步队护局差遣。其马步队弁什兵夫应支薪饷，照章由职（敝）局经收荒价正款项下按月发放，作正开销。倘蒙恩准（督宪批准）即由职（敝）局咨行该统巡，所拨马步各队，务选人马健壮、枪械整齐者，遣赴辽源州。俟职道（敝局）回荒时，就近点验接收，一面呈报宪辕（分咨），即一面带赴荒段。至于接收后，所有枪械应行收拾、军衣应行改制、子药应行请领者，再由职道（敝局）随时呈请办理。除咨行财政总局暨营务处（呈请督宪鉴核，暨咨行营务处、财政总局）查照外，理合（相应）备文具呈（咨行）。为此，呈请宪台鉴核，照准（合咨贵总局、处，请烦查照）施行。须至呈、咨者。

右呈、咨军督部堂赵、财政总局、蒙荒省局。

批　如呈办理。缴。二十七日。

局衔　　为移行事　　案查敝局开办聿始，正拟请募护局马步巡队，当经贵统巡到省会言，现奉宪札归并营伍，即有应行裁遣之兵，若可拨归行局作为护局巡兵，免致散队流而为匪。即经会商营务处总办公同酌议，敝局需用马队八十名、步队四十名，拟就原借辽源马队三十名，再由贵统巡应遣队内简拨精壮者，补足八十名之数，归成马队两哨。敝局现有步兵十名，由贵统巡处再拨三十名，归成步队半哨。作为护局巡队，即归敝局节制差遣。其马步队弁什兵夫应支薪饷，照章由敝局经收荒价项下按月发放，作正开销。拟请督宪批准，即由敝局移行贵统巡，照拨马队五十名、步队三十名。俟敝局回荒时，就近于辽源州点验接收等情。当经呈请督宪暨分咨财政总局、营务处各在案。兹于二月二十九日接奉宪批"如呈办理"等因，奉此。应即录批，移请贵统巡查照前情，照数简选马队五十名、步队三十名，拨归敝局差遣。除俟拨妥点验接收，再行呈报分咨外，相应备文移行。为此，合移贵统巡，请烦查照施行。须至移者。

右移奉天副北路马步各营统巡吴。光绪三十二年三月十七日。

统领奉军副后路马步各营吴　　为移送事　　兹于本年三月十七日，准贵总局移开"案查敝局开办聿始，正拟请募护局马步巡队。当经贵统巡到省会言，现奉宪札归并营伍，即有裁遣之兵，若可拨归行局作为护局巡兵，免致散队流而为匪。即经会商营务处总办公同酌议，敝局需用马队八十名、步队四十名，拟就原借辽源马队三十名，再由贵统巡应遣队内简拨精壮者，补足八十名之数，归成马队两哨。敝局现有步兵十名，由贵统巡处再拨三十名，归成步队半哨。作为护局巡队，即归敝局节制差遣。其马步队弁什兵夫应支薪饷，照章由敝局经收荒价项下按月发放，作正开销。拟请督宪批准，即由敝局移行贵统巡，照拨马队五十名、步队三十名。俟敝局回荒时，就近于辽源州点验接收等情。当经呈请督宪暨分咨财政总局、营务处各在案。兹于二月二十九日接奉宪批'如呈办理'等因，奉此。应即录批，移请贵统巡查照前情，照数简选马队五十名、步队三十名，拨归敝局，以资差遣。除拨妥点验接收，再行呈报分咨外，相应备文移行，请查照施行"等因，准此。敝统领兹于十七日，即将原在贵总局差遣之辽源巡队前哨哨官方云升、哨长姜显昌、马队什兵三十一名，随带七密里枪十四杆、十响毛瑟枪十杆、单响毛瑟枪三杆、马毛瑟枪一杆、开斯枪三杆。今又简拨该营中哨哨官郑元武、哨长李鸿禧、马队什兵四十九名，随带执用十响毛瑟枪三杆、单响毛瑟枪四十杆、马毛瑟枪三杆、开斯枪三杆，并简拨康平巡队副中哨哨官王正亮、步队什兵三十名，随带执用十响毛瑟枪十九杆、单响毛瑟枪十杆、开斯枪一杆。以上统计哨官三员、哨长二员、马队什兵八十名、步队什兵三十名，共随带各项快枪一百一十杆，旧号衣一百一十套，均带肩牌，一并拨归贵总局节制。所有弁兵薪饷，均由各该营发至本年三月份底止，其四月份薪饷，应由贵总局发放。除分别呈移外，合将拨付官兵衔名、枪械名色数目缮造清册，备文移送贵总局，请烦查照验收，希即见复施行。再此系于行防，钤敝部辽源总巡原用奉字中军统带关防，合并声明。须至移者。计移送清册一本。

右移奏派总办图什业图王旗蒙荒行局。光绪三十二年三月十八日。

为覆吴统巡业已验收队兵由

局衔　为移复事　案准贵统巡来移内开"案查敝局开办肇始，需用马队八十名、步队四十名。拟就原借辽源马队三十名，再由贵统巡应遣队内简拨精壮者，补足八十名之数，归成马队两哨。敝局现有步兵十名，由贵统巡处再拨三十名，归成步队半哨。作为护局巡队，即归敝局节制调遣。呈蒙督宪批准'如呈办理'。录批移请查照施行等因，准此。兹于十七日，即将原在贵总局差遣之辽源巡队前哨哨官方云升、哨长姜显昌、马队什兵三十一名，随带七密里枪十四杆、十响毛瑟枪十杆、单响毛瑟枪三杆、马毛瑟枪一杆、开斯枪三杆。今又简拨该营中哨哨官郑元武、哨长李鸿禧、马队什兵四十九名，随带执用十响毛瑟枪三杆、单响毛瑟枪四十杆、马毛瑟枪三杆、开斯枪三杆，并简拨康平巡队副中哨哨官王正亮、步队什兵三十名，随带执用十响毛瑟枪十九杆、单响毛瑟枪十杆、开斯枪一杆。以上统计哨官三员、哨长二员、马队什兵八十名、步队什兵三十名，共随带各项快枪一百一十杆，旧号衣一百一十套，均带肩牌，一并拨归贵总局节制。所有弁兵薪饷，均由各该营发至本年三月份底止，其四月份薪饷，应由贵总局发放。附册移送贵总局，请烦查验收，希即见复"等因到敝行局。准此，除验收、呈报并分咨外，相应备文移复。为此，合移贵统巡，请烦查照施行。须至移者。

右移副北路统巡吴。光绪三十二年四月初十日。

呈为接收马步弁兵枪械并起饷日期造册请核由

全、局衔　为呈报、咨行事　窃职（案照敝）局前因开办图旗荒务，请调拨马步弁兵，以资差遣等情。呈蒙宪台（督宪）批准"如呈办理"。旋即移行副北路吴统巡照拨去后，现准该统巡选拨前在公旗局内差遣之辽源巡队前哨官方云升、哨长姜显昌带领马队什兵三十一名，随带枪支三十一杆。选拨该营中哨哨官郑元武、哨长李鸿禧带领马队什兵四十九名，随带枪支四十九杆。选拨康平县巡队副中哨哨官王正亮带领步队什兵三十名，随带枪支三十杆。共随带旧号一百一十套。所有弁兵薪饷，均由各该营发至本年三月底截止，其四月份薪饷，应由职（敝）局发放等因，移送前来。职（敝）局于四月初一日，将各队调齐，逐一点验人马枪械，均属整齐。并饬旧有步队十名，即日一同入伍，合以拨到步队三十名，编为护局步队中哨半哨。其拨到马队八十名，编为护局马队左、右两哨，仍委原拨官长分领管辖。惟查前局一哨半队向有字识一名，以资缮写。现在马、步各队，既编成马队两哨、步队半哨，办理公事，更须有人。经职（敝）局酌量变通，将中哨步队副巡长王正亮提充正巡长。此队因系半哨，副巡长无须专设。查有五品顶戴孙景海，文理粗通，即以委充巡队字识，兼充中哨副巡长，支领字识薪水。至于哨内长夫，前局系每哨四名、半哨两名。今马、步队两哨半，应照章设长夫六名。近来诸物昂贵，各队月支薪饷，日用已觉不敷，每月办公更属无从筹措。现将马队两哨，按月酌发心红银十两，步队半哨按月酌发心红银五两，以资办公而示恤，并请统归正款开销。所有各哨薪饷等项，均由职（敝）局于四月初一日一律起支。除分咨蒙荒省局、财政总局、营务处（呈报督宪鉴核）查照外，理合造具各哨弁兵衔名、籍贯（相应备具各哨弁兵衔名、籍贯），马匹毛齿，并枪械名色，暨起支薪饷各数目清册　份，备文呈报（咨行）。为此，请宪台鉴核、备案，伏乞照呈（合咨贵总局、处，请烦查照）施行。须至呈、咨者。附册三本，内有原册一本。

右呈、咨将军赵、蒙荒省局、财政总局、营务处。光绪三十二年四月初十日。

奏办图什业图王旗蒙荒行局，今将敝局护局马步各巡队什兵枪支各色数目，缮具清册，请烦查照。

计开：

中哨护局步队：十响毛瑟枪十九杆、单响毛瑟枪十杆、铁板开斯枪一杆，共计枪三十杆。又十响毛瑟枪六杆，又七密里枪四杆，此十杆系前局护兵十名借用民户之枪，现在编归中哨，该兵等仍系使用借之枪，不在接收以内。

左哨护局马队：十响毛瑟枪二杆、单响毛瑟枪三十五杆、铁板开斯枪三杆，共计枪四十杆。

右哨护局马队：十响毛瑟枪十杆、单响毛瑟枪十杆、马毛瑟枪一杆、铁板开斯枪五杆、七密里枪十四杆，共计枪四十杆。

通计马、步队各色快枪，除借用十支不计外，共接收一百一十杆。

呈为援案恳请加添各哨津贴伏候鉴核由

双衔　　为呈请事　　窃职局奉拨护局马队两哨、步队半哨，业将归局起饷日期造册呈报，并各哨请加薪饷缘由，前次在省亦经禀蒙宪批，俟营务处章程拟定通行之后，再行酌量办理各在案。兹阅邸抄，恭悉宪台奏陈，并营加饷一疏，已奉朱批"该衙门知道。钦此"。是奉省全军既经加添津贴，则职局护队请加薪饷之处，本应听候核办，何敢一再渎陈。惟查职局护队远驻边荒地方，本极寒苦，差使又复烦剧，一切食用，价逾腹地数倍。前放公旗荒时，兵队饷乾已属勉强敷衍，近来诸物日贵一日，转瞬分驻荒里无人之境，所有护起、扎野、安拨、送文，尤属艰苦异常。若不亟筹增加饷项，将糊口之不足，何以责其急公而用命也。且此项兵饷，系出自公家者一半，由蒙旗分摊者一半。如果加添津贴，俟奏定放荒章程时，尽可随折声叙，无须另案奏请。合无仰恳宪恩，垂念边兵艰窘，俯准照奉省各军新案加给津贴章程一律办理。如蒙核准，并乞宪台格外鸿施，准由四月初一日归局成哨之日起支，以示格外体恤，而免造报参差。所有援案恳请加添兵饷缘由，是否有当，理合备文缮单，呈请宪台鉴核，批示施行。须至呈者。

右呈军督部堂赵。光绪三十二年闰四月初四日。

批　呈悉。奉省各军前已加给津贴，该行局护兵驻扎边荒，殊形劳苦，应准援照新章，自本年四月初一日起，一律加给津贴，以示体恤，仰即遵照。并候饬财政总局知照。缴。单存。十六日。

局衔　谨（今）将职（敝）局护局马步各队弁兵等应支薪饷，拟请援照新章加添津贴银两数目，分晰缮具清单，恭呈宪鉴（请烦查核）。

计开：

中哨护局步队半哨：正巡长一员，原请月支薪水银十三两，援案请加津贴银十七两，月共支银三十两。字识兼副巡长一员，原请月支薪水银八两，比照新章字识薪水多银一两，仍请援案，改支薪水银七两，加津贴银三两，月共支银十两。什长四名，原请月支饷银四两五钱，援案请加津贴银一两，月各支银五两五钱。正兵三十六名，原请月支饷银四两，援案请加津贴银一两，月各支银五两。长夫二名，原请月支饷银三两，此次不加津贴，月仍各支银三两。心红，原请月支银五两，援案将心红改作公费，月仍支银五两。计中哨步队半哨，原请大建月共支银一百九十三两，加以援案请加津贴银六十两。计大建月每月应共支薪饷、津贴银二百五十三两。

左哨护局马队一哨：正巡长一员，原请月支薪水银十三两，援案请加津贴银十七两，月共支银三十两。副巡长一员，原请月支薪水银九两，援案请加津贴银十一两，月共支银二十两。什长四名，原请月支饷乾银七两五钱，援案请加津贴银二两，月各支银九两五钱。正兵三十六名，原请月支饷乾银七两，援案请加津贴银二两，月各支银九两。长夫四名，原请月支饷银三两，此次不加津贴，月仍各支银三两。心红，原请月支银一十两，援案将心红改作公费，月仍支银一十两。计左哨马队一哨，原请大建月共支银三百二十六两，加以援案请加津贴银一百零八两，计大建每月共支薪饷、津贴银四百三十四两。

右哨护局马队一哨：正巡长一员，原请月支薪水银十三两，援案请加津贴银十七两，月共支银三十两。副巡长一员，原请月支薪水银九两，援案请加津贴银十一两，月共支银二十两。什长四名，原请月支饷乾银七两五钱，援案请加津贴银二两，月各支银九两五钱。正兵三十六名，原请月支饷乾银七两，援案请加津贴银二两，月各支银九两。长夫四名，原请月支饷银三两，此次不加津贴，月仍各支银三两。心红，原请月支银一十两，援案将心红改作公费，月仍支银一十两。计右哨马队一哨，原请大建月共支银三百二十六两，加以援案请加津贴银一百零八两，计大建每月共支薪饷、津贴银四百三十四两。以上步队半哨、马队两哨，计大建月原请支薪饷、马乾、心红银八百四十六两，加以援案请加弁兵津贴各项银共二百七十六两。统计薪饷、津贴，大建每月应共支银一千一百二十一两。再查此次奏案薪津系均按大建计算，如遇小建月份，所有什勇薪饷、津贴是否一律扣建，伏乞指示遵办（望希查复施行）。合并陈明（声叙）。

咨为援案恳请加添各哨津贴由

局衔　　为咨行事　　案照敝局奏拨护局马队两哨、步队半哨，业将归局起饷日期造册咨报，并各哨请加薪饷缘由，前次在省亦经禀蒙督宪批示，俟营务处章程拟订通行之后，再行酌量办理各在案。兹阅邸抄，恭悉督宪奏陈归并营伍厘定饷章一疏，已奉朱批"该衙门知道。钦此"。是奉省全军既经加添津贴，敝局护队请加薪饷之处，本应听候核办，何敢一再渎陈。惟查敝局护队，远驻边荒地方，本极寒苦，差使又复烦剧，一切食用，价逾腹地数倍。前放公旗荒时，兵队饷乾已属勉强敷衍，近来诸物日贵一日，转瞬分驻荒里无人之境，所有护起、扎野、安拨、送文，尤属艰苦异常。若不亟筹加给津贴，将糊口之不足，何以责其急公而用命也。且此次兵饷，系出自公家者一半，由蒙旗分摊者一半。如果加添津贴，俟督宪核订放荒章程时，即可随折声叙，无须另案奏请。今已呈恳督宪，请照奉省各军新案加给津贴章程一律办理。如蒙核准，并请准由四月初一日归局成哨之日起支，以示格外体恤，而免造报参差。除呈请督宪鉴核并分咨外，相应备文、粘单咨行。为此，合咨贵总局、处，请烦查照施行。须至咨者。

附粘单一件。

右咨奉天财政总局、图什业图蒙荒行局、督辕营务处。光绪三十二年闰四月初八日。

札饬按月发给马步队什兵心红银由

军督部堂赵　　为札饬事　　案据巡防营务处、财政总局呈称"案奉宪台批，据图什业图王旗蒙荒行局呈准吴统领拨到马队什兵八十名、步队什兵三十名，均随带枪支、号衣，连旧有步兵十名，共编成马队两哨、步队半哨，请于四月初一日起饷。并声明近来诸物昂贵，请按月酌给马队心红银十两、步队心红银五两，以资办公，并送清册一案。奉批'仰财政总局会同巡防营务处察核复夺。缴。册存'等因，奉此。并准该局造册咨同前因，职处、职局查此项护局马步队共计两哨半，曾经该局呈蒙宪台批准有案，应准照办。所请于四月初一日一律起饷，并马队两哨按月给心红银十两，步队半哨按月给心红银五两。该处百物昂贵，心红为数无多，亦应照准。所需饷银，即在收存荒价项下支给，按月造报，将来归于蒙荒经费案内报销，以清界限。除将清册存案外，所有会议缘由，理合呈复宪台查核饬遵。再此案系职财政局主稿，合并声明"等情，据此。除批示"据呈已悉，候饬该蒙垦行局遵照。缴。"等因印发外，合行札仰该局，即便遵照。特札。

右札图什业图蒙荒行局准此。光绪三十二年闰月四月二十二日。

札饬叶守景葵派为总局总办由

军督部堂赵　　为札饬事　　照得图什业图王旗垦荒事务，业经奏奉朱批，允准遴员前往该旗设立行局，仿照札萨克图荒务章程妥酌办理，分别饬遵在案。所有应设驻省总局，即在督辖文案处遴委妥员兼理其事。兹查有该处会办、奏调湖北候补知府叶守景葵，堪以派为总局总办。其应派员司及一切事宜，即由该总办禀派妥拟禀夺。除分行外，合行札饬。为此，札仰该局即便知照。特札。

右札办理图什业图蒙荒行局准此。光绪三十二年三月十二日。

札饬饶守凤瑸、陶令镛派为行局帮办由

军督部堂赵　　为札饬事　　照得图什业图蒙荒总局开办伊始，事务殷繁，需员襄理。查有分省补用知府饶守凤瑸、留奉知县陶令镛，均堪派为该局帮办，毋庸支给薪水。邓布经历邦造，堪以派为该局提调，月支津贴四十两。除札委并分行外，合行札饬。为此，札仰该局，即便知照。特札。

右札图什业图蒙荒行局准此。光绪三十二年三月二十五日。

札饬行局佐理人员由

军督部堂赵　　为札饬事　　照得图什业图蒙荒总局开办伊始，事务殷繁，需员佐理。兹据该局酌拟主稿、收支、翻译、绘图、差遣各员开单禀请

派委前来。除批准札委外，合行抄单，札仰该局，即便知照。特札。计抄单一件。

右札图什业图蒙荒行局准此。

计开：

户股副掌案兼充蒙文翻译委员、候选主事明哲，堪以派为主稿委员，月支津贴银二十两。兵股掌案委员、候补防御刘广业，堪以派为主稿委员，月支津贴银二十两。外礼股掌案委员、候补正管宗室族长荣俊，堪以派为收支委员，月支津贴银二十两。户股掌案委员、花翎协领明奎，堪以派为翻译委员，月支津贴银二十两。文卷股掌案委员、候补协领、佐领李棉春，堪以派为翻译委员，月津贴银二十两。工商股掌案委员、候补佐领高殿文，堪以派为绘图委员，月支津贴银十六两。折本股正委员、府经历职衔祁守廉，堪以派为绘图委员，月支津贴银十六两。吏股掌案委员、候选巡检周增祚，堪以派为差遣委员，月支津贴银十二两。刑股掌案委员、府经历职衔周镇邦，堪以派为差遣委员，月支津贴银十二两。以上九员，月共支津贴银一百五十六两。

札饬行局员司津贴由

军督部堂赵　为札饬事　照得图什业图蒙荒总局总帮办、提调、委员各差，均经分别札委饬知在案。兹据该局将应派员司、书手，并酌拟津贴数目，开单禀请前来。除批准外，合行抄单，札仰该局，即便知照。特札。

右札图什业图蒙荒行局准此。光绪三十二年三月二十五日。

计开：

办事官二员：连文、春元。以上二员系户股办事官，每员津贴银八两，月共支银十六两。

司事二员：洪德溥、奎勋。以上二名系户股字识，每名津贴银六两，月共支银十二两。

书手十二名，每名津贴银四两，月共支银四十八两。

听差二名，月共支银十两。

心红月支银二十两，局费月支银四十两。

札饬瞿令光焯兼任行局帮办由

军督部堂赵　为札饬事　照得图什业图蒙荒总局，前经委令陶令鏞帮办在案。兹该员已委署绥中县事，应即遴员接办。查有山西降调知县瞿令光焯，堪以兼任。其所遣硝磺局一差，自应由财政局另行派员接充。除分札外，合行札饬，札到该局，即便知照。特札。

右札图什业图蒙荒行局准此。光绪三十二年闰四月二十七日。

札饬和硕肃亲王前往东四盟沿途一切供用由

军督部堂赵　　为札饬事　　案照本年三月十七日，承准钦命查办蒙古事宜、管理理藩院事务和硕肃亲王咨开"为咨行事，照得本爵大臣于光绪三十一年十一月二十一日具奏，遵旨筹办内外蒙古大概情形一折，奉旨：'依议。钦此。'钦遵在案。兹拟于本年三月内往东四盟一带查办事宜，所有沿途一切供用，须有由各地方官代为采买之处，均由本行辕按价给值。为此，相应抄粘原奏，咨行贵将军查照转饬所属地方，一体遵照可也"等因，承准此。除分行外，合行抄粘原奏，札仰该局，即便知照。特札。

计抄粘原奏。

右札图什业图蒙荒行局准此。光绪三十二年三月二十二日。

奏为遵旨筹办蒙荒开放、练兵、兴学由

奏为遵旨筹办蒙古情形恭折复陈，仰祈圣鉴事。　　窃奴才于光绪三十一年十一月二十五日，准军机大臣字寄，奉上谕："程德全奏'时机危迫亟宜开通各蒙'一折，据称蒙古各盟世为北边屏蔽，承平日久，习于便安。比年时局变迁，亟宜设法经营，以资控制。所陈垦务各节，不为无见，着该亲王、理藩院及各将军、都统、督抚等各就地方情形，妥筹办理，详晰具奏。原折着抄给阅看，将此各谕令知之，钦此。"遵旨寄信前来，仰见朝廷绥蒙固圉，先事图维之至意。恭聆之下，钦服莫名。查该署将军奏称："固圉之方，别无奇谋胜算，唯有将各蒙荒地及时一律开放，庶足收补牢之效。除晋边、归绥等处及察哈尔右翼蒙荒、吉林边外前郭尔罗斯一旗暨奉天附近各蒙业已报垦外，黑龙江所属三蒙，前与署将军达桂派员丈放，现已渐有端倪。惟索岳尔济山东西一带，如乌珠穆沁、阿鲁科尔沁以及左右札鲁特、图什业图、巴林左右翼等旗，广袤数千里，荒芜空旷。非将此处开通，中间仍相阻隔，亟应仿照晋边办法，特旨简派大员督办该处垦务，居中布置，其宗旨以不规近利，广招人民，务期边境充实，贯通一气，伏望圣明立断"等语。伏查该署将军所称索岳尔济山东西一带，乌珠穆沁等蒙旗，哲里木、卓索图、昭乌达、锡林郭勒等盟，分隶于奉天将军，热河、察哈尔两都统，环拱直隶边墙以外，南蔽畿疆，东控辽沈，自昔为藩篱重地。诚如该署将军原奏所称，失此不图，长城以北将有拊背之患。奴才前于本年十月二十八日，准军机处交片，奉查办蒙古事件之命。当即会同练兵处王大臣，拟从东四盟暨察哈尔一部内蒙古入手，先固近畿东北之防，浸西而北，徐图进步，意见均属相同。本年五月，曾由练兵处派有军政司副使姚锡光，考查内蒙古情形。据副使复称，东部内蒙办法，当从蒙盐、垦租两项为立足地步，作实边之计。将来路矿诸务，以次推行。其规画似较该署将军所奏，尤加详备。其策蒙盐，则拟厚予蒙旗之利；其筹垦租，则拟暂蠲放荒价银，亦与该署将军奏请不规近利，广招人民之宗旨相合。而其归宿尤以兴学、练兵，为统制蒙古长策。奴才现经奉命经营蒙古，拟即督同该副使，先从东蒙入手办理，以要其成。至奴才愚意所在尤有进者，则以宣布圣慈德音，优崇黄教，坚其服从之心，借收指臂之效，以是为经。而以该署将军原奏，及该副使所覆陈诸节目为纬。以期本末兼该，张弛无弊。其一切详细办法，应由奴才于本年该蒙古王公年班到京时，开诚布公妥筹办法，并候奴才亲赴该各部落查察情形，一并随时具奏，奉旨办理。至教育一端，亦为经理蒙古急务，喀拉沁郡王贡桑诺尔布，因开办学堂著有成效，业蒙传旨嘉奖，应请明诏，责成该郡王推广办法，以为蒙地举行庶政之基础，使各蒙部有所观感。又查该署将军原奏称"理藩院为管辖诸蒙而设，拟请旨饬下该院，凡遇蒙古王公、贝勒年班进京，并应承袭引见者，晓以大义，宣布皇仁，务期心悦诚服"等语。奴才现管理藩院衙门，整顿清厘，责无旁贷。惟弊窦所丛，实难枚举。拟容奴才博访年班诸王公，并俟周历各蒙部，详询积弊情形，期尽得其根株，乃能用其抉剔。所有遵旨筹办，拟将经理东四盟内蒙古大概情形，并请旨饬下奉天将军，热河、察哈尔两都统，遵照办理各缘由，理合缮折复陈。是否有当，伏乞皇太后、皇上圣鉴训示。谨奏。

咨为蒙旗公文转递哲里木盟长由

局衔　　为咨行事　　案查敝局现奉军督宪札交哲里木盟长公文两件，饬由敝局发交蒙旗转递贵盟长查收，并饬此后遇有发蒙旗文件及有关系荒务者，均由敝局分发。除应行札萨克图暨札萨克公旗、图什业图各旗，蒙文当由敝局就近转递外，其余所咨贵盟长公文等件，此由橡系敝局交到贵盟长界内达莫苏达官接收转递，以期迅速。并请贵盟长札饬该达官，嗣后凡敝局交到公文，即具回收，将公文随时转递，勿得延压。再肃王现在查办东四盟事务，倘亦有公文交由敝局转发，亦即一律照办。此为慎重公文起见，相应咨商贵盟长，请烦查照，转饬施行。须至咨者。

右咨哲里木盟长郭尔罗斯公。光绪三十二年四月十六日。

咨为图什业图王旗借垫银四千两由

局衔　　为咨行事　　案据贵王旗印务梅勒玛克他春等，于四月十四日前来敝局声称："贵王旗现有需款之处，请先由敝局借垫银四千两"。查敝局现虽开办，尚未收有荒价。既系贵王旗用款甚急，应即通融，以资使用。当由敝局转向号商代借沈平银四千两，面交来员玛克他春等照数领讫。除呈报军督宪并咨财政局备查外，相应咨行贵王旗，请烦查验，见复施行。须至咨者。

右咨图什业图亲王旗。光绪三十二年四月十七日。

呈报图什业图王旗借银四千两已由号商借拨恭请鉴核备案由

双、局衔　　为呈报（咨行）事　　窃（案）据图什业图王旗印务梅勒玛克他春等，于四月十四日前来职（敝）局声称："该王旗现闻肃王查办东盟事务，将次到图，应备供应，请先由职（敝）局借垫银四千两。查职（敝）局现虽开办，尚未收有荒价，既据称该王旗用款孔急，应即通融，以资使用。当由职（敝）局转向号商代借沈平银四千两，点交来员玛克他春等照数领讫，随咨该王旗查收见复。一俟收有荒价，即行拨还该商，以清款目。除分咨财政总局暨蒙荒省局（呈报督宪备查暨分咨）查照外，理合（相应）备文呈报（咨行）。为此，呈请宪台鉴核（合咨贵总局，请烦查照）施行。须至呈、咨者。

右呈、移军督部堂赵、财政总局、图什业图蒙荒总局。光绪三十二年四月十七日。

图什业图王旗收领市平银四千两咨复行局由

暂署札萨克图什业图亲王旗印务、头等台吉得力克呢玛

为咨复事　　兹因札萨克处需用款项，于光绪三十二年四月初十日，出派梅伦玛克塔春等前赴贵局借款，而由贵局转向铺户商借市平银四千两，交付梅伦玛克塔春承领。今本札萨克处，业已照数收到。理合备文，咨复贵局，请烦存照可也。须至咨者。

右咨奏派总办图什业图亲王旗蒙荒行局。光绪三十二年闰四月初八日。

准借沈平银四千两咨行由

奏办奉天财政总局　　为咨行事　　光绪三十二年闰四月初二日奉军督宪批，贵局呈报图什业图王旗用款孔亟，商请借拨，因未收有荒价，先由号商借给沈平银四千两。俟收有荒价，即行拨还，请查核缘由。奉批"准其借用，俟收有荒价，即行拨还。仰财政总局查照。缴"等因，奉此。并准贵局咨同前因。相应咨行贵局，烦即查照，一俟收有荒价，即将商款拨还，咨明敝局查核。须至咨者。

右咨图什业图王旗蒙荒行局。光绪三十二年四月十五日。

续放札萨克图王旗余荒由

军督部堂赵　　恭录札饬事　　照得本军督部堂于光绪三十二年三月二六日具奏，为续放札萨克图王旗山余各荒暨展放沟川各荒派员设局办理大概情形等因一折，当经抄奏饬知在案。兹于四月十一日，奉到朱批："该衙门知道。钦此。"除钦遵并分行外，合行恭录，札仰该局，即便钦遵。特札。

计抄奏一件。

右札图什业图蒙荒行局准此。光绪三十二年四月十五日。

续展放札萨克图王旗余荒派员设局恭折具奏由

奏为续放展放札萨克图王旗山余沟川各荒谨将派员设局大概情形恭折具陈，仰祈圣鉴事。　　窃查奉省前次开办札萨克图王旗荒务，于洮儿河南北岸创设一府两县，成效已著。该王旗荒界以内尚有毗连靖安县之七十七道岭、毗连洮南府之黄羊圈绰勒木山余各荒，以地太硗薄无人承领，废弃至今。荒界以外，则塔拉根、莫力克图、吴逊噶权各沟川以分界封禁，山多于地，未议开辟。上年洮南府知府会商该王旗，呈请开放。经饬令勘明界址地段，分别余荒、展荒，切实妥议办理。兹据呈复，商允该王旗指明前项界内余荒三段，情愿续放，并愿展放前指界外之新荒一段。复据该旗郡王乌泰呈请、奏咨立案前来。查殖民辟地，西政所崇，固圉实边，当务尤亟。现在札萨克荒务告竣，图什业图垦政继兴，该旗介处两旗之间，犬牙相错，争界缠讼经年不休，疆理未分，葛藤难断，诚恐积衅不解，别酿事端。且该荒段内，或为泽薮，或系山峦，林茂菁深，道路险僻，平时兵力不及，本匪徒出没之区，尤虑逐虎负隅，为全省通逃之薮。计非及时丈放，无以清讼累而策治安，而筹款之谋，尚在所后。但此项余荒地瘠太甚，非剂以界外较腴之地，必无承领之人。故展辟新荒，更为放垦招徕之要。该郡王于前届封禁各沟川呈请开放，深明大义，殊堪嘉尚。惟该旗承积讼之后，王及属下人等情形窘乏，亦为可悯。此次荒务，自应于核实之中，兼筹体恤之法，以期上裨国计，下拯蒙艰。现已饬委保升直隶州知州、留奉候补知县张翼廷，驰赴该旗设立蒙荒行局，总办其事，以专责成。所有清丈、招领、收价、升科一切办法，拟仿照该旗前届荒务暨镇国公旗荒务成案，酌量变通，务求完备。应俟委员到段勘丈明确，体察情形，拟定章程，再行分别奏咨立案。所有续放札萨克图王旗山余各荒暨展放沟川各荒，派员设局办理大概情形，除分咨查照外，理合恭折具陈。伏乞皇太后、皇上圣鉴训示。谨奏。

札饬照准领取枪支子母以资保卫由

军督部堂赵　　为札饬事　　案据巡防营务处、财政总局会称"案奉宪台批，据科尔沁右翼蒙荒行局呈，接收吴统领拨到马步各队，所用各色枪支未带子母，可否饬由营务处照发，或由行局开销之款就近购备，请核示并送清单。案奉批'仰财政总局会同巡防营务处核议覆夺，再行饬遵。缴。单存'等因，奉此。并准该局开单咨送职局前来。准此，职局因查各色枪支子母事隶军火，究竟军火处有无存储，能否如数发给，必须详查明确，方能核办，即经开单咨查去后。兹准该处以查明单开各色子母，惟铁板开瑟一项无存，其余均可照发等因，咨复前来。职处、职局查该行局地属蒙旗，伏莽未靖，应准照单发给子母，由该行局备文径赴军火处领回应用，以资捍卫。其铁板开斯枪子母一项，军火处既无存储，亦准于收存荒价项下动款购买，作正开[销]。所有会议缘由，是否有当，理合具文，呈复宪台查核，俯赐札饬该行局暨军火处遵照办理。再此系职财政局主稿，合并声明"等情，据此。除批示"如呈办理，候分饬军火处并该蒙荒行局遵照。缴"等因印发外，合行札仰该局，即便遵照。特札。

右札图什业图蒙荒行局准此。

呈为请领各色子母候批饬遵行由

双、局衔　　为呈请、咨行事　　窃查职（案查敝）局前准副北路统巡吴俊升拨到马步各队，当经点验接收，造具清册，另文呈报分咨在案。查收队内马步什兵等所用各色枪支，并未随带子母，亟应赶紧请领，以便分布进荒，借资保卫。谨（兹）将应需各色子母数目缮单，呈请宪台（督宪）鉴核。可否饬营务处（转由贵处）照发，抑或由职（敝）局就近购备，请由正款开销之处，伏候批饬（督宪批饬）遵行。除咨营务处查照（呈请督宪核饬）外，理合（相应）备文具呈（咨行）。为此，呈请宪台鉴核，批饬（合咨贵处、局请烦查照）施行。须至呈、咨者。　　附呈、送清单一件。

右呈、移军督部堂赵、督辕营务处、财政总局、蒙荒省局。光绪三十二年四月初九日。

督办赴洮南新城
齐齐哈尔沿途日记

本卷前言

本记为吴笈孙等人奉命查办札萨克图郡王乌泰借巨额俄债引起纠纷一案，并顺道调查蒙旗情形的记实。

光绪三十四年（1908）四月十三日由沈阳起程，至二十三日抵洮南。五月十五日由洮南分两路北行，一路北至齐齐哈尔，又东抵哈尔滨；一路东南至新城（今吉林省扶余市），又东至小城（今扶余市陶赖昭镇），转火车北至哈尔滨，两路会合。五月二十五日由哈尔滨乘火车，途经长春，二十七日返抵沈阳。共四十四天。

札萨克图郡王乌泰光绪十年袭爵，因出身疏支，众台吉不服，借其私放荒地，呈控十余年之久。乌泰屡以年班晋京请托私门，纵情挥霍，加之先王宿债，负债累累，虽经光绪二十八年至三十年奉省蒙荒行局放荒得银二十余万两抵债，然旧债仍未偿清。三十年向俄道胜银行借款二十万卢布，四年为期，以全旗矿产、牲畜抵押。三十二年又向俄铁路公司借款九万卢布，一年为期。三十三年底至三十四年俄国索债索息，扬言带兵入旗查封产业。与此同时俄国极力收买乌泰，企图通过乌泰进而控制哲盟各旗。乌泰自二十七年后亦渐趋委身于俄国。本债务案，事关大局，清廷责成奉天、黑龙江官员等多次查处，本日记所载为其中之一。

《督办赴洮南新城齐齐哈尔沿途日记》，记述所经各地的建置、吏治、人物、经济、特产、民俗、文化教育、山川河流、土壤、气候，兼有沿革考证，内容翔实，所记尤以今扶余市为详，诚为研究辽宁省北部、吉林省西部、黑龙江省西南部地情的重要资料。如日俄战争法库残迹，俄军在前郭备战阵地，日俄入侵的活动，新城杂捐沉重、圉法紊乱、巡警腐败、教育状况的记述，以及对张作霖的评述等等均有重要史料价值。

本日记底本为手写稿，现存上海市图书馆，硕果独存，弥足珍贵。由于抄本潦草，衍夺缺误实多，注者多依内校理顺，凡衍误之字，均用（ ）以示删除；夺正之处，用〔 〕添注，不另出校记。

编　者

派员至新城查看三江口形势附调查洮南新城一带各蒙荒旗旅行日记

光绪三十四年〔四月〕

奉到督宪照会，命办札萨克图郡王乌泰俄债纠葛，并拟便道调查蒙旗情形。由沈阳至洮南，由洮南至卜魁、新城各路线。定本月十三日启行。同是役者为：吴部郎笈孙、吴道熙悉、奉天交涉司俄文译员李直牧鸿漠、蒙文译员荣协领德、明直牧哲、张警官殿奎、孙警官启鸿、武随员陈德贵、向导吴弁亮孚。

十三日，午前九钟会集，同行各员，于本局十钟起程，午后二钟，雨断续不止，道途泥泞大车累陷，勉行三十里，抵道家屯，道村　宿焉。天气寒甚，虽在初夏，可着重裘。

十四〔日〕，早五钟二十分起程。北风凛冽，较昨尤寒，二十里至新开河，一名尹家窝棚，又十里至中兴店，又五里至孟家台，天气时正午十一钟，候至午后二钟，大车尚未至，留张子元在栈守候，更觅大车一辆，以备分运行李，遂率众先行，五里至石佛寺，又五里渡大辽河，河面约宽七八十丈，流水甚急。河北岸有沙邱丛柳一碧，因待众渡登览，正适忽大风雨至，急驰回车内暂避，续渡之船，复被风吹回南岸。候竟渡，始旋过一村，曰草根泡，又八里至遇牛堡，又三里至旧门，又三里至崔家沟，又九里逾大岭，复逾一小岭。岭不甚高，土尽红沙，层峦起落，延袤数里。又五里至大孤家子，时已晚八钟矣，大车尚无消息。

十五日，晴朗。早六钟九分起程。五里至后孤家子，又五里至十间房，又二里至长胜沟，又七里至马家店，又十三里至法库门。将及，车忽陷泥淖中，颇费人力始出。闻近日边门一带大雨，故道坏泥泞至此。距法库门尚有八里，有一浅山，山下道旁有人家刘姓，种有梨树二百株，花开甚盛，停车略观。午十一钟二十分，至法库门。沿途客栈多歇闭，因春时来往商旅甚稀，夏时雨水适多，道路泥泞，行人亦少。若随行带有兵队，客栈更不接待，以奉军自来无教育，骚扰地方，是其习惯，故俗传："贼来如梳，兵来如篦。"其言诚不为诬。饭后，出街游览，求边门遗址早已荡然。土人吁，北门内为边内，北门外为边外，柳条亦栅刬净尽，无一株存。门外不远，隐约一沟，或即当日边门旧界也，厅治无城池，只一街门，署"法库边门"四字。北门临山，山顶有娘娘庙，登庙前四眺，法库全治及四周山峦历历在望。庙内设有工艺学堂，因正值午日休息，故未见生徒，仅一耄年夫役看守。闻日俄战争时，日据法库门，俄据辽源，战争甚烈。登后山见战时所筑垒沟犹存，其地最得形势，距平地约高三十余丈。又见山顶筑有一圆垒，当为战时步队隐护之地。其下山沟甚多，均能伏兵，故法库一役日占胜者者，亦半得地利也。

昨，过道家屯北，亦有日人所挖战沟遗址完然。出行三日，今始晴霁，到站亦早，游览亦极畅，遥见西南面一山，上有石室，不知何等人所凿，果作何用，未能往观，亦憾事也。午后五钟张子元赶到，言大车昨宿孟家台，（昨）[明] 九钟可以到此。闻之甚慰。

十六日，早六钟起程。道行皆沙漠，三十里至遇牛堡，忽狂风怒嚎，尘沙弥天，车中几为载满。午后四钟勉至六家子宿焉。其地有奉军右路右哨一哨，在此驻扎。夜又雨。

十七日，早七钟半，冒雨起程。沿途时晴时雨，行十六里到七家屯，又二十五里至辽阳窝棚，尖。到此已越沙漠，始见荒地数区马群。午，忽大雷雨，瞬息即霁。二钟启行，二十里至喇嘛窝棚。途中又遇大雷雨，约一钟时始霁。二十里至哈啦火烧，此蒙语译义即黑旗也。其地居民数家，房屋异常湫隘，为博王旗属地。又十余里路，旁有大歪子庙，因名称特奇，令停车一往瞻焉。

十八日，早四钟半起程。五里至好老婆店。又十里至刚喀，其地蒙人多用草根结成之土饼切作方块，以代土砖砌垒墙壁，蒙语谓此土块为塔头。又十五里至板井子，又十五里至四官营子，又二十五里至辽源坊。拟住四合栈，入栈则客舍无余，已为绘图日人占居，遂移后街某客栈。饭后令世湘、颂平两人赴（世）[四] 合栈，探询绘图日人踪迹，遇驻扎此地哨长叶姓，因其介绍得晤日人，口说友话，自称为翻译某。据言，住此只野重次郎，中国名王茂文，另有总办成田辰之助，现住裕顺当内，带有学生六十人（据四合栈主言，则有百余人），现赴博王旗界内测绘有三十人。又据叶哨长（官）[言]：此日人系先由博王旗至达尔罕王旗、温都鲁各旗，后再北行，往返约数月，方能言旋。晚，驻防右路统带张游击作霖，字雨亭，殷直刺鸿寿，字献臣，均来拜谒，各畅谈去。张颇精干明了，据言，追白、套两匪首至索伦山中，兵马绝食三十余日，忍饥露宿，艰苦备尝。又言，索伦山一带地甚膏腴，森林尤富，矿产亦多，惟山峻寒冽，今至初夏尚有三尺厚积雪未融。又言，蒙古多精悍善骑之人，居心直拙，久习压制，服从上官最为恭顺，倘能招募善练，必成劲旅。又云，昌图一带人民，习见日俄战争最久、最伙，将来征取昌图少年，不难成精壮善战之兵士。昔在沈时，闻朱子桥尝言，宜在东三省地方征兵训练，所言不为无见，唯未能如张游击所言详尽耳。旋闻本日本地有一庙会，村姑社老未知是何举动，惜无暇往观。

十九日早，辽源州许牧来见。据言，达[尔]罕王旗内有和硕喇嘛颇主持旗务，该旗人众多衔之。又言，绘图日人至日，仅持游历护照，未见测绘明文，然已奉公文妥加保护。此皆日人奸狡伎（量）[俩]，遣派多人假游历为名，到处测绘，几若习为故常。许牧去后，时七钟半，顺拜张雨亭、殷献臣，略谈即起程。五里至五道港子，过西辽河，又八里渡新辽河，又二十五里至五家子，又八里至卧虎屯，时午后一钟半。因破站行，恐前途赶不及宿所，遂留此宿。傍晚，大车始到。早间，张雨亭言伊军中兵卒，皆着灰色衣裤，遥望与地混同一色，因悟陆军忌用白色马匹。在京曾闻良赉臣云：凡军人着白衣骑白马者，遥以千里镜视之，终现一白点，枪炮所及皆能命中。故忌用白马，恐敌易见也。若北地冬行毗之终现一片白雪，加银白色之马，又或较胜于黑黄之马也，当与陆军人一研究之。

二十日，早五钟二十五分起程。三十里至口袋。口袋迤南有玻璃山，山四周皆水，冰冻时俨若玻璃中特嵌一山，故名。至春冻解，山气郁发，时现异象，土人惊为神奇。又三十里至报思吐，尖。栈主关姓，名金凤，能汉语，人亦明白。据言，日人到此绘图，往往口出野蛮之言，并强占民房各情事。旋见马群，往观殊无佳者。午十二钟复行，纡道绕西北荒地，观蒙人猎兔。五十里至固里本毛，尖。即蒙语三棵树译音也，时三钟四十五分。因自过西辽河以北，每五十里始有一村，之中住户无多，村境极广，似人皆喜散处，（居）［聚］族而居者绝鲜，想仍未化，游牧之性质使然也。人言过西辽河向西行，往往百余里不见人烟，较此犹为荒旷。

十一日，早五钟二十五分起程。四十里至大官店，又十五里至白苍颜，尖。午十二钟三十分复行，二十里至满汉营子，又二十里至太平川，时三钟三十分，投店住宿。其地四无居人，周围沙冈层叠，为盗贼出没之区。由此迤北地主名茂德吐者，上年曾出有盗贼，要截日通事，杀毙多命一案。午后赴店北沙冈散步，见沙中鸟兽蹄迹甚多，旋有二兔、二雉飞驰而过，命人击之未中，突见一狼奔出衔野豢之戯而去。

二十二日，早五钟二十分起程。四十里至巴颜昭，已入札萨克图王旗界。查开通县治南境在达［尔］罕王旗内，东境在廓尔罗斯公旗界内，西境在图什业图王旗界内，北境即札萨克图王旗界内，实四王旗交界之一中心点。又二十五里至孤挠，尖。时正午十一钟四十分。值开通县忠令林，字墨岭，随带捕盗营兵十余名巡边返此，遂来谒。闻其人曾充荒局文案及军署文案，似尚精干能事，在北地供差日久，因得补斯缺。午后一钟四十分复行，忠令偕四十里至哈拉乌苏，忠令始返。又二十五里，至德喜窝棚宿焉。本日行程，由太平川迤北逾沙冈，大有愈行愈高之势。入札萨克图郡王旗界内地多白沙，似不如达［尔］罕王旗界内地多黑沙者较好，然荒地均已放毕。连日旅行沙漠中，人烟寂寥几不见，有村集不过数家，备行客尖宿客栈而已。唯本日所经巴彦昭、哈拉乌苏两处人口众多，亦有开设买卖行店者。骤然睹此，觉心中又另具一幅景象矣。此地买卖行店虽多，人民不事生业，凡在此经营者，半属邻旗土默特、喀喇沁之人为多。客栈之主即系土默特人，有地四方（每方四十五垧，合关内地亩四百五十亩），牛马各二十余匹，然衣履褴褛不堪。虽云广有地土，却不得耕种之法，亦不认真耕种，所以贫困至于如此。此能理生业者当复如是，其不理生业之人，更可想见矣。

二十三日，早五钟半起程。四十五里至金宝喇嘛窝棚，又十里至大喜窝棚，又二十里至李家孤店，尖。天忽阴雨。午后一钟复行，二十五里至权杆他拉，又八里至爱林黑拉。洮南孙守葆瑨，字幼谷，带缉捕队出境来迎。三十里抵府城，径往札萨克图王府天恩地局下车。旋闻札王日内来此，诸多事未便拟商，孙守筹办一切。孙守谈至深夜始去。

二十四日，移居府署，逮五月十五日，分遣孙仪亭，李禹臣名鸿漠，（柴）[荣] 敬庭名德，明俊臣名新义，由洮南径往伯都讷沿途考查，附搭小城子火车，至哈尔滨候齐。予偕世湘、颂平、张子元仍道陆赴江省，亦于是日起程。张军派马队二十名兵，官一员，随行护送，早五钟出城，乌王送至城外即返。五里过洮儿河，入靖安县界，又八里至五家子，靖安令赵湘臣设茶座于此，毛艾孙、孙幼谷均送至此返。午十一钟（本）至六家子，共行六十里，沿途遇大雨三次。洮郡得此膏泽，土润如酥，遂铺绿草，坪远一色，若为行人护惜。车马轮铁者，虽雨后道行，不觉稍有滞。停车处房主张姓，名福全，蒙名钱大嘎，系西边外下八户旗人，曾充札撒克图王府护街。有子十四岁，善骑击，能于五十步外，击四寸的飞枪必能中。蒙人因尚武，童年有此已太不易，惜乃父未知加教育耳。候大车，三钟始至，遂止宿焉。以百元购得银鬃小黄马一匹，出村遥望，二里许有树三株，其地即札萨克图旗与色公旗两旗交界处。

十六日，早四钟半起程。靖安令赵湘臣，自返县治，行五里即出靖安界，遂为色公旗地，皆生荒，已开放者不少，地质亦极膏腴。现毛艾孙又议放东官之荒，即其地也。出放时，领土人定必踊跃。八钟三刻至白殿昭，共行六十里，尖。蒙译白殿为官名，昭者冈也。店主朱姓，系顺天宁河县籍，兄弟子侄六人，有地数十垧，牛羊百余头。其地亩，由公府纳租私授，岁租二百吊，地可尽力垦种。店内住家，并售粮食杂货，营业颇善。凡内地人民至蒙古地，苟善经营，断无有不获厚利者。当谕其好好经营，能多致内地亲友至此种植营业，尤为佳事。午大雨倾盆，约一钟之久始霁，午后一钟复行，五十里至骚林哈嘎，假寓蒙人王姓家。另有已闭之客栈，随行马兵往往居停。王姓亦西边下八户旗人，本蒙旗人民极少，不过千名。凡移居来此者，多系土默特、喀喇沁邻旗之人。蒙俗，无论何等人家，投宿客至无不纳者，并供应饮食及骡马喂养。遇有官差过境，屯达承办供给，摊取屯中民户。大差经过，蒙民颇滋扰累，亦理藩院则例所规定如此。故连日尖、宿之处，多系住户人家，均先行宣布一切自备，不须供给，临行且必以钞厚赏之，皆大欣悦。惟人家多喜贴匠绘图画于墙壁，比户皆是，殊非雅观。倘能教育通行，当以禁止墙壁贴画为入手，借观人民向背。此俗可革，则迷信佛教之风，亦未尝不能移易矣。

十七日，早四钟三刻起程。四十里至龙锁口，沿途未见村屯，至此仅有一店，店西南属色公旗，东北侧属札赉特旗。又二十里，九钟至色罗汉吐，尖。午十二钟复行，三十里至双帮带，又二十里至权杆他拉，又二十里至太里气，宿焉。本日行程，自入札赉特旗界后，阡陌相望，村舍亦多，农人负耒，绿野交耕，迥非奉省蒙旗枯寂景象。太里气，尤为赴卜魁、洮南、大赉、新城（即伯都讷）、塔城子（即绰尔城）各路通衢，放荒后即为重镇，更名曰东来镇，属大赉分厅管辖（即塔城子巡检），有商铺数十家，居民辐辏，来时于道旁采得芍药数枝，鲜蘑一颗，至店涤酒瓶蓄水供花，于命庖人煮鲜蘑作汤。店中房舍，亦极整洁，仆仆风尘中，骤焉得此，顿忘旅行苦况，大众为之一快。

十八日，早四钟半起程。三十里至呼克里，渡呼打河，河水极清澈，岸有马群，沿河青草茸茸，异常丰美，诚为水草便利游牧最佳之地。九钟三刻，至后李家地方，尖。共行六十里，午后一钟复行，约半里许，有一大喇嘛庙，适活佛至此诵经，颂平闻而往观，余人未知，及颂平归谈，始为抱歉。又二十里至有豆芽海地方，迆南有沙冈起伏。丛树荟蔚，周围约五里许，自入蒙地沿途，虽多树木，未有如此森林之茂美者，因止车入林盘桓。一钟时始登车行，又三十里至嫩江沿哈拉各，宿焉。本日行程，尖后所经地多未垦，土润而绿草如茵，青秀迎目。临江十数里，环绕沙冈，冈上满生黄花菜，又数冈野生芍药盛开，红白掩映，自花自落无待滋培，土人亦不知因以为利，殊觉可惜。拟赐芍药繁盛之冈以嘉名"芍药岭"，众皆为可。又策马登山，欲望嫩江上游，惜山势平低，未能眺远。迎面系一河湾，别有江岔二道，江水至此向南北流，其上游则由西北而东南，满洲地志谓：嫩江为松花江北派，江身多屈曲，诚不诬也。归寓得江鲈一尾烹食，又摘黄花菜佐之，可称长途中第一得美食之餐矣。闻蒙地入夏马蠓最烈，若白马被啮，遍体皆红，毒啄可畏，幸此时尚未发现。然蝇咂马身，至马不敢张目，又时有小蜂巡马鼻飞欲入，其观马上下摇首，不敢稍停，天生种种害马，马亦云至苦矣。

十九日，早四钟起程。过嫩江，江北面即无一蒙人。地属黑水厅管辖。

据图籍，此地旧应为杜尔伯特境内，而居民无能知者。又居民呼嫩江为西江，因迤东尚有小江，故呼东、西江以别之，俟回省时再详考。自昨日入札赉特旗界后，居民皆聚处成村，村均多树。凡人家多以荆条横编，若巨辫式以代墙，远望颇有意致。又蒙人自造房房车，辕毂皆木，毫不加修治，轮廓亦折木为之，乘时必挟斧锯以行，备沿途随有毁坏随即添治，江省一带亦用之。十八里至伊里气，居民皆习满语，幼稚亦有不能解汉语者。又十八里，至伊勒巴，尖。午后复行，十五里至汤池，又三十一里至蘑菇气，又八里至昂昂溪。其地有大街一通，在俄租界内多俄商设肆。所住客栈，则为华商所设，日后经营至此当别辟商场，令华商徙居，不许华人仍在俄租界内设肆。

二十日，早五钟起程。江抚周大帅派差弁迎于途次，十八里至五完马，又三十里抵江省。先赴客栈，后移公署。谒周大帅，留饭，晤何兰孙、张谦若、周斗卿、钟季五、杨玉书、倪丹臣诸君。晚，周大帅复邀便饭，同座又增张季端司使。夜雨。

二十一日，早雨霁。世湘、颂平往访倪丹臣，午后予同世湘、颂平、张谦若赴公园游览，甚畅。闻此园为商埠局负事人张伯祥所造，竭意经营，颇具规模。何兰孙、张谦若、周斗卿公请晚餐。饭后，主人复邀听剧。

二十二日，早辞周大帅，至午晤丁鼎臣（即乃嘉）。午，倪丹臣邀饭，在座谈宝帆、张季端、秋青士各司使，及张谦若诸人。饭后起程，在座诸公送至公园而别。午后六钟到昂昂溪。

二十三日，早七钟五十分起程，午十二钟十五分至安达，尖。午后六钟至哈尔滨。杜伯熊、于振甫及孙荣、李明诸君，均迎候于站。于振甫坚约到伊局下榻。予固辞，复邀晚饭，诺之。夜，归十三道街聚源客栈，宿焉。大雨。

孙启鸿云：五月十五日，奉谕赴新城府沿途考查。遵谕，于是日早五钟，就道徐行，三十里抵张家店（一名金山堡），雨忽至，冒雨行二十余里，至大青狗。此地地旷人稀，野草繁盛，土多黑色。因天雨道泞，勉行三十里至王家店（即靠山屯），共行八十里，宿焉。

李禹臣云：遵谕，于是日五钟起程，至距洮三十里之张家店早尖，晚宿靠山屯。

明俊臣云：亦遵谕，是日早六钟起程，由东门奔赴新城大道，向西南行。因阻雨，同止于王家窝棚，其地仅有住户三家。由洮南至此已经过五屯，如魏家店、李家店、吕家店、邵家店、喇嘛店共五处。住户皆止一二家，或三五家不等。荒地多沙，已垦不过十分之一。农民以去岁五月后无雨，旱无收，故今年只种上年已垦未获之地，无力再开荒土，今得雨皆喜。谓新开荒地非得足雨，不能有收。若再亢旱如去年，则必舍此垦土他徙矣。

十六日，早三钟同时赴程。孙启鸿云：行十余里至福陵窝棚，其地有安广县分设之第三文报站，又三十里至张家窝棚。沿途住户寥寥，沙泡甚多，有洮南拨来分防营兵一哨驻此。

李禹臣云：此地距安广县三十里，距靠山屯六十里。

明俊臣云：由靠山屯至高家店，已入安广县界。经过七屯，如吐味莫、双榆树、福龄窝棚、大青狗、陈蒙古窝棚、李家店、报马吐共七处。报马吐之南有碱地一段，宽长约十余里，寸草不生一片白沙。既不能耕种，亦不能熬碱，而地势洼下，俟将来人民聚集，水潦蓄久，地性或能转移。本日尖处高家店，院中有井，深一丈五尺，水恶劣，人不能饮，即牲畜嗅之亦望望然而去。因此地凿井多用杏木根砌井周围，故水多有恶味，或言杏木根浸久有毒。蒙人不解卫生，只知杏木根易取价廉，不知凿井而不能饮更为徒费。若果用砖砌井，或用坚木，井水必无恶味。非凿井之不善，乃系于料质之美恶耳。蒙地木料甚缺，将来极宜设法转运。据土人云，索伦山产木极多而好，江省曾招商设公司同札萨克图旗商筹，拟由洮城北端，经过该旗未放荒地，凡运途纡曲、河沟低陷，均由公司修筑建桥。运道即通人行亦便。乌王坚执不允，只许假道，不许修道，以至中止。悬夜，同宿褚家窝棚，距高家店三十五里，其间所过村屯，如太平沟、刘家窝棚、西刘家窝棚、陈家窝棚、鱼亮子、高家窝棚、马家窝棚共八处，道线直向正东。此三十五里境内，住户二三十家不等，惟刘家窝棚一屯，住户有四十余家，屯外筑有土围壕堑，内设炮台，以防御盗贼。

李禹臣云：至褚家窝棚，借寓翟姓店中，翟姓已七十三岁，健康异常，有子五人，孙十三人，曾孙四人，举家朴实，屋宇清洁，惟饮水味苦。

十七日，早三钟同时起程。孙启鸿云：行十数里至班家窝棚，有住户二十余家，内参税局一所，系洮郡分设于此者。又三十里，见一土堆，系三旗分界之标识。午十一钟抵碱锅。据人言去秋有日人至此绘图，被蒙匪套克套殴毙四人，酌经张军捕拿，追至索伦山中未获。查碱锅一带，周围约五六十里之谱，全系碱土，草木皆无，夏秋多水，春冬出碱。作碱者三十余人，皆关内乐亭、滦州等处人居多。由碱锅以东有大土岭数处，高约十丈、二十丈不等，山山相连，绵亘六十余里，至斯格集而止。岭上时见沟垒，系日俄战争时，俄人暗备后路地营所垒筑，未及交战而和议成，故沟垒完然无缺。

李禹臣云：至碱锅早尖，系借碱锅窝棚治食。内有工人三十余名，搬运碱土成堆。据云天热不能做碱，每年十月前后兴工，次年三月前后截止。工人皆有成股，出碱售价按股摊分。日用饮食，由东家代备，每工人每年约能分红息中钱二百吊上下，工人皆由关内来。碱泡周围约八十里，附近当有十里可用。其作碱之法，外观似未精。

明俊臣云：褚家窝棚至碱锅，计六十里。中间有村屯二：一名为班家窝棚，一为邵家窝棚，住户皆只二三家，相距旷远，素称胡匪往来之区。碱锅地，本名权杆挠。入前郭尔办期公旗界路线，斜向正东又微南曲，地方无住户，系未放荒地，承办碱之东家张姓，工人五六十名，皆所招集。夏秋之交专作土工，在十里内外拉土取柴。附近大青山头，有碱泡一处，周围十余里，集水甚深，每于春间临泡一带，阅土面浮有白色细末者是为碱牙。必须于春初秋末降雨之先取土成堆，夏秋之间运积熬处，次第熬碱，颇费工力。至九十月停熬，结账分红，除纳公旗租银一千两外，余银照股均分。因见运土甚艰，问何以不将熬锅移就碱泡，不更省力。据言，碱泡地洼，夏秋雨发水涨，时虞冲刷。又问：碱土何必取在春时。据言：碱土着雨质入深处，不复长牙，熬碱不出。是夜同宿于集，距碱锅五十里，属前郭尔罗斯公旗，其间经过村屯四处，姜家窝棚、十家子、二家子、怕老婆屯是也，地尽膏腴。该旗地未放荒，皆私招租户开垦，每垦田一垧，纳租粮五斗。由碱锅至伯都讷中界一江，江北尽属前郭尔罗斯公旗之地，百里内土尽膏腴，闻江省拟派路难登赴旗劝商出放，未悉允否。现新城江口已进小火轮，水道交通，由新城至洮南仅三百五十里，若能建筑一轻便火车，铁道用款较省，于实边、安民大有裨益。第蒙旗劝垦事，大不易。该王公等非固步自封，即托故延阻，若以铁路所经议开此荒，或能立就范围。查该公旗向隶吉林管辖，今由奉天省统属而放此荒，又非图、札两旗可比。图旗放荒刻正棘手，招徕不易；札旗放荒已逾六年，垦者十之一二。推原其故，实因地处边远，又非膏腴，人多裹足。若郭公一旗地面极广，游牧有余，今先放江北一带，地即腴沃，且与新城已垦之地遥相连贯。宜仿札旗放荒章程，按上地每垧四两四钱作价，不但款项易集，招徕亦便。再斯格集一村住户二三十家，皆驻集台吉所招，私收黑租，本旗毫无所获。惟集外有土冈高十余丈，延长约三十里，俨若城垣。登其上则一望平坦，方圆二三十里尽属腴地，农民耕种不辍。当日俄战争时，俄于冈上平原挖有梅花战坑，绵亘二十余里，出入均有门户，外有战壕，内有炮垒，历历如画，若被战图。

孙启鸿云：斯格集后有喇嘛庙一座，住喇嘛二十余人。集内有本旗台吉一员驻此。

李禹臣云：集内所驻台吉私招民户，捡择沃土开荒，且地方形势极佳，东西面皆有土龙冈围绕，两相对峙，南北一抹平原皆称佳址，东冈之上亦平坦无坡，纵长二三十里，横宽约七八里，自下仰观（傲）［俨］若天然长城，由上俯视亦有据险凭高之势。故俄将曾在冈上安设连环炮台四处，又于对冈设二炮台以诱敌，至今历历可睹，足见俄将非不才，胜败特有关国运耳。闻公旗所有荒地，江省已派员商准开放，未识确否。

十八日，早三钟同时起程，李禹臣云：行向东北，渡北江口，沿路均沃土，尚未垦辟。江口距斯格集三十里，渡江即新城府界，距城十八里。过阿什河子、八家子屯，进北关赴东门觅店，往返数次始通融，住东门内之大成栈，经理人贾姓。城虽府治，再未甚开通。惟十字街东西南北商铺不少，而歇闭亦多，询系钱法受亏所致。其余小巷多陋，南关有关帝庙正值演戏，观者如堵。人言此庙向在沙中，经风吹刮出显，实为无稽之谈。阅庙内匾额，多乾隆年代所立。稍南即江岸，登舟闲眺，见群童嬉水浮沉自如，令人兴水师之念。水滨多木排，已询明价值，列表为呈。四乡风景颇似内地，树木环村，浓绿掩映，或耕或籽，人各力田。惟久晴，虞旱时需霖。城内巡警腐败不堪，街衢污秽甚。有警兵登台观剧持锣帮场，反觉自鸣得意，警察怪现象无有过于此者。警费闻取诸民间，户分三等，上户月纳钞九吊，中户月纳六吊，下户月纳三吊。又有往来人税，每客月纳一吊，虽极贫，每月纳八百，故城中不见有一乞丐。初甚以为新奇，后反复思之，何胜恻悯，忍剥民膏至此，商务何能兴旺。当铺共七家，东街有万兴当、吉泰当、吉庆当、永兴当，南街有隆盛当、吉发当、万发当。大车店兼买卖货物者，如义和、百兴、德春、洪盛、大成等店皆是。惟畏兵如虎，凡带有队兵随护，店必不纳。南北街口建牌楼各一，府署在西街，知府陈姓，署任副都统昆，协［领］衔，署在东街。原额旗兵一千五百名，近只裁剩一成，管带丰姓。城内外户口约两万之谱，大小生理七百余家，士绅不问地方事，概委商会办理，有万成号执事某，为商会领袖。西南关均临江岸，北界距城只四十里，东界拉林河一百五十里，东南至榆树县四百里。江南一带皆前郭尔罗斯公旗属地，土沃未垦，蒙户间有私招汉民垦辟食租。惟不行立家携眷。

孙启鸿云：是早乘马约同洮郡派来石委员往三江口一带查看，江系松、混、嫩三江会流之所。中间有沙堆高出江岸，岸北有江省水师驻防，岸南有河神庙，沿江行四十余里，至船口过江，行二十里，至新城。查府周围八里，全境东西二百四十里，南北约一百六十里，东与榆树县连界，西与前郭尔罗斯连界，北与江省后郭尔罗斯连界，南与农安连界，此新城全境四至如此。城内外警局七区。总局长代理员谷兰生，职县丞，顺天通县人。警局每区巡勇中区八十名、分区十二名。乡镇警局十二区，每区巡勇各三十名。学务，城中则有高等小学堂一所，学生三十七名，教员李绍年、范国才、徐一庆三员，又劝学所兼视学员，则为谷兰生。四关有工艺学堂一所、初等小学堂五所，学生各三十余名，教员胡希贤、高翰卿、英和、陈绍庭、刘逢林五员。商务，则分上中下三等。大商典当七家、烧锅十二家，中商十五家，下商四百余家。下商，惟粮食生意最优，物产则黄豆、红粮谷、元米、麻子米、绿豆、黑豆、麦子为大宗而好。户口则民户二十万零一千余人，有二千四百户教民在内；旗户一万一千余人。城内外七警局册查人数，男大一万六千三百四十八口，小六千四百六十八口。乡镇十二警局册查人数，男大六万一千零七十九口，小七千二百九十六口；女大八万六千四百三十六口，小一万四千四百七十六口。四民，则士有五千余人，农有十五万余人，工有一万五千余人，商有一万七千余人。圜法，则用江省官帖，按五千四百合银一两。本地铺价同若吉林官帖，则每两只合价四千五百文，现钱现银极少。木质各价，如二丈五二道梁，每寸合钱一千二百至四百文；二丈五大过，每寸合钱三千六百或四千文；一丈五过领，六寸至八寸过心者，每寸合钱五百八十文；一丈五檩子，七寸至八寸过心者，每寸合钱五百五十文，颇合电杆之用。二寸吞板，宽一尺一寸者，每寸合银一钱四分；四寸五吞板，宽二尺者，每寸合银一钱八分；三寸吞板，宽一尺八九者，每寸合银一钱六分；七尺五标板，宽一尺一寸者，每寸合银七钱五分。二大架梁，每棵合钱一千一百文。此皆新城现时市价。若洮南至小城子各站站名、里数均列表另呈。计洮南至新城，统计共四百八十里。由新城至小城子，统计共二百四十里。

明俊臣云：是日至新城，即伯都讷。过江约十八里，尽新城属地。土性与江北岸郭公旗地皆黑油沙土，宜于种麦。新城物产亦以麦子最良，询商务情形，颇称富裕。惟捐税既重，而苛商不堪，故难发达。钞法则向以羌帖作价，仍用中钱。每羌帖合中钱四千五百文。中国银圆合价三吊，铜子一枚，合小数钱百文。商家皆准出凭帖。学堂有高等小学堂、初等小学堂，为上年所创办。府城巡警经费，抽收铺捐，分三等，不定额。户捐亦分三等，皆中钱九吊、三吊、一吊，又抽旅客捐，每日每人一百，即由栈主代收。四乡巡警经费，则抽收地捐，按口照摊，每年每口收二三吊不等。地方民情质朴，原绅衿只文生三、四员，皆乡居。商民入商会者，三百余家，小商未入会者，亦三百余家。当铺六、大车店七代售杂货粮食，客栈三四均狭隘。城内副都统一缺昆协领署任，消闲如无事可作。旗民居十分之二，旗地亦如之。先，伯都讷设有巡检一官，司地方事，归榆树同知兼辖，同知亦偶至伯都讷巡视。自改府治，巡检则改府经历，孤榆树亦改设县治，旗兵裁撤，多挑练巡警，仅余马队一百五十名。

城内商务有事，归商会经理，举有商董。凡学堂筹费、巡警筹捐、铺户各捐，皆隶焉。

十九日，同留新城，盘桓一日。

二十日，早三钟，同时起程。李禹臣云：过太阳庙出东关，过四家子、于家窝棚至孤家店，尖。嗣过石榴树、于家店、太平川至万发屯。假寓五姓大家，火食皆自备。

明俊臣云：孤店距新城七十八里，经过善家屯、十家子、中关帝、前关帝、于家窝棚、老新甸共六村屯，皆土脉腴美，田苗茂盛，雨水调匀。由孤店至万发店宿处，计七十四里，历村屯多，略举其大者曰：十里树、六里屯、于家店、太平川，均有七八十家。

二十一日，早三钟，同时起程。李禹臣云：过五家站，系一乡镇，生意商铺及住户有百余家。颇觉繁盛。十钟至小城子车站，次日乘火车赴哈。

明俊臣云：小城子车站，距万发店五十四里，经过村屯五家子站、三家子、小新立屯、陶赖昭共四处。惟五家站有东西大街一道，系一大集，当铺一家，大小商铺百余家，居民二百余户，税捐分局一所。小城子车站有客栈七八家，空房甚多。地势在山凹之中，南面有小河岔一道，通大江。站上洋房齐整，俄兵队百名驻此护站，洋人住宅多在山凹河沿之上，楼房重叠甚多。早三钟登车即开，驶八钟到哈尔滨。

二十四日，同人俱集哈埠，小作勾留借以休息。午饭后世湘同李禹臣徒步赴江西沿看桥工及小火轮，并游俄公园。晚，杜伯熊邀饮。饭后，赴公园视洋戏，士女如云，大有欧洲气象。夜午回寓。颂平、俊臣、子元诸人，皆黎明始返。

二十五日，早于振甫、来世湘同赴傅家店之四家子，观江东岸，并至蒙旗交涉局，略询情形。晚登俄国火车。钟开，驶至长春，换日本火车，二十七日傍晚抵沈。是役也，往返共计旅行四十四日。

"长白文库"出版书目：

东三省政略校注（全三册）

满洲实录校注

钦定满洲源流考校注

吉林外纪

吉林分巡道造送会典馆清册

鸡塞集

松江修暇集

吉林乡土志

吉林志略

吉林志书

吉林纪事诗

戊午客吉林诗·鸡林杂咏

吉林地志·鸡林旧闻录

长白山江岗志略

长白汇征录

吉林纪略·一　柳边纪略、宁古塔纪略、绝域纪
　　略、吉林舆地说略、吉林地略、吉林形势

吉林纪略·二　吉林汇征

吉林纪略·三　大中华吉林省地理志

吉林纪略·四　吉林地理纪要

韩边外

金碑汇释

吉林三贤集

东疆史略

东北史地考略

东北史地考略续集

雷溪草堂诗集

东北旗地研究

满族说部神话、史诗研究

满族萨满神辞口语用语研究（全两册）

启东录　皇华纪程　边疆叛迹

双城堡屯田纪略　东北屯垦史料

松漠纪闻　扈从东巡日录

成多禄集

蒙荒案卷

珲春副都统衙门档案选编（全三册）

吉林农业经济档案

海西女真史料

打牲乌拉志典全书　打牲乌拉地方乡土志

东夏史料

顾太清诗词

清代吉林盐政

延吉边务报告　延吉厅领土问题之解决